新世纪工商管理精品教材
Elaborate Textbooks
on Business Administration in the New Century

U0656909

An Introduction to Corporate Culture

企业文化概论 （第五版）

朱成全 主编

东北财经大学出版社
Dongbei University of Finance & Economics Press

· 大连 ·

图书在版编目（CIP）数据

企业文化概论 / 朱成全主编. —5版. —大连：东北财经大学出版社，
2019.6（2020.12重印）
（新世纪工商管理精品教材）
ISBN 978-7-5654-3494-5

Ⅰ.企… Ⅱ.朱… Ⅲ.企业文化-高等学校-教材 Ⅳ.F272-05

中国版本图书馆CIP数据核字（2019）第055636号

东北财经大学出版社出版
（大连市黑石礁尖山街217号　邮政编码　116025）
网　　　址：http：// www.dufep.cn
读者信箱：dufep@dufe.edu.cn
大连东泰彩印技术开发有限公司印刷　东北财经大学出版社发行
幅面尺寸：170mm×240mm　字数：333千字　印张：16.25　插页：1
2019年6月第5版　　　　　　　　2020年12月第21次印刷
责任编辑：朱　艳　　　　　　　　责任校对：赵　楠
封面设计：沈　冰　　　　　　　　版式设计：钟福建
定价：38.00元

教学支持　售后服务　　联系电话：（0411）84710309
版权所有　侵权必究　　举报电话：（0411）84710523
如有印装质量问题，请联系营销部：（0411）84710711

管理的科学性与艺术性
（丛书总序）

科学家爱因斯坦曾经发给艺术家卓别林这样一封生日贺电："您的艺术作品誉满全球，您真不愧为一位伟大的艺术大师。"卓别林是这样回复爱因斯坦的："您的相对论仅为世界上少数人懂得，您真是一位伟大的科学家。"前者"雅俗共赏"很伟大，后者"曲高和寡"也伟大，似乎有些矛盾，其实不然，这恰恰体现出"艺术性"与"科学性"的一致性。

对上述对话的一般理解是：科学往往为少数人所发现，"曲高和寡"；而艺术必须要让大多数人所接受，"雅俗共赏"。这当然是正确的，但这只是从一个角度看问题。如果再从另一角度分析，才能做到圆满理解，即科学虽然由少数人所发现，但却可以被多数人所掌握；而艺术虽然可为大多数人所接受，但却只能由少数人所创造。"科学性"与"艺术性"在哲理上是完全一致的。

对科学和艺术还要做进一步的分析。科学分科学发现和成果应用两个层面，艺术也分艺术创作和艺术欣赏两个层面。科学发现和艺术创作都比较难，而科学应用和艺术欣赏相对都比较容易。人们常说，"管理既是科学，又是艺术"，这里所说的"科学"多指"科学成果的应用"，而这里所说的"艺术"却多指"艺术的创造"。对于从事企业管理工作的人员来说，越高层的管理（如董事长和CEO的工作），艺术成分越多；越基层的管理（如部门经理或车间主任，甚至是现场调度或质量控制的工作），科学成分则越多。突出的例子是，美国演员出身的里根可以是一个胜任的国家总统，却难以当好一个企业工程师。企业和国家都是这样，越往高层，"外行领导内行"越普遍，而越往基层，专业技能越重要。当然，与此相应的一般规律是：越是高层，"艺术创造"越重要；越是基层，"科学应用"越普遍。

对于工商管理教育而言，其课程体系中既有含科学成分较多的课程，也有含艺术成分较多的课程。前者主要有："生产管理""物流与供应链管理""管理信息系统""会计学"等。后者主要有："组织行为学"，"人力资源管理"，"企业文化与伦理"，"企业战略"，"公司组织设计"或"公司治理结构"，"企业、政府与社会"等。当然，也有的课程近乎是科学成分和艺术成分并重的，如"公司理财""数据、模型与预测""管理经济学"等。

我自己和很多从事工商管理教育的教授都有这样的体会，就是在教学过程中，科学成分越多，越适合课堂教学，也就越利于成规模培养；而艺术成分越多，则越适合个人感悟，也越适合案例教学，从而只能侧重于个别指导或小组讨论。换个角度，对于工商管理的本科生或MBA学生，特别是EMBA的学生来说，前者主要是依赖于学校和教师，后者则主要取决于个人的悟性。这也是"管理学院学得到"与"管理学院学不到"这两种说法都有道理的原因。这两种完全相反的观点（核心是企业家是不是学校培养出来的）的焦点就在于，各自过多地强调管理的"科学性"或"艺术性"，而忽略了二者间的一致性。事实上，管理学院或MBA学院只有处理好这二者间的关系，才有可能办出自己的特色。这一点在国内外已经得到充分证明。

说到这里，就可以很方便地解释为什么"文人"的子女容易继承，而真正的企业家却很难继承的道理了。其中的关键在于，"治学之道"的"规律性"（即"科学性"）较强，知识和经验可以潜移默化、耳濡目染地向子女传授和转达；而"经营之道"的"艺术性"较强，企业家的成功经验多具独特性，难以言传。学习所谓的"管理经验"必须经过"再创造"过程，光靠模仿是不行的。

总的来说，这套丛书对工商管理的"科学性"和"艺术性"都有所兼顾。作者多是具有多年工商管理教学经验和丰硕研究成果的教授，有的还曾到日本等国家的大学讲学。作者们按照简明、实用并具有一定前瞻性的要求，力求为读者提供一套富有特色的教材丛书。这套丛书虽然主要是针对工商管理专业本科生的，但也可以作为MBA学生和各类企业管理者的参考书。读者如果基本同意上述有关管理的"科学性"与"艺术性"的看法，那么如何正确地对待这套丛书就不必多絮了。

特以此为序。

于　立

第五版前言

　　企业文化最初产生于西方管理学界，是企业管理发展到一定阶段的产物。从历史上看，管理科学经历了四个阶段：古典管理理论阶段、行为科学管理理论阶段、管理丛林阶段和企业文化阶段。企业文化是管理理论发展的最新综合，其主要贡献在于实现了组织目标与个人目标的统一、工作与生活的统一、管理与被管理的统一、约束与自由的统一、物质奖励与精神鼓励的统一等。

　　本书主要对企业文化的概念、要素、特性、作用，以及企业精神文化、企业制度文化、企业物质文化、企业形象设计、家族企业文化、企业文化的国际比较、企业文化建设等进行概述，旨在帮助读者对企业文化有一个整体的把握。

　　本书的写作分工是：朱成全编写了第1章、第2章、第4章，且确定编写提纲、统改定稿；邹杨、汪毅霖、李东杨编写了第3章；任小军、丁涛编写了第5章、第6章；邹杨编写了第7章、第8章。

　　本书在编写过程中，吸取了国内外专家的科研成果（参见参考文献），在此深表感谢！对于本书的不足之处，诚望大家批评指正。

编　者
2019年5月

目录

第 1 章

导论

企业文化最初产生于西方管理学界，是企业管理发展到一定阶段的产物。从历史上看，管理科学经历了四个阶段：古典管理理论阶段、行为科学管理理论阶段、管理丛林阶段和企业文化阶段。企业文化是管理理论发展的最新综合，其主要贡献在于实现了组织目标与个人目标的统一、工作与生活的统一、管理与被管理的统一、约束与自由的统一、物质奖励与精神鼓励等的统一。特别是，企业文化正在把对人与对物的管理以及被西方历史传统分割开来的人的物质生活和精神生活，努力统一于企业管理之中。

1980年，美国《商业周报》首先提出了"corporate culture"的概念。在英语中，企业文化还有其他的称谓，如"enterprise culture""company culture""firm culture""organizational culture"。20世纪80年代中期，"corporate culture"被引进到中国。

通过本章的学习，掌握企业文化的概念、要素、特性、作用、产生、内容的创新与发展、境界。

1.1　企业文化的概念

1.1.1　文化的含义

在西方，"文化"一词源于拉丁文"cultura""cultum""colo""colere""colui"等词。其意思是"to till the ground, to tend and care for"，即栽培、培养、驯养、耕种、照顾等，通俗地讲，就是通过人工劳作，将自然界的野生动植物加以驯化和培养，使之成为符合人类需要的品种。后来，其还包括个人的技能、人格、品德和心灵的"修炼"工夫，人际关系和友谊的培养，对诸神祇的关注、照顾、供养和膜拜，以及艺术、科学等。这就是说，其含义从原来的人对自然本身的照顾、驯化，逐渐引申为对人身本能状态的教化、培养和"修炼"，以及人与人关系的培养和照料活动。

在汉文里，"文化"本来是"文"和"化"的复合词，"文，错画也，修饰也"（《说文》），"化，教行也，变也"（《说文》），这就是说，"文化"的本意是经过人的修饰使事物发生变化，如一块天然的石头，未经磨制只能是一块天然的石头，一经磨制之后就成为了文物。"圣人之治天下也，先文德而后武力。凡武之兴，为不服也，文化不改，然后加诛。"（刘向：《说苑·指武》）这里的"文"是指文德，即现在所理解的社会伦理道德，"化"是指教化，即经教育而使人转化。因此，"文化"是指文德和教化，通俗地说，就是以伦理道德教导世人，使人们成为在思想、观念、言行和举止上合乎特定礼仪规范的人。晋束广微说的"文化内辑，武功外悠"也是这个意思。所以，中国古代所说的"文化"多指德治教化、典章文物、书籍文字等。

不过，在现代汉语中，"文化"较偏重于人们的精神活动和精神产品，因而，在一般中国人的观念中，农业耕种、驯化动物、植花养草等并不像西方人那样被视为"文化"的构成。

在对"文化"进行了语源学概念的追溯之后，再来转引较有权威的文化定义。

（1）近代第一个在人类文化学中使用这一概念的人是著名人类学学者泰勒（美国）。他在其名著《原始文化》中提出了著名的"文化"定义。"文化或者文明就是由作为社会成员的人所获得的，包括知识、信念、艺术、道德法则、法律、风俗以及其他能力和习惯的复杂整体。就对其可以作一般原理的研究的意义上说，在不同社会中的文化条件是一个适于对人类思想和活动法则进行研究的主题。"[1]

（2）《苏联大百科全书》（1973）对文化作了广义与狭义的区分。广义的文化，"是社会和人在历史上一定的发展水平，它表现为人们进行生活和活动的种种类型和形式，以及人们所创造的物质和精神财富"；而狭义的文化，"仅指人们的精神生

---

[1]　哈里斯. 文化·人·自然——普通人类学导引 [M]. 顾建光，高云霞，译. 杭州：浙江人民出版社，1992.

活领域"。

（3）《大英百科全书》（1973—1974）将文化分为两类：一类是"一般性"的定义，是指"总体的人类社会遗产"；另一类是"多元的相对的"定义，包括一个集团的"语言、传统、习惯和制度"，包括有激励作用的思想、信仰和价值，以及它们在物质工具和制造工具中的体现。

（4）中国的《辞海》一直沿用了广义与狭义的文化定义。文化"从广义来说，指人类社会历史实践中所创造的物质财富和精神财富的总和。从狭义来说，指社会的意识形态，以及与之相适应的制度和组织机构"。

此外，许多学者对文化提出了自己独特的见解。如克拉克洪和施特罗特贝克认为，文化是指共享的、普遍持有的一般信仰和价值，还可以指社会上主张教育目标应培养优秀人才的观念，包括意志、爱好和礼貌。威廉·A.哈维兰在《当代人类学》一书中指出：文化是一系列规范或准则。当社会成员按照它行动时，其所产生的行为应限于社会成员认为合适和可接受的变动范围之中。

总之，文化的含义多种多样，但其最基本的含义是一系列习俗、规范和准则的总和。文化起着规范、导向和推动人及社会发展的作用。

1.1.2 企业文化的内涵和外延

1）国外学者关于企业文化的表述

（1）威廉·大内认为："一个公司的文化由其传统和风气所构成。此外，文化还包含一个公司的价值观，如进取性、守势、灵活性，即确定活动、意见和行动模式的价值观。经理们从雇员们的事例中提炼出这种模式，并把它传达给后代的工人。"[①]

（2）特雷斯·E.迪尔和阿伦·A.肯尼迪认为，企业文化是由价值观、英雄人物、习俗仪式、文化网络和企业环境构成的，因此，理解企业文化的重要性，就是重视"运用价值观形成、塑造英雄人物、明确规定习俗和仪式并了解文化网络来培养其职工行为的一致性"。[②]

（3）托马斯·J.彼得斯和小罗伯特·H.沃特曼在其《寻找优势——美国最成功公司的经验》中认为，企业文化是指一个企业的共同价值观与指导观念，是一种能使企业各个部分相互协调一致的传统，能为企业员工提供崇高的理想和大展宏图的机会。

（4）理查德·帕斯卡尔和安东尼·阿索斯认为："企业管理不仅是一门学科，还应是一种文化，即有它自己的价值观、信仰、工具和语言的一种文化。"[③]

（5）约翰·P.科特和詹姆斯·L.赫斯克特认为，企业文化"是指一个企业中各

---

① 大内. Z理论 [M]. 孙耀君，王祖融，译. 北京：中国社会科学出版社，1984：169.
② 迪尔，肯尼迪. 企业文化——现代企业的精神支柱 [M]. 唐铁军，译. 上海：上海科学技术出版社，1989：13-14.
③ 帕斯卡尔，阿索斯. 日本企业管理艺术 [M]. 陈今森，译. 北京：中国科学技术翻译出版社，1984：200.

个部门，至少是企业最高层管理者们所共同拥有的那些企业价值观念和经营实践。……是指企业中一个分部的各个职能部门或地处不同地理环境的部门所拥有的那种共通的文化现象"。[①]

（6）彼德斯·沃特曼指出，员工作出不同凡响的贡献，从而也就产生有高度价值的目标感。这种目标感来自对生产、产品的热爱，提高质量、服务的愿望和鼓励革新，以及对每个人的贡献给予承认和荣誉，这就是企业文化。

（7）IBM公司董事华生认为企业文化就是企业哲学，最重要的是对每个人的尊重。

（8）霍恩斯认为，企业文化是在工作团队中逐步形成的规范。

简言之，国外学者对企业文化的理解，有以下几个相同点：①企业文化是以人为中心的企业管理方式，强调要把企业建成一种人人都具有社会使命感和责任感的命运共同体。②企业文化的核心是共有的价值观。价值观是企业兴旺发达的原动力。

2）国内学者对企业文化的理解

国内学者对企业文化的观点很多，其中有代表性的有：

（1）"价值理念说"。它认为，企业文化是企业信奉并付诸实践的价值理念。从形式上来看，它属于人的思想范畴的概念。从内容上来看，它反映企业行为的价值理念。从性质上来看，它属于付诸实践的价值理念。从属性上来看，它属于企业性质的价值理念。从作用上来看，它属于规范企业行为的价值理念。

（2）"精神现象说"。它认为，企业文化是企业活动过程中的精神现象，即企业以价值观念为核心的思维方式和行为方式。

（3）"总和说"。它认为，企业文化是企业中物质文化和精神文化的总和。前者指厂房设施、原材料、产品等；后者指以人的精神世界为依托的各种文化现象，以及企业制度、行为方式等。

（4）"广义狭义特色说"。它认为，广义的企业文化，是指企业在经营过程中所创造的具有本企业特色的物质财富和精神财富的总和；狭义的企业文化，是指企业在发展过程中形成的具有企业特色的思想意识、价值观和行为习惯，其核心是企业的价值观。

（5）"精神、制度、形象三层次说"。它认为，企业文化可以分为三个层次：企业精神（包括共同理念、经营哲学、群体意识、道德观念和行为规范等）、企业制度（包括企业战略、经营机制、管理模式、组织机构、法制手段和营销体质等）和企业形象（包括企业的品牌、信誉、风俗、厂容、厂貌、技术和设施等）。

（6）"总和与核心说"。它认为，广义的企业文化是指企业物质文化、行为文化、制度文化、精神文化的总和；狭义的企业文化是指以企业价值观为核心的企业意识形态，包括在企业中形成的文化观念、历史传统、共同价值观念、道德规范、

---

① 科特，赫斯克特. 企业文化与经营业绩［M］. 李晓涛，译. 北京：华夏出版社，1997：6.

行为准则。

（7）"音像、楷模、仪式、价值四层次说"。它认为，企业文化是指企业员工所特有的集体精神面貌，大体上包括音像（如企业内部的活动、企业标志、制服等）、楷模（如企业创始人和关键技术发明人等）、仪式（如纪念会、庆功会、表彰会等）和价值四个层次。

在给企业文化下定义时，有的国内学者从物质载体去考察，有的从精神内容去考察，有的从物质载体与精神内容相统一的角度去考察，有的从功能性作用去考察。但企业文化是企业中物质文化和精神文化的总和，这是一个基本公认的定义。

总之，企业文化有广义与狭义之分。广义的企业文化是指企业在经营过程中所创造的具有自身特色的物质财富和精神财富的总和，即企业物质文化、行为文化、制度文化、精神文化的总和。狭义的企业文化是指以企业价值观为核心的企业意识形态。

在企业文化中，企业价值观、企业使命和企业精神是三个经常互用和误用的概念。一般说来，美国人喜欢用"使命"，欧洲人喜欢用"价值观"，而中国企业经常用"企业精神"一词。在我国，大陆的企业经常使用"企业精神"一词来表达企业的目标价值观，在台湾地区，则经常使用"管理哲学"一词。在台湾，"管理哲学"相当于美国人所谓的"企业文化"和日本人所说的"经营理念"或"经营哲学"。

企业精神文化在整个企业文化体系中处于核心地位，是制度文化、行为文化、物质文化之源，是指企业在生产经营过程中，受一定的社会环境氛围、时代精神以及企业发展战略等影响所形成的一种"精神文化"。它包括企业价值观以及与之相关的企业使命、企业经营哲学、企业精神、企业宗旨、企业作风、管理风格等。它是与企业形象中的企业理念识别系统相对应的。

企业制度文化，是指企业中的各项"正式制度"，是企业精神文化的具体化。企业的精神文化必须转化为具有操作性的正式制度与规范，才能被广大员工所接受。如果企业的制度与规范违背企业的精神文化，那么企业就会陷入"知行不一"的病态文化之中。企业的行为规范大体上可以分为两大部分：对内行为规范与对外行为规范。对内行为规范，使企业的价值观理念得到员工的认同，以创造一个和谐的有凝聚力的内部经营环境。对外行为规范，通过一系列对外的行为，使企业的形象得到社会公众的认同，以创造一个理想的外部经营环境。企业行为规范不同于企业规章制度的地方在于：前者是对员工的"应然要求"，只是希望员工"应当如此"，目的在于唤醒员工的主体自觉性；后者是对员工的"必然要求"，强制员工"必须如此"。可见，企业制度文化已深深影响了企业的行为文化。

企业行为文化是以人的行为为形态的企业文化形式，包括两个方面的内容：一是为规范员工行为而制定的"行为规范"，二是员工的具体行为所折射出的"文化"。它包括企业家行为、企业模范人物行为、企业普通员工行为等。一般说来，企业员工行为规范大体上包含以下内容：仪容仪表、岗位纪律、工作程序、待人接物、环卫安全、素质修养等。成功的企业家都是以创新和"做正确的事"为首要任务，也总是把其主要精力放在考虑企业未来的发展上。如果一个企业家总是拘泥于具体的细节，缺乏战略眼光，企业就可能在"错误的事情"上疲于奔命。企业模范人物大多是在各自的岗位上作出了突出的成绩而被推举出来的优秀分子，是企业价值观的综合表现。企业模范人物的行为是全体员工的努力方向，其示范作用对于营造良好的企业文化氛围具有重要的作用。企业员工的群体行为，尤其是一线生产工人的行为，往往反映了企业整体的精神风貌和企业文化的现实状况。通常所说的重塑企业文化，从根本上说就是重塑员工的行为。企业行为文化是与企业形象中的企业行为识别系统相对应的。

企业物质文化是由企业人创造的产品和各种物质设施构成的器物文化，主要包括以下内容：一是企业的生态文化。二是企业生产的产品和所提供的服务。三是企业的生产环境、企业建筑、企业广告、产品包装与设计等。企业物质文化是与企业视觉识别系统相对应的。

由上可见，企业制度文化是企业精神文化的具体化。企业制度文化影响着企业行为文化。企业行为文化也反映了企业的精神风貌。企业物质文化是企业精神文化、企业制度文化、企业行为文化的具体表现。企业精神文化在整个企业文化体系中处于核心地位。简言之，从逻辑上来看，它们之间的关系是：企业精神文化→企业制度文化→企业行为文化→企业物质文化。

1.1.3　迪尔和肯尼迪的"企业文化的类型"说

特雷斯·E.迪尔和阿伦·A.肯尼迪在其《企业文化——现代企业的精神支柱》中将企业文化分为以下几个种类：

1）强文化与弱文化

这里的强文化是指企业的文化有内聚力，每个员工都知道企业目标，且为实现这些目标而能通力合作和工作。强文化是企业制胜之道。他们认为，日本人成功的主要原因就是由于其具有一种有持续能力的、可在全国范围内维护的一个非常强大且有凝聚力的文化。日本的企业文化是一种强文化。弱文化是指企业的文化支离破碎，员工分成不同派别而各有其自己的动机。整个企业如同一盘散沙，内耗重重、士气低落、人心涣散。

2）"企业文化的四类型"说

（1）硬汉文化

硬汉文化是强人文化，它所鼓励的人经常冒大风险，且其行为不论对或错，都很快得到反馈。这种文化形成于高风险、快反馈的企业，如建筑、广告、影视、出版、体育等。

硬汉文化的特点是：①崇尚个人明星、英雄；②机遇最重要；③迷信仪式。

硬汉文化对人的要求是：坚强、乐观、强烈的进取心、寻找山峰并征服它的牢固信念。

硬汉文化的优点是：能适应高风险、快反馈环境，视承担风险为美德。其缺点是：短期行为压倒一切，而常常把企业精神置于脑后，也无法进行长期投资。

（2）"努力工作、尽情享乐"文化

这种文化是"拼命干、尽情玩"的文化。它所鼓励的员工喜欢采取低风险、快反馈的方式而取得成功。它形成于房地产、汽车等行业。

这种文化的特点是：①工作数量扮演着极为重要的角色；②崇尚优胜群体；③着迷于有刺激性的活动。

这种文化对人的要求是：工作时拼命干，玩乐时尽情玩，对人友好，善于交际，发现需要并满足之。

这种文化类型的优点是：行动迅速，适合于完成工作量极大的工作。其缺点是：缺乏思考和敏感，常常使胜利者自我陶醉而变得愚蠢，忘记了今天的成功可能会导致明天的失败。

（3）长期赌注文化

长期赌注文化是赌博文化、攻坚文化。它形成于风险大、反馈慢的行业，如石油开采、航空航天等行业。

这种文化类型的特征是：①崇尚创造美好的未来；②权威、技术能力、逻辑和条理性扮演着重要角色；③以企业例会为主要仪式，决策自上而下，不能容忍不成熟的行为。

这种文化类型对人的要求是：凡事须深思熟虑，再三权衡利弊，一旦下定决心，就不能轻易改变。

这种文化类型的优点是：完全适应于高风险、慢反馈的环境，往往会导致高质量的发明和重大的科技突破。其缺点是：有时慢得可怕，缺乏激情。

（4）过程文化

过程文化是"官僚文化"。它形成于风险小、反馈慢的企业，如银行、保险、电力。

这种文化的特征是：①崇尚过程的细节，严格按程序办事；②小事扮演着重要角色，喜欢小题大做；③仪式体现着严格的等级观念。

这种文化对人的要求是：遵纪守时，谨慎周到。

这种文化的优点是：有利于稳定。其缺点是过于保守。

这四种企业文化类型如图1-1所示。

1.1.4 "企业文化的五类型"说

日本学习院大学教授河野丰弘在迪尔和肯尼迪观点的启发下，在其所著的《改造企业文化——如何使企业展现活力》[①]一书中提出了划分企业文化类型的三种标准：①采取的行动是革新的、积极的，还是保守的、消极的；②分析的，还是直觉的；③上下的距离如何。

---

① 河野丰弘. 改造企业文化——如何使企业展现活力［M］. 彭德中，译. 台北：远流出版公司，1980.

大	1.石油开采、飞机、电脑 　以公司为赌注（长期赌注）的文化 （1）价值：谨慎、长期的分析 （2）能适应的人：能忍受不明的状况，能够谨慎分析 （3）缺点：行动迟缓	2.建筑、化妆品、广告、外科医生 　大胆、男性的文化（硬汉文化） （1）价值：背负风险 （2）适应的人：能耐赌注 （3）缺点：无法进行长期投资
（风险） 小	4.银行、保险、电力 　过程文化或手续、官僚主义的文化 （1）价值：正确度、完成主义 （2）适合的人：注意细节 （3）缺点：进步迟缓	3.汽车销售等销售业 　努力工作、纵情享受的文化 （1）价值：找出需求、活动能力强、迅速应对 （2）适合的人：会工作、会玩、人际关系好 （3）缺点：欠缺分析能力

慢　　　　　　　　　　（结果产生的速度）　　　　　　　　　快

图 1-1　企业文化类型

他认为，企业文化可以分为五种类型：①有活力的企业文化。其特点是重视革新，新的构想不断产生。成员所信奉的价值观是命运共同体、尊重个性、革新。②追随独裁者、有活力的文化。所信奉的价值观是组织导向、追随领导者。③官僚的企业文化。其特征是重视手续、规则。所信奉的价值观是部门和程序导向。④僵化的企业文化。其特征是习惯性，对创造性、生产性不感兴趣。所信奉的价值观是利己主义、自我保全、安全第一。⑤追随独裁者、僵化的企业文化。其特征是吹拍逢迎、只图己身的安全，不做新的事情。成员所信奉的价值观是利己主义、追随领导者、安全第一。

1.2　企业文化的要素

1.2.1　"五要素说"

特雷斯·E.迪尔和阿伦·A.肯尼迪认为，企业文化由以下五个要素组成：

1）企业环境

这是指企业的性质、经营方向、外部环境、社会形象、与外界的联系等方面。特别是，由于产品、竞争者、顾客、技术、政府关系等条件不同，在市场上又面临着不同的状况，因此，良好的运行环境是企业成功的重要条件。而企业成功离不开企业文化，所以，企业环境又是塑造企业文化的重要条件。

2）价值观

这是指企业内部成员对某个事件或某种行为好与坏、善与恶、正确与错误等一致的认识。特别是，它很明确地对员工说明"成功"的定义："如果你这么做，你就会成功。"因此，统一的价值观是企业内部成员选择自己行为的标准。

3）英雄人物

这是指企业文化的核心人物或企业文化的人格化。他的作用就在于其给企业中其他员工提供可供仿效的榜样，对企业文化的形成和强化起着极为重要的作用。他的标准是：①他是企业价值观的人格化，是全体员工所公认的最佳行为和组织力量的集中体现。②他有着不可动摇的个性和作风，他所做的事是人人都想做而不敢做的事，因此，他是每个遇到困难的人都想依靠的对象。③他的行为超乎寻常，但离凡人并不遥远，是可以模仿和学习的。④他是通过在整个组织内传播责任感来鼓励雇员的，其作风并不会因他的去世而消失。

4）典礼与文化仪式

这不仅是指企业内部的有系统、有计划的日常例行事务，即世俗中的仪式，而且是指企业内部的各种表彰、奖励活动，聚会以及文娱活动等，即世俗中的典礼。它可以把企业中所发生的某些事情戏剧化和形象化，来生动地宣传和体现本企业的价值观，使企业文化"寓教于乐"。

5）文化网络

这是指企业内部以故事、小道消息、机密、猜测等形式来传播消息的非正式渠道。它往往是由某种非正式的组织和人群等构成。它所传递出的信息往往能反映职工的愿望和心声。

1.2.2 "八要素说"

托马斯·J.彼得斯和小罗伯特·H.沃特曼在其《寻求优势——美国最成功公司的经验》一书中提出了革命性文化的八种要素：

（1）贵在行动。强调"组织的流动性"，提倡"企业实验精神"。具体地说，管理人员经常走出办公室搞"巡视管理""周游式管理""看得见的管理"。这就是说，在无拘无束、随随便便的气氛中与各类人员广泛接触、交流信息、研讨问题。它既能促进人们采取更多的行动、进行更多的实验、学习更多的东西，又能更好地保持联系。出色的企业贵在行动，也就是它们愿意尝试去做。

（2）紧靠顾客。主要表现在对服务的执著，对质量的执著，开拓合适的市场和倾听用户的意见。特别是把售后服务当成法宝。如果有顾客回来要求服务，就应当把事情办得尽善尽美。对用户的每一条意见都给予迅速的答复。高级管理人员可以越过中层而直接与那些负责回答用户来信的下级专业人员定期碰头。经常开展巡回上门服务和短期现场服务。一旦产品在用户使用过程中出了问题，就立即派出专家去帮助处理。这是因为出色的企业是靠用户和市场来驱动的，而不是靠技术来驱动的。

（3）鼓励革新、容忍失败。过分集中和正规化往往会扼杀创造性。大企业如果丧失了革新精神，就会走向僵化。要提倡创新、试验、进取、自主，打破常规，培养和支持革新迷。出色的企业有对革新起促进作用的信息沟通制度，其结构安排就是从创造革新的闯将们出发的，尤其是它有时故意使体制设计得有些"漏洞"，使那些到处去物色东西的革新闯将们有机会得到所需的资源，把事情办成，从而使人人都有成就感。

（4）以人促产。优秀的企业总是以人为本，把发掘人的潜能和提高士气视为提高质量和生产力的根本源泉，而不是把资本支出和自动化作为提高质量和生产力的主要源泉。因此，它总是相信人，尊重人，承认每个人的贡献。让职工们控制自己的命运，表现和发展自己的才干，了解公司的经营情况，感到工作有意义、有保障，把公司当作大家庭。公司要靠共同的信念来激励大家，不靠行政命令搞管制。

（5）深入现场，以价值观为动力。物质资源、结构形式和管理技能并非关键，最重要的是价值观所体现的精神力量。价值观的形成主要靠领导人物的真诚信念和身体力行。出色企业的价值观往往是定性的、连贯性的，且往往体现了领导人个性。领导人所能作出的最大贡献，就是阐明企业的价值观体系，并给它注入生命力，且要躬亲实践他所要想培植的那些价值观。这就是说，领导人以言教、身教来坚定、树立企业统一的价值观。领导者身体力行，以价值准则为动力。

（6）不离本行。出色的企业总是强调它们必须以自己的专长作为贯彻所有产品的共同轴线，而不去做它们不知道怎样去经营的行业，也不依靠购买和兼并其他企业来搞多种经营，这是因为所买进来的企业往往具有不同的价值观而很难实现它与其他各部门之间的协调配合。如果企业无所不包，向四面八方出击，就难以形成统一的宗旨。有时出色的企业也搞兼并，但应该能够控制得住所兼并的企业。简单地说，出色的企业做自己内行的事，扬长避短，不盲目投资其他行业。

（7）精兵简政。出色的企业，一是组织结构简单，二是班子精悍。其管理体制可以用三个支柱来加以描述：①符合业务高效率需要的稳定性支柱，即保持一种简单而又始终如一的基本组织形式。②符合经常性革新需要的创业精神支柱，建立以创业精神的多少及贯彻执行情况为基础的测量考核制度。③符合避免僵化需要、打破旧习惯，即能定期改组。

（8）辩证处理矛盾。出色的企业之所以能够做到这一点，主要是因为其价值体系。它能够做到：①把执行纪律和自主统一起来。自主是纪律或规范的产物，而纪律或规范根植于已确有的价值。②集权与分权的统一。一方面把自主权一直下放到车间或产品开发组；另一方面十分珍惜其核心的价值观。③短期利益与长期利益的统一。既强调有一套长期适用的价值体系，又强调依靠每个职工每时每刻来支持这些价值观。④宽严并济，张弛有度，既坚持基本原则，又讲究管理艺术技巧。

彼得斯和沃特曼在书中再三强调"软就是硬"的道理。他们认为，企业主管不仅应关心如何赚钱，而且更应该注重效果和价值观念，鼓励部属与员工同心协力、努力工作，且使他们个个都有成就感。

1.3 企业文化的特性

1.3.1 科学性与人文性

1) 科学与人文的关系

科学与人文是两种文化。简单地说,"科学"是人认识外物,主要是指自然科学,它偏重对"真""功利"的追求。"人文"是指人认识自己,主要是指对人性中的价值、善、审美等进行认识的人文学科。科学与人文实际上都是对人或人类社会最高境界——"真、善、美"的追求。这就是说,科学和人文是紧密相联的。

20世纪50年代,英国物理学家兼作家C.P.斯诺确认了"两种文化"的现象,指出人文知识分子和科技知识分子及其所代表的分裂、对立文化已成为事实。著名的科学家和哲学家A.N.怀特海曾对科学的偏颇加以剖析和反思。他指出,人们往往仅从物质出发,忽视自然和艺术的审美价值和观念。在工业化最发达的国家,艺术甚至被视为儿戏。现代社会使人们在各自的专业范围内不断增长知识等,必定会产生严重的后果。

当然,也有不少自然科学家对"两种文化"现象进行了分析和反思。比如,世界著名的理论物理学家奥本海默就是如此。在他的领导之下,原子弹由理论变成了现实,然而,原子弹用于战争,却给人类带来了有史以来最为深重的灾难,这对一切有良知、爱好和平的科学家造成了永远无法愈合的心灵创伤。奥本海默在沉痛和自责中转向了原子能的和平利用和国际控制等工作,且不断地对人类借助科技来满足其自私和贪婪的本性进行了反思与批判。他还指出,当代的伟大科学的源泉——哲学话语、思辨和技术发明都是缺一不可的。这实际上意味着"两种文化"是缺一不可的。世界著名物理学家汤川秀树也对"两种文化"现象进行了分析和反思,强调科学求真活动与人文价值是一致的,进而对科学日益脱离哲学和文学之类的文化活动深感忧虑。

虽然如此,对保持科学的人文价值必要性的认识,远未被引起足够的、普遍的重视。这就难免会产生"科学的异化"现象,即科学的反人性化现象。比如,世界大战的残酷性、机械文明的非人性化、核武器的威胁、地球生态环境的破坏等,使人文学者认为,科学已完全远离人性,是非人性甚至是反人性的力量,也往往会使人文学者把这些归罪于科学技术,甚至作为抑制乃至禁止科学发展的托词。于是,从20世纪70年代起,人们对科学的恶性膨胀产生了逆反情绪,对滥用科学进行了谴责和非难,这就使科学主义、技术统治主义或功利主义的科学观发生了动摇,这就是所谓弥漫于西方世界的反科学思潮。反科学思潮实际上反对"把真与善、科学与伦理学分割开来",即反对狭隘、片面的功利主义科学观。当前,"两种文化"的分裂、对立不仅没有消除,反而愈演愈烈,科学家与人文学家之间的矛盾日益加深。在人文知识界,反科学的思潮一浪高于一浪,后现代主义代表人物利奥塔、罗蒂等人致力于"消解"自然科学的客观性，费耶阿本德则更进一步地宣称，科学与非科学，甚至与伪科学其实是一回事。他们认为，科学似乎是极端反人性的。这实际上是将科学融合到人文之中。而在自然科学界，不少科学家一直凭借科学已取得的成就和地位排斥人文知识，将后者视为非科学和伪科学，且对人文学者加以愚弄。如美国物理学家索克尔抓住某些后现代思潮学者缺乏自然科学知识的短处，成功地对此进行了"试验"，使对方大上其当，从而对其加以轻蔑，人们也因此称人文学者搞的是"泡沫学术"。

从"两种文化"的对立中也可以看出：这两种文化也有相融合的趋势。值得一提的是，科学主义和人文主义总是要求以自己的观点来努力改造对方的做法最终都失败了。比如，科学主义总是强调以科学的标准来改造哲学，使哲学能够科学化，这就是科学哲学这一哲学派别兴起的原因。但是，科学哲学的发展尤其从逻辑主义向历史主义发展的这段历史表明：科学也是一种文化现象，它和其他文化没有绝对的界限，这样，以科学作为唯一的、标准的文化模式，且以之来改造其他文化是有问题的。事实上，科学哲学派别自始至终也未建立起它所要追求的科学的哲学这一目标。这就是说，科学主义的做法失败了。人文主义强调以"人的精神追求"或"终极关怀"的标准来改造科学，反对科学的工具理性。但是，在当今科技是第一生产力的强劲形势下，人文主义反对科学的这一观点是有局限的。

事实上，正如李政道所说："科学和艺术，事实上是一个硬币的两面。"[1]这就是说，科学与人文也正在相融合。这从科学人文主义尤其是后现代科学思潮的代表人物如萨顿、波兰尼、马斯洛以及大卫·格里芬的观点中就可以看出。萨顿认为，"科学史"可以消除"两种文化鸿沟"，达到科学的人性化。波兰尼认为，他所创立的"意会认知"理论是达到科学人性化的有效途径。马斯洛自始至终地贯彻了其人本心理学。他认为，科学并非是纯粹客观的，其中也有激情、审美、价值等人文因素。费耶阿本德主张，降低科学在文化领域中取得的至尊地位，使之与人文学科，甚至与迷信、巫术等伪科学平权。罗蒂消解了实证科学的客观性和理性。他把科学等同于理性，称为"强理性"。他认为，与其说科学有客观性，倒不如说科学有"亲和性"。"理性"也应该相应地弱化为一系列的道德德性：容忍，尊重别人的观点，乐于倾听，依赖于说服。这样，"两种文化"就没有什么根本区别。大卫·格里芬提出了世界"整体有机论"。由于我们不可分割地包容于世界之中，物质和意识之间并不存在着根本的分歧，因此，意义和价值不仅是世界的组成部分，也是我们的组成部分。

至于科学和人文的关系，只要纵观科学主义和人文主义、现代主义与后现代主义这两大思潮的发展历史，就可以发现：前者是后者的基础，后者是前者的"灵魂"。具体而言，人文应该以科学事实为基础，且在一定程度上遵循科学标准，而科学应以人文为价值规范，即人文应为科学提供价值规范。否则，没有科学，人文

---

① 李政道. 科学和艺术——一个硬币的两面 [M] //中国大学人文启思录：第3卷. 武汉：华中理工大学出版社，1999：171.

就不可能富于清晰性、准确性等，没有人文，科学就失去了价值规范和方向。离开人文的"科学"并不是真正意义上的科学，离开科学的"人文"只是一种残缺的人文。

2）企业文化是科学性与人文性的统一

企业文化中的物质文化、制度文化、行为文化等都是以科学为基础的，如物质文化中的产品文化离不开科学技术，制度文化离不开政治科学，行为文化离不开心理科学，这就说明了企业文化具有科学性。与此同时，企业文化还具有人文性，这主要是因为企业文化是以价值观为核心的。企业文化应是在科学性的基础上强调人文性。

下面从企业的本质来审视企业文化的这一特性。国际上通行的企业定义是：各种生产要素所有者为了追求自身的利益，通过契约方式而组成的经济组织。不同的生产要素所有者之所以要组成企业，是因为在现代"组织的社会"里，它们单凭自身的力量无法实现个人目标（包括经济目标和非经济目标），只有通过加入到某个企业或组织，来实现最后的个人目标。因此，企业在生产的同时，必须盈利，并把利润作为企业追求的经济目标。为了保证产品的质量，应该力争使产品的工艺水平始终居领先地位，这是企业所追求的科学技术目标。与此同时，企业要达成所有的目标，必须关心和满足员工及其家属和整个社会的需要，并将其列入企业所追求的社会目标。这就是说，企业的目标除了经济目标之外，还有其他的目标。赚钱应该是企业存在的首要目标而不应该是唯一的目标。具体而言，一个企业的生存目的不仅是为了获得自身的价值增长，而且是为了追求企业与员工价值共享、追求企业与社会价值共享。在考虑社会价值时，企业除维护顾客的利益、社会公共利益外，尤其应关注自然生态价值。企业关注社会文化价值，努力通过自身的经营行为和公益活动，向社会传播先进的价值观和生活方式。总之，企业面向社会，在谋求自身和谐的基础上应与投资者、竞争者、供应商、经销商、顾客、金融机构以及其他社会成员相和谐，与自然环境相和谐，在和谐中实现价值的共同增长。

企业文化从本质上说，都是关于"人"的文化。一个企业就像一个单个的人，也要生存和发展。人要生存下去，就要赚钱、养家糊口，就得有职业，就得劳动和工作，于是，就得和周围的人打交道，就要适应环境和保护自己。同时，每个人都有自己的世界观，都有自己的思想、性格、脾气、爱好等，且在此指导之下，来从事其各种活动。所以，可以从人生追求来透视企业文化的科学性与人文性。

科学与人文的关系，又称功利与人文的关系。功利与人文的关系，又称为"功利"与"超功利"的关系。前者主要追求的是现实的利益，常常把满足感官的享受作为首要的选择。后者的功能就在于帮助人们寻找自己的精神寄托，提升人们的精神境界。作为生命存在，必须是生命体首先存在，但是人的生命存在并不仅仅是自然肉体的存在，它还有更为重要的生命意义的存在。这样，完整的生命存在并不仅仅是功利性的，同时还要有超功利的精神。所以，超功利的终极关怀固然表现为对功利的超越，但这种超越是内含功利追求的，其使命就在于实现从功利物欲到精神境界的升华。

土光敏夫是日本著名的企业家，也是一个腰缠万贯的富豪。但他的生活十分简朴，他和老伴住在一栋很不起眼的旧公寓，也没有私人汽车，平常走路去公司上班。曾经有人问他："先生，你有这么多的钱，几辈子都花不完，为什么还要拼命赚钱呢？"他用很通俗、有哲理的话回答了这个问题。他说，在物质社会，拥有多少金钱是衡量一个人对社会贡献大小的尺度。金钱是社会对你的贡献大小的一种奖赏。钱赚得越多，社会发给你的勋章就越来越多、越来越沉。

被誉为"日本近代资本主义经济的最高指导者""日本财神之王""企业之王"——涩泽荣一是一位典型的"儒商"。他早年从政，当过政府高官，后来游历西方，回国后不久就弃政从商。在决定弃政从商之前，他经历过一段痛苦的思索，除了要如何顺利地完成人格转化，做到"在商言商"，放弃已有的某些信念与观念，更要考虑的是："从商，意味着从此以后要在金钱中滚打，该持有何种操守。"经过一番思索，他认为中国传统文化经典《论语》中的思想可用于经商得利。在这种信念的支配下，他毅然从商，并把"一手拿算盘，一手执《论语》"视为终身奉持的圭臬。刚开始时，他的做法遭到许多人的讥笑和挖苦，但他毫不动摇这一信念，在不懈的努力下，他终于取得了成功，并对同行与后来的日本企业家产生了影响。1916年以后，涩泽荣一完全摆脱商务，专心于社会事业，讲授他的商业精神和经营哲学，后来出版了被誉为"商务圣经"的《论语加算盘》和《论语讲义》这两本书，对他一生的经商思想和实践作了概括和总结。在《论语加算盘》一书中，涩泽荣一着重论述了以下观点：①对"义与利"作了重新诠释，并将孔子之志定位于"以王道经世济民"（即博施济众），从而批判了程朱理学把理和欲、义和利截然对立起来的观点。他认为孔子所主张的"重义轻利"并没有把义和利完全对立起来。义和利的关系是：义先利次、见利思义、以义节利，从而把合乎道德的经商营利，定位为博施济众的一种手段。②注重实业，认为强国应先富国，而商工乃富国之本。他指出，财富是"博施济众"即"为圣"的物质前提，而"为圣"即成就圣贤人格。③主张"道德经济合一"。从理论上说，抛弃利益的道德不是真正的道德，而完全的财富、正当的殖利必须伴随道德。从工商经营行为上来说，必须以正当的手段即严格遵循商业道德而获利。

约翰·洛克菲勒是一个富翁，但他是一个典型的守财奴，除了金钱和打高尔夫球，对一切都不感兴趣，从不读书，也不跳舞，更不喜欢女人。他说，和女人做戏是危险的，既要耗费金钱，也得赔上宝贵的光阴。他平时极为吝啬，比如，在妻儿过生日时，他都会送一份礼物，妻子会得到一束鲜艳的玫瑰，女儿会得到鲜花和一个小的胡桃肉蛋糕，儿子会得到一条仅值15美分的领带。他总是千方百计地向其儿子灌输这样的观点："这笔钱财仅是上帝交给我们父子保管的，是不容挥霍和乱花的一笔特殊信托款项。""浪费是一种罪恶。"虽然他是一个典型的守财奴，但是，他大办慈善事业，仅芝加哥大学在23年内得到的他的捐款就高达4 500万美元。

1.3.2 民族性

任何一个企业文化都是以本民族传统文化为基础的，这就是说，企业文化被深深地打上了本民族文化的烙印。离开了本民族的传统文化，企业文化就成了无源之水。因此，民族性是企业文化的重要特征。如日本企业倡导礼教习俗、家庭风尚等体现了其民族文化的特点。美国企业非常强调"追求不可遗憾的事实"等离不开其民族文化。也可以这么说，日本和美国企业文化的差异的一个重要原因就是日本和美国的民族文化之间的差异。

1.3.3 系统性

系统性又称整体性。这主要表现在：

（1）企业文化是由精神文化、制度文化、行为文化、物质文化等构成的一个系统。这是因为精神文化、制度文化、行为文化、物质文化等是有内在联系的。

（2）企业文化是由企业环境、价值观、英雄人物等多种要素所构成的一个整体。

（3）企业文化的建设要从全局性出发，结合企业的内外环境条件，着眼于社会这个整体，追求和谐、协调的发展。

1.3.4 时代性

任何一个企业都是在一定的时代中进行的，因此，任何一个企业文化总是反映这一时代及其精神。由于时代总是会变化的，因此，企业文化也总会变化。比如，我国企业在20世纪50年代倡导"鞍钢文化"，在20世纪60年代强调"大庆文化"，后来又提出了"海尔文化"乃至今天的"华为文化"。这实际上也反映了企业文化是随时代而变化的。

1.3.5 多样性

企业是社会经济活动的基本单位，每个企业在经营管理活动中必然会产生一系列文化现象。虽然每个企业都是由人组成的，都要有资金、技术、场所，都要向人们提供某种产品，并赚取利润，但是，每个企业又都是不同的，这是因为它们是由不同的人组成，生产不同的产品，需要不同的技术和原料，更重要的是，每个企业所遵循的价值观念、思想道德、传统作风、行为规范和群体意识是有差异的。所以，每个企业和其他企业虽然在企业文化上有共同点，但还是会有区别，这就是说，每个企业都有自己的企业文化，不同的企业有不同的文化风貌。它们所信奉的精神观念、思想道德又必须通过它们的行为和各种物质手段凸显出来，所以，它们的行为文化、物质文化等也是有区别的。

如果只对生产物质财富的企业进行分类，在市场经济条件下，则企业可分为以生产为中心和以贸易为中心两类。这两类企业各有自己的经营目标，在一定的风险环境中致力于生产或交换物质产品,以满足人们不断增长的物质需要。如果市场上出现某种产品供不应求,则有建立企业或继续生产该产品的动力。如果产品等能够更好地满足社会需要,则社会对其产品的需求量就大,决策者就会采用先进技术以及各种文化手段,以生产出具有特色并能多获利润的产品。而以贸易为中心的企业则通过其独特的营销文化等来交换物质产品,以获得最大的利润。显然,这两类企业所具有的文化是有差异的。

再比如,制造业与创新业所具有的企业文化不尽相同。制造业以体力、技艺、机械力和管理组合作为生产力的主体,绝大部分生产都是外在的、透明的,劳动强度、技术熟练程度都可以量化到个人,科学与理性是管理的主要内容,产品主要满足人们的物质需要。创新业主要以知识、智慧和思维方法合成生产力的主体,脑力劳动决定了创新的过程基本上都是在"黑箱"中进行,劳动强度、思维的速度和敏捷性都无法量化,只有外化为具体的"产品"时,才能间接地感受到,产品主要满足人们的精神需要。因此,制造业的特性决定它需要一种以"管"为主,强调服从、纪律、集体和严格的企业文化。而创新业的特性则决定它需要一种以"理"为主,以弹性工作制和人性化环境为依托,能够充分凸显人的个性和创造力的企业文化。

在不同的社会制度、不同的市场经济模式中,有不同的企业文化模式。在不同的国度、不同的文化背景下,也必然有不同的企业文化模式,如美国的"IBM文化"、日本的"松下文化"。即使在同一国度,也会因地域、企业的不同,创业史等原因形成不同的企业文化,如我国的"大庆文化""鞍钢文化"等。

所以,不同的企业文化既具有统一性,又具有差异性。

1.4　企业文化的作用

1.4.1　"塑造人"的作用

这一作用又称教化作用。这就是说,人是文化的产物。不同的文化塑造的人是不一样的。具体地说,人不仅是家庭文化、学校文化、社会文化的产物,而且是民族传统文化的产物。比如,城市家庭文化和农村家庭文化所熏陶出来的人有不少差异,知识分子家庭文化和普通老百姓家庭文化所培养出来的人也有明显的差异。同样,不同学校的文化传统塑造出来的学生也有差异。在这里,特别强调的是,人还是民族文化的产物。不同的民族文化塑造出了不同的人,且导致了不同民族的人所作所为的差异。虽然不同的民族文化有相同的地方,其所导致的不同民族的人所作所为有相同的地方,但是,由于不同的民族文化毕竟有重大的区别,因此,不同的民族文化的人所作所为也毕竟有区别的地方。比如,在某一地方,有一间房子起火了,在场的有三个不同种族的人:中国人、法国人和犹太人。由于这三个种族的文化有相同的地方,因此,这三个不同种族的人都想到要救人、救东西、救火。但是，由于这三个种族的文化毕竟有不相同的地方，因此，这三个不同种族的人在具体先救什么的时候，就不太一样了。中国人由于受儒学的"孝"文化深刻的影响，因此首先想到的是救自己的老母亲。法国人由于受其浪漫文化的影响，因此首先想到的是救情人。犹太人由于受其民族文化中"经商"意识的影响，因此首先想到的是救钱。再比如，面对一间又破又小的房子，有两个不同种族的人：美国人和中国人。美国人依其民族文化中"不断进取"的精神，就会推倒这一房子，重新盖一个又大又漂亮的房子。中国人依其民族文化中"节约"和"保守"意识的影响，就不会推翻这一房子，而是对这一房子修修补补，并且对自己的这一行为，中国人能够再从传统文化中找到恰当的理由：对待"破"，中国人往往会取"金窝银窝不如家里的狗窝"来自我解嘲；对待"小"，中国人往往会取"室雅无须大，花香不在多"来自我安慰。

同样，企业文化的作用也在于其培养企业所必需的人。如松下公司企业文化的口号是："松下生产人，同时生产电器。"丰田公司企业文化的口号是："既造车，又造人。"由于上面所说的每一个企业文化之间有相同点和不同点，因此，不同的企业文化所塑造出来的人也有相同点和不同点。具体地说，企业文化可以使人学到进行生产经营及管理的知识、经验，使人树立崇高的理想，培养人的高尚道德，锻炼人的意志，净化人的心灵，使人学到为人处世的艺术，从而提高了人的能力，有助于人的全面发展。

下面所说的企业文化的作用皆是由这一作用推出的。

1.4.2 导向作用

企业文化的导向作用是指对企业的发展方向、价值观念和行为文化等的引导作用。

特别是，由于企业文化集中反映了员工共同的价值观、目标，因此，它对任何一个员工都有一种无形的、强大的感召力，把员工引导到既定的目标方向上来，始终不渝地为实现企业目标而努力奋斗。

企业文化的这一作用也可以称为凝聚作用，这是因为目标导向和价值导向实际上就是目标凝聚和价值凝聚。目标凝聚是指通过企业目标以其突出、集中、明确和具体的形式向员工和社会公众表明企业行为的意义，使企业目标成为全体员工努力奋斗的方向，从而形成强大的凝聚力和向心力。价值凝聚是指通过共同的价值观，使企业内部存在着共同的目标和利益，且使之成为员工的精神支柱，从而把员工牢牢地联结起来，实现共同的目标。

1.4.3 约束作用

企业文化的约束作用是通过制度文化和精神文化规范而发生作用的。制度文化的约束作用较为明显，且是硬性的、有形的。制度面前人人平等。企业的精神文化包括社会公德和职业道德，是一种无形的、理性的韧性约束。特别是，受企业文化熏陶的员工如果对企业所承担的社会责任和目标有深刻的领悟和理解，就会自觉地约束自己的行为。

企业文化的约束作用包括自控作用。如果制度规定、道德规范等企业文化成为员工的自觉或不自觉的意识时，员工就会自觉或不自觉地按这些观念和规范行事，即产生一理所当然、理应如此的感觉。此时，不管人前还是人后、领导在或者不在、有无检查等，员工都能自觉地按照企业文化的要求办事。如果违背，即使不为人所知或不被人指责，员工也会反省自己，感到内疚不安。这就是人们通常所说的"道德自觉"。一旦如此，一个企业就用不着巨细无遗的规章制度等。这就表明了该企业文化已经达到了很高的境界。

1.4.4　激励作用

所谓激励，是指企业通过一定的刺激，使员工产生一种情绪高昂、奋发向上的效果。具体地说，主要表现在以下几个方面：

（1）关心激励。企业各级主管应该了解其员工的实际情况，帮助他们解决在工作和生活上的困难，使员工产生对企业的依赖感，充分感受到企业的温暖，从而为企业尽力尽责。

（2）信任鼓励。优秀的企业文化总是建立在尊重、相信人的基础上，最大限度地激发员工的积极性和首创精神，使员工以主人翁的姿态关心企业的发展，贡献自己的聪明才智。

（3）宣泄鼓励。企业内部难免会出现矛盾等，而使员工产生不满。管理者应当善于采取适合的方式，让员工消气泄愤，能够心平气和地为企业工作。

1.4.5　辐射作用

企业文化不仅对内产生强烈的感染、传播作用，即上面所说的凝聚作用，而且对社会有扩散的作用，即把企业的良好的精神风貌等辐射到社会，对社会的精神文明建设等产生积极的影响。这一影响的主要途径有：

（1）产品辐射。企业文化中产品文化向社会的扩散。

（2）精神辐射。企业文化中精神文化向社会的扩散，并为其他企业或组织所借鉴、学习和接纳。

（3）人员辐射。企业文化通过员工向社会传播和扩散。

（4）宣传辐射。企业文化通过宣传媒介等向外扩散。

1.4.6　阻抑作用

企业文化一旦成为传统，就有可能形成阻抑作用。即使优秀的企业文化传统，可能因其文化先进的相对性，当其发展到一定阶段时，也具有了僵化性和保守性，进而产生了一定的阻抑作用。当然，不良的乃至落后的企业文化传统的基本文化功能就是阻抑作用。

比如，在企业决策文化上，日本一方面具有其决策后的行动果断、迅速和一致，决策过程中的尽量避免意见对立和冲突，决策前的情报搜集和资料占有等有利的一面；另一方面具有决策漫长、拖拉的一面。与此不同，欧美国家讲究节奏、当机立断。

再比如，"斤斤计较、精明过人"是日本企业的文化传统，这对具体的经营、生产、积累固然大有益处，对一般交易中的即时、短期利益保障也有好处，但在对外经济关系和在长久的合作关系中，却有着极大的弊病，这往往会束缚决策当事人的手脚，从而造成经济合作中的狭隘、小气，缺乏大家风度，给对方造成不快，也给未来和长久合作带来阴影。

所以，任何优秀的企业文化传统都是相对的，都可能有其不足取的一面。

1.5 企业文化的产生、内容的创新与发展

1.5.1 企业文化的产生

企业文化的产生是企业管理发展到一定阶段的产物。从历史上看，管理科学经历了四个阶段：古典管理理论阶段、行为科学管理理论阶段、管理丛林阶段和企业文化阶段。

1）古典管理理论阶段

现代企业管理科学发展的第一阶段（20世纪初到20世纪30年代），是所谓"古典管理理论"阶段。古典管理理论通常包括泰勒的科学管理理论、韦伯的行政组织理论和法约尔的管理理论。

（1）泰勒的科学管理理论

泰勒1911年出版的《科学管理原理》一书的主要内容有：

①最佳动作原理。具体地说，先选择一些合适而熟练的工人，对他们的每一个动作、每一道工序进行合理的设计或培训，并记录下时间和时间的总和，再加上必要的休息时间和其他延误的时间，就会得出完成某一工作需要的总时间，从而制定出一个工人的"合理的日工作量"及其工作定额。泰勒认为，科学管理如同节约劳动的机器一样，其目的就在于提高每一个单位劳动力的产量。

②一流的工人制。这是指根据不同的体质和禀赋来挑选、培养工人。比如，身体强壮的工人就应该去干重活，而不能去干精细的活，这样，被挑选、培训出来的工人都是一流的。

③刺激性付酬制度。这是指在工人的工作定额的基础上采取"差别计件工资制"。凡是超额完成生产任务的，其单件的工资越高，收入就越多。

④职能管理原理。这是指将管理工作细致地予以分割，每个管理者只承担一两种职能。这样，管理的职能比较单一明确，培养管理者所花的时间和费用也就较少。

⑤例外原理。这是指企业的高级管理人员应把一般的日常事务授权给下级管理人员去处理，而自己只保留对例外事项或重要事项的决策和监督权。

⑥"精神革命论"。这是指对工人进行思想压制的理论。在泰勒所试验的工厂里，不许4个以上的工人在一起工作。泰勒认为，当工人结帮成伙的时候，工人们会把许多时间用在对雇主的批评、怀疑，甚至公开的斗争上，从而降低效率。如果将工人们分开，他们就会专心致志地按规范操作，从而提高工效和增长工资。泰勒认为，工人的工资一旦提高，工人和雇主"双方都不把盈余的分配看成头等大事，而把注意力转移到增加盈余量上来，直到盈余量大到这样的程度，以至不必为如何分配而争吵"。这就是泰勒所说的"精神革命论"。

（2）韦伯的行政组织理论

韦伯的行政组织体系，又称为"官僚制"或"科层制"。官僚的意思是分职务、分部门、分层次的管理形式。韦伯提出"官僚组织"这个术语，并非用来表示文牍主义的、低效率的含义，而是指组织结构设计中的某些特点。韦伯主张的官僚组织有如下几个特点：①进行劳动分工。为了实现一个组织的目标，就要把组织中的全部活动划分为各种基本的作业，且作为公务分配给组织中的各个成员。②确定职权等级。各种公务和职位是按照职权的等级原则组织起来的，每一职位有明文规定的权利和义务，形成一个指挥系统或层次体系。③建立规章制度。管理人员必须遵守组织规定的规则和纪律，使之不受人的感情因素的影响，保证在一切情况下都能贯彻执行。组织中人员的任用，完全根据职务上的要求，通过正式考试或教育训练来实行。管理人员有固定的薪金和明文规定的升迁制度，是一种"职业的"管理人员。④人际关系非人格化。组织中的各级官员必须完全以理性为指导，他们没有个人目标、偏爱、怜悯、同情等。⑤工作程度系统化。这和①、②是紧密相联的。⑥雇佣、提升能力化。

（3）法约尔的管理理论

法约尔提出了经营六职能、管理五因素和十四条管理原则的学说。

①经营六职能。这六种职能活动是：技术活动、商业活动、财务活动、安全活动、会计活动和管理活动。管理仅仅是经营的六种职能活动之一。

②管理五因素。这是指计划、组织、指挥、协调、控制。

③十四条管理原则。这是指分工原则、权限与责任原则、纪律原则、指挥或命令统一原则、尊重等级和横搭跳板的信息传递原则、个别利益服从整体利益原则、报酬原则、集权原则、等级系列原则、秩序原则、公平原则、保持人员稳定原则、首创精神原则、集体原则。其中，权限与责任原则是指担任指挥工作的企业领导，应该把所有不一定非要自己做的工作交给部下和参谋部去做，而不能包办一切。领导应该深入了解企业与职工之间的协定，在职工面前起维护企业利益的作用，在场主面前起维护职工利益的作用。同时，领导应该具有承担责任的勇气。

尊重等级和横搭跳板的信息传递原则是指信息应自上而下或自下而上经过等级制度中的每一级而传递。同时，为了行动迅速，各部门也应该横向沟通，建立及时交换信息的"天桥"或"横板"。

古典管理理论仅仅把人看成一种"经济人",忽视了人的社会属性,强调科学性、精密性和纪律性,而忽视了人的情感因素。结果,把人看成了挣钱的机器,在很多企业中激起了工人的强烈不满和反抗。于是,行为科学便应运而生了。

2)行为科学管理理论阶段

现代企业管理科学发展的第二阶段(20世纪30年代至20世纪60年代),是行为科学管理理论阶段。西方管理学中的行为科学管理理论,在早期叫人际关系学说,后又发展为组织行为学。早期的行为科学侧重于"社会人",关心的是职工的社会性方面需求的满足。后期的行为科学侧重于"自我实现的人",关心的是职工在其工作中能否自我实现。

(1)"社会人"假说

最先提出"社会人"这一概念的是乔治·埃尔顿·梅奥。这是梅奥参加霍桑工厂实验后得出的结论。当时,一些管理学家认为,工作环境等物质条件与工人的健康、劳动生产率之间存在着明显的因果联系。但是,经过对两组女工——控制组和对照组——的比较试验发现,这一理论是不能成立的。参加试验的两组女工在工作环境、工作时间和报酬等因素发生各种变化时,产量始终保持上升趋势,但其生产率不和工作环境好坏、报酬多少成正比。

梅奥认为,企业职工是"社会人",而不仅仅是"经济人"。具体地说,企业中的工人不是单纯地追求金钱收入的,他们还有社会方面、心理方面的需求,即人与人之间的友情、安全感、归属感和受人尊重等。因此,企业管理者必须首先从社会心理方面来鼓励工人提高生产率,而不能单纯地从技术和物质条件着眼。

梅奥认为,企业中除了"正式组织"之外,还存在着"非正式组织"。这种"非正式组织"是指在厂部、车间、班组以及各职能部门之外所形成的各种非正式的集团、团体。它们有自己的价值观、行为规范、信念等。它们同样对鼓励工人的士气、提高劳动生产率和企业凝聚力等都可以起到很大作用。"非正式组织"的存在表明了:职工并非仅仅是"经济人",还是"社会人"。

由此,梅奥进一步认为,金钱式经济刺激对促进工人劳动生产率的提高只能起到第二位的作用,起第一位作用的是职工的满足程度,而这种满足程度主要是由职工的社会地位决定的。职工的安全感和归属感依存于两个因素:一是工人的个人情况如个人历史、家庭生活和社会生活所形成的个人态度和情绪;二是工作场所的情况,即工人相互之间或上下级之间的人际关系。

(2)X-Y理论

美国管理学家麦格雷戈于1957年提出了X-Y理论。麦格雷戈把传统管理学说称为"X理论",把自己的管理学说称为"Y理论"。X理论认为,多数人天生懒惰,尽一切可能逃避工作;多数人没有抱负,宁愿被领导,怕负责任,视个人安全高于一切;对多数人必须采取强迫命令、软(金钱刺激)硬(惩罚和解雇)兼施的管理措施。

相反，Y理论则认为，一般人并不天生厌恶工作；多数人愿意对工作负责，并有相当程度的想象力和创造才能；控制和惩罚不是使人实现企业目标的唯一办法，管理者还可以通过满足职工爱的需要、尊重的需要和自我实现的需要，使个人和组织目标融合一致，达到提高生产率的目的。

因此，麦格雷戈认为，在企业管理实践中，如果剥夺了人的生理需要，就会使人生病。同样，如果剥夺了人的较高级的需要，如感情上的需要、自我实现的需要，也会使人产生病态的行为。人们之所以会产生消极的、敌对的和拒绝承担责任的态度，往往是因为被剥夺了社会需要和自我实现的需要等而产生的"疾病"的症状。

麦格雷戈强调指出，必须充分肯定企业职工的积极性是处于主导地位的，职工乐于工作、勇于承担责任，并且多数人都具有解决问题的想象力、创造力。所以，管理的关键就在于如何将职工的这种潜能和积极性充分发挥出来。

（3）需要层次理论

美国最负盛名的心理学家亚伯拉罕·马斯洛在《人类动机的理论》等著作中，提出了著名的"人类需要层次论"。他认为，按照其重要性和发生的先后次序，人的需求可以分为5个层次：

①生理上的需要。生理上的需要，主要指维持生活和繁衍后代所必需的各种物质上的需要，由此导致了人们的衣、食、住、医、行等。这是人们最基本、最强烈、最明显的一种需要。在这一需要没有得到满足之前，其他需要不会发挥作用。

②安全上的需要。一旦生理需要得到了充分满足，就会出现安全上的需要。比如，生活有保障，生老病死皆有依靠等。

③感情和归属上的需要。感情和归属上的需要，主要指同家属、朋友、同事、上司等保持良好的关系，给予别人并从别人那里得到友爱和帮助，以谋求使自己成为某一团体公认的成员等。

④地位和受人尊重的需要。人们对尊重的需要可分为自尊和来自他人的尊重。自尊包括对获得信心、能力、本领、成熟、独立和自由等的愿望。而来自他人的尊重包括威望、承认、接受、关心、地位、名誉和赏识等。

⑤自我实现的需要。自我实现的需要是指一个人需要做适合他的工作，发挥自己最大的潜在能力，实现自己的理想，且能不断地创造和发展。这是最高一级的需要。

马斯洛认为，人们一般按照上述5个层次的先后次序来追求各自的需要的满足，这就是说人的需要有从低到高、从物质到精神、从生理到心理这样一个先后不同的层次。层次越低者越容易获得满足，层次越高者则获得满足的比例越小。马斯洛估计，在现代文明社会中，生理上需要的满足率约为85%，安全上需要的满足率约为70%，感情和归属上需要的满足率约为50%，地位和受人尊敬的需要满足率为40%，而自我实现的需要只能满足10%。

因此，在企业管理上，应更好地从文化心理方面去满足企业职工的高层次需要，从文化上对职工加以调控和引导，帮助他们实现各自的愿望。

与人的需要理论紧密相联的是激励理论。激励理论的基本思路是：针对人的需要来采取相应的管理措施，以激发动机、鼓励行为、形成动力。人的工作业绩不仅取决于能力，而且取决于激励的程度，通常用数学公式表示：工作绩效=f（能力×激励）。

（4）超 Y 理论

美国学者莫尔斯和洛希提出了"超 Y 理论"。他们做过一次试验，在一个工厂和一个研究所中，按 X 理论来管理，结果工厂的效率高而研究所的效率低。在另一个工厂和另一个研究所中，按 Y 理论来管理，结果工厂的效率低而研究所的效率高。他们由此得出结论：Y 理论并不一定到处比 X 理论优越。这是因为职工素质各不相同，有的人富于主动性、责任感和创造才能，有的人则没有这些品质；工作内容也各不相同，有的是单调重复性劳动，有的是丰富新奇的、富有创造性的劳动。因此，应根据不同的情况，决定采用 X 理论还是 Y 理论来进行管理。

（5）群体理论

心理学家霍曼斯认为，任何一个群体都是由活动，相互作用（信息沟通和行为响应、思想情绪），群体成员的态度、感受、意见、信念、思维过程和群体规范所构成的系统。

美籍德国人库尔特·卢因提出了"群体动力理论"。该理论认为，一个人的行为是个体内在需要和环境外力相互作用的结果。它特别论述了群体中各种力量对个体的作用和影响。比如，群体领导方式、群体组织形式、群体结构性质、群体公约等对一个人行为的影响。

美国学者利兰·布雷德福提出了敏感性训练理论。他认为，可以在类似实际工作环境的实验室中组成训练团体，提高受训者对自己的感情、情绪的控制能力，提高自己同别人的相互影响的敏感性，进而改变个人和团体的行为，达到提高工作效率和满足个人需要的目标。

总之，行为科学管理理论认为，人不仅仅是"经济人"，还是"社会人""自我实现的人"等。这已经蕴含了人的精神追求，即"文化人"。

3）管理丛林阶段

现代管理科学发展的第三阶段（20世纪60年代至20世纪80年代），是"管理丛林"阶段。

第二次世界大战结束后，世界进入了一个相对缓和的时代，许多国家把注意力转移到经济建设上来，经济理论得到了发展。在管理理论方面出现了许多新学说和新流派，这通常被人们称为"管理理论的丛林"。美国管理学家哈罗德·孔茨认为，至少有11个学派：社会系统学派、决策理论学派、系统管理学派、经验主义学派、权变学派、数学（管理理论）学派、组织行为学派、经理角色学派、经营管理理论学派、社会技术系统学派、人际关系学派。下面，主要介绍管理丛林阶段上的主要代表——决策理论学派。

决策理论学派，主要是在第二次世界大战以后吸收了行为科学、系统论、运筹学和计算机科学等学科的内容而发展起来的。其代表人物是西蒙等人。

西蒙的决策理论主要内容有：

（1）管理决策论

西蒙认为管理就是决策，制订计划是决策，选定方案也是决策。组织的设计、部门化方案的选择、决策权限的分配等，是组织上的决策问题；实践中的比较、控制手段的选择等，是控制上的决策。所以，决策贯彻于管理的各个方面和全部过程，是全部管理活动的中心。

（2）决策过程论

西蒙认为决策是一个过程，包括三个阶段：第一个阶段是搜集情报阶段，又称参谋活动阶段。在这个阶段上，不仅要搜集企业所处环境中有关经济、技术、社会等方面的情报，而且要搜集企业内部的详细情报，进而对这些情报要进行分析，找出问题，确定决策目标。第二个阶段是拟订计划阶段，又称设计活动阶段。在这个阶段，以企业要解决的问题为目标，根据所搜集到的情报，拟订几种方案，并对它们进行预测分析、可行性分析和数理论证等。第三个阶段是选定计划阶段，又称选择活动阶段。这就是说，根据当时的情况和对未来的预测，分析、对比各备选方案的论证结果，选出最优或满意的方案。只有对这个选定的方案进行科学实验，其正确性得到印证后，才能编制计划、贯彻执行，同时，也要对执行情况进行监控，以修正偏差。

（3）决策准则论

西蒙认为，古典决策论把人看成具有绝对理性的"经济人"，在决策时本能地按照最优化原则来选择备选方案，这是不可能的。这是因为人的头脑能够思考和解答问题的容量，同问题本身的规模相比是非常渺小的。这样，在现实中要找到最优的决策方案是非常困难的，甚至是不可能的。

西蒙认为，现代决策论是相对于古典决策论来说的，其所首创的现代决策论的核心是所谓"令人满意准则"。决策的准则有两条：第一是满意准则，即被采纳的决策不一定是最优的，但是各方面是令人满意的；第二是相关准则，即决策时不考虑一切可能发生的情况，只考虑与问题有关的特定情况，比如，对工商企业来说，就是只考虑"适当的市场份额""适当的利润""公平的价格"等。

（4）决策技术论

按照形式来分，有程序化决策和非程序化决策。程序化决策，也称常规决策、例行活动决策或规范性决策，是指一些经常重复发生的、决策目标非常明确的、目标是否达到的标准也非常明确的决策。它是可以通过制定一个例行的程序来加以处理、不必每次都翻什么新花样的决策。事实上，企业基层管理所从事的大多数决策，如订货、材料出入之类的决策，都属于程序化决策。非程序化决策，也称非常规决策、非例行活动决策或非规范性决策，是指那些牵涉面广、问题复杂、不经常出现、也不能用对待例行公事的办法来处理的决策。如新产品的研究和开发，企业经营的多样化，新工厂的扩建等，这些都属于非程序化决策。一般来说，企业最高管理层主要关注的是非程序化决策，而基层管理通常关注的是程序化决策。

按照决策问题的自然状态的性质来分，有确定性决策和非确定性决策（其中又有风险性决策、竞争性决策和完全不确定性决策之分）。所谓自然状态，又称客观条件，是指各备选方案在执行中可能遇到的客观状况，如天气的好与坏、市场的繁荣与疲软等。当决策问题只存在一种已知的自然状态时（如天气肯定好、市场肯定疲软），就称为确定性决策。这时，客观因素很清楚，约束条件很明确，有关变量及其相互关系是可计量的，因而，能够建立数学模型和求出最优解。当决策问题存在着两种以上的自然状态，而各自然状态发生的概率均确知时（如确知市场繁荣的概率为0.7，而市场疲软的概率为0.3），则称为风险性决策。为解决风险性决策问题，研究人员发展了许多决策方法，如以期望值为标准的决策法、以最大可能性为标准的决策法、以优势原则为标准的决策法、以意愿水准原则为标准的决策法、马尔科夫决策法、模拟决策法、动态规划决策法等。当决策问题存在着两种以上的自然状态，且自然状态发生的概率不能确知时，就称为完全不确定性决策。这时，由于客观因素的不确定，无法估计各种特定情况出现的概率，也就无法预测各种有关结果的概率，因此，缺乏选择最佳方案的条件，只能选择较好的方案。为了进行这种选择，发展出了最大的最小收益值法、最小的最大后悔值法、最大的最大收益值法、乐观系数法、等可能法或等概率法等。当决策问题中有竞争对手存在，所出现的状态不是客观的自然状态而要注意竞争对手的策略时，就称为竞争性决策。为了作好竞争性决策，企业管理中引进了20世纪20年代发展起来的一门数学分支学科——对策论，使这类问题获得科学的解决。

按照所考虑目标的个数，有单目标决策和多目标决策。在多目标决策中，有些方案无论从哪个目标来看，都是比较差的，因而，是可以淘汰的"劣解"；但是，其余的方案却是有好坏、高低之分的。经常是，对某些目标来说，这个方案比较好，而对另一些目标来说，则是那个方案比较好。任何一个方案都既不会全面优于其他方案，也不会全面差于其他的方案，而被称为"非劣解"。多目标决策的任务，就是要从属于"非劣解"的方案中，选取一个比较满意的方案作为"好解"。为此，发展了许多可行的方法，如目标分层法、成本-效益法、乘除法、效用系数法、功效系数法、数学规划法、目的规划法、重排次序法、直接求非劣解法等。

由上可知：决策理论学派和系统论、控制论、信息论、计算机科学的关系非常密切。这主要表现在：第一，决策理论学派创始人西蒙，对系统论、控制论、信息论与计算机科学有较深的研究，他的管理理论很自然地渗透着系统论、控制论、信息论与计算机科学的研究成果。第二，决策理论学派认为，管理就是决策，而决策是由许多阶段、许多步骤而组成的系统。这个系统中的每一个步骤，都是建立在搜集到足够丰富的信息资料的基础之上，且通过信息反馈来加以调节和控制。所以，管理就成了系统论、控制论、信息论的具体运用。第三，决策理论学派所主张的决策，要求尽可能量化，建立数学模式，进行计算，但是，由于决策问题很复杂，内外因很多，要把所有的因素考虑进去而求得最优解几乎是不可能的，因此，该学派认为只能把主要的、基本的因素考虑进去，以求得满意解。然而，即便求出满意解，计算工作量也是很大的，离开了电子计算机有时是很难办到的，计算机科学的兴起是决策理论学派得以存在和发展的基础。第四，决策理论学派重点是要解决决策本身的科学性问题，它告诉决策者怎样处理信息、怎样建立模型、怎样进行可行性分析、怎样根据计算结果作出选择等。但是，它并没有进行决策的社会性、群众性和文化性方面的研究。

由以上可以看出：在管理丛林发展阶段上，管理理论出现了若干需要克服的问题：第一，偏重吸收了自然科学研究成果，而忽视了对社会科学研究成果的吸收。许多管理学家把这个阶段称为"管理科学"阶段，并把它看成泰罗"科学管理"的直接继续，而不是在"行为科学"阶段之后的向前发展。西蒙也认为这个阶段上的管理科学，在原理上与科学管理并无差异。第二，重视物的因素，忽视人的因素。没有说明怎样才能使人感到工作有意义，没有研究怎样使一个普通的人变成企业里的英雄和一贯的优胜者，未能说明如何给工作人员以一定的自主权来调动他们的积极性，没有考虑怎样依靠广大工人的自觉性来控制产品的质量，没有阐明应当怎样去精心培育和扶植敢于革新的闯将，也没有教会企业懂得怎样与用户建立起真挚的感情等。第三，过分强调理性因素，忽视了感情因素；崇拜逻辑与推理，贬低了直觉和热情的作用。美国一些管理学者认为这是轻重错置。例如，斯坦福大学的哈德·列维特就认为：管理过程就是"道路的探索"、"决策的制定"和"决策的执行"这三个变量持续不断地相互作用的过程。道路的探索，从本质上来说是一个美学的、依靠直觉的过程，需要有像诗人、艺术家、企业家那样的灵感；决策的制定，需要头脑冷静和讲究理性的系统分析员、工程师、企业管理学硕士、统计学家和职业经理；决策的执行，其乐趣主要在于能跟别人一起工作，所以，需要有热情洋溢的心理学家、推销员、教师、社会工作者等。第四，过分依赖定量的方法，片面地以为只有数据才是过硬的和可信的。20世纪70年代管理理论和实践的中心主题是经营战略，因此，在这个阶段上的管理学家们很喜欢谈论"战略"。"战略"这个词，本来意味着具有长远意义的某种绝妙的好主意，可借以在竞争中克敌制胜，而这个管理阶段上的理论家们却是在另一种意义上使用它。所谓"战略"，往往是指定量方面的突破、分析方面的高招、市场份额方面的数据等，或把企业的处境摆到一个4格或9格乃至24格的数学矩阵里去分析，并把这些全面地输入计算机加以运算。定量分析本来是管理工作必不可少的工具，但一旦把它强调过头了，就会产生种种弊端。《成功之路》一书就给这种过头的定量分析列出了八大"罪状"：一是内在地滋生保守倾向。有些东西，如产量、成本比较容易进行定量分析，所以，就容易受到重视；而不太容易进行定量分析的产品质量、服务态度，以及尚不起眼的新产品和新业务的开发，则往往被忽视，从而，在这些非常需要有所作为的方面却踌躇不前。二是导致一种抽象无情的哲学。作为定量分析方法，数学把客观现实中生动活泼、有人情趣味的成分给抽象掉了，总是只强调数字和重量，而忽视有血有肉的人，总是见物不见人。三是把管理人员往往培养成爱做否定性判决的法官。因为从定量分析的角度来看，提出一种否定性论点，本来就比提出一种建设性意见更容易得多。如果一切要通过计算作出决定，那么当初修建第一条铁路时，从经济上来说就很难找到充足的理由来证明此举是值得进行的。四是助长了看不起试验的学风。精确的定量分析是讨厌差错的，可是，作为科学的基本手段，试验若要试出成果来，有时难免就会出现差错。五是必然会使事情过分复杂化和缺乏灵活性。以设计组织结构为例，按照精确定量的要求，不仅要能十分明确清晰地规定好目标，还要准确地计算出为了达到这个目标所必须遵循的途径，按部就班，井井有条。这样精心设计出来的组织结构必然层次多，在其中的混乱是没有了，但什么事情也做不成。六是导致追求徒有虚名的管理过程的正规化，即用一串数字和冗长的数学推导来作出分析、计划、指示、规定和检查。然而，事实表明，这种"正规化"管理往往造成空作姿态、辩论不休和拖延等待的局面。而靠经常性的、自然的交往途径来进行非正式的控制，实际上要比依靠数字来控制更加有效一些，因为靠数字的控制是可以避免或躲开的。七是会贬低价值观的重要性。任何一个企业，绝不可能仅仅因为目标定得精确并经过数理分析，就能形成具有雄心壮志的新方向、新动力。当然，优秀企业也确实掌握了很高超的分析技巧，但它们的重大决策主要是靠其价值观，而不是靠玩弄数字形成的。企业只有不断激发普通职工开发新产品的热情和提供最优服务的愿望，并且对任何人所做的革新与贡献都采取尊重的态度，这样才能够创造出一种具有崇高价值的目的感。显然，这种强力的目的感从根本上说与贬低价值观的精确的绝对化定量方法是格格不入的。八是容不得内部竞争。从精确计算成本的角度来看，搞内部竞争，搞重复的产品系列，搞不统一的生产工艺，显然是不合算的。然而，那些经营得出色的企业却恰恰设置了重叠的分部、重复的产品系列、众多的产品开发小组，并向它们提供大量信息，以便促使它们在生产率方面进行比较，从而促进生产力的发展。

4）企业文化阶段

现代管理科学发展的第四阶段（20世纪80年代以来），是企业文化阶段。

企业文化理论是在以前管理理论的基础上创新而成的。企业管理从科学技术、经济上升到文化层面，是管理思想发展上的一场革命，给企业管理带来了勃勃生机和活力。

现代管理科学从第一阶段向第二阶段发展的契机，是上面所说的梅奥等人所参加的霍桑实验得到了古典管理理论所无法解释的结果；从第二阶段向第三阶段发展的契机，是系统论、控制论、信息论和计算机科学的兴起；从第三阶段向第四阶段发展的契机，则是第二次世界大战以后日本经济的迅速发展。具体地说，日本企业的生产率大大超过了美国，并夺走了大量原属美国企业的市场。管理丛林阶段的理论，多数产生于美国，在美国企业中得到了充分的贯彻。美国企业的生产率，从世界领先地位降落下来，无疑是对管理丛林阶段有关理论的沉重打击。事实上，日本企业的成功，恰恰是克服了管理科学发展第三阶段上管理理论若干错误倾向的结果。管理理论第三阶段和第四阶段之间的差别是：前一阶段主要关心具体的定量指标，而不太考虑企业宗旨、企业信念、企业价值观之类的"软"因素；而后一阶段则把这些"软因素"看得很重，认为掌握了企业价值观和信念宗旨本质的人，才能够主动地推导出无数的具体规则和目标，以适应不断变化的情况。

企业文化固然克服了管理科学发展第三阶段上的某些错误倾向，但不是对它的全盘否定。第三阶段上一切合理的东西都被保留了下来。例如，第三阶段上管理理论把企业看成一个开放系统，认为管理者的任务就是要在多变的环境中使企业存在下去和发展起来，这也是企业文化学的观点。事实上，企业文化就其重视人的作用来说，是第二阶段管理理论——行为科学理论的发展，但绝不是简单的重复。行为科学阶段侧重于把心理学研究成果引入企业管理，而企业文化则侧重于把文化学的研究成果引用于企业管理，充分发挥文化的作用。显然，文化覆盖了人的心理和生理、人的现状与历史。具体地说，"文化人"是"社会人"的继承与发展，"社会人"更是文化的产物，"社会人"内在的本质更应当是"文化人"。企业文化不仅仅把人看成"经济人""社会人"，而且更是把人看成"文化人"。因而，企业文化把以人为本的管理思想全面地显示出来了。

企业文化形成的标志是1981—1982年期间美国管理学界出现了名著：《Z理论——美国企业界怎样迎接日本的挑战》《日本企业的管理艺术》《企业文化——现代企业的精神支柱》《寻找优势——美国最成功公司的经验》。这四部著作通常又被人们称为20世纪80年代企业文化的"新潮四重奏"。

美国加利福尼亚大学美籍日裔教授威廉·大内，从1973年开始着手研究日本企业的经营管理。他从与美日企业界人士广泛的交往中得到有益的启发，在深入调查美日两国的企业管理现状的基础上，以日本企业文化为参照系，写下了《Z理论——美国企业界怎样迎接日本的挑战》一书。这本书写作目的是"如何把对于日本企业管理的理解运用到美国环境的实践性"，亦即试图回答美国公众关心的问题——"日本的企业管理方法能否在美国获得成功"。

在书中，威廉·大内首先提出美国为什么要向日本学习的问题，他认为日本企业成功的秘诀是重视人的因素，美国企业应当吸取充满于日本企业的信任、微妙性的亲密度。他着重考察日美经营方式的独特之处，并作了比较，见表1-1。

作者在详尽地剖析美国盛行的"A（America）型组织"和日本赖以成功的"J（Japan）型组织"之后，提出了"Z型组织"理论模式。Z理论之"Z"（zygote，合子、受精卵），就是主张日本和美国的成功经验应当相互融合，同时也主张在麦格雷戈区分"X理论"和"Y理论"的基础上再来一次重大的理论突破。大内的Z理论是参照麦格雷戈X理论和Y理论而定名的。日本的模式是基于Y理论假设，它不仅注意生产事务，而且重视人的作用；美国的企业模式则更趋近于X理论假设，其注意力更多地放在工艺技术上，对人的管理是机械的。Z理论的重点要求美国企业根据美国具体情况，利用日本企业管理的经验进行管理，要求企业建立密切的人际

表1-1　　　　　　　　　　　　　　　日美企业经营比较

日本企业（J型组织）	美国企业（A型组织）
终身雇佣制	短期雇佣制
缓慢的评价和升级（考核和提升周期长）	迅速的评价和升级（考核和提升周期短）
非专业化的经历道路（强调个人多方面能力）	专业化的经历道路（强调个人的专业能力）
含蓄的控制（内部控制不明显）	明确的控制（内部控制严密）
集体的决策过程	个人的决策过程
集体负责	个人负责
从各方面关心雇员生活	只注意雇员的工作情况

关系，建立人与人之间的信任关系，使管理者与职工取得一致，取得统一。

威廉·大内认为，这种"Z"型的企业组织形式具有以下特点：①实行长期或终身雇佣制，从而使雇员在职业有充分保障的前提下，更加关心企业的长期利益；②对员工实行长期考核和逐步提升的制度；③培养能适应各种工作环境的多专多能的全方位人才；④管理过程中既要有严格的各种科学的控制手段，又要注重对人的经验和潜能进行细致有效的启发和诱导；⑤采取集体研究与个人负责相结合的"统一思想式"的决策方式；⑥树立员工平等观念，在企业整体利益指导下，每个人都可对事物作出分析判断，独立工作，以自我管理、自我控制代替等级指挥，上下级之间建立融洽的关系。

《日本企业的管理艺术》的作者——帕斯卡尔和阿索斯分别是美国斯坦福大学和哈佛大学的管理学教授。他们用了6年时间考察日本和美国的30多家大企业，对这些企业的经营管理方式进行了详尽的研究，得出了这样的结论：任何企业的成功，都必须牢牢抓住战略、结构、制度、人员、作风、技能和崇高目标这七个变量，并且把它们看成相互关联而绝不是孤立的。这七个变量英文名称的第一个字母都是S，故称"7S模型"。此模型经美国著名的企业管理咨询机构麦肯锡公司的专家们加以完善并广泛推广，故又称"麦肯锡7S框架"。

"7S"具体包括：①战略（strategy），指企业的资源分配和获取资源的计划及其行动；②结构（structure），指职能的使用和权力的行使等问题；③制度（system），指程序化的报告和会议形式等，包括各种信息在企业内部的传递方式；④人员（staff），指企业内重要人员类型"履历方面"的描述，诸如企业家、工程师以及工商管理硕士等；⑤作风（style），指企业高层主管和主要责任人的行为方式，也包括企业的传统精神风貌；⑥技能（skill），指企业主要负责人和整个企业所表现出来的特殊才干和各种能力；⑦崇高目标（superordinate goal），指企业借以统领和凝聚全体员工的指导思想或价值目标。

他们认为，美国企业之所以在日本等国的挑战面前频频败北，只有招架之功而无还手之力，是因为美国企业管理者在管理过程中过分注重战略、结构、制度这三个"硬性的S"，而日本企业在不否认三个"硬性的S"的前提下，较好地兼顾了人员、作风、技能和崇高目标这四个"软性的S"，从而显示出日本企业独领风骚的企业文化。他们从松下公司和国际电话电报公司这两家日美"企业恐龙"兴衰的历史，以及美国联合航空公司的成功事例，得出了这样的结论：企业管理中的这七个变量是相互关联的整体，软、硬要素都很重要，不可以片面地强调某一方面，而应该将这两方面很好地结合起来，只有这样，企业内部组织才会更加一体化，企业才能在激烈的国际竞争中得以生存和发展。

《企业文化——现代企业的精神支柱》是专门研究组织文化的美国哈佛大学教授特雷斯·迪尔和闻名遐迩的麦肯锡管理顾问公司资深管理顾问阿伦·肯尼迪联手合著的。这本书是他们花费了6个多月时间对近80家企业进行了详细的调查，并从理论上加以总结、提炼而写成的。该书分为两大部分，即企业文化的要素和如何将企业文化付诸实施。在书中，他们提出了"杰出而成功的公司大都有强有力的企业文化"这一论断。

在此书中，他们提出了五点自己的看法：①"企业文化的五因素说"。这就是说，企业文化是由企业环境、价值观、英雄人物、典礼仪式和文化网络五因素组成。②"企业文化的类别"。这就是说，企业文化可分为硬汉文化、努力工作及时享乐文化、长期赌注文化和过程文化。③"企业诊断"的方法。具体地说，有以下几个步骤：一是研究实物设施；二是听取公司的自我介绍；三是体会公司是如何接待陌生客人的；四是和公司的员工交谈；五是观察人们是如何运用时间的；六是比较人们"说的"和"做的"。④"象征性经理人"（symbolic manager）。这是一种新型的管理者，其职责在于设计企业的文化，并引导广大员工参与塑造文化，通过全体员工的自觉努力来达到企业目标。这一管理者既是"剧本作者"，也是"导演"，还是一流的演员和主角。从某种意义上说，象征性经理人是一种具有超常规的思想和思维方式、超凡的勇气和非凡的胆略的"超人"。在作者看来，松下幸之助先生就是这种类型的企业家，中国儒家所主张的"三不朽"（即"立德、立功、立言"）在他身上得到了淋漓尽致的体现。如果把企业比喻为一座金字塔，那么，这个企业的最高领导人就是塔尖上的那块石头。表面上，它比金字塔中的任何一块石头都小，似乎可有可无，而实际上，没有它，金字塔就会失去一种平衡和重心，就会立即动摇、倒塌。虽然松下幸之助晚年退出领导岗位，担任公司的最高顾问，但是，他所编导和铸造的松下精神并没有褪去和消失。⑤未来的企业组织形式是一种"原子式组织"。这种组织形式是相对于庞大的巨型企业组织而言的。由于经营环境的改变和科技的惊人进步，正在日益拆解着传统式大型企业组织，产生了高度分权化的组织形态，公司内的工作要由自治的小规模单位来执行。这种新的"原子式组织"将会更有效能。

《寻求优势——美国最成功公司的经验》的作者是托马斯·彼得斯、小罗伯特·沃特曼。他们从1997年开始，先后访问了美国历史悠久、业绩卓越的62家大公司，并从中挑选了43家杰出模范公司进行了深入研究，从而归纳出优秀公司的经营管理的八项原则：贵在行动；紧靠顾客；鼓励革新，容忍失败；以人促产；深入现场，以价值观为动力；不离本行；精兵简政；辩证处理矛盾。彼得斯和沃特曼在书中再三强调"软就是硬"的道理。他们认为，企业主管不仅关心如何赚钱，而且更应该注重效果和价值观念，鼓励部属与员工同心协力、努力工作，且使他们个个都有成就感。这在前面已经详细地论述了。

由上可以看出，企业文化确实是管理理论发展的最新综合。企业文化着重于企业精神的培育，但也不排斥一定条件下的精确定量分析；着重于依靠职工为企业发展做贡献的热情，但也不完全否认规章制度的作用；着重于形成上下级之间融洽和谐的合作气氛，但也不主张取消上级和下级的划分；着重于关心社会与顾客的利益，但同样也关心企业与职工的利益；提倡待人宽容的企业管理，但对违反企业价值观的行为往往也严加追究；特别关心产品的质量，但也关注产量和成本；提倡职工的自主自发研究，但是也搞统一开发；特别看重质的提高，因而总是倡导革新创新，但是也不完全放弃量的扩大，也搞规模经济；许多问题上粗略笼统，但有些问题也讲究不差分毫；企业内部既搞重复竞争，但也有整齐划一的地方。总之，不是抓住矛盾的一方而片面地否认另一方，而是根据具体条件灵活地把握双方的统一。

企业文化是现代管理科学发展的新阶段，其主要贡献在于其实现了组织目标与个人目标的统一、工作与生活的统一、管理与被管理的统一、约束与自由的统一、物质奖励与精神鼓励等的统一。特别是，企业文化正在把对人与对物的管理以及被西方历史传统分割开来的人的物质生活和人的精神生活，努力统一于企业管理之中。

1.5.2 企业文化内容的创新与发展

文化具有延伸性，未来企业文化是今天企业文化的延续。当然，这种延续不是简单地传承，而是创新和发展。在这个过程中，有些先进文化可能被继承下来，有些落后文化可能被淘汰掉，有些文化经过演绎会发生转型，同时新环境也会造就出一些全新的文化。可以预见，未来企业文化的内容将更加丰富多彩。下面介绍的主流文化将更加突出。

1）创新与变革文化

经济全球化、信息化和知识化的加速对企业的创新提出了挑战。1997年世界管理年会把创新作为未来管理十大趋势的第一大趋势。"不创新即倒退、不创新即死亡"已经成为企业经营的第一定律。创新与变革文化是企业危机意识、生存意识和发展意识的集中体现。创新与变革包括丰富的内涵，既包括技术、产品、市场及经营、服务方式的创新与变革，也包括管理组织、制度、手段和方法的创新与变革。在创新与变革文化的导向下，企业至少表现出以下几个方面的文化风格：

（1）敢于挑战自我，视今天为落后，志在追求更高的目标，善于打破今天的平衡，创造新的平衡，使企业永远处于动态的发展中。

　　（2）不怕冒风险，善于在风险中寻找更好的经营机会。

　　（3）宽容失败，即为了鼓励人们创新与变革，能够宽容在创新中出现的失误。

　　（4）善于行动，像美国人那样，凡事"Let me have a try"，千方百计把好的想法变成现实。

2）人本与能本文化

　　人本价值观仍然是未来企业文化的主旨和主旋律。但是，在知识经济时代，人本价值观的内涵和侧重点会有一定的变化，不仅强调充分重视人、尊重人，吸收员工参与决策，参与管理，更重要的是关注"人的能力"，重视"人的能力"的培养、开发和利用，即由人本逐渐扩展为"人的能力本位"（简称"能本"）。

　　"能本"价值观包括丰富的内涵：一方面，旨在使每个人把能力最大限度的发挥作为价值追求的主导目标，既充分发挥现有能力，又充分发挥人本身潜在的能力，同时也要通过学习来增强能力，具备专长，力求成为解决某一方面问题的专家；另一方面，对企业来讲，就要把合理使用能力、开发潜能、科学配置能力、积极培养能力作为工作的重心，最大限度地发挥个人价值，并把它与企业价值统一起来。

　　在人本价值观基础上形成的"能本"价值观是对传统"权力本位"、"金钱本位"及"关系本位"价值观的超越，倡导这种新的文化价值观，有助于增强企业的整体创造力，提高整体效率与效益，并形成竞争优势。

3）差别与差距文化

　　这种文化是与能本文化相适应的。众所周知，人与人之间的能力差别是客观存在的，这是因为人们的天赋不同、受教育的程度不同、经历与经验不同、成长的环境不同等，进而每个人的知识结构、思维能力和行为能力等都有差别。在企业中，因为员工的能力有差别，所以，员工的分工就有差别，不同能力的人就会做不同性质、不同专业、不同能级的工作，也就有不同的收入方式，如企业高级管理人员拿年薪和股票期权，一般员工拿工资。因为收入方式不同，所以收入水平就有很大的差别。如工人与"首席执行官"（chief executive officer，CEO）的收入差距，在美国已达到531倍，在亚洲国家也扩大到200～300倍。1980年美国前10名CEO平均年薪为340万美元，2001年飙升到1.55亿美元。近年来，一个不争的事实是，一般劳动收入增长缓慢，而知识劳动收入增长迅速；资本的回报没有太大变化，而企业家的风险收入大大提高。

　　能力差别造成的收入差别，与尊重人权与人格没有关系。差距与差别文化代表了企业文化创新的一个重要方向，只有不断培植这种文化，才能真正适应市场经济的需要，更好地体现以人为本、尊重知识、尊重人才的理念，在企业中使高能级、贡献大的人受到充分激励，使低能级、贡献小的人受到鞭策，从而激发人们的竞争精神、卓越精神和学习精神。

4）学习与超越文化

　　未来成功的企业将是"学习型组织"。按照彼得·圣吉的观点，学习型组织具有五种技能或修炼：自我超越（personal mastery）、改善心智模式（improving

mental models）、建立共同愿景（building shared vision）、团体学习（team learning）
和系统思考（systems thinking）。这里的修炼（discipline）并非靠强制力量或威逼利
诱所致，而是必须精通整套理论、技巧，并付诸实行。

进行自我超越，就是要求：①每个组织成员要不断而深入地弄清自己真正的最
高愿望，即弄清自己的内心深处最想实现的究竟是什么。②为了实现这个最高愿
望，每个成员都要集中精力，全心投入，正视现实，终身学习，不断创造，超越
自身。

心智模式，又称为思想模式或思维模式。心智模式，特别是共有的心智模式，
无论是对个人还是对组织，都具有既深远又广泛的影响。改善心智模式包括：①要
学会发掘自己的心智模式，使它浮上表面，因为人们通常不易觉察自己的心智模
式，也不太清楚它对行为所产生的重大影响；②要严加审视自己的心智模式，抛弃
其中不合时宜的成分；③要培育一种有学习效果的、兼顾质疑与表达的交谈能力，
以便有效地表达自己的想法；④学会以开放的心灵容纳别人的想法。

所谓共同愿景，是指共同的目标理想和共享价值观。这就要求：①领导者有将
个人的目标转化为能够鼓舞整个组织的共同目标的观念并付诸行动；②一个共同的
危机，较容易激发一个组织形成一个共同的目标，这时不应只满足于暂时解决危
机，而应该追求更高的目标，这往往是大多数人所愿意选择的；③将个人目标整合
为共同目标，应该遵循引导学习的原则，努力培养公司成员主动而真诚地奉献和投
入的意识与行为，而不应该搞一本行动手册让每一个成员被动地遵守，一味试图用
领导者的主观意图来主导共同目标。

团体学习理论认为，在现代组织中学习的基本单位是团体而不是个人。当团体
真正在学习的时候，不仅团体整体能产生出色的成果，个别成员成长的速度也比其
他的学习方式快。这就要求：①学会进行"深度会谈"（dialogue），这是一个团体
的所有成员都谈出心中的假设而进入真正一起思考的能力，而不同于一般的"讨
论"或"对话"；②找出妨碍学习的互动模式，将其暴露出来，从而提高学习的
速度。

系统思考要求：①养成对系统整体，而不是对它的任何一个单独的部分深入地
加以思考的习惯；②理解系统论的完备知识体系，掌握其实用工具，以认清整个变
化形势，开创新的局面。

由此可见，学习型组织在共同的意愿下，有着崇高的信念与使命，具有实现理
想的共同力量，并且人们勇于挑战过去的成功模式及力量极限，充分发挥生命潜
能，创造超乎寻常的成果，每个人从学习中体验工作的意义，追求心灵的成长和自
我价值的实现。

与这种学习型组织相适应的是学习与超越文化。在这种文化导向下，人们追求
通过学习提高素质，开发能力与智慧。尤其是团队通过共同学习，提高整体的适应
能力和创造能力，从而超越自我，超越平庸。显然，这里的学习，不是通常意义上
的学习，而是真正的学习。通常意义上的学习是指吸收知识或获得信息；而真正的

学习，涉及人之所以为人这个意义的核心。通过学习，个人重新创造自我；通过学习，人们能够做从未做过的事情，也能够重新认识世界与人的关系，以扩展创造未来的能力。这里所说的学习主体是包括个人在内的整个组织。一个组织的真正学习，不能满足于生存，还应当着眼于开创美好的未来，使每个成员在这个组织内工作，能感到自己属于一个比自我强大的团体，能体现人生的价值。

5）虚拟与借力文化

虚拟经营是经济全球化时代中企业无形资产增值和品牌效应放大的产物，其本质是借用外力，在较大的市场范围内利用高新信息技术，进行经营资源的组合与配置，企业只保留对市场变化的高度敏感性和设计开发能力，其他环节均通过国际分工体系完成，以扬其所长，避其所短，从而突破企业自身的能力极限，实现快速增长。与虚拟经营相适应的虚拟与借力文化的出现，大大改变了企业的经营理念。它使企业在经营中更注重培育品牌，开发无形资产价值，在实践中树立大市场观和大资源观，利用自身的商誉优势，从全球的视野捕捉市场机会，组合资源，寻找合作伙伴，提高灵活、柔性、合作、共享、快速反应、高效输出的素质和能力。未来的企业是没有市场边界、没有资源限制的企业，只有培育虚拟与借力的文化，企业才能实现经营创新和市场创新，最终获得超乎寻常的发展。

6）速度与效率文化

在西方经济学家眼中，企业的本质就是能够创造比其他形式更快的速度、更高的效率。科斯（R.Coase）及其追随者就认为，企业替代市场，仅仅是因为它能节省交易费用。阿尔钦（A.Alchain）等人认为，企业作为一种团队生产方式，其意义就在于多项投入在一起合作生产得出的产出要大于各项投入分别生产的产出之和。可见，速度与效率文化是内生于企业这种组织形式的。没有速度与效率，交易成本过高，投入产出不能形成合理的比例，企业也就没有存在的必要。未来的企业之所以更重视速度与效率，主要是全球性市场竞争的需要。只有讲速度与效率，企业才能捕捉到更好的经营机会，才能以最低的成本、最优惠的价格、最便捷的方式，把产品和服务提供给顾客，赢得市场，赢得顾客的信赖与忠诚，最终赢得竞争。速度与效率文化是推动企业革新与进步的加速器。在速度与效率文化导向下，企业要通过组织创新，创造精干高效的组织运行机制；通过业务流程再造，实现产品质量、服务质量、顾客满意度和效益的全面提高；通过人力资源开发与科学的管理，促使人们学习现代科学文化知识，掌握先进的工作技能与方法，加快工作节奏，提高工作效能。

7）协作与共享文化

企业是由众多人组成的协作体，企业对外开展经营活动也是在与他人协作之中进行的。市场经济无疑要倡导竞争，但不能忽视协作。竞争与协作本身就是一体两面。仅有竞争会把企业引导到"你死我活"的黑暗中去。因此，未来企业文化中协作是主旋律。这就是说，在企业内部，通过协作创造整合力量和放大效应，实现企业与员工价值共享；在企业经营中通过协作创造最大的效益，实现企业与社会价值共享。这也就是说，一个企业的生存目的不仅是为了获得自身的价值增长，好的企业大大超越传统经济学有关利益是唯一驱动力的理论，追求企业与员工价值共享，追求企业与社会价值共享。在考虑社会价值时，企业除维护顾客的利益、维护社会公共利益外，尤其关注自然生态价值，通过保护并合理使用自然资源，通过开发绿色技术、绿色产品，推行绿色营销、绿色包装、绿色服务等，促进社会经济的可持续发展，此外，也关注社会文化价值，努力通过自身的经营行为和公益活动，向社会传播先进的价值观和生活方式。协作与共享文化真正使企业面向社会，在谋求自身和谐的基础上与投资者、竞争者、供应商、经销商、顾客、金融机构以及其他社会成员取得和谐，与自然环境取得和谐，在和谐中实现价值的共同增长。

8）信用与信誉文化

市场经济是信用经济。没有信用，不讲信誉，不遵守游戏规则，市场经济就没有良好秩序，也不会产生比其他经济体制更高的效率。信用机制的构成有三个层次：一是建立在人格和特殊感情关系基础上的特殊主义的信用机制，依靠道德约束；二是建立在法律和契约基础上的普遍主义的信用机制，依靠法律约束；三是建立在价值观基础上的体现终极价值理性和信仰的神圣信用机制，依靠文化约束。

在信用文化建设上，企业面临着双重任务：一方面，要完善法律意识和契约理念，以弥补信用缺失；另一方面，还要加强信用积累，提高信誉，在与社会信用文化建设的互动中，不断提高信用管理水平，实现信用的道德和法律约束向文化约束的提升。

9）知识管理

在知识经济时代，企业的竞争优势将主要取决于企业的技术优势和管理优势，而不是传统的资源优势和资金优势。因此，知识经济时代企业间的竞争是企业创新能力的竞争，而创新能力的竞争归根到底又是企业在知识的生产、占有和有效利用方面的竞争。要提高竞争力，企业就必须提高获取知识和有效应用知识的能力，而学习、研究与开发正是获取这种能力的基本途径。所以，企业正逐渐将学习、研究与开发活动当作企业的核心活动，借助于信息技术与网络进行信息的搜集与综合，并与企业的智力资源相结合进行提炼、开发与创新，以形成自己的独特优势。这就是说，对知识的开发和管理逐渐上升为企业管理的重要组成部分。知识管理已成为企业管理的重要内容和主要形式。知识管理的兴起带来了管理模式的创新和革命。企业知识管理与企业文化密切相关，企业文化也发生了深刻的变化。

这一时期企业文化理论的代表性人物及著作有彼得·德鲁克的《知识管理》、彼得·圣吉的《第五项修炼》、安尼·布鲁金的《第三资源——智力资本及其管理》、达文波特和普鲁萨克的《营运知识——工商企业的知识管理》等。

安尼·布鲁金创建了美国技术交易公司，并创建和领导了欧洲第一个工业人工智能研究与咨询组织——英国"知识系统中心"。她提出了"第三资本——智力资本"理论，认为公司的价值已不在于拥有多少厂房、设备甚至产品，而在于客户的信赖程度、与商业伙伴合作的能力、知识产权、电信基础结构以及雇员的创造潜力和技能。公司的最大资产，就是继资本、劳动之后脱颖而出的资本——智力资本。智力资本决定企业的创新能力，智力资本与其他资本一样必须被准确评估和有效管理。

美国奥斯汀得克萨斯州立大学工商管理学院教授托马斯·H.达文波特和波士顿 IBM 咨询团执行团长劳伦斯·普鲁萨克在关于知识管理的权威性著作《营运知识——工商企业的知识管理》中，认为知识是结构性经验、价值观念、关联信息及专家见识的流动组合，要不断识别和获取，就必须消除知识市场中因"囤积居奇"而形成的知识交易壁垒；知识的重要环节在于知识运用；他们明确了影响知识传递的摩擦和解决摩擦的办法，指出有效的知识传递的办法是"雇用聪明的人，并让他们相互交谈"。

知识管理的主要领域包括知识运营、知识创新、知识资源管理、知识共享机制、快速学习型组织等。根据美国知识管理工作者的认识，知识管理涉及如下十个重要领域：①对知识和最佳业务经验的共享；②知识共享责任的宣传；③积累和利用过去的经验；④将知识融入产品、服务和生产过程；⑤将知识作为产品进行生产；⑥驱动以创新为目的的知识生产；⑦建立专家网络；⑧建立和挖掘客户的知识库；⑨理解和计量知识的价值；⑩利用知识资产。

由此，知识管理系统是一个复杂系统，涵盖了知识创新过程和知识创新成果等方面，涉及管理机制、人、信息技术和知识资源组织等方面的要素，其核心要素是人。在利用信息技术搭建的平台上，应考虑如何把人力资源和信息资源整合起来，形成知识资源的快速流动和共享，形成隐性知识（人力资源）和显性资源（信息资源）的相互转化，并推动知识创新，尽可能缩短知识创新的周期，降低知识创新的成本，使机构的知识资源能够不断地创造新的价值。

特别是，对企业而言，其知识构成大致可以分为四种形式：①物化在机器设备上的知识；②体现在书本、资料、说明书、报告中的编码后的知识；③存在于个人头脑里的意会知识；④固化在组织制度、管理形式、企业文化中的知识。所以，企业知识管理除了应对企业的信息资源和信息系统进行管理外，还应包括企业技术创新的管理、企业文化管理、企业员工知识的管理、企业组织和制度的管理和企业固化知识的管理等。

国内外学者对知识管理的研究，大致可归纳为三个学派：①技术学派。认为"知识管理就是对信息的管理"，注重对信息管理系统、人工智能、重组和群体等的设计、构建过程。他们认为，知识等于对象，并可以在信息系统中被标识和处理。②行为学派。认为"知识管理就是对人的管理"，侧重对人类个体的技能或行为的评估、改变或改进的过程。他们认为知识等于过程，是一个对不断改变着的技能等知识的一系列复杂的、动态的安排。③综合学派。认为知识管理不但要对信息和人进行管理，还要将信息和人联系起来进行管理；知识管理要将信息处理能力和人的创新能力相互结合，增强组织对环境的适应能力。他们认为，技术学派和行为学派应该互相交流、互相学习，进而融合为综合学派。

由于知识资源本身是由人创造的，知识资源只有依靠人的有效开发和利用，才有可能转化为企业的竞争优势和相应的财富，并且，知识资源中最具活力的一部分即智力资源蕴藏于人脑之中，因此，在知识经济时代，一方面，知识日渐成为企业经营活动中最重要的资源，人对知识的掌握和驾驭以及由此而带来的企业创新使得人在经济活动中的地位和作用比以往任何时候都更加突出和重要；另一方面，人的思维方式、价值管理也发生了巨大的变化，人的自主性、个性化、自我价值实现的愿望等都将得到充分的尊重和鼓励。这些都促使企业在管理中把对人的关注、人的个性和能力的释放、人的积极性的调动推到了空前的中心位置，"以人为本"的管理得到了空前的强化。

这就是说，"以人为本"的管理的立足点与核心将是对人的知识的丰富、能力的提高和创造力的培养。它要求企业管理者应当建立起让每一位员工都有机会施展才能的激励机制，努力营造尊重、和谐、愉快、进取的氛围，激发出人们的工作热情、想象力、个性、潜能和创造力。从而，有利于人的全面发展，促进企业知识生产力的提高。这就必然要求要注重企业文化的建设和员工合作精神的培养，使管理方式更加多元化和人性化。所以，企业的知识管理策略需要解决企业文化问题，使企业具有知识经济时代所要求的组织学习能力并建立知识共享机制。企业的知识管理要处理文化、策略、过程以及技术等问题，重要的是要向人们提供适当的激励工具来共享知识。

在知识管理兴起和发展的形势下，自20世纪90年代以来，一些世界顶尖级企业如美国的通用电气、可口可乐等公司，在首席执行官和首席信息官（chief information officer，CIO）之间设立了首席知识官（chief knowledge officer，CKO）。CKO大多地位很高，仅次于CEO，其职责是获取、创造、使用、保存和转让知识。具体而言，就是搜集、筛选和分析有关的信息，将企业的智力资本、无形资产和各种有关信息与公司的经营战略统一和协调起来，通过它们之间的有机结合和互动运行，达到技术创新与管理创新的目的，以实现企业的经营目标。例如，芬兰的大型跨国公司诺基亚集团在实行知识管理后，由创新所带来的竞争优势导致其电信业务量迅速增长，市场份额在世界范围内迅速扩大。这种由领先企业率先倡导和实行的企业知识管理，在其产生的良好效果的示范下，其他企业也随之纷纷效仿。

1.6　企业文化境界说

从上面所说的"企业文化是科学性与人文性的统一"可知：企业文化可以分为科学层次和人文层次，科学层次是人文层次的基础，人文层次是科学层次的"灵魂"。

上面也说过，一个企业犹如一个人，所以，人生境界可以反映出企业文化的境界。企业文化的境界实际上是指企业对其目的的一种有意识的自觉程度。企业管理层的境界，往往体现了甚至决定了企业文化的境界。比如，我国现时的一些低境界的老板不可能造就出高层次的企业文化。所谓"富不过三代",其深层的原因可能就在于此。

　　冯友兰先生认为,人生有四大境界——自然境界、功利境界、道德境界、天地境界。处于自然境界,人对自己的行为缺乏清楚的认识,对自我存在的独立性还相当的模糊,行为往往顺乎习俗而行。处于功利境界,人有自觉意识,且以"自我""求利"为中心展开活动。处于道德境界,人已摆脱功利境界,意识到"人是社会的一员"。人已把利己和利人、个人快乐与大多数人的幸福统一起来。处于天地境界,人自我感觉到其不仅是社会的一员,而且是宇宙的一员。人由自然境界、功利境界、道德境界到天地境界,即由"顺天""利己""利人"到"事天"。

　　与人的境界相对应,企业文化也有四大境界,即自然境界、功利境界、道德境界、天人境界。处于自然境界,企业文化往往是企业的目的不清、计划不清。此时的企业率性而行,近乎本能地活动,从而具有盲目性。处于功利境界,企业文化往往以物为中心,视人为生产工具,企业对社会责任没有主动承担的自觉性。此时的企业目标明确,追求自身利益的最大化,从而其短期行为倾向严重。处于道德境界,企业文化以尽社会责任为目的。此时的企业不仅意识到其自身的利益,而且具有强烈的社会责任感,不以盈利为最终追求,而以献身人类、服务大众为企业宗旨。处于天人境界,企业文化主要研究人与天的关系问题,特别是人与自然界如何协调、"人如何侍奉天"的问题,认为人应该是顺天、利己、利他、事天的统一。此时的企业不仅顺应自然界、追求自身利益和社会利益,而且特别以人的真善美本性来对待自然界。一方面要尊重自然规律,另一方面要善待自然界、美化自然界。在现实中,不仅将自然界视为其利益的来源,而且视为其美好德性表现的对象,更视为其审美对象。①

　　当今的企业文化还处于功利境界,甚至有的还处于自然境界,必须上升到道德境界和天地境界。企业文化的最高境界是天地合一境界。《道德经》可以给人们以启发。《道德经》主张:"居善地,心善渊,与善仁,言善信,政善治,事善能,动善时。夫唯不争,故无尤。"②所以,企业如果按此"善"原则行事,企业文化建设就会渐入佳境。当然,企业对真善美的追求是无止境的,企业文化也是如此。

复习思考题

1.什么是企业文化?

① 陈惠雄. 经济学的境界 [J]. 经济学家, 1999 (2) .
② 老子. 道德经 [M]. 徐澍, 刘浩, 注释. 合肥: 安徽人民出版社, 1990.

2.企业文化由哪些要素构成？

3.企业文化有哪些特性？

4.企业文化的作用是什么？

5.为什么说企业文化是现代管理科学发展的新阶段？

6.如何理解企业文化内容的创新与发展？

7.什么是企业文化境界说？

第 2 章

企业精神文化

学习目标

相对于企业物质文化和行为文化来说，企业精神文化处于核心地位。企业精神文化是指企业在生产经营过程中，受一定的社会文化背景、意识形态等影响而长期形成的一种精神成果或文化观念。它包括企业哲学、企业精神、企业价值、企业伦理、企业审美、企业思维、企业作风和风貌等。

通过本章的学习，掌握企业精神文化的含义、特征、发展、作用、培育等。

2.1　企业哲学

2.1.1　企业哲学的内涵

企业哲学是企业进行各种活动、处理各种关系所遵循的总体观点和综合方法，是企业一切行为的根本指导思想。它反映企业对发展经济的历史使命和责任的认识与态度，研究企业管理主体与客体的辩证关系，阐明企业活动与外部环境的关系，揭示企业运行的一般规律与管理的内在规律。企业哲学的根本问题是"企业与社会的关系"、"企业与人（员工、顾客）的关系"，以及"企业中的人与物、人与经济规律的关系"问题。

企业哲学还要回答"企业的性质是什么""企业应该具有什么性质"等问题。对此问题的不同回答，不仅由于观察问题的角度不同，而且涉及人们的利益关系、理想的追求、价值选择等一系列分歧。从企业活动的内容来看，企业可以分为生产性企业、中介性企业、服务性企业。生产性企业是指生产实体商品的企业。服务性企业是指利用动产与不动产，且提供劳务来方便顾客的企业。中介性企业是指仅仅协助买卖双方成交、自身对成交商品没有所有权的企业。如果企业认为自己是生产性企业，而忽视市场的变化，即忽视顾客的需求，就会在市场经济中遭到失败。如果企业认为自己是中介性企业，而不考虑成交对买卖双方是否公平，甚至有的时候明知交易中有欺诈行为，也不予揭露，装作不知，促使成交，取得中介费，那么，最终必然信誉扫地，被市场经济所抛弃。如果企业认为自己是服务性企业，仅仅为交易而交易，仅仅为服务而服务，就有可能限制服务的深度。这是因为企业不仅要提供一般的服务，而且要提供有利于社会的服务，以利于人的全面发展。企业不仅仅提供优质产品，而且更是要看这些产品是否真的发挥了为社会和人的发展服务的功能。

所以，不能仅仅根据企业的活动内容来认识企业的性质，而应该根据企业之所以要存在的本质，来认识企业的性质，进而来扩充企业的活动。企业之所以要存在，是社会发展的需要，是维持人类健康、丰富多彩的生活的需要，是促进人全面发展的需要。

总之，企业哲学不仅要回答"企业为什么而存在"的问题，而且要回答"企业应该如何存在、发展"的问题。或者说，企业哲学不仅要回答企业如何去做（how）的问题，而且更要回答企业应该做什么（what）和为什么要做（why）等问题。

与企业哲学紧密相关的是"企业理念"和"企业宗旨"。"企业理念"回答的是企业应该怎样去做的问题。美国摩托罗拉公司将公司的理念表达为"我们将怎样做"。这表明：企业理念以企业哲学为基础，是企业哲学的具体化，但与企业哲学有明显的区别。此外，"企业理念"应对的是"事业"，而不是具体的"事物"，所以，企业理念的表达必须是战略性的、哲学性的，而非具体的。所以，企业哲学和企业理念在本质上是相通的。但是，企业理念在不同的企业部门及其员工上是有差异的，这就是说，企业理念还是"部门"的，而企业哲学是"企业"的。"企业宗旨"是指企业就其承担的责任和义务向社会作出的承诺，反映了企业对待社会责任与任务的基本态度，从而反映了企业存在的社会价值。所以，"企业宗旨"与企业哲学本质上是相通的，"能够明确地阐明，对于一个企业来说，什么是重要的，什么是不重要的，从而有助于该企业保持其特色。它还能使计划具有效率，并使分享这个共同文化的人们互相协调。但是所需要的不只是有关公司的是和非的一种模糊概念，而是需要一种经过仔细考虑的宗旨——最好采取所有雇员都得到小册子的形式"。①

2.1.2　企业哲学的发展

泰勒建立了以科学管理闻名于世的管理哲学，被西方学者称为有"宗教热情"的企业哲学家。

毕业于牛津大学的詹尼弗·谢尔顿，于1923年出版了《管理哲学》，指出企业的根本问题是在"生产的物的方面"和"生产的人的方面"作出恰当的平衡，生产的机械的方面同人的因素相比处于次要地位。

切斯特·巴纳德把组织要素规定为"协作热情""共同目的""思想交流"三要素，并把它们的综合情况作为衡量组织与环境保持平衡的标准。他的观点在管理学史上具有划时代的意义，后人称之为管理学上的"巴纳德革命"。

以梅奥、罗特利斯伯格和怀特海为代表的"人际关系学派"，批判了科学管理学派的"经济人"概念，第一次提出了"社会人"概念，强调了建立在人际亲密感和依赖感基础上的非正式组织的意义，从而为从理性主义的企业哲学向人本主义企业哲学转化架起了一座桥梁。小克劳德·乔治把这一时期的管理哲学称为"科学的人道主义"。

德鲁克提出"目标管理"，再次试图"把人和任务结合起来"。目标管理哲学既基于"专门化"的科学主义原则，又基于重视人的作用的人本主义原则。

20世纪80年代，西方企业哲学中的人本主义再次复兴。托马斯·彼福斯认为，企业的核心问题就是主人翁问题。目前，人本主义已成为西方企业哲学的主流。现代企业管理哲学以人为本，突出把人当作"人"来管理，关心、爱护、尊重、培养人，注重人的全面发展，而不是把人当作物、当作工具来管理。

IBM公司创始人沃森父子的企业管理哲学可以简化为"7C管理模式"，包括七个方面：①职责承担。企业职工必须忠于职守，个人利益服从企业利益。②合作。形成良好的人际关系和集体协作精神。③磋商。采用协商的形式，让员工参与管理。④竞争。有竞争才有创新，才有机会获胜。⑤交流。相互交流信息，减少差

---

① 大内. Z理论［M］. 孙耀君，王祖融，译. 北京：中国社会科学出版社，1984：113.

错。⑥信心。信心十足地工作,提高效率。⑦团队精神。全体员工同心协力,使企业得到发展。

日本企业管理哲学大致可归结为:"一个目标、两种精神、三个观念、四项原则",即追求管理合理化目标;具有创新精神和敬业精神;信奉"时间观念""整体计划观念""严格质量管理观念";根据低成本、安全、弹性管理和人性管理四项原则来行事。

由上可知,从本质上看,企业哲学是与企业精神、企业价值观、企业伦理、企业作风(或企业形象、企业风貌)、企业审美意识、企业思维相通的。

2.1.3 企业哲学的外延

一般来说,企业哲学可以分为企业的时间哲学、系统哲学、权威哲学、人性哲学等。

(1)时间哲学,指企业领导者在解决问题时,对时间选择的偏好所形成的思维定势。比如,有的企业注重"过去性",解决问题时总是先看有无惯例;有的企业尤其是西方企业注重"未来性",相信时间就是金钱,崇尚突破、创新;有的企业常怀着一种"以不变应万变"或"一动不如一静"的抗拒变化心理;有的企业则"欢迎变化"并主动变化。对时间观念的不同认识,会导致企业采取不同的发展战略和步骤。

(2)系统哲学,指企业领导者的习惯性思考角度和视野的广度与深度。比如,信奉系统哲学的企业领导者,处理问题时注重系统性、全面性,既看到有形的方面(如企业物质文化),也注意无形的方面(如企业精神、企业伦理)。不具有系统哲学的企业领导者,易犯"见木不见林""头痛医头、脚痛医脚"的毛病,往往以个人主观的价值判断来代替客观事实,他们只看到有形的资源实体,而看不到无形的因素。

(3)权威哲学,指企业领导者习惯地选择可以有效地改变他人行为的方式。权威哲学可分为先进性权威哲学和保守性权威哲学。前者认定管理知识含有科学性与艺术性,科学性部分可以按部就班地学习,艺术性部分可以利用创新知识、科学知识和个人经验而得到;而后者只相信管理知识的艺术性或经验性,并认为资历、经验才是影响他人行为的力量。

(4)人性哲学。一些企业了解员工的需求,认真研究员工的心理特征、价值取向,尊重人,鼓励员工的全面发展,推行符合人性、以人为中心的管理。

2.2 企业精神

2.2.1 企业精神的含义

企业精神是指一个企业中大多数乃至全体职工共同一致、彼此共鸣的内心态度、意志状态、思想境界和理想追求。企业精神的主要内容包括主人翁精神、敬业精神、团队精神、竞争精神、创新精神、服务精神。比如，松下电器公司的企业精神主要有：（1）基本经营原则，即：认清我们作为工业家所应尽的职责是鼓励进步，增进社会福利，并致力于世界文化的进一步发展。（2）职工信念，即：只有通过公司每个成员的协力和合作，才能实现进步和发展。因此，当我们每一个人在致力于不断地改进公司的工作时，均应牢记这句话。（3）七大精神价值观念，即：①工业报国；②光明正大；③团结一致；④奋斗向上；⑤礼貌谦让；⑥适应形势；⑦感恩报德。

与企业精神紧密相联的是企业家精神。企业家精神是企业精神的人格化，是企业家在长期经营管理活动中形成的思想、价值观、品格、作风、文化修养等个人素质的结晶，包括企业家自身具有的并形成极具感召力的素质和品格、企业家所具有并极力推崇的良好的精神状态、企业家颇具魅力的领导艺术和工作作风。

企业家是企业精神的塑造者、传播者和发扬者。企业家以自己的哲学理念、价值观、理想、素质、作风等融合而成的个性，精心塑造企业精神。比如，IBM创始人老沃森亲自为公司确立了"尊重每一个人""为顾客提供尽可能好的服务""追求卓越"三大信条。企业家拥有对企业员工的感召力和影响力，企业家的权威对企业精神的贯彻具有强大的推动作用。企业家还是企业精神的垂范者和表率，是企业精神的具体化身。

就科学精神与人文精神来说，企业家是这两者的统一。科学精神重在求真务实，探究事物的内在规律。具体地说，主要有：实事求是，怀疑一切既定的权威；相信理性，追求知识，注重可操作程序；热爱真理，憎恶一切弄虚作假行为；遵循公正、普遍、创新等准则。人文精神是人类对自己生存意义和价值的关怀，包含着对人的价值的至高信仰，对开放、民主、自由等准则的不懈追求。在这一方面，特别强调的有以下几点：企业家总是深深地懂得如何在工作中找到乐趣、刺激、安慰，对企业所获得的成就感到激情满怀、自豪无比；企业家们总是有冷静的头脑、豁达的心胸、开阔的思路，并同时具有义无反顾、把事业推向前进的勇气和魄力；企业家长于不连续思维，长于摆脱常规、烦琐问题与活动，长于通过丰富的想象来增加思想丰度，增长自己的智慧，并能在各种情况下尤其是在最危急的情况下把注意力集中在那些战略性问题上；大多数企业家们善于开玩笑，说俏皮话，借以赢得属下的好感、亲近；企业家极为懂得并时常巧妙地运用象征、隐喻和夸张的手法，借以渲染管理气氛、强化企业文化、造成深刻印象，从而使其同伴、属下能够更加直观、深刻地领悟企业精神等；企业家较为擅长于使普通事件、普通角色戏剧化，以便增加事件本身的感染力，强化事件背后的教育效果，给人以更大的震动和深刻的启示；企业家对待企业员工就如同将官对待其士兵一样，需要满腔的热情、近乎于慈父般的爱。大多数企业家都深深地理解、懂得并会情不自禁地运用爱的艺术，以便使得管理者和职工间的关系由一般的同事关系，升华到充满了"爱怜"、友情等"亲情"关系。

一般说来，企业家精神具有以下几个内容：求实实干精神、开拓创新精神、敢于冒险精神、追求卓越精神等。熊彼特对企业家精神的阐释最引人注目。在熊彼特看来，是否称得上企业家，主要视其能否对客观环境作出创新性的反应，也就是干新事或以新的方式干事。但是，1948年在哈佛大学与熊彼特共同筹建"企业家研究中心"的柯尔教授却持异议。他认为，企业家精神要与从事创办、维持和扩张旨在谋利的产业单位的卓有成效的运营联系起来。由此可见，企业家是以创新为新质，能科学地、自主地经营企业，承担风险，并且有战略眼光的成功经营者。美国普林斯顿大学教授鲍莫尔认为，企业家应具备十种素质：①合作精神。能赢得人们的合作，愿与其他人一起工作，对人不是压服，而是说服。②决策才能。依靠事实，而决非靠想象进行决策，具有高瞻远瞩的能力。③组织能力。能发挥部属的才能，善于组织人力、物力和财力。④精于授权。能大权大揽，抓住大事；小权分散，把小事分给部属。⑤善于应变。权宜通达，机动进取，而不抱残守缺、墨守成规。⑥勇于负责。对上级、下级、产品及整个社会有高度的责任心。⑦敢于创新。对新事物、新环境、新观念有敏锐的感受能力。⑧敢担风险。对改变企业不景气的风险敢于承担，有创造新局面的雄心和信心。⑨尊重他人。重视和采纳别人的意见，不武断狂妄。⑩品德超人。在个人品德上，为社会人士、企业员工所敬仰。超凡的企业家以其狂热的气质、伟大的人格、博大的胸怀、远大的目光和超常的思维，聚集一流的人才，不断地创造出独特的企业精神，筹划宏大的事业，从而造就了伟大的公司。

日本企业界要求企业家具有10项能力：①思维决策能力。②规划能力。③判断能力。④改造能力。⑤洞察能力。⑥劝说能力。⑦对人理解能力。⑧解决问题能力。⑨培养下级能力。⑩调动积极性能力。简单地说，能力作为企业家的基本素质，可以分为三大类：①技术能力，即掌握和处理解决实际工作问题的能力。②管理能力，包括决策规划能力、概括表达能力和用人能力。③人际关系处理能力，即妥善处理企业内外关系的能力，包括与周围环境建立广泛联系的能力和对外界信息的吸收、转化能力。

2.2.2 企业精神的特征

（1）现实性。企业生产力状况是企业精神产生和存在的依据，尤其是企业的生产力水平及由此所带来的员工、企业家素质对企业精神的内容有着根本的影响。企业精神也是企业现存生产经营方式、员工生活方式的反映。离开了这一点，企业精神就不会具有生命力，也发挥不了其应有的作用。

（2）共同性和普遍性。只有当一种精神成为企业内部的一种群体意识时，才可认作是企业精神。在企业内部，无论是个别职工，还是先进人物或第一把手，即使其理想追求如何崇高、精神状态如何振奋，如果没有被大多数职工认同，也就够不上"企业精神"。职工认同还是不认同，是企业精神形成与否的首要标志。

（3）稳定性与动态性。企业精神一旦确立，就具有相对稳定性。但是，这种稳定并不意味着它就一成不变了，它还是要随着企业的发展而不断发展的。具体地说，企业精神是对员工现存的现代生产意识、竞争意识、道德意识、企业理想等的提炼和概括，无论从它所反映的内容，还是表达的形式来看，都具有稳定性。但同时，形势又不允许企业以一个固定的标准为目标，竞争的激化、时空的变迁、技术的飞跃、观念的更新、企业的重组等都要求企业作出与之相适应的反应，也就必然会导致企业精神的变化，推动企业精神的发展。正是有了稳定性和动态性相统一的基础，企业精神才不断地趋于完善。

（4）独创性和创新性。企业财富的源泉蕴藏在企业员工的创新精神中。企业家的创新体现在其战略决策上；中层管理人员的创新体现在他怎样调动下属的劳动热情上；工人的创新体现在他对操作的改进、自我管理的自觉性上。每个企业的企业精神都应有独创性和创新性，这样，才可使企业的经营管理和生产活动更具有针对性，让企业精神充分发挥其统帅作用。从企业未来发展来看，独创和创新精神更应当成为每个企业的企业精神的重要内容。

企业文化的这一特性，使企业精神除了具有普遍性之外，还具有鲜明的个性。实际上，每个企业的传统、性质、职能、奋斗目标、外在形象，以及企业家的个性都是不一样的，这必然会在企业文化中表现出来。只有真实地反映了具体企业个性的企业精神，才能成为企业生存的基础、发展的动力、行动的准则、成功的核心，才能对企业员工有强烈的激励作用。

（5）务实和求精性。所谓务实，就是应当从实际出发，遵循客观规律，注重实际意义，切忌凭空设想和照搬照抄。所谓求精，就是要求企业在经营上高标准、严要求，不断致力于企业产品质量、服务质量等的提高。

（6）时代性。企业精神是时代精神的体现，是企业个性和时代精神相结合的具体化。在发展市场经济的今天，优秀的企业精神应当把握时代的脉搏，应当渗透着现代企业经营管理理念，确立消费者第一的观念、灵活经营的观念、市场竞争的观念、经济效益的观念等。

2.2.3　企业精神的培育

企业精神绝对不是由企业的物质条件直接决定的。优秀公司从来不是消极地等待高尚的企业精神自然而然地形成，而是积极寻求，精心表达，全力以赴、坚持不懈地进行培育。

培育企业精神，至少要完成三个任务：①找出最适合本企业发展的精神；②使这一最适合的精神引起全体职工的共鸣，变成全体职工共享的精神财富；③以这一最适合的精神服务于企业的生产经营等实践活动，使之物化，并在实践中丰富和发展这种精神。

找出最适合的企业精神，一般使用综合方法来得到。具体地说，就是把本民族历史上的优秀精神、本企业历史上产生的优秀精神、本企业当前实践中个别先进人物萌发的优秀精神、本国其他企业的优秀精神、外国企业文化的优秀精神，都收集起来，加以消化，并按照本企业当前和未来发展的需要，综合为本企业的精神。

使全体职工对企业精神产生共鸣、被企业精神同化，一般采用"多方引导"的方法来完成。①领导垂范，以身作则。②榜样示范。通过宣传体现本企业精神的英雄模范人物的先进事迹来加以引导。③舆论灌输。通过各种舆论工具和媒介，广泛传播企业精神，使企业精神深入人心。④教育培训。通过培训、研讨，强化企业员工对企业精神的理解和认同。⑤集体参与。放手让职工自己引导自己，发动大家就企业精神的培育提出建议，想出好的办法。当一个企业文化的创始人享有崇高威信，并且身先士卒，处处给下属以强烈的典型示范时，当一个企业基本上在其文化共同体中消灭了两面人、两种语言、双重人格后，当企业精神已经融入企业职工意识、企业职工之中时，企业精神就绝不是一种口头语言、流行高调和欺世盗名的口号，而是一种激励企业职工恪尽职守、兢兢业业的号角和进军鼓。

企业精神的物化及其丰富与发展的任务，则通过全方位的"多种实践"来加以完成。企业的一切活动，无论是生产、经营、销售、科技、教育，还是生活、服务、文体活动等，都自觉地以企业精神为指导来开展，且从中不断地加以总结、完善和发展。具体地说，其主要有以下几个途径：①制定规范。制定反映企业精神的规章制度，但要把强制性规范（企业法规、准则、纪律等）与柔性规范（理想、道德等）结合起来。②主题活动。开展各种各样以企业精神为主题的活动，潜移默化地熏陶和培养企业员工。③形象塑造。通过一定的方式把企业精神物化为有形的、具体的东西，如厂旗、厂徽、厂歌、厂史展览、广告、标牌、产品等，来展现企业精神的内涵。④典礼仪式。通过举行各种典型仪式，促进企业员工对企业精神的认同，弘扬企业精神。松下电器公司是全日本第一家有公司歌词，并在上班开工前高唱公司歌曲、朗诵公司价值准则的企业。公司对此作了这样的分析和总结："这在西方人看来可能是愚蠢的，但在每天早晨8点钟时，全日本有8.7万人朗诵这个价值标准，并在一起唱公司歌曲，好像我们已经融为一体了。"[①]松下幸之助认为，因为职工们的工作至少占职工们除睡眠外的一半时间，所以，一个人在企业工作的整个活动经历，必然可以塑造一个人的个性。他认为，只有通过企业文化尤其是企业精神，才能塑造职工的个性，培养职工的情怀，陶冶职工的情操。可以这样说，松下电器公司对企业精神等企业文化的建立和强化几乎演化成了一种"企业宗教"、"企业布道"和"企业洗礼"活动。

由上可知，企业精神的培育步骤，一般来说，有以下三个阶段：①企业精神确认阶段。这一阶段的任务是把企业精神认定下来。第一步是进行企业文化、企业精神的宣传、普及，营造企业文化氛围，提高员工对企业文化、企业精神的理解和认识。第二步是广泛发动群众，酝酿提炼企业精神，征集企业精神提案，力争把征集过程变成一个宣传教育过程。第三步是最后确认企业精神。可以组成一个包括专家和企业领导在内的评审委员会，先从群众的企业精神提案中精选出若干提案，然后

① 帕斯卡尔，阿索斯. 日本企业管理艺术 [M]. 陈今淼，译. 北京：中国社会科学出版社，1984.

交全体员工投票评选，以员工投票情况为主要依据，最后经过加工润色确认企业精神。②企业精神倡导阶段。这一阶段的任务是广泛宣传企业精神，使群众从思想上了解它、接受它，从行动上开始实践它、体现它。③企业精神的深化阶段。这一阶段的任务是使员工从"要我做"变成"我要做"。将企业精神人格化，把简练、抽象的企业精神具体化、形象化，并转化为群众的个体意识，使员工成为具有企业精神的"企业人"。企业精神变成了企业员工完全自觉的行为，成为一种"本能"。

2.2.4　企业精神的表达

企业精神的表达，是培养企业精神不可分割的部分。如果表达得好，则会推动企业精神的培育；如果表达不好，则会使企业精神形成缓慢。

好的企业精神表达的原则应该是：①"简练明确、易记好懂"。企业精神是要全体职工认同的，因此必须让每一个职工都能记住、懂得。文字精练是为了好记，用语明确是为了好懂。②"针对问题、符合厂情"。企业精神的表达只有针对问题，才能容易使职工的意志进入激发状态，形成解决问题的高昂士气。③"富于个性、形象生动"。这能使职工看到本企业与其他企业的不同之处，容易产生"唯我独有"的自豪感，也能给职工留下鲜明的印象，容易激发内心的共鸣，产生一种"抱此态度必然成功"的意志状态与思想境界，进而产生积极的行动，从而把崇高的精神转化为物质力量。

大体上说来，企业精神的表达形式可以分为以下几种：

（1）企业命名法（或厂名式）。在命名时，为称呼起来朗朗上口，一般采用简化的企业名称，如"首钢精神"（首都钢铁公司）、"一汽精神"（第一汽车制造厂）、"正广和精神"（上海正广和汽水厂）。这一命名方法的优点是将企业精神和本企业的名称联系起来，使人直接明确企业精神的归属。

（2）产品商标命名法。以商品形象来概括企业精神，一般选用于产品有名气或具有悠久历史传统的企业，如常州自行车总厂的"敢于攀登、质量求精、工艺创新、服务文明"的"金狮精神"。

（3）产品名称命名法。以企业生产的产品命名，一般适用于生产产品品种单一且有特色的企业。例如，沈阳风动机厂生产凿岩机，因为凿岩机的硬碰硬象征着该厂员工的开拓进取、拼搏的精神，所以该厂将自己的企业精神命名为"凿岩机精神"。这种命名方法使企业精神形象化，也使企业的产品得到了宣传。

（4）人名命名法。这是一种以本企业英雄模范人物或企业创始人的名字命名的方法。在国内，如大庆油田的"铁人精神"、鞍钢的"孟泰精神"等。在国外，如日本松下电器公司的"松下精神"等。

与此相对应，还有群体命名法。这种命名方法的优点是可以在员工心目中经常确立企业精神和产品的整体形象，增加自豪感。

（5）目标命名法。这是以企业的目标来表达的。例如，著名的"同仁堂"的企业精神表达为"同修仁德，济世养生"。其具体的内容包括：志同道合的人组成一个群体，同修仁德，亲和敬业，真诚爱人，实行仁术，济世养生，服务社会，服务民众；一视同仁，不分亲疏远近；求珍品，品位虽贵必不敢减物力；讲堂誉，炮制虽繁必不敢省人工；承老店诚信传统，扬中华医药美名；拳拳人心，代代传；报国为民，振堂风。

（6）宗旨命名法。这是以企业经营服务的宗旨来表达的。例如，朝阳第一建筑公司的宗旨式企业精神是：同心协力，精心施工创优，干一项工程，交一户朋友。

（7）口号、箴言命名法（或经验式）。"箴言"寓意深刻，富有韵味，它们用于表达企业精神，有着天然优势。中外绝大多数企业精神都是用口号、箴言式来表达的。例如，"IBM就是服务"（美国IBM公司）、"品不良在于心不正"（日产公司）、"正大无私的爱"（泰国正大集团）。

（8）号召法。例如，大连录音器材厂的"一切为了工厂，一心想着工厂，行动维护工厂，全力建设工厂"的精神。

（9）要求法。例如，大连耐火材料厂的"比别人干得更好些"的企业精神。

（10）优良传统法。企业的优良传统是一笔无形的财富。将优良传统概括为企业精神，能够使优良传统得以进一步发扬光大。

（11）主要法。这种方法不追求全面，而是把企业精神的最关键之点特别表现出来。例如，上海第一钢铁厂的"一厘钱精神"，是把该厂少花钱、多办事的艰苦奋斗精神提到了首位。日本的山下俊产把松下公司的企业精神称为"饥饿精神"，旨在强调要有24小时的危机感。

（12）量化概括法。这种方法对所要倡导的精神加以量化，使一切部门自然而然地符合这个"量"的规律。例如，上海铁合金厂企业精神，名之为"三精心"精神，表达为"精心选料、精心维护设备、精心操作"。据此，它要求各个子系统都按照"三精心"精神确定各自的行动口号。例如，科研工作的"精心思考、精心设计、精心试验"；医务工作的"精心诊断、精心治疗、精心护理"；教育工作的"精心备课、精心教学、精心辅导"等。

（13）故事法。这种方法是先给企业精神取一个富于个性的名称，然后通过讲厂史中的一个故事来阐明其依据，进而展示其内容。例如，上海电机厂的"扁担精神"，就是由厂长向客户保证产品质量，不怕挨扁担的故事而来的。

（14）比喻法。同样是艰苦创业，上海建设机器厂把其表述为"蚂蚁啃骨头"精神，上海异型钢管厂表述为"土鸡生洋蛋"精神，上海有的工厂还表述为"螺蛳壳里做道场"精神。同样是开拓创新，日本的索尼公司表述为"豚鼠精神"（豚鼠在茫茫的黑夜里总是不停地挖掘），美国的玛丽·凯化妆公司则表述为"大黄蜂精神"（大黄蜂不理会自己的翅膀太软、身体太重而仍然不停地飞）。显然，这一表达方式形象生动，突出个性。

2.3　企业价值文化

2.3.1　企业价值文化的含义

企业价值文化是指企业在追求经营成功过程中所推崇的基本信念和奉行的目标。

从哲学上来说，价值文化是关于对象（或客体）对主体有用性的一种观念，或者说，对于主体而言，只要能够满足主体需要的客体属性，就是有价值的。价值观是价值主体在长期的生活和工作中逐渐形成的对于价值客体的总的根本性的看法，是一个长期形成的价值观体系，是人们立身处世的抉择依据，具有鲜明的评判特征。

价值观贯穿于人的整个活动过程的始终，也贯穿于整个管理活动的始终。人们价值观的一致性、相容性是管理活动中人们相互理解的基础，是组织成立、管理成功的必要条件。在经常接触的人们之间如果缺乏这种相容和一致，那么他们之间的交往就会发生困难，就无法进行正常的管理，当然也就无法组成企业等组织了。所以，企业价值文化是企业全体或多数员工一致赞同的、与企业紧密关联的关于"对象对于主体来说是否有价值"的看法，其中最主要的是企业全体或多数员工一致赞同的关于企业存在与价值、意义的终极判断。任何一个企业，总是要把其价值所在以及其认为最有价值的对象作为本企业努力追求的最高目标、最高理想或最高宗旨。"企业价值观""共有价值观""企业最高目标""企业理想""企业宗旨"等，实质是一样的。价值观就是一个组织的基本信念和信仰。因此，企业价值文化与企业哲学是相通的。

企业价值观既然是企业经营管理者和企业员工共享的群体价值观念，也就决定和影响着企业存在的意义和目的，是企业各项规章制度的价值和作用的评价标准，为企业的生存和发展提供基本的方向和行动指南。同时，企业价值观也对企业员工起到导向和规范作用，并激励员工发挥潜能，增加企业的合力，从而决定了企业全体员工的行为趋向。

《企业管理学大辞典》认为："企业文化是企业经营的目的、宗旨，即企业为什么存在、企业对其价值的评判标准。企业对价值的评判标准一般有：企业认知价值——真和伪；企业实践价值——经营好与坏；企业行为价值——善与恶；企业艺术价值——美与丑。"[①]

显然，这里的企业价值文化也就是人们通常所说的共享价值观。共享价值观是指企业全体或多数成员，对于价值体系共同一致的看法或认识。企业通常要对以下三个问题取得一致看法：一是本企业的价值是什么；二是哪些对象对本企业的发展

---

① 陈佳贵. 企业管理学大辞典［M］. 北京：经济科学出版社，2000：38.

有价值；三是在体现本企业价值的各种结果中，以及在对本企业发展有价值的各种对象中，什么是最有价值的东西。

"企业价值观"与"企业精神"既有区别又有联系。两者的区别就在于："价值"是关系范畴，是关于"价值对象的哪些属性能够满足价值主体的什么需要"。企业价值观尤其要对企业的本质等诸方面作出价值判断。而"企业精神"是状态范畴，是描述一个企业中大多数乃至全体职工的主观精神状态的。塑造企业精神，主要是对思想境界提出要求，强调人的主观能动性。所以，企业精神没有对企业的客观条件等作出任何价值判断。但是，"企业价值观"与"企业精神"又是紧密联系在一起的。企业之所以要塑造企业精神，就是因为它对企业的发展具有很高的价值。企业价值观作为一种群体价值观念、基本信念、基本信仰，当然也属于精神领域。所以，当对企业精神进行说明时，不仅可以进行描述性判断，而且可以进行一系列价值判断。在对企业价值观念体系进行说明和塑造时，也会对职工的思想境界提出要求。

2.3.2 企业价值文化的演变

在西方企业的发展过程中，企业价值文化经历了多种形态的演变。其中，比较典型的企业价值文化有：最大利润价值观、经营管理价值观和企业社会互利价值观。

（1）最大利润价值观，是指企业全部管理决策和行动都围绕着如何获得最大利润这一标准来评价企业经营好坏。这种观念盛行于18世纪至20世纪初西方发达的工业化国家。

（2）经营管理价值观，是指企业在规模扩大、组织复杂、投资额巨大而投资者分散的条件下，管理者受投资者的委托，从事经营管理而形成的价值观。这不仅包括尽可能使投资者获利，而且包括非常注重企业人员的自身价值的实现。这种观念开始于20世纪20年代。

（3）企业社会互利价值观，是20世纪70年代兴起的一种西方社会的企业价值观，要求在确定企业利润水平时，把员工、企业、社会的利益统筹起来考虑，不能失之偏颇。这种价值观在20世纪70年代以后逐渐兴起并成为主流。

优秀的企业文化有一个共同的基本点，即没有一家企业是把利润及其最大化作为首先追求的价值目标。日本松下电器公司坚持这样的企业利润观：企业所获取的利润是企业经营发展所取得的成功的社会承认、社会报酬，而并非是企业经营发展的全部出发点和归宿。在美国休利特-帕卡德公司，追逐企业的适度利润（足够多的利润），是为了支付企业发展所需的资金、提供企业达到其他目标所需要的各种资源，因而，是企业生产经营得以长期繁荣、实现企业其他目标的基础。对这种利润观，公司作了这样的解释："在我们的经济制度中，我们从营业中获得的利润是我们繁荣和发展所需资金的最终源泉，它是衡量我们公司长期成绩的一个极为基本的尺度。只有我们持续地实现利润目标，我们才能实现我们公司的其他目标。"①
英国标准电话电报公司的基本利润观是："力求获得不断增加的高额利润，使我
们能够履行对股东、雇员、客户、供应商乃至整个社会的责任。为了增强竞争能
力，必须不断提高我们的制造、工程技术、安装、市场和经营管理等各个部门的
工作水平。"②

正因为如此，当代著名的企业经济学家乔尔·迪安指出："经济理论中的一个
基本假设是，使利润最大化是每一个企业的基本目标。但是，近年来，利润最大化
已由理论家作了重大的修正，用来指长期的利润；指经营管理的收入，而不是指企
业主所有的收入；还包括一些非财务上的收益，如高度紧张的经理人员日益增加的
闲暇，以及企业内各经理人员阶层之间的和睦关系；同时还应包括一些特殊的考
验，如限制竞争、维护管理控制、解决工资要求、防止反托拉斯起诉……这种趋势
反映了理论家们日益认识到许多企业，特别是大企业，并不是按照以边际成本和边
际收入来表示的利润最大化原则来经营的……"③

准确地说，利润率虽然不是工商企业活动的首要或最终目的，但却是一个重要
的限制因素；虽然不是企业行为、企业决定的说明、原因或存在理由，但却是对
其有效性的一个考验。"如果坐在董事会宝座上的不是一些工商业者而是一些天
使，那么，尽管这些天使对于获得利润完全没有个人兴趣，却仍旧不得不关心利
润率……任何企业的第一项考验不是使利润最大化，而是获得足够的利润来应付经
济活动上的各种风险，从而防止亏损。"④

传统的企业社会价值取向把企业的社会责任和义务看得过于简单，将其局限在
一个十分狭小的范围：只是认为企业在完成生产经营之后，靠其税收和其他盈利分
割来适当地推动社会慈善与福利事业的发展。有关工商企业社会责任的早期讨论与
探索，主要集中在以下三个领域：①有关私德和公德转换与差异性这个永恒的主
题。这是从政治领域直接转移到企业经营领域的。通常有这样一句警句：如果我们
把担任公职时为了国家而做的事在私人生活中也那样去做，我们会成为怎样的坏蛋
啊！②有关企业雇佣者由于其权力和财富而对职工所承担的社会责任。③有关要求
工商业者在社会"文化"方面的支持、帮助责任问题，如资助艺术活动、博物馆、
担任教育机构的理事，为慈善事业出资等。

第二次世界大战之后，尤其是20世纪60年代，"工商企业的社会责任"一词已
经发生了很大的变化。企业的社会价值取向通常有两个含义：①公开并正确地确认
公司、企业的全部生产经营活动所造成的社会影响，也正视并确定公司、企业对这
种影响应负的具体责任。②确认社会问题的存在并积极参与社会问题的解决。通过
把一个社会问题转化为企业经营发展的一个机会，从而使企业的活动既满足了社会

---

①　大内. Z理论 [M]. 孙耀君，王祖融，译. 北京：中国社会科学出版社，1984：197.
②　戈德史密斯，克拉特巴克. 致胜之道——英国最佳公司成功的秘诀 [M]. 曹景行，潘慕平，译，
上海：上海翻译出版公司，1987：227.
③　德鲁克. 管理 [M]. 孙耀君，译. 北京：中国社会科学出版社，1987：81.
④　德鲁克. 管理 [M]. 孙耀君，译. 北京：中国社会科学出版社，1987：80.

的需要，又为企业本身的发展奠定了基础。关于前者，美国著名的管理学家德鲁克指出："无论是有意造成的还是无意造成的，人们必须对他们所造成的影响负责。这是第一条规则。管理当局无疑要对他们的组织所造成的社会影响负责。这属于管理当局的业务。"①关于后者，德鲁克又认为："把社会问题转化为企业机会的最有意义的方面可能不在于新技术、新产品、新服务，而在于社会问题的解决，即社会创新。这种社会创新直接和间接地使公司或产业得到利益和加强。"②英国标准电话电报公司明确规定公司与社会的关系为：①公司对于当地社会、国家、欧洲经济共同体以至整个世界，都应成为一种经济的、知识的和社会的财富。②重视环境，密切关心工厂周围居住者的利益。③鼓励公司成员在实现公司内部目标的同时，增加对社会的个人责任感。④为帮助寻找出解决全国性问题的途径而贡献知识才能。⑤执行机会均等的方针，对所有的人事问题的管理都没有种族、肤色、宗教和性别的区分。

企业文化越是向更高的层次和方向上发展，越是把社会问题当成企业发展的机会，企业政治价值取向就会越加明确。在人类社会发展的历史过程中，尤其是在当今的时代，经济问题、社会问题、伦理道德问题与政治问题从来就没有一条不可逾越的鸿沟。在一定的社会历史条件下，许多问题只要作为焦点问题、敏感问题而存在，稍稍一激化，往往就会转化为政治问题，酿成政治危机。例如，对劳动问题和分配问题处理不当，就可能涉及人权、种族、失业等政治问题，对这些问题的看法和解决方式都会使企业形成明确的政治价值取向。因此，现代大企业由于其所具有的经济价值取向、社会价值取向、伦理道德价值取向等规定了其在政治问题上不能袖手旁观，而必须把它作为企业的发展机会去捕捉，把对其的解决作为企业的责任来加以承担。对诸如种族、民族、就业、福利等一系列问题的介入和解决，都会使企业文化形成明确的现代企业政治价值取向。

2.3.3 企业价值文化的核心内容及构成层次

当代企业价值文化的一个核心内容就是以人为中心，以关心人、爱护人的人本思想为导向。

过去，西方企业文化虽然把人才培养作为重要的内容，但是，只限于把人才培养作为手段。这就是说，非常强调在职工技术训练或技能训练上进行投资，以提高企业效率、获得更多的利润。这实际上把人仅仅看成工具，所培养的人才，不过是为了改进工具的性能，提高使用效率罢了。依第1章所讲，这实际上仅仅看到了企业文化的科学性而忽视了企业文化的人文性，将企业文化管理降为科学管理。

当今的企业发展趋势已经开始把人的发展视为目的，而不单纯是手段，这不仅是企业文化的实质，而且是企业价值观的根本性变化。企业能否给员工提供一个适合人发展的良好环境，能否给人的发展创造一切可能的条件，这是衡量一个当代企

---

① 德鲁克. 管理［M］. 孙耀君，译. 北京：中国社会科学出版社，1987：397.
② 德鲁克. 管理［M］. 孙耀君，译. 北京：中国社会科学出版社，1987：415.

业优或劣、先进或落后的根本标志。著名哲学家康德的名言"人绝非手段，而是目的"应该成为企业价值观的核心内容。这也是当今人们强调"以人为本"价值观的实质所在。

由上便可知"以人为本"价值观的含义了。依笔者看来，"以人为本"的价值观有两个最基本的含义：一是最低层次的含义——将人视为手段。具体地说，将人视为"经济人""科学人"。通俗地说，就是通过科学提高人的技能以获得更大的利益。这种观念是有合理性的，这是因为只有人才能自己满足自己，人也只有在功利的基础上才能生存。否则，单纯的物（比如说自然界）不会主动地满足人，人也不可能得到发展。这实际上就是前面古典管理理论阶段、管理丛林阶段所说的管理的主要目的。但是，人生的目的绝非仅仅是功利，人还有非功利（或超功利）的追求，比如，人的自由全面发展的实现。人实际上是在功利基础上来满足自己的其他追求，进而提高、发展自己。所以，这一层次的"以人为本"忽视了"人是最终的目的"。二是最高层次的含义——将人视为目的。具体地说，将人视为"社会人""文化人"。通俗地说，就是通过人文这一主要途径提高人的精神追求，发展人。这实际上就是行为科学管理理论阶段，尤其是企业文化阶段所说的管理的主要目的。

如果按照马斯洛的"人类需要层次论"来理解"以人为本"的价值观，那么，可以这样说，"以人为本"的价值观最低层次的含义就是要满足人的生理需要、安全需要，"以人为本"的价值观的最高层次的含义就是要满足人的感情和归属上的需要、地位和受人尊敬的需要、自我实现的需要。所以，"以人为本"的价值观是有层次的。由此可见，目前我国对企业文化的理解还处于较低层次。

企业价值观必然要求对人的价值和物的价值、个人价值和共同价值、社会价值和利润价值、用户价值和生产价值等一系列价值序列进行选择和排序。那么，当代企业的价值观体系有哪些内容以及遵循哪些排序原则呢？

美国兰德公司的专家们花了20多年时间，跟踪了500多家世界大企业，最后发现其中100年不衰的企业的一个共同特点是：它们不再以追求利润作为唯一目标，而是有超越利润的社会目标。这从上面所说的企业价值文化演变中也已看出。

具体地说，价值观体系有以下几个方面：①人的价值高于物的价值。对于企业来说，最有价值的因素不是物，不是制度，而是人。优秀的企业更是如此。日本松下公司告诫自己的员工，如果有人问："你们松下公司是生产什么的？"就应当这样回答："我们松下公司首先制造人才，兼而生产电器。"②人的知识不如人的智力，人的智力不如人的素质，人的素质不如人的觉悟。③"共同的价值观念""经营理念"之类的软管理因素的价值，高于硬管理因素和其他软管理因素的价值。特别是共同价值高于个人价值。卓越的企业所倡导的团队精神、协作文化等就是共同价值高于个人价值的企业价值观。④"为社会服务"的价值高于"利润"的价值，用户价值高于生产价值。企业的目的、使命和价值在于向社会提供物美价廉的产品和优质服务，而利润不应成为企业的最高目的，只应视为社会对企业的酬报。与此同时，调动企业人员积极性的最有效的手段，不是"利润"指标，而是为社会多作贡献的使命感。卓越的企业总是将社会满意和顾客满意原则作为企业价值观不可或缺的内容。例如，新加坡奥迪公司承诺：如果购买汽车1年之内不满意，就可以按原价退款。⑤"共同协作"的价值，高于"独立单干"的价值。⑥"集体"的价值，高于"自我"的价值。⑦"普通岗位"的价值，高于"权力"的价值。⑧"企业知名度"的价值。牺牲利润来提高企业知名度，不但可以开始谱写企业的历史，最终还可以获得更多的利润；牺牲知名度而攫取利润，就永远不会谱写企业的历史。⑨"维持职工队伍稳定"的价值，高于"赚钱"的价值。⑩"顾客第一，职工第二，本地社区第三，第四也就是最后才轮到股东。"①"用户"的价值，高于"技术"的价值。应该靠用户和市场来驱动，而不是靠技术来驱动，用户的建议总是最为经济实惠的。"保证质量"的价值，高于"推出新品"的价值。集体路线的价值，高于正确决策的价值。顾客第一，家庭第二，工作第三。

2.3.4 企业价值文化的塑造

1）企业价值文化塑造的一般原则

这主要有：①深入细致的总结原则。哪些对象对企业有价值？本企业具有什么价值？这些价值如何排序？企业不同，回答就不一样，不能完全照搬其他企业的回答。一般说来，具有一定历史的企业总有其价值观。价值观主要来自经验，来自经济环境下各种尝试所积累的经验。具体地说，企业员工在特定经济环境中进行尝试后知道什么可行、什么不可行，再加以概括和总结。在确认和进一步培育企业价值观时，一定要根据企业的性质、规模、类型、员工素质和经营的特殊性来选择适当的价值标准，从而反映企业的特色。同时，价值观又要高于实际，具有超前性，以充分体现企业价值理想和长远目标的要求。任何企业组织无论是处在创业阶段，还是处在发展阶段或成熟阶段，都存在一个确定、恪守或转变价值观的问题。②坚持在继承的基础上创新原则。企业价值观要随着客观环境和企业内在因素的变化，不断注入新的内容，因此它是一个动态的体系。企业只有坚持经常审视自身的价值观，在继承的基础上不断注入时代精神，才能时刻保持企业价值观的创新。③用具体生动、有特色的语言来表达的原则。例如，海尔的"真诚到永远"，杜邦的"创造美好生活"。一方面，有特色的价值观体现了企业人的自信，是企业自信力达到成熟阶段的标志；另一方面，有特色的价值观可以使员工产生一种个性感，一种与众不同的自豪感，激励起企业成员的创造潜能和竞争取胜的信心。④坚持不懈地灌输的原则。提出企业价值观并非难事，难度较大的是如何把企业倡导的价值观变为企业员工的共同信念，得到企业员工的认同。企业倡导的价值观只有转化为普通员工的信念，才能成为企业实际的价值观。企业价值观从确立到转化为全体成员的信念，是一个价值观内化的过程，也就是让员工接受并能够去自觉实施价值观。⑤以身作则地执行的原则。企业领导只有带头执行，才能使一般职工信服，才能使共享

① 彼得斯，沃特曼. 成功之路［M］. 余凯成，译. 北京：中国对外翻译出版公司，1985：229.

价值观变成职工的自觉行动，并进一步习俗化。在企业价值观的内化过程中，领导者处于主导地位，领导者应持续不断地灌输，以身作则，率先垂范。

2）企业价值文化塑造的方法

①定向引导塑造法。确定企业的奋斗目标，使全体员工朝着既定的方向努力工作，逐渐形成一致的价值观。②本位选择塑造法。确立企业正确的本位价值观，从而使全体员工具有正确的价值取向。③满足需要塑造法。在满足企业员工物质和精神需求的同时，使企业员工的个体价值观与企业价值观相融合，唤起企业员工强烈的归属感和自豪感。④行为规范塑造法。通过企业价值观，明确提倡什么、反对什么，规范企业员工的行为，形成符合企业价值观规范的群体意识。⑤卓越激励塑造法。企业制定远景目标，激发企业员工的热情，给企业员工强烈的鼓舞和感召力，使企业员工产生一种"意义感"。⑥群体感化塑造法。通过企业培训教育方式和英雄模范典型示范，使先进的价值观得到企业员工的拥护，形成一个共同的"心理场"，产生感化作用和启迪作用，从而达成共识，促进共同价值观的形成。

3）企业价值文化塑造的几个重点

（1）质量至上的企业价值观的塑造

①"可指望原理——尽管经济时起时伏，质量总是灵丹妙药"。企业如果要在竞争中取胜，唯一可指望的就是质量超群。质量是"火车头"，它能真正带动销售额、利润率和市场份额的增长。优秀公司和高明企业家的可贵之处是把质量变成企业的自觉追求。

②"全方位原理——不仅产品和服务，而且公司的一切言行，都要质量至上"。这就是说不仅公司的活动结果（提供的产品和服务），而且活动过程（生产经营、开会决策、信息公布等）和活动主体（指公司这个组织及其成员），都必须是高质量的。

③"造氛围原理——时时处处关注质量，上上下下都有热情"。要在公司内部创造一种质量至上的文化氛围，使全体员工时时处处关注质量，对提高质量作出承诺，并把不断改进质量的可能性付诸实践。为此，优秀公司的管理者们总是热情洋溢地进行宣传、教育、规划、检查、奖励、处罚，从不歇气，从不间断。一个公司是否已经形成质量至上的文化氛围，首先应该由顾客来评判，这是因为质量是顾客最为看中的东西，顾客对质量最敏感。

④"严要求原理——为百分之百奋斗，给百万分之几处罚"。优秀企业的可贵之处，就在于总是要求产品和服务必须达到百分之百的合格率，认为100件中如有1件不合格就会前功尽弃。

⑤"动真格原理——抓质量的精力切忌过分耗散于'包装'，而要倾注在顾客的心上"。质量是和料优、可靠、耐久、方便、安全、舒适、及时等相联系的，这些才是顾客心里真正想要的东西。

⑥"无止境原理——没有最好的，总有更好的"。质量缺乏改善而稳定不变就意味着落伍，意味着将被淘汰。虽然质量改进的方向无限多，质量提高的程度无止

境，产品或服务总得有阶段，但是，优秀的公司总是强调"不断改善工作方法""没有最好的，总有更好的"。

⑦"战略性原理——提高质量以力争冠军为上，推出新产品以甘居亚军为荣"。技术创新是质量得以无止境提高的基础。但是，高质量和新技术终究不能完全等同。当这两者不可兼得时，优秀的企业，即使是高新技术企业也总是优先选择高质量，自觉地放弃那些未经证实的新技术。

⑧"人为贵原理——谁把质量视为人格，就可以由他来负责"。质量要靠管理者来抓。只有那些视质量如同自己人格的管理者，才能担当领导建设质量价值观的重任。高质量的产品与服务，高质量的组织与工作，既是一个公司崇高人格的展示，也是对顾客人格的充分尊重。

（2）创新价值观的塑造

这主要塑造以下几个意识：①实干意识。②奉献意识。③竞争意识。④超前意识。企业要创新，就必须超前思考：未来的市场将流行什么产品，未来的顾客需要什么样的服务，未来的社会要求企业采取什么样的组织机构，未来的设计将是什么理论和工艺技术占主导地位等问题。⑤宽容意识。一是宽容某些"奇谈怪论"。一项真正的创新，开始的时候往往被认为是"不能办的""不该做的""不会干的"。创新者们所提出的一些创新及其理由，也常被认为是奇谈怪论。但事实上，许多创新恰恰是某些奇谈怪论的实现。二是宽容某些"非理性行为"。创新者们的可贵之处就在于他们敢于凭直觉作出大胆的尝试，而尝试的理由却很不充分，甚至找不出任何理由。但是，这往往孕育着创新的成功。三是宽容某些"无组织""无纪律""钻制度上的空子"之类的行为。既然创新在开始阶段往往并无成功的把握，许多创新者们也就悄悄串联一些有兴趣的人，挤出时间"私下干活"，甚至暗中从企业里弄些材料来做实验，以求创新。如果对这些行为不能给以宽容，就会把创新扼杀在摇篮之中。优秀的企业不仅宽容这些行为，而且有意鼓励这些行为。四是宽容创新过程中所犯的错误和失败等。如果不允许犯错误、不允许失败，就等于取消了创新。

（3）全息价值文化的塑造

所谓"全息"，至少有以下三层含义：一是指全部的信息。管理决策所依据的信息是全面的。实现管理目标而采取的措施是配套的。一个优秀的企业管理者应该是系统工程的设计者，是善于把握全局的统帅。二是树立"全息"观念。由于一个局部包含着整体的信息，可以在一定程度上复现整体，因此，企业的每一个部门都能较准确地体现整体，具有整体的信息。这就意味着企业已经成为强文化企业，它有统一的企业精神，有全体认同的价值观念体系，有整体划一的企业识别系统。三是局部在一定的条件下成长为一个整体。例如，一根枝条插入土壤就可以成为一个完整的植株。这就要求企业充分调动每个职工的积极性，使其每一个局部都能发挥潜力，就像企业整体那样能够独立适应复杂多变的市场环境，而成为合格的市场主体。

（4）"以人为本"价值观的塑造

从管理的角度来看，"以人为本"的价值观要解决员工和企业的关系问题，即如何看待企业员工的权利和需要问题。德国通过"社会契约"和"共同决策"的监事会制度，在权力的平衡方面步子迈得最大，但从结果看，企业并没有获得应有的活力和竞争力，因为它决策太慢。数十年来，日本企业通过文化和制度来造就一种心理上的权力平衡，但日本的终身雇佣制和年功序列工资制正受到严峻的考验。美国企业是通过工会来达到某种权力平衡的，但工会会员正在大量减少，工会面对近年来员工收益减少而管理者收益大增的趋势束手无策。

在信息时代，员工多元化的价值追求已不仅仅是权利和需求的满足问题，而且越来越成为员工创造力的源泉。信息时代将给企业带来新的机会，激烈的竞争将迫使企业越来越趋向民主化。在重新构建的企业文化中，人的自我实现的价值在于创造而不在于权利，在于工作而不在于等级。在开放的机会中，人们对级别、地位的看法将会发生根本的变化，知识和能力将构成企业新的价值基础，对级别和地位的竞争将逐渐淡化。20世纪60年代以后，企业家成了社会的精英，尤其是20世纪90年代以后，这一趋势更为明显。像比尔·盖茨、杰克·韦尔奇成了家喻户晓的人物。企业家通过个人奋斗所取得的成功淡化了人们对社会阶层、级别、地位的看法。企业创造的文化正潜移默化地改变着世界。

从企业组织形式来看，"以人为本"的价值观要求企业组织形式和组织制度不仅要考虑到员工的职业，而且要考虑到员工的兴趣、爱好、脾气、秉性，以及他们可能的发展方向。组织的核心能力将可能不再是以业务能力为主要考察对象，而是以人际关系能力和善于把握方向为主要考察对象，同时，员工的报酬将不是根据职位，而是根据能力和贡献来确定。这意味着业务经理可能因主要贡献在调整人际关系上而比主要贡献在业务上的雇员拿得要少，"升官"不一定"发财"，这将大大减少内部摩擦，特别是将大大减少优秀的专业人员都转向经理人这条狭窄的道路上而造成人才资源的浪费，要使人才资源能各司其职、各尽其能，使各类人才都能在自己选择的专业和道路上不断实现自我价值。

在"以人为本"的价值观中，"人"既包括员工，也包括股东、管理者和顾客。企业如何处理好同这些人之间的关系，也反映着企业是否坚持了"以人为本"的价值观。股东对企业拥有所有权，管理者对企业有经营、管理权，顾客通过购买企业产品，最终拥有对企业的监督权和否决权，员工通过参与企业民主管理行使自己的权利。股东有投资增值的需要，管理者有地位、成就感和取得与其贡献相适应的经济报酬的需要，顾客有获得质量高、价格低、方便快捷的产品和服务的需要。企业如果不能满足这些需要，股东就要抛售股票，管理者就要跳槽，顾客就不会购买企业的产品。企业只有持续地坚持"以人为本"的价值观，才能不断创造满足人的需要的新途径，才能创造更高的效率和效益，实现员工、股东、管理者、顾客之间的利益与价值的统一。

2.4 企业伦理文化

2.4.1 企业伦理的含义

1）企业伦理的内涵

在印欧语系中，"伦理"一词源于希腊语，道德一词源于拉丁语，其本意都是"风尚""习俗"。在原始社会，"风尚""习俗"就是其道德。在我国古代社会，"道"是从首从足，其原意为道路。道路对人的行走来说，具有规定性和走向性。"道"引申为一种法则、规范、规定和规律。由此，"道"是指人们的行为规范等一系列外在要求。从字的结构来看，"德"是由"人""心""直"组成，其原义可表达为人的心求正为"德"。在古汉语中，"德"与"得"可通用。人之心术正就有德（得）。由此，"德"是指人们的行为品质等一系列内在精神修养和境界要求。将"道"与"德"合为一词，形成于我国的战国中后期。《荀子·劝学》说："故学至于礼而后止矣，夫是之谓道德之极。"在这里，"道德"不仅指"礼"，即等级行为规范和关系的总称，而且指道德的最高精神境界。"伦"即人伦，是指人们之间的关系；"理"即治理、整理，是指条理、原理和规则。由此，"伦理"是指在人与人的关系中所需要的准则、原则和规定。所以，伦理比道德更前进了一步，是道德现象的概括，是人与人之间关系的道德规范和行为准则。所以，伦理道德是调整人们之间的关系以及个人与社会的关系所提倡的行为规范的总和。由上可见，伦理与道德没有根本的区别。

既然伦理是指"道德关系及其相应的道德规范"[①]，企业伦理也就是伦理的具体表现之一。

企业伦理是指一个企业中大多数乃至全体职工认同并在实际处理各种关系中体现出来的善恶标准、道德原则和行为规范，特别是用以调整企业与员工、员工与员工、一般员工与管理者，以及企业与社会等关系的行为规范的总和。

一方面，企业伦理受习俗、舆论的支持，对成员的约束是自然的而非生硬的，属于企业文化系统中的习俗化要素；另一方面，企业伦理一般又是人们自觉自愿地追求的，是人们行"善"的内在动力之一。

2）企业伦理的外延

企业道德是以善良、正直、公正、诚实等为标准，来评价、规范企业和职工的行为，进而调整和控制企业与职工、企业与顾客、企业与企业之间的行为规范。

从道德主体来看，企业伦理有两个最基本的层次：①职工道德。其道德主体是单个职工。②企业道德，又称法人道德。其道德主体是整个企业或法人。

从企业内外来看，企业伦理也包含两个层次：一是企业处理内部关系时所遵

---

① 冯契. 哲学大辞典［M］. 上海：上海辞书出版社，1992：583.

守的道德；二是企业处理对外关系时所遵守的道德。具体地说，它有以下几点：（1）企业和员工之间的道德规范。①合格的企业应该有以下的道德规范：第一，确保员工职业安全，保护员工生命价值。第二，承认个人利益，尽力满足员工合理的且有实现可能的要求。尊重员工的个性、专长、价值与尊严，为员工得到全面发展创造良好的环境条件。第三，确保员工在企业中的主体地位和政治地位、人格地位的平等，为员工广泛参与管理创造条件。②员工要自觉遵守符合集体主义要求的个人行为规范。这些行为规范包括：爱集体、爱公物、爱岗位、爱劳动；讲责任、讲纪律、讲协调、讲奉献。在现代企业制度下，员工行为规范的理念基础有契约与忠诚、承认差别。承认差别是指承认能力、职务与权力差别，承认劳动报酬的差别。（2）管理者和普通员工之间的道德规范。一方面，管理者要树立"以人为本"的管理思想，率先垂范，充分依靠员工；另一方面，普通员工对管理者要给予尊重、理解和支持，主动参与管理。（3）员工之间的道德规范。以"平等、团结、友爱、互助"为基本道德规范，使全体员工在集体主义原则和企业共同意愿引导下，平等相处，协作互助共创业绩，共享工作和生活的快乐。（4）企业与股东之间的道德规范。股东承担着按公司章程规定的提供经营资本的责任，且对自己所提供的经营资本只有转让或出售的权利，不能随意抽回资金。股东应通过股东会和董事会等形式关心企业经营，支持经营者有效地进行资本运作和企业经营。同时，经营者必须遵纪守法，正确处理好股东、企业和员工之间的利益关系，处理好企业眼前利益和长远利益的关系。（5）企业与社会之间的道德规范。正确地处理企业与社会的关系，应遵守"平等、互助、互利"的道德规范。企业在处理它与社会公众关系时必须有道义上的自律，遵守一定的道德规范（即职业道德）。

下面简要地论述职业道德和企业信用。

（1）职业道德

职业是人们由于特定的分工而形成的具有专门业务和特定职责的社会活动。为了保证职业活动的正常进行，各行各业形成了一些特殊要求，也就逐渐形成了与职业相关的各种道德规范和准则。职业道德是人们在从事一定的职业范围内的工作所遵守的行为规范的总和。

职业道德通常有以下几个方面的内容：①忠于职守、热爱本职。忠于职守就是要求职业工作者安心工作，对工作恪尽职守，诚实劳动。在任何时候、任何情况下都能坚守岗位，必要时甚至以身殉职。热爱本职就是职业工作者以正确的态度对待本职的劳动，努力培养热爱自己所从事的工作的幸福感、荣誉感。②热忱服务、文明生产或文明服务。热忱服务是职业工作者要以满腔热情对待工作、对待服务对象，努力为服务对象提供最满意的服务。文明生产是指职业工作者在生产上按岗位规范、操作规程的要求，爱护设备、工具、产品，尽量减少环境污染。文明服务是指职业工作者在服务上做到礼貌待人，热忱服务。③讲究质量、注重信誉。讲究质量是要求企业员工努力提高工作质量和产品质量。信誉是信用和名誉。职业信誉是在每次产品交换中所形成的消费者、社会公众对生产者、经营者的一种依赖关系，是职业荣誉的集中体现。④遵纪守法、廉洁奉公。遵纪守法是指每个企业员工都要遵守职业岗位纪律和与职业岗位活动相关的法律、法规。廉洁奉公是企业每位员工应有的思想道德品质和行为准则。它要求企业每位员工在职业岗位活动中要坚持原则，不利用职务之便牟取私利。⑤钻研业务、提高技能。这要求企业员工努力学习科学文化知识，钻研业务，不断提高职业技能，以便高质量地做好所从事的工作。⑥积极进取、勇于竞争。这要求企业员工在所从事的职业活动中要树立竞争意识，具有努力向上、敢为人先的精神。⑦锐意改革、开拓创新。这要求企业员工在工作上要勇于解放思想、更新观念、破除各种束缚、敢于创造、不断开拓。⑧团结协作、互助友爱。这是处理企业内部人与人之间、部门之间、岗位之间、层次之间、环节之间关系的道德规范。⑨艰苦奋斗、厉行节约。这是指不畏艰苦、不怕困难、勤俭朴素的工作精神和生活作风。

（2）企业信用

现代企业伦理的基点是企业信用。

广义上，企业信用是指企业遵守诺言，实践成约，进而取得别人的信任，也就是通常人们所说的"诚实守信，讲信誉"。狭义上，企业信用是指企业以按时还本付息为条件的借贷活动。其主要形式有：以商业票据为工具的商业信用；以债券为工具的企业债务信用和以股票为工具的企业股份信用，即以企业为主体接受的直接信用。

1998年诺贝尔经济学奖获得者阿玛蒂亚·森指出，一个基于个人利益增长、缺乏合作价值观、不惜牺牲经济信用为代价的社会，不仅在文化意义上是没有吸引力的，而且在经济上也是缺乏效率的。以各种形式出现的狭隘的个人利益的增进和道德的牺牲，不会对社会的福利产生任何好处。

英籍美国学者查尔斯·汉普顿和阿尔方斯·特龙佩纳对美国、英国、德国、意大利、瑞典、日本、新加坡等12个国家的15 000名企业经理进行调查，绝大多数企业经理都认识到：因为在现代信息社会，信息传播的速度极快，社会舆论的监督力度不断增强，所以，具有"反经济信用行为"的企业的成本大大增加了。企业一旦有"反经济信用行为"，就会立即被曝光，其最重要的无形资产——商誉就会受到重创。现代企业不讲商誉是无法生存的。重视企业商誉，可以赢得更多的合作者，可以得到更多的发展机遇。这就是说，现代企业竞争不仅包括质量竞争、服务竞争，而且包括商誉竞争。商誉竞争的核心是信用和公正。信用度高的企业将获得社会良好的评价。

一个企业只有在不仅能够增加自己的经济利益，而且能够增加全社会的经济利益时，才能达到合乎企业商誉或企业信用的资源最优配置状态；相反，企业如果通过损害他人的利益而实现其经济利益，就损害了企业商誉、企业信用，对整个经济体系的效率也带来了损害。

企业要想持续、健康发展，就必须建立有效的企业信用管理系统和评价体系。企业信用管理系统和评价体系包括企业品格、能力、资本、担保、环境、信用要素、内部要素、外部要素等。企业品格是最核心的要素，即企业在经营活动中形成的企业伦理、企业品德、企业行为和企业作风。企业品格在很大程度上决定着企业信用的好坏。

建立企业信用管理系统，就要形成企业信用理念，完善管理制度，健全组织机构，包括设立企业内部的信用管理部门，确定信用管理权限，编制信用管理的规章制度，核查和评估企业信用实施情况。通用电气（GE）把核心价值定位于"诚信"的企业伦理，要求员工保持极大的热情，坚持完美、无边界的工作方式，发挥智力资本的作用，创建信任的环境，永远对顾客有感染力。摩托罗拉公司把"诚信为本和公正"作为核心理念，强调诚信地对待顾客和员工。

为了建立企业信用评价体系，评估者需要通过分析大量的企业要素，将影响信用要素的各种属性量化和具体化。美国在世界上最早建立了企业信用评价系统，并制定了企业信用评价标准表，见表2-1。

表2-1　　　　　　　　　　　　美国企业信用评价标准表

序号	级别	特征
1	信用卓越	经营规模庞大，财务结构健全，资本雄厚，业绩极佳，对于市场有较强适应力，偿还贷款完全没有问题
2	信用良好	获利能力强，并有连续获利能力和记录，市场变化对其虽有影响，但不大
3	信用尚佳	企业经营多年，管理尚佳，其自有资本足以支付其借款，在某一授信额度中，风险一般较小
4	风险较大	经营与管理已呈现不稳定的征兆，获利能力反复无常，无法按期缴付利息和借款，无法全部偿还本金
5	无法接受	财务状况甚为恶劣，资金周转严重困难，随时可终止营业，变卖资产清偿债务，银行回收贷款机会甚微

近年来，在我国，信用缺乏已经成为一种严重的公害，主要表现为：第一，一些企业资产负债率高、亏损严重。甚至有的企业是"空壳"企业，其经营完全依靠银行贷款。第二，债权保护制度和信用监控还不完善。我国现行的法律体系还不能涵盖企业的全部行为，对债务人履行义务的约束不完善且不具有强制性。我国还没有建立作为发达市场经济中信用体系基础的信用记录、征信组织和监督制度。第三，缺乏信用激励和惩罚制度。市场经济发达国家的通行做法是：信用良好、信用等级较高的企业在股票和企业债券发行中能够给予优先安排；信用等级高的企业可以获得较高的信用额度和更为优惠的利率价格。相反，企业如果不能如期偿还债务，就会被吊销营业执照。第四，有些政府行政部门违法介入企业信用活动和干扰执法。比如，有些地方行政主管部门将本应由自己出面筹措资金兴建公益事业的债务负担转嫁给企业，使企业负债超过其偿还能力。所以，要从强化信用意识、完善

信用制度、建立信用体系、实施信用工程等方面来建构市场经济的信用基石。[①]有学者提出了我国中小企业信用评价指标体系，且用层次分析法建立了中小企业信用综合评价模型，见表2-2[②]。

表2-2　　　　　　　　　　　中小企业信用综合评价模型

指标类别		评价内容	评价指标
定性指标	基础素质	经营者素质	品德、能力、口碑
		企业素质	治理结构、管理水平、职工素质、财务报表质量、社会责任感
		发展前景	产品知名度、行业发展前景
定量指标	财务状况	偿债能力	资产负债率、流动比率、速动比率、利息保障倍数、现金比率
		盈利能力	销售利润率、资产报酬率、净资产收益率、成本费用利润率
		现金流量分析	现金流动债务比率、经营现金流量增长率、主营收入现金流量、现金利息保障倍数
	经营创新能力	营运能力	总资产周转率、流动资产周转率、应收账款周转率、存货周转率
		创新能力	新产品销售收入率、R&D投入强度、新技术装备率、研发人员比重
	经济生态	成长能力	净资产增长率、销售增长率、利润增长率、工资总额增长率
		履约情况	贷款本息按期偿还率、税收及时上缴率

3）企业伦理的道德导向

从上面所说的企业价值文化的构成层次和管理发展所经历的企业文化阶段来看，当今企业伦理的道德导向是集体主义，而不是个人主义。由此，在满足个体需要的基础上要鼓励个体多为集体做贡献；在保持差别和竞争的基础上促进人与人之间的团结和协作。

2.4.2　企业道德建设

企业道德一方面通过舆论和教育来影响职工的心理和意识，使职工形成爱憎分明、是非明确的善恶观念；另一方面通过制度形式在企业中确定下来，成为约束企业和职工行为的原则和规范。因此，企业道德的建设往往就表现在以下方面：

1）企业道德建设要处理好的四个关系

（1）处理好企业、国家、社会的关系，建立"企业社会道德"的约束机制。就企业和国家的关系来说，税收是国家与企业关系的重要调整手段。纳税是应尽的义务，漏税不应该，逃税比破产更可耻。就企业和社会的关系来说，企业在力所能及的范围内，应该多做"善"事，资助社会公益事业和社会文化事业。企业不管怎样

①　时薛原. 论企业信用危机的综合处理［J］. 科技文汇（上旬刊），2007（4）.
②　谭中明. 中小企业信用评价指标体系的设计及应用［J］. 农村金融研究，2007（6）.

弱小，绝对不能靠损害社会求发展。就企业与企业的关系来说，企业应该提倡公平的文明竞争。

（2）处理好企业与环境的关系，建立"企业生态道德"的约束机制。企业环境大体上可以分为"自然环境"与"社会环境"。自然环境是指企业所在地区的地形地貌、地质土壤、河海水系、风云空气、生物植被等所构成的自然生态系统。社会环境，是指企业所在地区的人口密度、习俗民情、舆论倾向、道德风尚、产业结构、市场状况、消费水平等构成的社会生态系统。自然环境和社会环境相互影响，相互融合，形成了统一的企业环境。

建立企业生态道德，要求企业在发展生产的同时努力预防公害。不仅劳动条件、工具手段、工艺流程等应该人性化，使之符合职工生理和心理特点的需要，而且对自然生态系统要特别关心、爱护、优化和美化，使之更适合于人类的生存和发展。所以，一方面，要根据生产规律采用最先进的环保设备与工艺，以减少污染物的排放；另一方面，要根据生态学规律重新安排厂区的植物群落，以增强自然环境的自净化能力。

企业不仅改变自然生态系统中的物质流、能量流和信息流，而且改变社会生态系统中的物质流、能量流和信息流。所以，企业选定某处建厂，既可能恶化该地区的交通和住房的紧张等状况，即恶化社会生态环境；也可能给该地区带来繁荣与兴旺，提供经济腾飞的机会，即优化社会生态环境。这就要求企业所采取的每一项发展计划，都要考虑如何促进社会生态系统的良性循环。

（3）处理好企业与人的关系，建立"企业人际道德"的约束机制。企业不仅要关心人，而且要全面关心人。所谓"全面"，有三层含义：一是要全面关心并尽可能满足职工的经济、安全、社交、心理和成就事业等多方面要求；二是要全面关心企业内部从生产一线到生活后勤的各种不同的人员；三是要全面关心全社会的各种各样的人，如顾客、社区居民、原材料供应者等。

（4）处理好企业的本职工作权力和企业的特殊行为责任之间的关系，建立"企业行业道德"的约束机制。每个企业都属于一定的行业，有权力开展和本职工作相关联的各种业务，但同时也必须承担和全人类利益紧密相联的各项道德义务。当然，行业不同，道德责任的重点也不同。例如，市政工程公司有权开挖马路，埋设各种管线，但也有义务在施工现场设立显著标志，以保证交通车辆和行人的安全，还有义务在施工完成后，将马路复原如初。矿山采掘企业，应以珍惜自然资源、爱护绿化为美德。滥伐森林，乱开矿藏，是"毁灭儿孙幸福"的极不道德的行为。总之，为了全人类的利益，每个行业都有若干特殊的行为规范，需要着重强调和严格遵守。

2）企业道德建设的途径

企业道德建设的原则主要有：坚持道德建设与市场经济相适应；坚持继承优良传统和弘扬时代精神相结合；坚持尊重个人合法权益和承担社会责任相统一；坚持注重效率和维护社会公平相协调；坚持把先进性要求和广泛性需求结合起来；坚持

道德教育和社会管理相配合；坚持传授知识和说服教育相结合；坚持情感陶冶和环境促进相结合；坚持榜样和示范相结合；坚持自我教育和互相影响相结合；坚持行为规范和实践培养相结合；坚持经常和突出重点相结合；坚持严格要求和检查督促相结合；坚持道德调节和强制规范相结合等。

与此相对应，企业道德建设有以下几条重要的途径：

（1）要继承企业优秀伦理道德观念等，注入符合本企业实际情况和时代要求的新内容，建立完善的道德规范。同时，要深入分析企业员工的不同道德境界和觉悟水平，注意道德的层次性。

（2）要把企业道德建设和提高员工素质结合起来。企业在道德建设过程中必须坚持对员工进行思想政治教育、科学文化教育、岗位培训等，使员工能够自觉地意识到企业道德的要求，自觉地对自己的行为负责，不断地提高自身的道德层次和水平。

（3）要坚持个人示范和集体影响相结合。个人示范包括：企业领导者以自己模范的道德行为而成为企业员工的表率；企业中先进人物等典型人物的示范作用。由于集体是许多个体成员集合而成的，每个成员在工作实践中各有所长，因此，通过集体，每个成员相互影响，可以互相促进各自道德水平的提高。

（4）企业道德建设和管理制度改革相结合。企业道德建设的目的之一是激发员工的内在潜力，充分调动员工的积极性和创造性。而企业管理制度改革的目的之一也是从人的不同层次需要的满足上激发人的积极性等。所以，企业道德建设和管理制度的改革是紧密相联的。比如，改善管理干部与员工的关系，尊重被管理者的人格和主人翁地位，扩大民主管理的范围等，既是管理改革的重要内容，又是企业道德建设的重要内容。

（5）企业道德建设和行政、司法管理相结合。企业道德建设主要诉诸于舆论与良心，这是企业所重视的。但同时企业也必须充分运用行政、司法等手段，对那些违法乱纪的人给予必要的处理，甚至送交国家司法部门惩处。

2.5 企业审美意识

2.5.1 企业审美意识的含义

美是事物直接作用于人的感觉器官而激发起的人的愉悦情感。企业员工在其经营活动中对节奏、对称、均衡、和谐等现象所引起的生理和心理上的愉悦，经过长期的沉淀而逐渐形成了一种审美意识。审美意识是一种复杂的心理活动过程。在审美意识活动中，感性的因素十分活跃，同时与理性因素融合在一起。因此，企业审美意识已经进入到精神文化的深层次之中。

企业审美意识的基本内容有：

（1）生产经营过程美。①生产经营过程各个环节之间的协调统一。这就是说，各个环节的经济活动要以有利于促进其他环节顺利运营为原则，彼此之间在量上保持恰当的比例，这样，才能和谐协调。②用美学意识去组织商品购进。从审美质量来说，所购商品应在造型上合理，重点突出，动感与静感相兼，在总体上给人以优美、简洁、精致、明快的感觉；从商品色彩来看，所购商品要考虑不同消费者对色彩的不同要求，考虑色彩的特殊用法、色彩的物理和化学性能、色彩的时代要求、色彩的技术和生理要求、色彩的合理组合等，使商品色彩具有规律性、条理性，能够使人产生美感。对于商品装潢的选择，也同样要考虑美观。所以，在商品购进上，要注意审美质量和实用质量的统一。③用美学意识去组织商品销售。销售美学主要体现在企业的营销服务和促进营销措施两个方面。在营销服务上，如果营销人员以和谐美好的人际关系、优美的服务态度，文明礼貌地欢迎顾客，将高、中、低档的货源准备充足、齐全，主动帮助顾客包装、运送、调换、安装修理等，就会充分体现营销人员的心灵美和外在形象美，必然使人心情愉快，乐于亲近，从而产生相应的营销效应。作为商品促销的四大策略之一——广告，也是美学的产物。一个好的广告不仅应该实事求是，诚实可信，而且应该有艺术性，即有优美的形式，有吸引人的外观，能够给人以美感。这就是说，一个好的广告应该是经济价值和艺术价值的统一。

（2）企业环境美。企业环境是企业人员从事实现目标活动的客观条件，包括企业的生活环境、劳动场所、管理秩序和社会人为环境。特别强调的是，生产经营环境美包括：①生产企业的环境美。这有利于激发员工的积极性、主动性和创造性，使员工产生自豪感。②商贸企业的环境美。这表现在：一是商贸企业建筑与设计要美观，同时与周围的环境应尽量协调。二是企业营业场所的设计要美观。三是商品的陈列要美观。四是营业场所光线照明要适度。五是营业场所的色彩要合理。六是播放音乐要适时。七是工作服要舒适、美观。

（3）企业员工美。企业员工美是外在美和内在美的统一。员工的服装、相貌、穿着打扮等表现的是外在美，而内在美是个人修养、文化素养和道德风貌的本质体现。只有外在美和内在美结合起来，才能给人以真正的美感。

2.5.2　企业审美意识的作用

1）企业审美意识有助于提高员工素质

树立正确的审美意识，提高敏锐的分辨美的能力，就能够使员工趋利避害，择善从流，自觉抵制市场经济局限性的影响，在美的感染中形成健康的人格，养成高尚情操和优秀品德。

审美意识能够净化人的感情，丰富人的想象力，进而达到开发智力的目的。

2）企业审美意识有助于促进企业经济的发展和经济效益的提高

审美意识能够改变企业领导和员工的思想作风、精神面貌，使企业员工之间、领导者与被领导者之间建立团结友爱、互尊互助、通力协作、共同奋斗的新型人际关系，使企业内部形成和谐、融洽、愉快的气氛，充溢着幸福和美，从而能够充分地调动员工的积极性，发挥员工的创造性，推动企业的发展。同时，企业通过审美意识，使员工能够按照美的规律组织企业进行生产经营管理活动，以创造更多的美来吸引资金，吸引顾客，扩大销售，提高经济效益。

2.5.3　企业审美意识的教育

1）企业审美意识教育的含义和特点

企业审美意识教育，是指企业培养员工先进的审美观点、健康的审美情绪，提高员工感受、理解、鉴赏和创造能力，且使这种能力日臻完善的一种教育活动。企业审美意识教育的目的是在教育中运用美学知识，使职工能够善于区分美与丑、善与恶，追求美好高尚的事物，美化企业的经营管理过程，创造优美健康的美学文化氛围，为企业乃至社会的振兴与发展服务。

企业审美意识教育的特点有：①企业审美意识教育是诱发的，而非强制的。这是因为审美意识是情感教育，情感只能疏导、激发，不能强迫。对美的爱，要靠美自身的魅力去唤起、去诱发。因此，审美意识教育只能在美的感染和美的愉悦中进行。②企业审美意识教育要采取生动的形象，而不能单纯地采取抽象的说教。美感的产生是由美的形象唤起的，如果脱离了形象，就不可能产生美感，也就不可能进行美感教育了。比如，人们看到俊男美女的雕像，就会马上获得美的艺术享受，受到审美教育。所以，要特别注意运用企业内部员工中具体的、可以感觉的、生动鲜明的美的形象来教育员工，使其心灵受到震动、行动受到感染。③企业审美意识教育是创造性的活动，而不是被动的灌输。对美的追求，意味着对现实世界的不断认识和创造，也意味着对劳动的自由创造。美感过程总是伴随着丰富的想象活动在头脑中对审美对象进行再创造。审美意识教育不仅局限于头脑中的再创造，而且要把主观的创造付诸实践，且得到进一步的发展。

2）企业审美意识教育的方式

（1）采用多样性的教育方式：①组织职工领略自然美。②引导员工体察社会生活美。③利用企业生产经营管理中的美（如思想美、行为美、环境美、商品美等）对员工进行审美意识教育。④组织员工欣赏艺术美。

（2）采用形象化的教育方式。

（3）采用创造性的教育方式。

（4）审美意识教育要与提高企业员工科学文化知识水平相结合。

3）企业美化的几个重要途径

（1）美化企业环境

①美化企业环境所遵循的原则。总的说来，是为企业职工创造舒适、和谐、愉快的生活和工作气氛。具体地说：一是易于职工操作，保证职工的人身安全。二是方便职工的生活，有利于职工的身体健康。三是尊重职工的自尊自爱，保护职工健康人格的发展。

②美化企业环境所要解决的几个具体问题：第一，美化企业的生活环境。这包

括企业职工的居住、休息、娱乐等客观条件和服务设施，企业职工及其子女的学习条件。第二，美化工作场所。这包括空气、照明、温湿度、噪声、振动、颜色、机器设备的结构和严格的安全操作规程等项内容。第三，美化企业的社会人文环境。这主要指企业内部的组织和工作人员的角色表现。在企业内部，要建立和谐的人际关系。企业工作人员的角色表现，包括工作人员的衣着、言语、仪表是否得体，工作人员对外如何展示一个企业的精神风貌，工作人员对内如何相互影响双方的自尊自爱心。

（2）生产精美的产品

产品是企业一切经济活动的出发点和归宿，是企业经营活动的中心。因此，一个企业整体形象的完美还应当表现为产品的精美。

精美产品的基本特征是其内在、外在质量的高度和谐统一。这种统一表现在以下五个方面：

①产品的功能美。这需要通过产品的适当的外形来表现。比如，现代不断涌现的高科技产品（如电脑、组合音响、可视电视、数码相机、高速汽车、宇航飞行器），不仅外形给人们带来了美的遐想，而且使人们对其超自然的功能更加神往。但是，必须注意的是，对每一个产品而言，它的功能是有限的，超过这个限度盲目地追求多功能，反而会丧失功能美感。

②产品的造型结构美。这要求：第一，产品造型符合人体工程学的要求。一切为了人的需求是产品造型的出发点和归宿。第二，产品造型应符合造型艺术的形式法则。一是安定与轻巧。安定是指产品在使用上与视野上的稳定感；轻巧是指产品形体的轻便小巧。造型的安定与轻巧都要适度，过分安定则易显笨重，过分轻巧又易造成不稳定。因此，造型结构应根据不同产品的用途、材料、使用对象，应用力学原理综合处理两者的关系，对产品的各部分的受力分布进行精确计算，将不受力的部分或受力很小的元件作为艺术性的装饰，往往使原来粗笨的造型结构变为精巧轻盈的结构。比如，为了达到一定的容量，铝制水壶的造型常为直上直下的扁圆形，显得很笨拙。为了改变这种不适感，可利用一个"∩"形提把造成一种空间感，以增加水壶的轻巧。二是对称与均衡。物体中轴线两侧的形状与分量完全相同的结构叫作对称。对称的造型具有端庄、安详、严整的效果，如衣袖、鞋子、车轮等，而均衡则是对称的灵活运用，是指形同量不同或量同形不同的结构。均衡的造型首先给人一种抗争、变化、奔放的运动感，然后又利用虚实、气势的各种反向力达到相互呼应与和谐一致。例如，茶壶的壶把与壶嘴分置于壶身两侧，虽不同形但分量基本相同，因而在总体上并未产生倾斜感，表现出动态平衡的美。三是对比与协调。有对比才有个性，有协调才有统一。生动离不开对比，整体离不开协调。缺乏对比的造型显得平庸而无生机；没有协调，形象的变化就会显得孤立分散和杂乱无章。比如，丛书的装潢设计就较多地体现了这种对比与协调的关系。一套丛书往往由数本书组成，由于各本书的开本尺寸、版心尺寸一致，使用纸张及材料一致，封面构图一致，内文版式一致，就形成了严谨统一的整体风格，从而具有不同于其

他书籍的美学个性。同时，各本书的内容有别、厚薄不同、封面色彩各异，又使每本书之间形成了鲜明的对比，在大协调中见小对比，达到了整中求变、整中求活的效果，形成了类别明确、多而不乱的丛书整体风格。四是比例与尺度。比例是形体中各部分之间的尺寸关系。尺度是指形体与人的使用要求之间的尺寸关系，有一定的尺寸范围。例如，笔的大小应在人手的尺度之内，大则笨拙，小则难于把握。但是，仅有尺度会造成造型结构的千篇一律，因此，造型美的形体，必须在尺度允许的范围内尽量追求美的比例。造型中的点、线、面、体的大小、长短、宽窄、厚薄构成了形体各部分复杂多变的比例关系，如果比例恰当，形体各部分结构之间就长短适宜、匀称美观、整齐而不呆板。那么，什么样的比例才是美的呢？这就是黄金分割比，即将一条线段分为两部分，使二者之比为 1：1.618。就形体来说，宽与长之比为 1：1.618 的长方形，则称为黄金矩形。这既规整，又富于变化，也是实现匀称和谐的最基本的比例。目前市场上常见的 32 开 787×960 毫米的书籍，因其尺寸近似于黄金比例而深受广大读者欢迎，被誉为国际流行开本。五是节奏与韵律。节奏是周期性的重复，可体现出有秩序、有条理的美。对造型来说，其形体的厚薄、大小、高低、质地，装饰图案的色彩、形状等因素的有规律变化可使人产生节奏感。韵律以节奏为基础，是丰富多变的节奏，可以是渐进的、起伏的、交错的、回旋的、放射的、对称的等方式。现代工业品多由标准化、模式化的构件组成，虽有单纯之美，但又易于流于单调，因而常用形、色、质的重复变化来创造形体的节奏与韵律美。第三，产品造型应符合时代发展的要求。在工业化时代，工业产品是专业化分工和流水线作业的产物而具有标准化、通用化、系列化的特点，所以，产品造型必须力求简练。在现代，简练并不等于简单，它是一种寓丰富于单纯之中，寓变化于和谐之内的造型手法。通过它，产品的本质特征更加突出，各部分之间的联系更加和谐，给人以美的启迪。比如，当代的电子计算机就完全抛弃了多余的装饰，以简洁明快的形体结构，表现出现代高科技与艺术相结合的造型美。

③产品的材质美。根据产品的功能来选择适当的材料，可以借助于材质之美来增加产品功能美。当代新科技革命中的新材料技术更使新材料显示出了优良的质地和特性，为造型简练的当代工业产品表现自身功能特性开拓了广阔的空间。利用不同材质的特点，不仅可以体现出产品的不同功能个性，而且使功能相同的产品呈现出多样变化的风格与情趣。当然，追求材料美，必须讲究经济效益。在保证产品功能的基础上，慎重地选择造型所需的最适宜的材料，选用先进合理的工艺方法，尽量节省材料的消耗，争取以最低的成本收到最大的效益。

④产品的色彩美。对于人来说，各种色彩呈现出不同的性格特征，且对人的生理和心理产生了不同的影响。比如，看到竹林，人们不仅得到葱绿挺拔的视觉形象，而且感受到爽滑和清香的嗅觉，似乎感到丝丝的凉意，从而竹林及其色彩便具有了人的性格特征。具体地说，色彩的性格特征有以下几种：第一，色彩的冷暖感。第二，色彩的面积感。第三，色彩的空间感。第四，色彩的重量感。第五，色

彩的软硬、虚实感。第六，色彩的清洁感。

此外，色彩可以触发人的联想，使人想起与此相关的一系列事物，于是，因为人们对这些事物的喜怒哀乐，所以，色彩就有了感情的意味。比如，人们看到白色，就会联想到"纯洁的心灵、白衣天使"等。同时，中国人还会想起丧事和死亡。日本人会想起和平与圣洁。红色使人联想到红旗、热血、救火车、战斗、报警信号灯等。绿色使人想起和平、宁静，使人的情绪得到安抚、视力得到休息。黄色是阳光的色彩，明度很高，极易产生扩张感和尖锐感，又可使人感到轻浮浅薄。由于它与暗色对比可产生辉煌的效果，因此，我国及古罗马将它作为帝王服饰色，铁道上的巡道工和马路上的清洁工常穿黄色色调的工作服，可及时提醒人们注意交通安全。紫色是高贵、庄重的象征。在古希腊，紫色是皇袍的颜色，在日本与中国，紫色也是表示等级的服色。它是一种低明度色，如果大面积使用时，就会产生一种恐怖感，但是，如果按照对比的规律，就会时有威胁性，时有鼓励性，时而使人疲惫不堪，时而让人心潮起伏。黑色色性沉静、稳定、厚重，是一种强有力的对比色，可以使有色系中任何一种颜色增添光彩。它既似一幅阴沉的幕，又意味着太阳的毁灭和永恒的沉默。它既象征着一个沉重的惊叹号，常用于对物体的强调，又意味着邪恶和不吉祥，使人想到地狱和丧服。蓝色是一种沉静、轻盈的颜色，既带透明又有阴影感，常指向淡远、漠然和超越，表示宁静、安详、单纯和素雅，在欧洲还表示贵族血统。

由此，灵活地运用色彩的联想效应，给产品注入感情因素，就可以使无生命的色彩充满生机和灵性，体现出各种特定的意境，为产品创造五彩斑斓的色彩美。比如，汽车外形的色彩设计就要以色彩美来增进产品的整体美。消防车的用途决定了车身应涂以红色。高级小轿车应采用较庄重的颜色，如黑、灰、深蓝、深绿，给人以高贵、稳重、大方、有气派的感觉；中级小客车常采用浅色，如浅蓝、淡蓝、白色，给人以轻快、活泼的感觉。大客车和旅游车由于车身体面转折较简单，常以三种以上的颜色饰成具有动感的色带。如上海杨浦客车厂生产的骏马牌 SR650A 型冷气空调客车，其上层大面积采用白色，顶部设置了一根细长的红线；中层为红蓝两色相互交替，用色大方协调；下层用蓝色，加强了车体的稳定感。这种配色效果较为成功。

由上可知，色彩的文化意味包括两个层次：一般的文化意味和特殊的文化意味。色彩的一般文化意味，是指建立在"物理-生理-心理"反应基础上的色彩固有情感和带有人类普遍性的联想情感。色彩的特殊文化意味，是指民族的色彩审美趣味。这鲜明地呈现出一个民族独特的文化精神。比如，黑色在中国象征着权力与威严，在西方象征着公正、知识渊博、高雅等。

⑤产品包装美。产品包装有运输包装和销售包装两种。产品运输包装是指在产品制造过程结束后，企业利用不同的包装材料和包装结构，可容纳、分装形态各异的产品，使产品不仅便于运输、计量和分销，而且可以有效地保护产品的使用价值，保证产品在经过多种购销渠道的辗转运输和储存后，始终保持良好的功能与质

地，最终一路平安地到达消费者手中。产品销售包装不仅是一个漂亮的盒子、一幅美丽的图案，而且是一种向消费者介绍产品整体美的媒介。其根本目的是将自身与产品紧密结合为一体，以独特的包装艺术语言，准确、充分地反映产品的本质属性和功能，通过标示产品的品名、牌号、成分、消费对象、使用说明向消费者迅速传达有关产品的全部信息，使其正确地区别品种、选择购买，因此，销售包装具有"即时达意"的展示功能。此外，销售包装还有一定的增值作用。以保护、展示产品功能及美化、宣传产品形象为手段的包装装潢美，是产品的外部形式，可使产品产生一定的附加价值。

　　产品的包装必须满足"十字方针"的要求：科学、经济、牢固、美观、适销，具体地说，有以下几个方面：第一，卫生性和牢固性。特别是，不论选用哪种形式，如纸袋、纸盒、塑料盒、铁盒、玻璃盒等，都必须以产品性能为依据，充分发挥包装保护产品的作用。比如，食品包装就应以卫生性为主要要求，做到防潮湿、防霉变、防腐烂、防氧化、不污染产品、不污染环境、不危害消费者健康。第二，表意性。包装只有充分反映产品的个性功能，才能表现产品丰富多变的整体美。一般而言，包装表意性最根本的原则就是通过艺术手段准确地突出产品的特性，其中，最主要是突出产品的品号、牌号（商标）、消费对象。包装装潢突出品名，使消费者能够迅速区别出产品种类，立即形成印象记忆。消费者是通过牌号来识记并购买产品的。包装装潢通过品号、牌号（商标）将顾客由包装装潢美而引发的好感转变为对产品整体精美的良好印象，这种印象延续下去，经过多次重复后，就可以在消费者与产品之间建立一种可亲可信的熟识关系，使之对该产品产生一种认同心理。但是，包装装潢的表意性必须以真实准确为基本原则，否则，如果为了追求所谓的"宣传效果"而哗众取宠、弄虚作假，不恰当地夸大产品的功能和优点，就会使顾客在一次上当之后，从此对该企业生产的各种产品全部失去使用信心，不但不能增加产品的整体美，而且必然会使企业从此声誉扫地。第三，美观性。通常认为，创造出美的包装形式的装潢设计语言有：直观具象形式、间接喻示形式、含蓄的意境形式。直观具象形式是用写实的照片、绘画和优美、准确的文字，直观地展示产品性能，一般是抓住产品某一方面的优点和有特征美感的部分，加以渲染，使商品的性质、特点更加鲜明，更加突出。比如，夸张果菜的鲜嫩形象的包装，可使人产生强烈的食欲；高雅华丽的化妆品包装，仿佛可使人嗅到淡淡的芳香。间接喻示形式是通过比喻和暗示来展现产品功能的。比如，用母亲的怀抱来比喻童毯的温暖；用松鹤来比喻中药延年益寿、健身除病的功能；用彩虹来比喻水彩颜料色泽鲜艳；用雄鸡报晓来比喻钟表走时准确；用荷叶露珠来比喻雨衣防水性强；用长城来象征中国等。含蓄的意境形式是通过抽象的手法，创造出符合产品功能的意境，使人触景生情，在不断回味之中加深对产品功能的美好印象。比如，我国许多土特产常用竹编器具包装，竹器里还衬上一层防压防震用的绿竹叶，显示出一种生机勃勃、天然质朴的情趣，创造出田园诗般淡泊脱俗的意境，使人在沉吟、思索之余，更深刻地感受到土特产浓郁的乡土风味和鲜明的中华民族特色。第四，方便性。包装不应仅仅满足于展示和美化产品，诱发顾客的购买动机，更重要的是要为顾客的购买行为提供方便。近年来，国际流行的手提袋包装形式传入我国，其设计别致，造型、色彩各异的购物袋，以艺术的形式标明了企业的名称、地址、标志及经营的范围，既美观又便携，既为消费者购物提供了方便条件，又增进了消费者与企业之间的亲近感。顾客提着它走在街上，无形之中传播了企业形象，实质上成为了会走路的长期广告。

（3）创造完美的销售

销售面对的是纷繁的社会文化和顾客的消费心理，诸如习俗、情趣、格调、愿望、理想等，所以，销售绝不仅仅是卖出产品，而且意味着为顾客创造"最适宜、最和谐、最独特、最实惠……"的美的感受。只有这样，才能赢得顾客。

国内外的市场发展情况表明：消费者经历了一个从基本需要消费到理性消费，再到感性消费的发展过程，从而导致了企业销售观念的变化。在基本消费时代，人们最关心的是满足生存的基本需要，消费者的消费要求是"量的满足欲"。此时，企业只要生产出产品，就可以销售出产品。在理性消费时代，消费者免去了买不到生活必需品的担心，可以随意挑选称心如意的商品，于是，消费者开始超越基本生活需要的层次，追求高层次的要求——生活的质量。此时，消费者的行为受一种既顾及商品的质量，又兼顾自身的生活便利需要、经济能力和社会地位的综合选择意识的支配，而呈现出三个基本特征：追求名牌产品；精心选购高档家用产品，追求日常生活的便利与享受；从众心理（或模仿意识）。于是，企业不得不开始使用大量的促销手段和方法。此时，企业的销售出发点不再是生产，不再是企业生产什么产品，就出售什么产品，而是改为以市场为企业生产和销售的出发点和归宿，消费者需要什么，企业才能生产和销售什么。为此，企业必须通过对市场的分析，即对消费者的年龄、性别、家庭结构、地理分布、文化素养、职业等方面的调查与研究，了解消费者的需要，进而使用广告和推销员等手段，促进销售，以期有效地"进攻"目标市场。

而到了感性消费时代，人们抛弃了"理性消费观念"，在心中确立了"感性消费观念"，即消费者在消费上要求一种体现个性、情趣、被关心、被个别化服务的感受，从而在消费行为上表现为以下几个明显特征：①购买商品诉诸情感的共鸣。得到生活便利等方面满足的消费者步入了更高的消费阶段，开始了对各种完美的感觉的追求。这就是说，消费者在购买商品时，不再过多地以经济性、必需性等方面作理性判断，而是根据自己感情上的细腻需求去选购商品。凡是能够引起其感情共鸣的商品，消费者都会购买。即使是买必需品，在诸多的选择中，消费者最终也只会把目光落在那些在消费服务、企业形象及商品名称等方面更能唤起其美好联想和良好情感的产品上。②求异心理。由于崇尚突出个性、与众不同，因此，消费者通过购买不同种类的商品来设法满足其特殊需要，从追求舒适到显示格调、从炫耀特有的社会地位到表现文化志趣、从布置豪华到色调素雅，来实现对美的渴望。

（4）培育至善的品格

①现代管理者完美人格的塑造

A.管理者的品德素养

第一，强烈的事业心。第二，高度的责任感。第三，正直。这首先表现在其最优先追求的是崇高的长期目标——为社会和消费者"创造出真正的财富、产品和服务"，而宁可牺牲有损于社会和消费者的短期成效。其次是正直的管理者必是言行一致、前后一致。最后是正直的人格还要求管理者热爱自己的产品或服务，千方百计地为消费者和用户提供品质精良、符合其真正需要的产品或服务。另外，正直的管理者总是以善意对待和理解其下属，尊重和信任他们，善于发现和欣赏下属的长处。第四，宽容大度。第五，不尚空谈、重在实干。第六，作风民主。

B.管理者的精神素质

第一，冒险精神。第二，创新精神。第三，竞争精神。

C.管理者的基本能力

第一，战略管理能力。第二，决策能力。第三，用人技能。第四，创新管理能力。第五，表达和鼓励能力。

D.管理者的知识素质

通常认为是专博结合的知识修养。一是一般的科学文化知识。二是专业基本知识。三是作为管理者必须通晓的专业知识，即本企业的生产技术和知识、经营和管理知识及技能。

E.管理者的观念与行为

第一，新的观念。一是人智中心观念，即职工都有自我尊重和发展提高自己以实现自身价值的要求。二是务实搞活观念。三是面向未来观念。四是服务社会观念。

第二，新的行为方式。一是企业家有一种"战斗的冲动"，不满足现状，勇于改革，热衷于探索新领域、新事物。二是坚持目标导向，不达目的誓不罢休。三是更加重视经营者的人文性，更富于管理的艺术特质。四是注重从实际出发，追求行为方式多样化。"柔性化""弹性化"都是反对僵化行为和单一措施的。主张因人、因事、因条件不同而采取不同的领导艺术，即实现"情境领导"。五是管理者的管理艺术才能。这主要有：协调统筹全局艺术、决断艺术、用人艺术、应变艺术。协调统筹全局艺术是指善于从全局、整体出发考虑和处理问题，综合把握企业内外各种条件和各种关系。决断艺术是指善于明辨是非曲直、权衡利弊得失、区别轻重缓急、洞察机会风险，且能果断决策。用人艺术是指精于用人之道，善于发现、团结和使用人才。应变艺术是指面对变化善于审时度势、反应敏锐、随机制宜。

②职工完善人格的塑造

一般说来，企业职工的完善人格包括体能、技能等物质性活动能力和理性、情感等精神性活动能力，具体地说，有以下几点：

A.劳动技能及文化水平、技术素质。这是完善职工人格的最基本的要求。

B.职业道德。职业道德是人们在职业性活动中所表现出的那些与其职业的社会责任、义务相和谐，与其事业发展要求相一致的道德情感、道德品质及道德行为。具体地说，职业道德包括对职工的操作要求以及基本的职业行为规范。良好的职业道德应该是忠于职守、质量第一、对用户负责、顾全大局、团结协作、安全生产、对社会负责等。

C.自主精神或主体意识。职工只有在意识到自己是企业生产活动的主体时，才能提高劳动的自觉性。强化职工自主精神包括让职工参与企业的各种活动，鼓励职工积极遵循"信息共享原则""共识认同原则"，使企业的目标成为每一位职工自觉期望的情感化目标，产生强烈的使命感。

D.竞争意识。企业的竞争关键是要建立投资者、经营者和劳动者三方合一、利害与共、分配得当的企业利益共同体。

E.凝聚意识和归属意识。

F.亲和意识。

G.审美能力与自由创造。职工的审美能力主要是指职工能够把自己的劳动活动当作审美对象加以欣赏的能力；自由创造则是在审美过程中领悟到的新感受，从而呈现出一种积极的情感。

在塑造职工人格过程时所必须遵循的基本原则主要有：

A.目标原则。每一个企业都有一个明确而崇高的目标，更重要的是让职工明确他们的工作与这一目标的密切联系，并使职工的"自我实现"的需求得到满足。

B.价值原则。每个企业都有一个共同的价值观念，且使每一个职工把自己的行为与这一价值标准联系起来。

C.卓越原则。企业要有创新观念，且使每一个企业成员要有创造热情，不断地追求卓越，去进行创造。

D.参与原则。要让职工参与管理，参与解决问题，参与决策，充分发挥职工的能动性，充分调动各方面的积极性。

E.亲密原则。在一个企业中，组织与个人之间、上级与下级之间、职工相互之间要有一种亲密感，使每一个人都能以彼此相互信任的方式投入工作，彼此信任，真诚相待。

F.整体原则。要求把企业作为一个整体，让职工参与各种有助于优秀企业文化形成的活动，树立主人翁意识，形成一个整体环境。与此同时，在整体环境中建立若干发挥个人才能的局部环境。

（5）企业人际关系的美化——和谐

①个体关系中的和谐——"诚"即是美

A.诚是一种道德上的不相欺。企业领导者只有树立"诚"的意识，使企业中每个职工都充分地参与到管理中来并感觉到这一点，即使对于某些不能由一般职工直接参与的工作也要诚恳地向他们说明原因和情况，并尽可能地听取他们的意见，才能使企业职工产生最大的参与感，从而体会到主人翁的地位。

B.诚是指情感上的坦诚，即袒露胸怀、真诚相待。

C.诚是"中形相映"的统一，即"诚于中而形于外"，这就是说，心中质朴的诚要以特定的形式表现出来。通常认为，只有内外相应、以和谐的形式表现出来，才能产生美，才能真正地感人。对人来说，只有将心中质朴的诚与美的形式结合起来，才能成为君子。只有每个人内心的诚都以美的形式表达出来并相互融合，才能产生人与人之间真正的和谐。做人如此，调节企业人际关系也是如此。这是因为在企业中不同的个体和群体具有各自的利益、价值观和认知结构等，要协调它们，离不开和谐的人际关系和美的形式。

D.个人之间的一种信义和承诺。信义是诚实、信任。在现代管理中，上级对下级不轻易许下诺言，许下的诺言必须兑现已成为一条管理原则。

②群体之间的和谐——"众"即是美

A.要顺众人之情。只有顺应众人之情的管理，才是和谐的。

B.要足众人之利。这是满足个体带有群体性、普遍性的正当利益要求，满足群体的共同利益要求。只有兼顾个人和群体利益，才能收到事半功倍之效。

C.要倡众人之公。企业中的公平感不仅指企业中职工个体的公平感，而且指工作群体的公平感。

顺众人之情、足众人之利、倡众人之公，目的在于建立企业组织人际关系中的目标认同，即个体目标与群体目标的认同、各群体目标同企业组织目标的认同。

③个人与组织之间的和谐——"一"即是美

"一"是整齐与统一、简单与明快、一致与协调。这主要有四个方面的内容：理一、法一、治一、言一。

我国古代管理理论表明：只有以一理治国，才能由一理而一心，由一心而一众，由一众而一力。成功的企业管理者应当是以建立企业管理风格为先，在企业管理风格的框架内吸收各家之长，并通过多方面分析、修正使它们统一起来，从而产生特定企业组织、特定管理者独有的魅力。只有建立统一管理风格，才有统一的管理方法，才有统一的企业文化。其中一个关键就是：企业领导者是将组织管理看作一种理论、一种文化，还是单单看作一种手段、一种工具，归根到底是将企业中的人看作目的还是工具。

法一是维持企业组织稳定、协调的一个重要因素。只有建立起统一的规章制度，同时建立起对企业内一切人员平等对待的规章制度，才能使企业组织稳定。在现代企业组织中，规章制度再完备，如果在执行中不能够做到"一"，不能够做到平等对待一切人，特别是不能够平等对待干部与一般职工，就不能发挥应有的稳定组织、平衡调节人的行为的作用，不能达到人际关系和谐的目的。

治一是指要形成统一的组织指挥、政出一门，保证企业组织的统一与和谐，保证企业整体协调运行。由于企业组织的复杂性，行政、技术、质量、调度等的多部门、多层次是不可少的，这对基层经营、生产部门而言，往往形成了多头领导和政出多门，因此，治一就是要克服这一点。

言一是指企业组织中的信息传递要准确无误、迅速快捷,这样,才能保证组织人际关系的和谐,否则,对职工心理和行为有着破坏的影响。

致力于企业管理中的"一",不但是为了造成统一的指挥和统一的行为,更重要的是为企业全体成员的价值共识提供组织基础和保证。事实上,理一、法一、治一、言一包含着价值标准的要求,包含着企业独有的道德规范。

2.6 企业思维

2.6.1 企业思维的含义、特点

1)企业思维的含义

企业思维是指企业大多数乃至全体职工认可的思考问题的方式或思路。

2)企业思维的特点

(1)重要性

企业精神文化,比如说企业价值观、企业精神、企业伦理等,都是经过一定的思考得出的,且会对思维发生影响,甚至会规范思维。思路不同,结论往往也不同,可能会导致企业的成功或失败。

(2)多样性

所有的企业都承认市场和顾客的价值。但是,在如何获得价值问题上,却各有自己的想法。有的侧重市场调查以发现顾客,有的侧重产品用途的发掘与宣传以吸引顾客,有的连续不断地创新以开辟市场,有的则以精益求精的优质来保持市场的占有率,有的则以主动暴露次品、缺点并降低售价来取得顾客的信赖等。这些都是企业思维多样性的具体表现。

2.6.2 企业思维的目标

企业思维的目标是:正确、高明、清晰。所谓正确的企业思维,是指符合客观事物发展规律的思维,能够超前看出事物(如市场)未来如何变化,从而保障企业能够在千变万化的市场竞争中应对自如;所谓高明的企业思维,是指在多种思维中最适合本企业发展壮大的思维;所谓清晰的企业思维,是指能够明确地表达而且有较强说服力的思维。只有企业思维清晰,才能被职工认同。

2.6.3 企业思维的风格

所谓企业思维的风格,是指一个企业进行辩证思维的风度和品德。这就是说,不仅进行正向思维,而且进行逆向思维;不仅想到正面,而且想到反面;不仅想到目前,而且想到以后;不仅考虑到一般情况,而且考虑到本企业的特殊情况;不仅进行理性思维,而且进行非理性思维。

2.7 企业作风和风貌

2.7.1 企业作风

1) 企业作风的作用

企业风气所形成的文化氛围对一切外来的信息具有筛选作用。不良的社会风气在文化贫乏、风气较差的企业里很容易乘虚而入，造成不良的后果；而在有良好风气的企业里，则遭到积极的抵制。是否具有良好的企业风气，是衡量企业文化是否健康完善的重要标志。

企业作风是企业风气的核心成分，是其在企业经营管理工作中的体现。

2) 企业作风的设计

这主要有以下三步骤：

（1）对企业风气现状作全面而深入的考察，重点是要认识企业现有的主要风气是什么样的。这不仅可以使用调查问卷、座谈访谈进行普遍性的信息搜集，而且可以设计和安排一些实验，观察员工在对待工作和处理问题时的表现，进行个案分析。

（2）对企业现实风气进行认真区别，分析哪些现象已经形成了风气，哪些现象有可能形成风气，并分析这些现象出现、风气形成的原因。企业应提倡用良好的风气来克制不良的风气。

（3）考察社会风气和其他企业的作风，并结合本企业的实际情况，制定出相应的作风。

3) 企业作风的示例

首都钢铁公司：认真负责、紧张严肃、尊干爱群、活泼乐观、刻苦学习。

北京大学无线电厂：严谨、朴实。

北京市煤炭总公司：辛苦我一个，温暖千万家。

长虹集团：团结、勤奋、民主、文明。

长春百货大楼：领导干部"五不"——不空喊，不自满，不涣散，不特殊，不吃现成饭；职工队伍"四强"——苦干实干精神强，团结互助精神强，组织纪律性强，集体荣誉感强。

环宇集团：和睦、严谨、勤俭、公德、礼节。

日本太阳企业集团：尊重每一位顾客和企业工作人员的意见和要求。

兰州炼油厂：高、严、细、实。

2.7.2 企业风貌

1) 企业风貌的含义

企业风貌包括企业风格和企业面貌两方面的内容。企业风格可以分为拼搏风格、协作风格、民主风格、守法风格等；企业面貌是指企业的外部状况及表象特征。良好的企业面貌表现为文明的生产、优美的环境、健康多彩的业余生活、浓烈的学习气氛、团结和睦的氛围等。企业风格和企业面貌是企业精神实质的突出表现，是企业文化的综合表现。

长城钢铁公司把企业面貌概括为党风、厂风和民风。其党风是：吃苦在前，享乐在后；联系群众，当好公仆；廉洁奉公，作风正派；坚持真理，勇于牺牲。厂风是：秩序纪律，文明礼貌，团结和谐，竞争效率。民风是：尊老爱幼，邻里和睦，勤劳俭朴，清洁卫生，爱护公物，拾金不昧，排忧解难，见义勇为。

美国英特尔公司在企业文化中明确规定了企业风格和管理作风。其主要内容有：①员工有自己的个性和特点，但是，为了实现组织目标，必须遵循某些共同的管理方式。②能够自我批评。③鼓励坦率地、建设性地揭露问题。④共同作出决定，要鼓励低层组织单位参与作出决定。一旦作出决定，大家都要坚持。⑤坦诚相处，信息充分交流。⑥有严格的组织纪律。⑦领导讲真话，重信义，对员工一视同仁。⑧领导勇于对决策负责。⑨一线经理负有培训雇员的职责。

2）企业风貌的表现

（1）在企业的思想境界中

思想境界是企业的灵魂，决定着企业的风貌。许多企业以崇高的思想境界体现了自己的独特风貌。比如，美国的IBM公司的《IBM歌》的歌词是这样写的：

前进，不断前进，

这是使我们声名卓著的精神。

我们很大，但还会更大，

为人类服务是我们的目的。

我们一定要做到，所有的人也会看到，

我们的产品各地区都知道，

我们的声誉犹如宝石般闪亮。

我们奋斗不懈，而且坚信，

新领域一定能征服。

前进吧，IBM！

这确实体现了IBM员工的精神风貌。

（2）在企业生产经营活动中

生产经营活动是企业经济活动的中心，所以，生产经营活动的文明程度直接体现了这个企业的风貌。

（3）在企业领导与员工的思想作风和工作作风上

企业员工的作风，特别是领导班子和经营管理人员的思想作风和工作作风，是企业风貌的重要反映。

（4）在企业的典礼上

国内外不少企业很重视仪式和典礼，力求在这方面形成自己的特色，塑造独特的企业风貌。比如，人们见面时有称"你好"并握手的仪式，发生矛盾后有和解的仪式，工作有工作的仪式，管理有管理的仪式，会议有会议的仪式。这些都反映了企业的风貌。典礼比一般仪式的意义重大。"不管这些典礼是文化上的盛典，或是表扬有特殊成就的员工的单纯事件，公司借助它们来赞美英雄、传奇和神圣的象征事件""全公司的焦点都集中在典礼上。典礼展示文化，并提供员工们难忘的经验。"①所以，典礼更反映了一个企业的文化和风貌。

（5）在企业的外部形象上

企业的外部形象可以分为产品形象和企业外部形象。产品形象是指产品质量、价格、款式、外形、名称、商标、包装等风格和特色。企业外部形象是指企业的厂房、厂容、厂貌、厂徽、规模等特色。这些都反映了企业的风貌。比如，有的企业在厂区建筑群的设计上独树一帜，美观协调；有的企业常年绿树成荫、繁花似锦，成为花园式的工厂。

复习思考题

1.什么是企业哲学？

2.什么是企业精神？

3.如何培育企业精神？

4.什么是企业价值文化的核心内容？

5.如何理解"以人为本"的价值观？

6.什么是企业信用？

7.如何进行企业道德建设？

8.企业审美教育途径有哪些？

9.什么是企业思维？

10.什么是企业作风、企业风貌？

---

① 狄尔，肯尼迪. 企业文化 [M]. 黄宏义，译. 台北：长河出版社，1988：88.

第 3 章

企业制度文化

学习目标

　　企业制度文化是一种约束企业和员工行为规范性的文化，主要包括企业领导体制、企业组织文化、企业管理制度。其作用在于规范职工的行为，促进公司或企业的发展，实现"以人为本"。

　　通过本章的学习，主要掌握企业制度文化和与其相关的三个主题——企业领导体制、企业组织文化、企业管理文化。

3.1　企业制度文化概述

3.1.1　如何理解企业制度文化

按照1993年诺贝尔经济学奖获得者道格拉斯·诺斯的解释，"制度"一词指在一定历史条件下形成的正式规则、非正式规则及其实施机制。在古汉语中，"制度"大多被理解为一定历史条件下形成的政治、经济、文化等方法的体系。如在《易·节》中就有"天地节，而四时成，节以制度，不伤财，不害民"。王安石在《取才》中说："所谓诸生者，不独取训习句读而已，必以习典礼，明制度。"《汉书·严安传》中说："臣愿为制度以防其淫。"

在现代汉语中，制度有两种含义：一是与古汉语一样的含义，指体系性的整体制度；二是指大家共同遵循的办事规则和行动准则，企业制度文化中的"制度"就是指的这种含义。

企业制度文化是企业为实现自身目标对员工的行为给予一定限制的文化，即是一种来自员工自身以外的、具有强有力的行为规范的要求。企业工艺操作规程、厂规厂纪、经济责任制、考核奖惩制等都是其内容。虽然如此，但其主要内容仍是企业领导体制、企业组织机构和企业管理制度三个方面。

企业领导体制是企业领导方式、领导结构、领导制度的总称，其中主要体现的是领导制度。

企业组织机构是指企业为了实现企业目标而筹划建立的企业内部各组成部分及其关系。

企业管理制度是企业为了求得最大效益，在生产管理实践活动中制定的各种带有强制性义务，并能保障一定权利的各项规定或条例，包括企业的人事制度、生产管理制度、民主管理制度等一切规章制度。它作为职工行为规范的模式，能使职工个人的活动得以合理进行，同时成为维护职工共同利益的一种强制手段。

在企业制度文化中，领导体制影响着企业组织机构的设置，制约着企业管理的各个方面。所以，企业领导体制是企业制度文化的核心内容。卓越的企业家就应当善于建立统一、协调、通畅的企业制度文化，特别是统一、协调、通畅的企业领导体制。

3.1.2　现代企业制度的比较研究

现代企业制度是以产权关系为基础和核心的，可以分为独资企业形态、合伙企业形态和公司企业形态，其中最主要的是公司企业形态。

公司制企业管理机构是由股东大会、董事会和经理层组成。但是，由于资本结构以及文化传统等不同，欧美模式和日本模式是有较大区别的。

从股东大会来看，在欧美国家，由于股东具有分散性，因此，股东大会的作用十分强大，特别是对公司经营权影响极大。由于公司决策机构和经营机构的分离，因此，一方面公司所有者与经营权的制约关系会得到加强，另一方面往往会因决策程序过多而使效率下降。而在日本公司，法人大股东所持的股份比重很高，其意见往往就是股东大会的意见。由于他们持股的目的是为了企业的联合和发展，因此，他们对公司的决策意见一般不投反对票，法人股东之间建立了一种相互信任关系。在日本，决策与经营的相对统一，使公司的运作效率得到了大大的提高。

从董事会来看，欧美模式和日本模式的区别表现在：①在董事会成员构成中，美国公司外部董事多，董事会成员少。而日本公司董事主要来自公司内部，董事会成员多，高级管理人员都是专务董事、常务董事和董事。②在董事会权利结构中，美国公司的董事会研究和制定政策，由经理层组织实施，两者的权责是分明的。在日本公司中，董事并不是所有者的代表，而是一种地位、权力和身份的象征，公司的领导权掌握在经营者手中。此外，董事和经理往往又是合一的。③在董事会成员的等级中，美国公司董事会只有董事长和董事两级。而日本公司的董事顺序是：会长-社长-副社长-专务董事-常务董事-董事。这更是反映了日本的董事是一种地位、权力和身份的象征。

在现代企业制度的运作中，如果经营者听命于股东，代表股东利益，则势必形成股东利益与公司利益的矛盾，妨碍公司的长期发展；如果经营者受制于职工，以满足利益最大化为目标，则也会形成职工利益与公司长期利益的矛盾；如果经营者代表公司利益，以公司发展为宗旨，就能够把公司、股东、职工三者利益统一起来。公司发展了，股东和职工的利益也就得到了相应的满足。在日本公司制模式中，经营者代表公司利益，为公司的发展而努力工作，促进了日本经济的高度发展。

此外，在欧洲发达国家的公司制度模式中，还存在着股东大会下的监事会和董事会的"双重董事会"。这以德国最为典型。在这一模式中，监事会主要制定公司政策，决定公司重要业务活动，监督董事会，行使对公司的管理权。这实际上是行使美、日公司制中董事会的职能。而董事会则作为一个专门委员会执行监事会的决议，具体管理公司业务，类似于执行机构。而日本公司中的监事会权力和功能较弱，其监督功能在很大程度上由法人股东来行使。

所以，股份公司运行的最大特点是股东大会、董事会和经理层之间形成相互独立又相互制约的关系。制衡关系如果设置不科学，则容易形成权利制衡中的阻滞效应，最终会贻误公司的发展。在日本模式中，由于法人持股，进而决定了董事会、监事会和经理层趋于一体化，因此，此模式较好地解决了公司权利制衡中所存在的问题，有着较高的运作效率。实际上，这一模式是日本政治体制的一种反映。在日本政权制度中议员和政府官员是合二为一的。所以，日本的这一模式在运行中如果缺乏高超的技巧和协调手段，往往会造成危险。

伴随着企业改革的深化和制度创新，我国依据《中华人民共和国公司法》建立了有限责任公司和股份有限公司制度。其治理机构由股东（大）会（国有独资公司除外)、董事会（或执行董事）、监事会和总经理组成，实行董事会领导下的总经理负责制。股东（大）会是会议性的权力机构；监事会是监督机构；董事会作为常设的权力机构和决策机构，实行集体领导；总经理在董事会的领导下主持公司的日常事务。在新的企业治理机构中，企业党组织除了继续搞好自身的建设外，还须依照法定程序，通过担任行政工作发挥政治核心作用；公司员工或通过参加董事会、监事会，或通过参加职工代表大会（国有公司）的形式，参与企业管理。这种新的企业治理结构，是适应市场经济发展需要的。

3.2 企业领导体制

3.2.1 领导体制的概念与作用

领导体制是指组织内部基于权限划分所设置的机构及其相互关系的制度和规范。换句话说，领导体制就是指领导系统上下、左右之间的权力划分以及实施领导职能的组织形式和组织制度。领导体制是领导关系的制度化、体系化，具体规定了领导的程序、方法，领导者产生的方式，领导者的权限划分和活动原则。

一个组织的领导活动能否正常进行，主要取决于领导体制的优劣。领导体制对组织的影响远远超过了领导者个人对组织的影响。

（1）领导体制是领导者获取职权的制度保障。在正式组织中，领导者与被领导者之间正式领导关系的建立，是依靠领导体制实现的。领导活动是领导者根据实际需要，对被领导者的思想、行为进行引导、规范和约束的过程，在这个过程中，领导者只有借助于领导体制，才能取得合法的职权，并行使职权将组织成员组织到一起，形成层次分明、行动统一、目标明确的有机整体。这一有机整体保证了领导者作出的决策、规划、任务和命令层层下达与执行。

（2）领导体制对领导系统有着全局的影响。在组织系统中，领导系统的建立是由领导体制规定的。在这个系统中，领导者个体的作用主要是对其所在部门及相关部门产生影响，这种影响是局部的、小范围的，但是领导体制所起的作用则是全局性的。一个领导系统的建立完全是依据领导体制设置的，各个领导机构在整个领导系统的组织网络中都占有一席之地，都要受到领导体制的影响和制约，甚至领导者也是由领导体制规定的程序和方法而选择的，因此领导体制的影响是全局性的。

（3）领导体制是领导者对外代表组织同社会发生联系与作用的合法化证明。在对外交往过程中，组织总是需要一定的、具体的人代表组织参加各种社会活动和发生各种联系。此时，作为代表人的领导者其代表资格是由领导者体制赋予的，只有这样才会被社会所接受。

（4）领导体制对领导活动具有深远的影响。组织的领导体制一旦建立起来，就处于相对稳定状态。此后，组织的一切权限划分、结构设计、领导程序、领导方法等都是由领导体制决定的，而这一切决定了组织活动是否有效。在构建领导体制时，首先要科学地进行机构设置、职责权限划分和人员配置，这样才能促进组织目标的达成。

3.2.2　领导体制的内容

领导体制的内容主要包括领导组织结构、领导层次、领导幅度、领导权限和责任的划分以及领导体制的构成要素。

领导组织结构是指领导机构内部各部门之间的相互关系和联结方式。领导组织结构包括两种基本关系：一是纵向的领导隶属关系，它决定了领导的上下级关系；二是横向的协作关系。领导组织结构主要包括直线制、职能制、混合制、矩阵制、事业部制、多维立体制、委员会制。

领导层次是指组织系统内部按照隶属关系划分的等级数量，即该组织系统按多少层次进行领导和管理。有多少等级层次，就有多少领导层次。

领导幅度是指组织内一个领导者有效指挥下级的范围和幅度。领导幅度和领导层次成反比例关系，即领导幅度越窄，则领导层次越多；领导幅度越宽，则领导层次越少（形成扁平结构）。

领导权限和责任的划分是指建立严格的自上而下的领导行政法规和岗位责任制，对不同领导机构、部门之间以及不同领导岗位的职权、责任作出明确规定。

领导体制的构成要素包括决策中心、咨询系统、执行系统、监控系统和信息反馈系统五个部分。决策中心是领导体制的灵魂；咨询系统是决策中心的思想库与参谋部；执行系统是决策方案的落实部门；监控系统是领导体制的调节器和平衡器；信息反馈系统是决策中心的辅助部门和助手。

3.2.3　领导体制的演变

西方企业领导体制经历了五个阶段：家长式企业领导体制、经理企业领导体制、"软专家"式的领导体制、专家集团式的领导体制、集中与分散相结合的多级领导体制。

（1）家长式企业领导体制，是指企业家凭个人经验进行管理决策。这种模式盛行于资本主义发展初期，一直延续到19世纪中叶。此时，企业规模小、技术装备落后。企业家既是企业财产的所有者，又是企业的经营管理者，在企业中的地位就像在家庭里的家长，一切经济活动都由他们说了算。这种家长式领导体制带有浓厚的家族、个人色彩。

（2）经理企业领导体制，是指社会化大生产时期的企业管理阶段。19世纪中叶以后，随着商品经济的发展，企业由原来的手工作坊演变为半机械化、机械化生产，科学技术的含量急剧提高。此时，单凭个人经验的家长式领导体制已经不能适应企业发展的需要，取而代之的是经理企业领导体制。此时，担任经理的主要是一些在企业中精通业务的技术专家，即所谓的"硬专家"。

（3）"软专家"式的领导体制。进入20世纪后，企业生产进一步社会化，企业进一步专业化，企业技术水平进一步提高。企业规模进一步扩大，企业经营的范围日益扩大、任务日益繁重，企业内部结构更加复杂。同时，企业与外部的联系也日益增加。此时，精通专业技术的"硬专家"已难以适应企业领导工作的需要，于是，以企业管理为职业的"软专家"就应运而生了。这些"软专家"经过系统的经营管理培训，掌握各方面专业知识，具有经营和领导的才能，比上面所说的"硬专家"高明得多。

（4）专家集团式的领导体制。第二次世界大战以后，随着现代生产和科学技术的高度分化与高度综合，单个的"软专家"已不能胜任纷繁复杂的决策和领导工作，这时就过渡到专家集团领导阶段。专家集团式的领导，主要是指以"软专家"为主体包括各方面"硬专家"组成的领导集团。这种专家集团的领导表现在两个方面：一是实行集体领导形式，成立了董事会、经理委员会等；二是出现了各种类型的参谋机构，诸如"智囊团""思想库"等组织。这些组织的成员大都具有丰富的科技资料和历史知识，能够为企业的领导决策提供各种可供选择的方案和科学依据。

（5）集中与分散相结合的多级领导体制。随着领导体制的变迁，经理制本身也有了很大的发展。在经理制初期，采取的是直线参谋制，事无巨细，都由经理负责处理，权力过分集中。但随着企业经营规模的不断扩大，领导层级的逐步增加，产品和服务种类繁多，市场竞争逐步激烈，企业与外界的信息、物资交流范围越来越广，集权式的领导体制难以适应大生产的要求。于是，在1920—1930年，美国大企业开始实行"集中决策，分散管理"的事业部制，其主要目的是将经营决策与经营管理分开，使经理等公司一级领导摆脱日常管理事物，主要致力于研究和制定各种经营方针、政策，而日常生产与销售等具体的管理活动则由各个事业部负责人担任。这标志着领导职能从管理职能中全面分离出来。这样既增加了决策的及时性、科学性，又提高了领导和管理的效率。

3.2.4 现代领导体制模式

现代领导体制模式是领导体制相对固定的形式，规定了领导体制的基本框架和运行规则。对领导体制模式，可以根据以下几种标准进行划分：

1）根据上下级之间的权限划分

（1）集权制。这种领导体制是指一切重大问题的决策权都集中在上级领导机关，下级机关没有或很少有自主权，只能按照上级机关的决定、命令和指示办事。集权制的主要优点在于权力集中，政令统一，标准一致，领导者能够统领全局，兼顾各方利益，命令容易得到贯彻执行。但是集权制把所有决策权集中到上级机关，下级机关没有自主权或很少有自主权，因此下级机关往往缺乏主动性、积极性和创造性，使得组织缺乏必要的环境适应性，也会助长上级独断专行的歪风。

（2）分权制。分权制是指上级机关只在法定权限内行使自己的职权，下级机关在自己的管辖范围内有独立行使权力的自由，能够根据实际情况决定问题的处理方法，不会轻易受上级机关的干预。分权制的优点与集权制恰好相反，这种领导体制可以使上下级独立自主地开展工作，使他们充分发挥自己的潜力，而且能够根据客观环境的变化及时、灵活、客观地处理问题，因此适应环境的能力比较强。其不足之处在于：各个部门可能从保护自己利益的角度出发，产生本位主义；不利于团结；有时甚至发生为了部门利益而牺牲整体利益的情况。

2）按照指挥系统的复杂程度划分

（1）一体制。一体制又称完整制，是指在一个复杂的组织系统中，同一层级的各机关或同一机关的各组成单位，在权力结构上统一由一个领导机关或一个领导者进行指挥、控制和监督。一体制的优点在于权力集中，责任明确，工作效率高，便于统筹全局的工作，有利于消除各单位之间因工作重复而造成的资源浪费。其不足之处在于由于行政首长的权力过高，容易造成专断独行、滥用职权的现象，使下级缺乏主动性和创造性，不利于组织目标的实现。

（2）分立制。分立制又称独立制，即多元化领导，指同一层级的各类机关和同一机关的各组成单位，根据其不同的职能，在权力结构上分属两个或两个以上的领导机关或领导者来领导、指挥和控制。分立制的优点是权力在高层分散存在，便于相互牵制，有利于防止独断专行和滥用职权，也有利于发挥下级机关的积极性和创造性。各单位分立，便于彼此之间开展竞争，有利于真正的领导者脱颖而出。其不足之处在于容易出现权力分叉、工作重复、相互推诿责任、浪费资源等现象。

3）以一个系统或单位的决策方式为标准划分

（1）首长负责制。首长负责制即把法定的决策权集中于最高领导者一人手中的领导体制。行政部门一般采取首长负责制的领导方式。首长负责制包含三个方面的内容：一是行政首长对于本单位、本部门乃至本层级的领导和决策具有高度的领导权和最终的决策权，并负有主要的或全部的行政责任。二是首长责任制建立在一定的民主讨论基础之上，要受制于各种民主化的规则。三是首长责任制的运作是以分工负责的方式展开的，这种分工包括自上而下的逐层渐级的权责分工和同一层级几个单位部门之间的权责分工。首长负责制的优点是权力集中、责任明确、决策效率高、指挥比较灵活。其不足之处是不能集思广益，而且受领导者个人的知识与才能的限制较大。

（2）委员会制。委员会制又称合议制，就是决策权掌握在两个或两个以上的领导者组成的领导集体手中的领导体制。其遵循的原则是少数服从多数。委员会制的优点是能够集思广益，克服一人领导能力的不足；利用集体智慧进行决策，考虑问题角度多，选择面广，有利于保证决策的正确性；能减轻主要负责人的工作负担，也可以避免滥用职权现象的发生。其不足之处在于：工作程序复杂，权力分散，责任不明；集体决策速度慢，工作效率低，易坐失良机、贻误工作。

4）按照一个系统的内部部门构成方式划分

（1）职能制。职能制又称分职制、功能制，主要是指在一个系统或单位，从横向上按照业务性质的不同，平行地设置若干职能部门，作为首脑机关的顾问、参谋，辅佐最高领导者实施领导体制。在这一体制下，每一个职能部门都以全组织规模机构为管辖服务的对象，只是管辖的范围和分工不同。职能制的优点是平行的各部门分工精细，领导可以各司其职，业务上比较容易熟悉，工作效率较高。其缺点是：由于分工过细，会造成人浮于事、机构臃肿的后果；领导者协调任务繁重，也会使领导者业务水平过于集中在本部门，业务面过于狭窄，从而产生本位主义。

（2）层级制。层级制是指在一个系统和单位内，从纵向上划分成若干个层级，每一个层级对上级负责，形成从指挥中心到基层的台阶式的指挥系统。整个组织体系呈现金字塔式结构，权力分布则呈现上宽下窄的格局。层级制的优点是：指挥统一，权力集中，各层级的领导者虽然管辖范围不同，但业务性质基本相同，所以晋升或平行调动的人员都能很快胜任工作。层级制度的不足是：在大型的组织系统中，由于层级过多、指挥不灵，会导致信息阻塞，严重影响工作效能；领导者管辖的事过多，难以对每一件事都作出谨慎处理，容易出现处理事情过于草率的情况。

3.3 企业组织文化

3.3.1 企业组织文化的含义与种类

1）组织的含义

作为动词的"组织"，是指人类的一种行为，对企业来说，就是为了完成某项任务，而把人、财、物等各种要素进行有效的组合。显然，这里的"组织"是管理的一个基本职能。

作为名词的"组织"，是指一种实体或机构，即为了达到组织的目标而结合在一起的具有正式关系的一群人。

所以，"组织"对于人类来说，具有重大的意义。一个重要的表现就是通过有效的组织形式和组织行为，可以大幅度地提高效率。

特别值得一提的是，企业也要十分重视非正式组织的建设。企业的非正式组织也是一种有效的文化网络，它不仅能加强人际交流，传递文化信息，而且能弥补企业正式组织的不足，为各层级的员工发挥聪明才智提供广阔的天地。非正式组织的重要特点是员工在其中直接表现自己的价值观。这种价值观虽然是一种自发的企业文化，但也往往是一些企业员工共同的价值观，在企业中占有重要地位的意识。相比较而言，正式组织偏重规章制度和管理程序，非正式组织偏重感情逻辑。正式组织的规章制度和管理程序与非正式组织的感情逻辑纵横交错，形成了企业内部庞大的沟通网络，使企业内部不同价值观的沟通与协调成为可能，这就为企业文化建设提供了更为广阔的基础。所以，企业也要重视利用和引导非正式组织，并抓好具有积极文化倾向的非正式组织的建设，重视人的因素，重视人的价值，调动人的积极性。例如，企业可以支持员工自发组织各种研究会，书法、演讲、体育协会等"小组织"，开展各种各样的"小活动"。

2）组织理论的发展

自从1910年马克斯·韦伯创立组织理论以来，组织理论的发展经历了以下三个阶段：

（1）韦伯的古典组织理论

以组织为中心的管理，把对组织的研究放在中心地位。在这一方面，最著名的是德国学者马克斯·韦伯提出的组织理论。韦伯提出"官僚组织"（即科层制度）这个术语，并非用来表示文牍主义的、低效率的含义，而是指组织结构设计中的某些特点。韦伯主张的官僚组织有如下特点：①进行专业化和劳动分工。根据人的能力程度与能否胜任而定。②确定职权等级。在组织中，要明确划分这种职务和权力等级，每一个下级都处于上级的控制监督之下，职务和权力是明文规定的，制度不变但人员可调换。③建立十分明确的规章制度，有章可循。④人际关系非人格化。这就是说，组织不受个人情感因素的影响。⑤工作程度系统化。⑥雇佣、提升能力化。韦伯认为，官僚组织是"已知的对人类进行必要的管理的最合理的方法"，奠定了当代组织理论的基石。

以组织为中心的管理的特色是强调组织的结构、制度等对管理的重要性。

（2）以斯科特为代表的新古典组织理论

①倾向于扁平的组织结构，不主张科层制度。传统的科层模式分为尖三角形和扁三角形结构，前者是一种金字塔式的集权制度，后者是一种分权制度。而新古典组织论者公认"集权控制、分权管理"这种扁平的组织结构。②在集权与分权问题上，主张更多的是分权，认为分权可使更多的人参与决策，有利于调动员工的积极性和提高效率。③部门化程度的建立。所谓部门化，实质上是部门的分工化和专业化。

（3）现代组织理论

它以行为科学理论为指导，建立在以下三种组织模式的基础上，即：①计划个案组织模式。这适用于组织需要大量人力开采某种资源、推销或试销某种新产品上。②团体组织模式。这是以各单位的功能为主，再从细节上划分作业。其关键在于领导者要发挥其协调和沟通联系的能力。③自由形体的模式。这就是说，没有固定的组织及其结构，而是以组织的需要和时间来制定其暂时性结构。它是一种能促进高度的参与、自我控制、独立判断、开放沟通的分权模式，既要求成员有高度的素养，又要求领导者有适当的领导才能和高超的领导艺术。

著名的组织理论专家本尼斯将科层制度中的问题归纳于六个方面：整合、社会影响、合作、调整、认同和再生，并与当代组织理论进行了比较，给人以启发。表3-1是科层组织中的问题比较。

随着全球化的发展、时代的进步和经济社会情况的变化，企业组织的外部环境有了深刻的变迁，因此，企业的组织模式也在处于不断的演化之中。通常认为，传统组织与现代组织的差异如表3-2所示。

表 3-1 科层组织中的问题比较

问题	具体体现	解决方法	当代情况
整合	如何整合个人需要与目标	完全忽视这一问题，对个人了解过于肤浅，把人看作受支配的工具，因而产生人格与角色之间的紧张	行为科学的发展，人的心理复杂性，人类新愿望和期待的兴起，人的尊严和民主精神的产生
社会影响	权力的分配和权威的来源	依靠法定和规章的权力，推行强迫措施，要求成员无条件服从	实行两权分开，对古典理论和方法论逐渐放弃
合作	对组织冲突的控制方法	各级权力明显，在其限度内尽可能采用协调方式，解决或缓和职工之间的矛盾和冲突	由于专业化和职业化而要求自主和自决，领导者个人已解决不了面临的复杂问题
调整	由环境和情况变化所产生的反应措施	外部环境趋于安全，工作日常化、规范化，只有在极个别的情况下才需要应急的反应措施	外部环境反复无常，技术方面在不断进步，变革是一种基本信念
认同	成就一致而忠诚于组织的目标	组织的目标明显、简要和安定	由多元社会变为极复杂的团体，个体之间的角色冲突含糊不清
再生	处理组织的发展和衰退	以信心强调组织目标的完成，情况被把握在十足的信心之中	技术和工作方法变化无常，原料、规范、产品的价值也时时变化，故组织必须经常更新

3) 企业组织文化的概念

（1）组织文化的概念

在国外，组织文化是整个组织相当一致的认知状态。其主要内容有：①员工的自治权，指组织中员工自行负责、独立自主，以及能够发挥创新构想的程度。②结构，指规章制度以及直接监督等用来控制员工行为的手段的运用程度。③支持，指各级主管对部属的关怀与支持的程度。④认同感，指员工对于整个组织的认同程度，而不仅仅止于认同其个人的工作群体或专业技能领域。⑤绩效奖酬，指在组织中以员工绩效来决定或分配奖赏的程度。⑥冲突容忍度，指与竞争者及工作群体之间的关系中所呈现出的冲突程度，以及乐于坦诚公开彼此间差异的程度。⑦风险容忍度，指鼓励员工积极进取、开拓创新，以及承担风险的程度。

如果取每一个特性的最高、最低程度来划分组织文化，就可以得到两种极端不同的组织文化。一种组织文化是：员工必须遵守规定和限制，对员工的监督十分频繁。员工遇到任何问题，必须向上反映，由上级来处理。主管不相信员工有诚实或廉洁的一面，对职工控制得滴水不漏。员工工作时常调换，员工大抵上是个通才而

表3-2　　　　　　　　　传统组织与现代组织的差异

项目	传统组织	现代组织
目标	单一性	多元性
价值观	以个人为中心、宗教为基础。禁欲主义和强制储蓄。吃苦耐劳地工作，肯定个人，鼓励独立奋斗，希望成为专门人才，顺从传统，追求圣洁生活	以团体为中心，鼓励消费，纵情享乐，偏好休闲，寻求安全稳定，喜欢社交，厌恶个别差异，讲求生活质量和渐趋开放生活
态度性格	传统导向，拘谨保守	自我导向，自由奔放
团体结构	自上而下的命令系统，遵守工作、团队和社会价值的规定，否则要受惩罚。成员与组织的关系属家长式的	重视非正式沟通，规定较少，以奖赏鼓励工作，按兴趣缔结友谊，组成小团体，成员与组织属朋友式的平等关系
工作与环境	规模小，工作相对固定，绩效由主管判断，工资福利为家族式的	规模较大，工作变动大，绩效评定有一定的标准，工资福利有明文规定
决策方式	由老板或上司制定	较为民主，讨论决定
沟通程序	自上而下，只注重员工是否了解老板或上司的要求和意图	采取由上而下、由下而上多形式的、双向的整体沟通，相互了解和磋商
管理风格	家长式的专横独断	多姿多彩，权宜应变
平衡与冲突	员工自制力较高，冲突较少，以权威方式解决，存在着伦理道德的压力	员工自制力较低，冲突频繁，以磋商方式解决，有社会责任的压力
团队发展变革	无论传统或现代组织，都重视目标的达成和规范的制定、技能的训练、成员及团体的角色及态度的调整以及与外界环境关系的调整和适应	

非专家。公司对员工的评价与奖赏标准在于员工的努力、忠诚、合作以及不犯错误等。另一种组织文化是：公司对员工的规定和限制很少。公司认为每个员工都很认真，值得信任，因而对其监督很松。公司鼓励员工去解决他们所遇到的问题，如需上级的协助，则随时可与上级商量。公司鼓励员工去培养自己的专长和技能。公司认为，人与人之间以及部门之间的差异是正常的现象。虽然员工想法怪异，作风习惯不合乎传统，但其对组织有极大的贡献，公司也会以职位的晋升或其他有价值的奖励来酬谢他。

（2）企业组织机构的内涵与种类

企业组织机构是指企业为了实现企业目标而筹划建立的企业内部各组成部分及其关系。

根据权责关系的不同形式，企业组织机构可以分为直线式、直线职能式、事业部式和矩阵式等。

直线式机构是指上下级只存在直线的关系，没有横向并列的组织机构。上级主管人员执行各种管理职能，统一指挥，下级只服从一个上级，并只对其负责。直线式机构简单明了，指挥系统单一，职权明确，横向摩擦少，因而效率高。但是，它没有专业化的管理分工，只适用于小规模的企业，或者是经营管理活动内容比较单一的企业。

直线职能式机构是以直线式机构为基础，按专业分工设置的管理职能部门作为补充的综合性机构，既保留了直线式集中统一指挥的优点，又吸取了职能式专业分工的长处，因而是一种有助于提高管理效率的较好组织形式。但是，其职能部门之间的横向联系较差，容易产生矛盾。职能部门和直线指挥部门之间目标不一致，职能部门无指挥权，事事要请示报告，使直线指挥人员无暇顾及组织的重大问题。图3-1是一张制造公司简化的组织机构图。对于公司经营的重要方向来说，把研究部主任和公共关系部主任的业务主要看成顾问性质，而财务、生产和销售部门通常被看成直线部门，这是因为其活动一般与公司的主要职能有关。

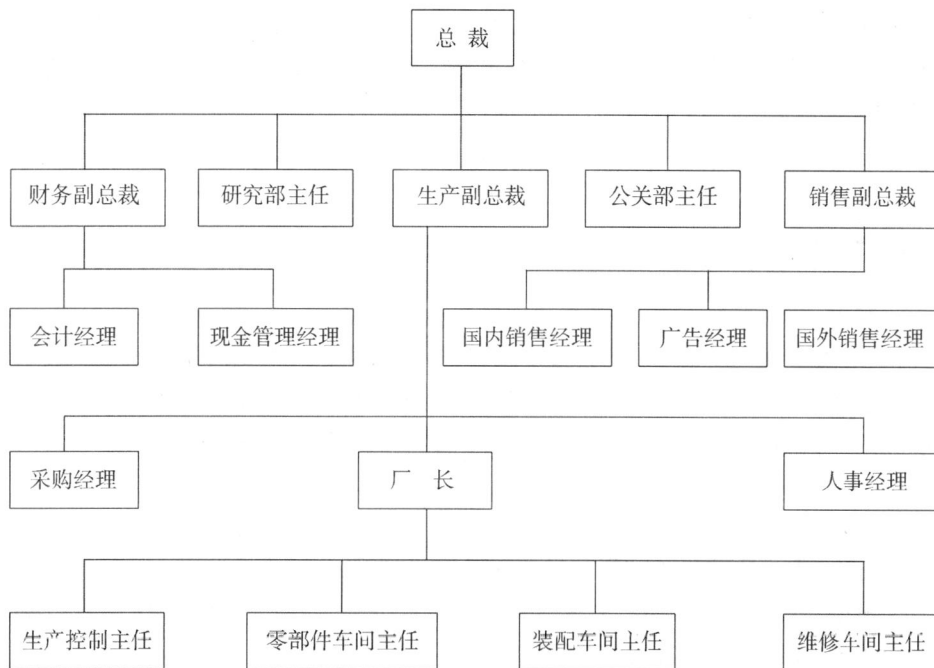

图3-1　直线职能式机构示意图

事业部式机构，是指在最高领导层下设立若干个有一定自主权的事业部门的组织机构。图3-2为事业部式机构的典型形式。

由于各事业部自成系统，独立经营核算，能充分发挥管理的主动性、灵活性和适应性，同时，权力下放可使领导层摆脱日常繁杂事务，成为强有力的决策部门，因此，事业部式机构适用于经营范围广、产品品种多的大规模企业。

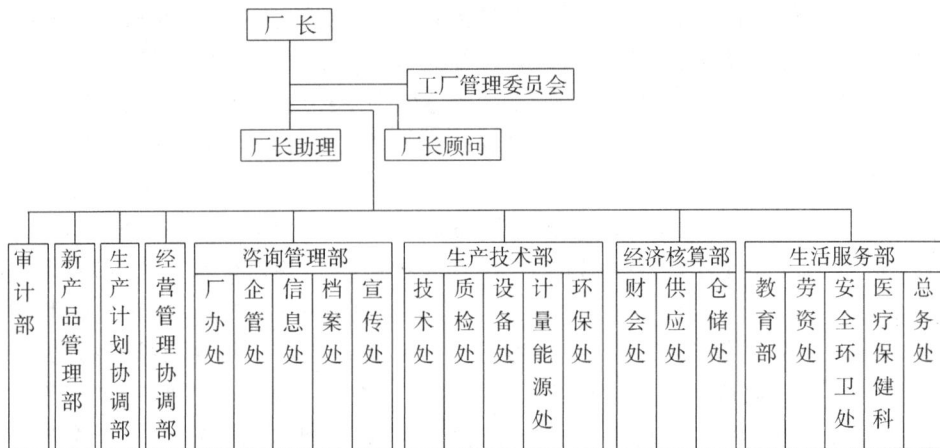

图 3-2　事业部式机构示意图

矩阵式机构是由纵横两种管理系列组成的方形结构。具体地说，一种是职能部门，另一种是为完成某一任务而组成的项目小组，进而纵横系列交叉起来就组成了一个矩阵。矩阵式机构的最大优点是，可在产品之间灵活使用人力。其最大的缺点是，职能经理与产品经理的权力、责任容易产生矛盾和重叠，因此，常常会消耗过多的时间和精力。

3.3.2　企业组织文化的发展过程

1）企业组织文化产生的原因

企业组织文化的产生并不是突如其来的，而是来源于组织的历史背景以及价值观念。其中，企业的创始人和有突出贡献的员工（或在企业文化中被称为"英雄"的人），对组织文化有着不可忽视的贡献。比如，亨利·福特对于福特公司、沃森父子对于 IBM 公司、松下幸之助对于松下电器公司的影响是十分巨大的，特别是其个性魅力和处事之道对塑造组织文化有着无法衡量的影响力。虽然沃森死于 1956 年，但是他对研究发展、产品创新、员工穿戴以及福利政策的影响至今仍存在于 IBM 组织文化之中。

2）企业组织文化发展的四个阶段

彼得斯和沃特曼在《寻找优势》一书中指出了企业组织文化的发展经历了四个阶段。图 3-3 是组织文化发展两维网络图。

其中，一边表示组织由"封闭型"过渡到"开放型"；另一边表示组织由"理想型"过渡到"社会型"。

第一阶段的组织文化是"封闭系统-理性行为"，从时间上看，大体相当于古典管理阶段。其代表人物是德国大学者韦伯和管理之父——泰勒，他们认为图表、数据等在组织运行中起决定性作用，作为组织中的人是有理性的。只要目标确定，借助理性化的科学管理手段，则一切顺遂人意。从管理对象上说，其组织管理是重物轻人；从管理目的来看，一味强调工作的高效率而忽视员工的需求。

封闭系统 → 开放系统

	第一阶段 1900—1930 年 代表人物 韦伯 泰勒	第三阶段 1960—1970 年 代表人物 钱德勒 劳伦斯 洛斯奇
理性行为		
社会行为	第二阶段 1930—1960 年 代表人物 梅奥 巴纳德 麦格雷戈	第四阶段 1971 年至今 代表人物 维克 马奇

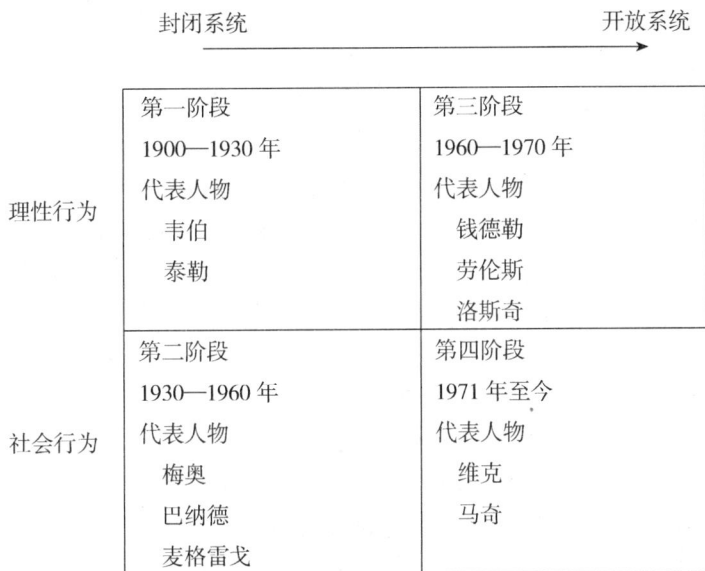

图3-3 组织文化发展两维网络图

第二阶段的组织文化的特征是"封闭系统-社会行为"。其时间与行为科学管理阶段相吻合。此时，开始重视人的社会性，注重人的心理因素的作用，关注和改善企业组织内部人与人之间的关系，以期产生协同力和凝聚力。梅奥在20世纪20年代提出了人际关系理论，但这一理论存在着某些缺陷，比如，过分强调非正式组织的作用，过于突出人的感情等心理因素的作用，忽视了社会状态，经济技术变动，政府、工会等企业组织外部因素的影响。社会系统学派创始人巴纳德发展了梅奥的人际关系理论，提出了组织存续理论和权限接受理论，系统地分析了正式组织及非正式组织的性质和作用，且预见性地指出价值观和目标对于企业运作的重大意义。在巴纳德理论的基础上，塞尔兹尼克认为组织是完成社会使命的有机体，组织管理必须突破只注重技术和效率的局限，并创造性地提出"组织的特长""组织的性格特征"等概念。

第三阶段的组织文化的特征是"开放系统-理性行为"，在时间上属于"管理科学"时期。此时，在理论上已认识到组织外部环境对组织内部结构的决定性的作用，提出了组织结构和管理方式要服从组织总体战略目标。钱德勒在《战略与结构》中指出：杜邦、通用汽车等美国大公司的组织结构是由于受到激烈的市场变化这一外部压力所驱使，从而形成了自身的特点。20世纪60年代末，劳伦斯和洛斯奇在《组织与环境》中指出：在不断变化的经济社会条件下，企业组织文化正在实行更加开放的体系。但是，作为新的管理手段的电脑在企业中日益广泛应用，各种经济管理数学模型不断出现。

第四阶段的企业组织文化的特征是"开放系统-社会行为"。它始于20世纪70年代。其代表人物为维克等。大内在《Z理论》中所剖析的Z型组织和Z型文化，对组织文化理论作出了重大的贡献。这一时期的组织文化突出地表现在：强调组织的生存价值、社会责任和社会作用、性格特征，强调人是企业组织的核心，应充分考虑人的需求及其情感的满足。

通常认为，组织文化理论方面的一场"革命"是权变学派的组织文化观。所以，这里有必要详细地论述一下权变学派的组织文化观。权变学派认为，根据组织内外部条件的变化，在组织管理中应采取相应的组织机构和领导方式，根本就不存在一成不变的普遍适用的管理理论和方法。总的来说，分权制未必优于集权制；官僚制并不完全是一种坏的制度；民主-参与领导方式并不是何时何地都行得通；有时严格的控制是完全必要的；一种适合传统工业的结构一般来说不能适应朝气蓬勃不断变化的技术工业。这就是说，所有的一切都有赖于对互相联系的内外因素的变化的理解。权变理论的基本设想是：组织与环境之间有一致性、各分系统之间有一致性。组织与环境、内部组织之间的和谐将产生高效率、高效能。管理的重要任务之一就是要寻求最大的一致性。所以，要根据不同的条件，采取不同的组织模式。比如，当下列条件得到满足时，即：①环境已确定且相对稳定。②目标明确且持久。③技术一贯且相当稳定。④按照常规活动且生产率是主要目标。⑤决策可以程序化，协同和控制过程倾向于采用严密的等级系统，此时，可采用稳定-机械式的组织模式。再比如，当下列条件得到满足时，即：①环境相对不稳定和不确定。②目标多样化且不断变化。③技术是复杂的和处于动态过程之中。④有许多非常规活动，并富有创造性和革命性。⑤使用探索式决策过程，通过相互的调整而达到协调和控制，系统等级层次少，有较大的灵活性，此时，可采用适应-有机的组织模式。

3.3.3 日、美、英企业组织文化的比较

1）日、美企业组织文化比较

日、美企业组织文化之间的差异最明显地表现在日本企业的组织设计原则和美国企业的组织设计原则的差异上。

一般说来，日本企业的组织设计原则主要有：

（1）注重实效原则。日本认为，衡量企业组织形式是否科学合理，关键在于是否有实效有活力。据此，日本对所引进的组织形式进行了必要的改造。比如，日本早期引进西方的股份公司制度，将其改造为日本式的股份公司，即株式会社。第二次世界大战后，对美国企业中的"战略经营单位"、"事业部"和"超事业部"，日本只引进了"事业部"和"超事业部"。

（2）经济原则。日本认为，不仅要追求企业管理的高效能，而且要把管理费用支出降到一个最低的程度。这就必然要求企业组织具有简洁性和高效性。比如，丰田汽车公司有员工5万人，其中管理人员有5 600多人，平均每一名管理人员要负担年产汽车550辆的重任。

（3）分工原则。日本企业一方面注重明确职责范围，进行合理的权力分配，提高专业化程度；另一方面注重强化内部的协调机制，防止互相推诿和扯皮现象的发

生，从而提高了管理效率。

（4）集体负责原则。日本企业进行决策不仅是几个高级的经营管理者的事情，而且是全体人员的共同事务。具体地说，最高决策机构首先提出企业的战略方向和目标，将其下达到基层，进行充分的讨论，同时各部门之间要进行横向交流和协商，然后将基层的意见逐级向上反映，最后由最高决策机构批准定案。

（5）柔性原则。这是指在机构建制和管理体制上具有较大的灵活性，对外部的经营环境有较强的适应能力和应变能力。

一般说来，美国企业的组织设计原则主要有：

（1）专业化原则。只有实现了组织成员高度专业化，才能提高管理效率。

（2）标准化原则。企业组织的职务标准化意识较为强烈。在生产、营销、决策等程序和方法上都有一套严格的标准。

（3）统一指挥原则。企业组织实行个人负责，成员按规定只接受一个上级的命令，只对自己的上司负责，避免出现政出多门、多头指挥的现象。

（4）责任绝对原则。责任产生于授权，被授权者接受权力后即对授权者负责。授权者并不由于授权而卸除自己的责任，在授权的期限内，要对被授权者行使督查责任。

（5）控制原则。为确保决策和计划的实施，美国企业使用了各种有效的控制手段。

（6）不断变革原则。在企业内外部环境变化极快的今天，为了保持经营活力，美国企业极为注重培养自身的应变能力，根据企业任务和外部条件的变化，不断地进行企业组织重建。

从日美企业组织设计原则的比较中可以发现日美组织文化之间的差异。

美国企业的规模过大，组织机构较为复杂，且实行集权管理，部门之间的沟通偏少，灵活性相对缺乏。美国企业组织文化属于一种富有刚性的组织文化。而日本企业组织机构较为简单，部门之间的联系较多，各部门在经营上有较大的灵活性。企业可根据需要，及时增设或收缩某些业务部门。日本企业组织文化属于一种富有弹性的或柔性的组织文化。

2）英国企业组织文化

（1）在领导方式上，领导的观念应包括：领导者平易近人，提出明确的使命，使下属有明确的目标和掌握实现目标的手段。

（2）实行自主经营。让各部门经理在一个必须受到限制的明确范围内拥有按自己的方法实施管理的自由。

（3）在控制方面，努力在严格控制与灵活性之间寻求一种平衡，以谋求最佳的控制效果。

（4）强调全员参与。不仅各个管理层的成员有一种强烈的责任感和参与感，而且通过各种途径（如重视培训、尊重个人、高奖励等）培养员工的责任感和参与感。

3.3.4 组织思维、组织学习与组织革新

1）组织思维

现代企业组织真正缺乏的不是资金、技术、人员和市场，而是点子和思路，即缺乏创造性思维、超前性思维、逆向思维、思维方式的转换等。

纵观现代国际市场，大凡堪称世界一流的企业，无不在于它们发挥自己的"创新"思维。例如，20世纪60年代初，柯达公司在开发胶卷市场之前，先开发出大众化的相机，并宣布其他厂家可以模仿，于是掀起了自动相机热，进而，带来了巨大的胶卷市场。柯达公司乘机推出胶卷，从而声名鹊起。

这里提一下CA的"零基思维"。华裔企业家王嘉廉在1976年创建的CA公司是当前美国第二大的软件公司。人们把他的经营思路称为"零基思维"。其要点是在决定公司的发展方向、需要何种资源的时候，毫不考虑现行的公司结构，可以认为本企业简直就没有历史。这是王嘉廉关于组织结构的新思维。"零基思维"的精要就在于不断变化。按照这种思维，王嘉廉不需要根据其现有的资产来发展CA，而是重新对资产进行部署，确定发展方向，确定新的市场和预计竞争对手的策略，且决定先后次序，然后，把任务和最重要的资源——人进行配对，一流的人员参加重点项目。在企业重组方面，王嘉廉最初要对公司进行四次彻底重组，但现在是一年一次。CA通过重塑，聚集人才，把他们放在责任更大的新岗位，使公司提高效率和创造力。CA认为，人才是公司的唯一财富。在CA公司，没有工资薪级表，而是根据每个人的价值发工资。一个20岁出头的工程师年薪可以达到20万美元。在管理结构上，CA没有正规的管理结构，它认为，决策的好坏取决于决策者的素质，而不是管理结构。它要求员工不仅考虑"该不该做这个决定？""做什么决定？"而且考虑"是不是该由我来做这个决定？"虽然CA采取了报告形式，但是书面报告几乎没有，只需要面对面的沟通与口头同意，无需各级主管签字。对CA来说，在对外签约时，只需一个人，一个人的签字就代表了一个人负全部责任。

2）组织学习

在这里，学习的主体是组织而不仅仅是个人。组织学习，通常又被称为团体现象的学习理论。组织学习的是认知和感情，而不是明确的行为模式。组织学习的方法有两种：一种方法是积极地解决问题。比如，一个组织在致力于开发某种新产品时，就会发现有某种因素在起作用，然后，这种因素得到强化，就会在以后出现相同的问题时得到处理的办法。另一种方法是回避学习法，主要是能够成功地减少痛苦和焦虑。这就是说，人们通过避免再次发生以前的痛苦和焦虑的方法来认识环境、思考问题、采取行动。

壳牌公司作过调查，1970年被列入财富杂志的500家大企业，到1980年有1/3已经销声匿迹了。其中一个重要原因是组织学习的障碍。一般说来，组织学习的障碍有以下几点：①局部而片面的思考方式。②归罪于外部。正像一个驾车新手一样，他不愿提到自己的驾车技术如何，而总是抱怨天气恶劣、道路不好等。③过分

强调主动积极性而缺乏整体思考。④注重个别事件。⑤"被煮的青蛙"。有人做过这样的实验：如果把一只青蛙投进沸腾的开水锅里，青蛙可以在瞬间跃出而得以逃生。但如果把青蛙放在逐渐加热的锅里，青蛙就会在锅里悠闲地游着，不觉得水温一直在升高。当它觉察到危险到时，它却跃不出水面，终被烫死。人和组织一样，在突如其来的危险面前，往往会有超常规的能力发挥；但在缓慢的变化中，却觉察不到危险的到来。⑥从经验学习的错觉。比如，人才培养的最好机会往往是人才市场饱和的时候，因为当训练完成之时，人才往往是供不应求的。这与人们的经验是相反的。⑦管理队伍的误区。一些团队在出问题或故障时，往往为维护团体的外貌或领导者个人的面子，会压制不同的意见。许多公司只奖赏善于提出建议的人，而不在乎质疑复杂问题的人，这样，任何对潜在威胁的探究都被堵死了。

3）组织革新

组织革新往往表现为"企业重组"。"企业重组"是对公司及其经营过程进行根本性和创造性的重新设计，以达到对成本、质量、效率和生产作业方式等的巨大改进。同时，强调发挥组织、过程和作业者个人三个层次的作用，以此来重新制定企业的发展战略，设计有效的激励机制，使企业内部运行系统更加符合实际，从而最大限度地提高经营管理绩效。

在"企业重组"计划中，美国公司旨在"精简机构、削减人员和提高效率"，往往减少企业中1/3的中层管理人员。日本企业较为"温和"，往往采取"建议制度"的对话形式，鼓励管理人员和员工为企业重建献计献策，并择优进行奖励。

值得一提的是，一种以"团队"为核心的扁平式过程化管理组织模式。所谓"团队"，是让员工打破原有的部门界限，绕过原有的中间管理层次，直接面对顾客和对公司总体目标负责，以群体和协作优势赢得竞争主导地位的企业组织形式。它有两种基本类型：①"专案团队"。其成员来自各个单位的专业人员，他们为解决某一特定问题而组织起来，通常在问题解决后即告解散。②"工作团队"。它是长期性的组织，主要从事日常业务工作。"团队"在有效运作过程中应具备如下主要特征：①目标明确。任何"团队"的组建和形成，都是以具体、明确的目标为前提条件。②界限不明。"团队"组织是由不同部门、不同技能的人组成的，他们一旦进入"团队"后，就不受原职能部门的左右，且直接面对顾客，在现场有权作出决定。③角色分工。"团队"中的成员要有清晰的角色定位和分工。"团队"中成员的角色主要有三种：一是以工作为导向的角色。其主要任务是促进团队决策目标的实现。其应具备主动、观察、分析和评估的能力。二是以关系为导向的角色。其主要任务是有效地发展以团队为中心的各项组织活动。其应具备激励、交际以及敏锐的观察力等能力。三是以自我为导向的角色，往往注重自我价值目标的实现。有人据此认为，未来的组织是一种"假想企业"，不像现在的企业有较为稳定的模式，而是围绕一个项目或问题得以形成，一旦目标完成，就自行解散。

3.4　企业管理文化

3.4.1　企业管理文化的含义和种类

企业管理文化是企业为了求得最大效益，在生产管理实践活动中制定的各种带有强制性义务，并能保障一定权利的各项规定或条例，包括企业的人事制度、生产管理制度、民主管理制度等一切规章制度。它作为职工行为规范的模式，能使职工个人的活动得以合理进行，同时又成为维护职工共同利益的一种强制手段。

从历史上看，管理科学经历了四个阶段：古典管理理论阶段、行为科学管理理论阶段、管理丛林阶段和企业文化阶段。企业文化是管理理论发展的最新综合。这至少表明：在企业管理中实现以下三个转变：一是由以"物"为中心向以"人"为中心的转变；二是由以"行为人"为中心向以"思想人"为中心的转变；三是由以"个体人"为中心向以"群体人"为中心的转变。这在第1章已经详细论述，这里就不再赘述了。

下面再重点论述管理文化模式的种类。

1）日本的"走动式"

这是指企业家身先士卒，深入到企业员工之中，体察民意，了解真情，沟通意见，与部属打成一片，共创业绩。这种模式在东方文化背景中更显其卓越性，并有突出成功之例。

"走动式"是一种看得见的管理。企业主管经常走动于生产第一线，与工人见面、交谈，希望员工能够对他提意见，能够认识他，甚至认为与他争辩是非也是一种现场的管理。日本企业的主管及其幕僚们每天要洗多次手，这是因为他们在现场总是东摸摸、西摸摸，特别是主管每天都要马不停蹄地在现场走动，处理问题。他们不仅关心员工的工作，记住员工的名字，而且关心员工的衣食住行。员工们的工作自然十分卖力。

2）欧美的"合拢式"

"合拢式"是欧美盛行的管理模式。"合拢"是希腊语"整体"与"个体"合成的词，强调整体与个体的配合，创造整体与个体的高度和谐性，表现在企业中，即"我就是企业"。企业的每一个员工对企业都有一种强烈的使命感。这种管理模式既孕育了企业员工的自我组织性，又使每一个员工自己管理自己，取长补短，尽情为企业贡献力量。所以，按照合拢管理的含义，一个组织中的单位、小组、个人都是整体中的个体，虽然个体具有分散性、独创性，但是，通过协调可以树立整体的形象。合拢管理可以促使整个企业与个人形成一种融洽、充满活力的气氛，激发出人们的内驱力。

3) 东南亚的"抽屉式"

"抽屉式"管理模式流行于东南亚。它形象地表明，在每一个管理人员办公室的抽屉里，都有一个明确的职务工作规范。这就是说，每一个职工都是职、责、权、利的相互结合，既不能有职无权，也不能有权无责。

与此相同的是，在管理学界，被称为"塞氏"式的自我管理。在巴西圣保罗，理查德·塞姆勒主持着一个大型的生产机械设备的大型工业集团。这一集团被称为塞氏工业集团。在塞氏工业集团，没有任何规定，但每个新员工都会收到一本20页的小册子，重点是提醒大家用自己的常识解决问题。企业的工人可以自定生产目标和上班时间，无需管理者督促。员工可以无条件地决定自己的薪水，这是因为塞氏主动提供全国薪水调查表，让员工与其他公司进行比较，从不担心员工们狮子大开口。工人可以自由取阅所有的账册。公司设计了专门课程，教全体员工如何看财务报表。主管们享有相当大的自主权，自行决定经营策略，但是，在作真正重大的决定时，比如，要不要兼并某公司，一律由全公司主管人员投票表决。公司没有秘书，也没有特别助理，人人都要接待访客、送传真、拨电话。塞姆勒多半在家办公，也鼓励其他经理这样做。他每年至少出外旅行两个月，每次旅行决不留下任何电话号码，也不打电话回公司，他希望每个人都能独立作业。

不管人们对"塞氏"式的自我管理如何评价，但是其中所蕴含的"自我管理"思想却是合理的。

4)"精神管理"式

"精神管理"在美国被称为"行为管理"，在日本被称为"管理品德"。通常认为其有以下几个特点：

（1）向员工灌输"和为贵"的思想，宣传"劳资一家""劳资平等"。如松下公司强调员工是公司的主人，提出全员管理的思想，并善于用民族自尊心、爱国心来调动员工的积极性。

（2）重视员工思想普查，研究影响员工积极性的因素，并采取相应的措施。具体地说，是把员工思想、志趣作为企业的重要信息，进行调查和预测，通过谈心和各种心理测试，把握员工的思想动态，然后针对具体情况进行处理，以达到员工安心、积极性持续高涨地工作的目的。

（3）把在职教育列为"精神管理"的重要内容。除了职业培训之外，更为注重精神、思想、理念等内容的教育。

（4）十分注重情感管理。在日本企业界，开展"一滴水"运动，通过开辟"人事恳谈屋"、建立"员工诉愿制度"、营造"以下克上"氛围、制造"内部竞争压力"、组织"增进健康运动"、构筑"命运共同体"等方式，全方位地开展"情感立交管理"，最大限度地调动员工的积极性，充分发挥他们的潜能。

（5）在选拔企业各级主管的标准中要求必须具备"精神管理"的本领。要求各级主管必须富于"人情感染力"，能够掌握员工的思想状况。

3.4.2　企业管理文化中民族文化特色

1）美国企业管理模式中民族文化特色

美国企业管理模式中带有强烈的民族文化特色：个人意识、竞争意识、民主意识等。

由于西方文化偏重个人，讲究个人自由和个人安全，因此，在美国，所有的组织、个人及其决策都有自我保护原则。对企业来说，追求近期内的高回报率是经营管理者的首要任务，否则，董事长、大股东们会炒经营管理者的鱿鱼。经营管理者在其经营管理中必然会采用短期的、微观的、回避风险的、个人的方法。对个人来说，美国人总是选择个人的安全，而不是组织的安全。

在人事管理上，美国是一个典型的"能力主义"的国家。管理者注重能力，即办事能力、工作能力和做事效率，在考核时以工作绩效为依据。

在计划和决策的程序上，管理者以"结果论"作为理念指导，只看生产者的最终效果，而不问表面形式和过程如何。

企业管理者虽然要经过磋商和协调，采取沟通的方式，形成计划和决策，并且在计划和决策中体现着执行者与生产者的意志，但是，仍偏重的是集权。

美国企业管理具有强烈的科学、实效等特征，具体地表现在：①偏重理性化。制度化、规范化、标准化、程序化是美国管理模式的根本特征。在目标上，企业以效益为中心，实现利润的合理化是企业的终极目标。在控制上，不是含蓄地让人们自行体悟，而是明确地让人们照此执行。于是，广泛应用科学的管理方法和手段，如工业工程、运筹学、工效学、系统分析等。②相对集权化。一是缺乏群体的参与权，二是上级对下级不能充分地授权。③创新求变。通过市场调查、未来预测、战略研究、产品研究开发系统等一系列方法和手段，美国企业具有很强的适应外部环境变化的能力。④崇尚个人价值。广泛采取参与管理、目标管理以及相应的工资、奖惩、雇佣、升降等制度，以激励职工提高劳动效率。⑤短期雇佣制。短期雇佣制赋予了企业和员工更多的选择权，雇主有更多的选择和调整的机会；有利于培养员工的竞争意识，使之产生一种危机感，同时也会促使企业改善工作条件，留住人才；在企业由于技术进步或遭遇危机时，容易裁员，减少人工成本，或帮助企业渡过难关；可以避免人际关系的复杂化和企业的老龄化等制约企业发展的问题。⑥拥有一大批专业知识丰富而管理能力很强的管理人员，尤其是高层管理人员。⑦具有高效能的管理组织形式。

美国管理模式有五种趋势：①在制度与情感上，具有从偏重"理性化"向注重"人性化"方面变化的趋势。②在组织结构上，具有从相对集权向充分授权方面变化的趋势。③在企业价值观上，具有从注重个人价值向注重群体价值方面变化的趋势。④在管理决策上，具有从注重个人决策向注重群体决策方面变化的趋势。⑤在雇佣制度上，具有从短期雇佣制向长期雇佣制方面变化的趋势。

2）日本企业管理模式中民族文化特色

日本企业管理模式中体现了民族文化特色，如很强的不安全感、强烈的竞争和进取精神、团队精神、终身雇佣、平均主义等。

日本处于太平洋狭长的列岛，四周都是汪洋大海，经常面临着地震、台风和火山爆发威胁，其自然资源极为贫乏。这种自然环境使日本人具有很强的不安全感，萌生了一种强烈的生存本能，富有强烈的竞争和进取精神，甚至具有可怕的进攻性和对外侵略性。这种民族文化精神也构成了日本企业精神的核心。

日本人在推销产品、拓展市场上的努力是令人生畏的。一方面，日本推销员遍布全球，天天出门，挨家挨户地拉生意，他们往往为了做一笔生意愿意等待数年。这种耐心、毅力和积极进取的精神是超乎常人的。另一方面，日本企业为了长期的利益而愿意牺牲眼前的利益，更注重的是市场占有率，而不是销售量、销售额。特别是在产品定价时，更着眼于获得最大的长期利润和占有最大的长期市场份额。

为了生存，日本人抱成一团，共同对外。一方面，日本企业和政府永远站在一起。日本政府为维护本国企业的利益竭尽全力，提供了一切的帮助和支持。日本企业更偏重的是团结合作，而不是你死我活的竞争。另一方面，个人对企业的忠诚和企业对个人的终身雇用。企业是员工扩大了的"家"，当日本人向别人提及自己所在的公司时总是说："家里的公司。"日本员工对公司的忠诚如同旧时的武士对自己主人的忠诚一样，必要时可以牺牲一切乃至生命。由于终身雇用已消除了在决策过程中对失业的担心，因此，日本企业管理者在作决策时，从不以个人职业安全作为创新行为的首选问题，而是要为本企业作出最佳的长期决策。其在经营决策中使用的是长期的、宏观的、冒险的、客观的和全面的方法论。

在日本，企业充满着平均主义的色彩。最高工资与最低工资之间的差距大约是5∶1。工人就业的动机在于使公司日益成为强大的实体。

由此，日本的企业管理具有以下特征：集体主义的价值观、内部关系的和谐性、决策过程的民主化、劳资关系的稳定性、奋发向上的竞争性、博采众长的吸纳意识等。这从日本的企业管理制度中的家族式的运行体制、终身雇佣制、年功序列工资制、企业工会等也能得以体现。

3）中国企业管理模式中民族文化特色

这里，中国企业管理模式包括台湾、香港和澳门等地区的企业管理模式。中国传统文化已经深深影响了中国企业管理模式。

简单地说，中国的管理文化具有如下特征：（1）浓厚的家族主义色彩。无论是华侨创办的企业，还是港澳台的企业，以及大陆的民营企业都普遍地存在着家族主义色彩。企业是私人财产，父死子继。亲戚按血缘关系的亲疏，分别把握企业各个要害部门，召开董事会与召开家庭会没有本质区别。从历史上看，公司企业经历了家族公司-家族控股-外部股份分散化公司-法人持股公司四个阶段。所以，中国现出现的家族企业是一个必然的阶段。今天的欧美和日本也存在大量的家族企业。虽然家族企业在历史上起过积极的作用，但是，也存在着难以克服的弊端：①存在着亲疏、远近的等级划分和门户之见，"外人"很难进入决策中心，公司的决策权往往掌握在才识平庸的亲戚手中。②企业往往缺乏凝聚力，离心离德，普通员工没有主人翁责任感。③用人"唯亲是举"，近亲繁殖，排斥贤能，嫉妒人才，优秀的人才很难在公司立足。④由于分门立户而重新划分资本，使经营规模由大到小，形成恶性循环。这在一定程度上解释了华人企业很难跻身于世界级的大企业、华人在国外创办的企业总会面临重大危机的缘故。（2）在计划与决策程序上，常以"动机论"为指导思想，而忽视后果。管理者重视过程，重视员工的动机，至于后果则往往无关紧要。所谓"没有功劳，也有苦劳，没有苦劳，也有疲劳""好心做坏事""谋事在人，成事在天"等都说明了这一点。因而，在计划和决策的制定、沟通等方面，比较重视权威，由极少数人说了算，缺乏民主化和科学性，同时，喜欢作表面文章，忽视了计划的实质及实际执行，造成了计划得不到真正的落实、经济效率低下等问题。（3）非常注重人际关系的调和，也十分讲求员工对企业的"忠诚度"。由于中国传统文化重伦理、重人际关系，因此，在中国的企业中，人际关系较为和谐，有一定的亲和力与向心力。但同时，家族主义与本位主义又严重地削弱了凝聚程度和"向心力"因素。尤其在企业人事管理上，中国传统管理对员工的要求不是"能力"第一，而是注重下属的忠诚度。把听话和绝对服从看作忠诚的体现，容易埋没人才，也给一些貌似忠诚而才识平庸之辈以可乘之机。同时，在用人和考核上，特别注重直观印象，其标准带有很大的随意性和主观性。

复习思考题

1.公司制企业管理机构是如何构成的？

2.西方企业领导体制经历了几个阶段？

3.组织理论的发展经历了几个阶段？

4.企业组织文化的内涵与种类有哪些？

5.企业组织文化发展经历了几个阶段？

6.如何理解权变学派的组织文化观？

7.日、美、英企业组织文化的差异有哪些？

8.企业管理文化的含义和种类有哪些？

9.企业管理制度的种类有哪些？

10.企业管理文化如何体现民族文化特色？

第4章

企业物质文化

企业物质文化是由企业中的人创造的产品和各种物质设施构成的器物文化，表现为在企业生产、管理、销售、生活、娱乐诸方面的环境、设施等物质要素。其主要包括以下内容：一是企业生态文化。二是企业为员工所提供的物质环境，如厂房、仓库、办公室等企业建筑物和生产环境等。三是企业为生产所提供的服务，如企业工具、企业管理物质设施、企业广告等。四是企业所生产的产品及其包装与设计等。五是企业为员工生活所提供的物质文化环境，如住宿区、食堂、购物场所、俱乐部、健身房等。它是企业文化的物质躯壳，是有形的。通过它，可以进一步认识企业的精神文化、制度文化等深层次的文化内容。

通过本章的学习，掌握企业物质文化的含义、种类及其作用等。

4.1　企业生态文化

4.1.1　企业生态文化的含义

在当今世界中，"四大文明"——物质文明、精神文明、政治文明和生态文明存在于任何一种形态的社会之中，只是在不同的社会里，"四大文明"的和谐程度具有很大的差异。在很多发展中国家，生态文明没有被予以足够的重视，人们更多地将目光聚焦在 GDP 等经济、物质指标上，而忽略了生态文明的发展。往往是国家经济发展得越快，生态环境的恶化也就越快。生态文明关系到人类社会立足之根本，如果这个根本动摇，即使其他三个文明发展的速度再快，也可能功亏一篑[①]。

300 多年的工业文明以人类征服自然为主题，在 200 多年的时间里所创造的物质财富和精神财富，比过去所创造的物质财富和精神财富的总和还要多。虽然人类创造了前所未有的生产力，但同时也带来了生态失衡、环境污染以及全球的温室效应等严重的生态问题。一些生态学家和政治学家将其称为 20 世纪人类犯下的三大愚蠢行为之一和"第三次世界大战"。马克思和恩格斯曾警告过当时的人类："我们不要过分陶醉于我们人类对自然界的胜利。对于每一次这样的胜利，自然界都对我们进行报复。每一次胜利，起初确实取得了我们预期的结果，但是往后和再往后却产生完全不同的、出乎预料的影响，常常把最初的结果又消除了。"[②] 一系列全球性生态危机说明地球再没能力支持工业文明的继续发展，我们需要开创一个新的文明形态来延续人类的生存。这种文明就是生态文明，我们需要生态文明。

在我国，有 80% 的生态环境被破坏的责任在于企业。我国企业生态文明建设与发达国家相比还有较大的差距，存在着许多问题。近年来，不少企业为了追求经济效益，对生态环境恣意破坏。不少外企也因为我国的生态法律制度不健全，将对生态有重大污染的企业建在中国。可一旦发生重大环境污染事故，在现行制度下的结果就是：企业要么逃之夭夭，要么赔得破了产。就算企业赔得破了产，受害者也常常得不到及时的补偿救济，而造成的环境破坏最终只能由政府花巨资来治理。总的说来，环境问题主要有：第一，生态环境恶化，主要包括：植被破坏严重；水土流失严重；物种迅速减少；矿产资源耗竭；能源危机迭起。第二，环境污染严重，主要包括：大气污染，包括温室效应、臭氧层空洞、酸雨；水体污染；噪声污染与核污染。[③]

要解决环境问题，首先要改变人类自己的观念和行为，正确处理好人和自然界

---

① 傅治平. 第四文明［M］. 北京：红旗出版社，2007：11.
② 马克思，恩格斯. 马克思恩格斯选集：第四卷［M］. 中共中央马克思、恩格斯、列宁、斯大林著作编译局，译. 北京：人民出版社，1995：383.
③ 任运河，沈大光，董云芳. 企业生态文化研究［M］. 大连：东北财经大学出版社，2005：2-9.

的关系。特别是，企业作为市场经济运行中的主体，仅仅重视经济效益是远远不够的，必须在更大程度上重视生态效益。在企业普遍重视经济效益的同时，企业也越来越意识到把生态效益作为衡量自己发展的标准的重要性。当企业的经济利益和自然生态发生矛盾的时候，除了运用科学技术手段等之外，如何规范企业的经济行为也是一个非常重要的手段，其中法律和道德规范更为重要。所以，在当今，企业要实现从单纯的"经济人"向复合的"经济社会生态人"转变，就犹如达到冯友兰先生所说的人的最高境界——"天地境界"或"天人合一境界"。"经济社会生态人"的特征有：较少污染，由污染控制转为污染防治；改善工艺，施行生态化生产；改变传统的运营模式，倡导绿色消费和绿色服务；对自然资源进行再投资。[①]我们认为，广义的企业生态文化是指为了达到人与自然界的和谐，实现经济效益、社会效益和生态效益的统一，企业所必须具有的价值理念和以此为指导的生产经营活动所创造的一切物质成果的总和。狭义的企业生态文化是指企业所具有的生态化的价值理念等。

4.1.2　企业生态文化的种类

企业生态文化主要有企业生态科技、企业生态道德、企业生态法制、企业生态审美等。

企业生态科技的核心是研究和开发无毒、无害、无污染、可回收、可再生、低能耗、低物耗、低排放、高效、洁净、安全、友好的技术与产品。企业生态道德的目的是避免企业过分加剧生态环境污染，破坏生态平衡，维护生态的内在价值和功能，保障企业与整个社会的可持续发展。企业生态道德包括尊重自然生态环境，合理利用自然环境，减少生态污染等，以及权利、平等、责任、义务等各种生态道德。企业生态法制是指企业借助法规、制度对企业行为加以约束，最大限度地维护生态效益。企业生态审美是企业把其生产行为和生态环境作为审美对象而产生的审美体验。[②]

4.1.3　企业生态文化的重要性

因为文明意味着文化等社会的进步，所以，生态文明就体现着生态文化的进步。具体地说，生态文明是指人类为使人与自然和谐相处，自然与社会协调发展，在改造客观世界的同时，积极改善和优化人与自然的关系，建设有序的生态机制和良好的生态环境所取得的各方面成果的总和。下面从生态文明的重要性来论述生态文化的重要性。

1）人类生态足迹

人类生态足迹这一数据用来评估人类所使用的生物圈的生产能力的大小。生态足迹的扩大原因在于人类改造自然界的本质力量的提高。人的本质力量一方面促进

① 任运河，沈大光，董云芳. 企业生态文化研究 [M]. 大连：东北财经大学出版社，2005：15-33.
② 任运河，沈大光，董云芳. 企业生态文化研究 [M]. 大连：东北财经大学出版社，2005：37-38.

经济社会的发展，另一方面对生态也产生了一定的破坏作用。《2000年地球生态报告》指出，"生态足迹"不断扩大的状况在工业化国家尤其严重，西方人正在以难以维持地球可持续发展的极端水平消耗资源。在所有国家中，阿拉伯联合酋长国以其高水平的物质生活和近乎疯狂的石油开采"荣登榜首"——人均生态足迹达9.9公顷，是全球平均水平的4.5倍。中国排名第75位，中国人均自然资源消耗量仅为1.5公顷，虽然低于全球平均值，但是由于我国人口众多，国土所能提供人均资源限度仅为0.8公顷，因此人均生态赤字高于全球的平均水平。

该报告指出，地球的健康状况正在急剧地恶化，起因是人们对于自然资源的消耗量日益增加，比如，全球年人均新的水资源开采量为650立方米，中国年人均新的水资源开采量为430立方米；全球年人均水资源消耗量为8 870立方米，中国年人均水资源消耗量为2 240立方米。可见，水资源的开采速度远远跟不上人们的用水量，全球的大河如尼罗河、黄河存在着过度使用水源的情况，通常在旱季难以流至海洋。

所以，《2004年地球生态报告》认为，"地球得病"都是人贪婪惹的祸。人与自然的和谐关键在于人的素质尤其是生态伦理的提高。

2) 可持续发展战略的生态文明的意蕴

可持续发展战略，实质上就是既要满足当代人的基本需求，又要考虑未来的发展需要，为子孙后代着想。它要求在伦理道德的原则下约束人类自身的不正当的行为。可持续发展的判定原则包括自然科学的原则、社会科学的原则、人文科学及人文精神。可持续发展就是促进人与自然的和谐，坚持走生产发展、生活富裕、生态良好的文明发展道路。

中国改革开放40多年取得了西方100多年的经济成果，而西方100多年发生的环境问题在中国40多年里集中体现，40多年的成果与40多年的污染，过度消耗了我们的资源与环境。一系列事实说明：如果经济出现问题，宏观调控可以解决；社会出现问题，付出一定的代价也可以解决；但环境出了问题，是多少年都无法扭转的，那将是中华民族的灾难。

3) 生态学社会主义理论和不丹发展模式蕴含生态文明

生态学社会主义理论宗旨是，寻找一条既能消除生态危机，又能实现社会主义的新道路。它明确指出：统治自然的观念是生态危机的最深层的根源。必须把资源的消耗限制在既可以维持生态平衡又能有效利用的限度内，必要时不惜放慢经济增长速度，以便维持人类的长期生存和稳定的经济发展。

同时，必须重新评价人的物质需求，并大大减少这种需求。但是，当今社会出现了异化消费。所谓异化消费，是指人们不是出于真正的需要去追求这些商品，而是在市场机制如广告、商品装潢的刺激下去购买这些商品。人们把消费当作人生的唯一乐趣，从而形成一种为消费而消费的习惯，而不是出于真正的需要。

所谓不丹模式，就是注重物质和精神的平衡发展，将环境保护和传统文化的保护置于经济发展之上。衡量发展的标准是国民幸福总值，即政府善治、经济增长、文化发展和环境保护，而不是我们通常采用的国民经济总产值。所以，不丹环保优先的发展道路，在国民收入增长的同时，将自然环境很好地保护起来。现在，其原始森林的覆盖面积在亚洲排名第一，占整个国土的74%。不丹拥有丰富的旅游资源，但是为了保护环境，一直严格限制游客入境人数。不丹在40年以前还处于没有货币的物物交换的经济状态之下。现在，它一直保持较高的经济增长率，已经超过印度等国家，在南亚各国中是国民平均收入最高的国家。在世界银行的排行榜中也大大超过了其他发展中国家，而居于首位。

4）人类发展指数（HDI）的含义、意义及生态的扩充

发展最终为了人，而人的本质在于自由，所以，发展必须以自由来看待。诺贝尔经济学奖获得者，身兼经济学和哲学双料教授的阿玛蒂亚·森的《以自由看待发展》是对马克思人的自由全面发展理论的一种现代性解读。在其论著中，他多次参考和引用了马克思的经典论述，甚至直言其观点深受马克思的影响。他认为，发展的最终目的就是人的自由的扩展。他认为：自由是人们享受有理由珍视的那种生活的可行能力，包括免受困苦——诸如饥饿、营养不良、可避免的疾病、过早死亡之类——基本的可行能力，以及能够识字算数、享受政治参与等的自由。

在这种人文理念的指导下，联合国发展计划署（The United Nations Development Programme，UNDP）在《1990年人类发展报告》中将人类发展的内涵界定为："人类发展是一个扩大人们选择的过程，在发展的各个层面上，有三个最基本的选择：人们过上长寿而健康的生活，获得知识和得到体面生活所必需的资源。如果这些最基本的选择不能得到，很多别的机会也就得不到。"①并且制定了人类发展指数（Human Development Index）②，人类发展指数（HDI），由预期寿命指数、教育指数和人均GDP指数三个分项指数构成。许多国家公共政策的制定与实施都与人类发展指数息息相关。因此，人类发展指数已经成为联合国《人类发展报告》的旗舰。《1990年人类发展报告》的重要意义在于：不仅提出了关于"人类发展"的定义，而且提出了超越GDP核算标准的发展评价尺度，即人类发展指数。

但是，人类发展指数也存在着缺憾：第一，缺乏对影响人类发展因素的多样性的考虑。人类除了三个最基本的选择外，还有对政治自由、自然资源的耗损和环境状况等的考虑。第二，忽视了不同国家和地区人类发展差异性。指标阀值的大小、发展的程度和速度以及计算都应当有所差异。第三，各成分的权重分配具有一定程度的主观性。第四，各指标阀值存在着一定程度的缺憾。在人类发展指数中，三个指标体系的每个指数的上下限都是给定的，即人为固定数值。为此，UNDP的专家以及其他一些学者在实践过程中进行了修正和改进，使人类发展指

---

① UNDP. Human Development Report 1990 [M]. Oxford University Press，1990：10.
② UNDP. Human Development Report 1990 [M]. Oxford University Press，1990：13.

数更加完善，如性别发展指数（Gender Related Development Index，GDI）、性别赋权尺度（the Gender Empowerment Measure，GEM），以及1997年提出的人文贫困指标（Human Poverty Index，HPI）等。鉴于以往的修正和改进，希望建立一个更能全面反映人类发展的尺度，这个尺度将政治自由、保障人权、自尊和生态环境等都包含在内。

4.1.4　企业生态文化评价的内容和基本原则

1）企业生态文化评价的内容

（1）企业生态科技状况

企业生态科技状况主要包括企业生产经营中的科技贡献率、企业生产过程及其产品对环境的污染程度、企业生产原料和废料利用率、企业的科研经费投入等。

（2）企业生态价值观

这是指企业对自然应如何承担社会责任，实现经济效益、社会效益和生态效益的统一。企业要想发展长远利益，就不能盲目和过度地开发资源，不能片面地追求经济效益，就要把保护生态环境放在首位，不能杀鸡取卵、竭泽而渔。

（3）企业内部生态环境

这主要包括企业厂区内部及周围环境绿化的状况，企业厂区内部的空间布局状况，厂区内部标语、雕塑、宣传栏等建设和利用情况，生产车间的空间布局以及车间内部的布置，以及员工生活区内部的环境状况等。

（4）企业生态行为规范

企业生态行为规范是指与生态文化的要求相适应的规章、制度和准则等成文的行为规范，以及传统、习惯、时尚等不成文的行为规范。

（5）企业生态形象

企业生态形象是企业生态文化的外在综合体现，包括企业在维护生态环境方面的信誉、企业产品的生态化特质、企业职工的仪表及社会行为、企业管理者的社会形象及企业在生态文化方面的知名度等。①

2）企业生态文化评价的基本原则

（1）科学性原则

企业生态文化评价应以自然科学、生态学经济学、管理学、统计学等科学理论为基础，符合科学规律，以取得客观、准确、公正的评价结果。

（2）可持续性原则

在对企业生态文化进行评价时，不仅要考察当代人的发展，而且还要关注后代人的发展。企业不能以牺牲后代人的发展需求为代价来实现当前的发展，而是要强调在发展中保护资源和环境，保障可持续的发展。

---

①　任运河，沈大光，董云芳. 企业生态文化研究［M］. 大连：东北财经大学出版社，2005：195-197.

（3）经济效益、社会效益和生态效益统一的原则

生态效益是形成经济效益和社会效益的自然基础，而经济效益和社会效益则是生态效益得以改善的重要社会环境和外部条件。经济效益是社会效益的前提，社会效益是经济效益的目的。[①]

4.1.5　企业生态文化建设的途径和方法

1）确立生态文化准则

（1）明确企业宗旨

这就是说企业要自觉地将保护生态环境纳入到企业宗旨之中。

马克思在《1844年经济学哲学手稿》中指出："动物只是按照它所属的那个种的尺度和需要来构造，而人懂得按照任何一个种的尺度来进行生产，并且懂得处处都把内在的尺度运用于对象；因此，人也按照美的规律来构造。"[②]这就是说，人类不仅能够按照科学的尺度来进行生产，把整个自然界变成自己的"无机的身体"，而且能够把自己的内在的尺度——善和美运用到对象上去，实现自然的人化，创造着适合人的生存发展需要的理想世界。人之所以高于动物，是因为能够掌握这两个尺度，并在行动中把两者自觉地结合起来。所以，马克思指出，经过实践改造了的自然界，绝不仅仅是单独的自然界，而是人和自然界相互作用的结果，是人自己的本质力量的体现。

因此，企业生产理应要按照人的本性——真善美来进行，企业必须将保护生态引入其企业宗旨中。马克思在《1844年经济学哲学手稿》中，也曾经生动地指出："忧心忡忡的、贫穷的人对最美丽的景色都没有什么感觉；经营矿物的商人只看到矿物的商业价值，而看不到矿物的美和独特性。"[③]"从主体方面来看：只有音乐才激起人的音乐感；对于没有音乐感的耳朵来说，最美的音乐毫无意义"。[④]可见，企业的价值观等导致的企业宗旨如何，会深深地影响企业的行为，最终就会影响生态状况。

（2）制定相应的行为规范与制度

这是指建立和完善与生态文化相对应的管理制度、责任制度和组织制度等一系列的行为规范和制度。

日本各届政府一直在宣传推广节能减排计划，主导建设低碳社会。由于日本受地理环境等诸多自然条件的约束，生态环境的变化对日本的影响要远远大于其他国家。近十年来，日本政府多次修改《节约能源法》，以控制温室气体的排放量。日本对企业执行国家生态节能环保标准的监督管理方面，有一套完整的管理模式。以

① 任运河，沈大光，董云芳. 企业生态文化研究［M］. 大连：东北财经大学出版社，2005：193-195.
② 马克思，恩格斯. 马克思恩格斯全集：第三卷［M］. 中共中央马克思、恩格斯、列宁、斯大林著作编译局，译. 北京：人民出版社，2002：274.
③ 马克思，恩格斯. 马克思恩格斯全集：第三卷［M］. 中共中央马克思、恩格斯、列宁、斯大林著作编译局，译. 北京：人民出版社，2002：305-306.
④ 马克思，恩格斯. 马克思恩格斯全集：第三卷［M］. 中共中央马克思、恩格斯、列宁、斯大林著作编译局，译. 北京：人民出版社，2002：305.

首相为首的国家节能领导机构负责宏观节能政策的制定；经济产业省及其下属的资源能源厅和各县的经济产业局为节能的指挥机关，具体负责节能和新能源开发等工作，起草、制订涉及节能的详细法规方案。受政府委托的近30家节能中心，负责对企业的节能情况进行检查评估，提出整改建议，并负责能源管理员资格考试等工作。节能法规定，一定规模以上的企业、办公楼必须设能源管理员岗位，负责监督企业节能和按时向政府节能管理部门上报企业的能源使用计划和节能措施。能源管理员要通过节能中心组织的全国考试，合格后方可上岗。目前，日本有数万名能源管理员。由于日本政府对生态的重视，日本的企业纷纷将节能视为企业核心竞争力的表现，重视节能技术的开发。日本节能中心每半年公布一次节能产品排行榜。目前，日本节能电器产品发展迅速，绝大部分空调的耗电量已降到10年前的30%～50%。日本政府还通过改革税制，鼓励企业节约能源，大力开发和使用节能新产品。如果企业达到节能标准，或采用节能产品，可以享受一定的减免税负的优惠。新修改的节能法还加大了处罚力度，对没有达标企业或产品将处以100万日元以下的罚款。

在国外，每个企业都有一套完善的环境成本核算体系。可国内企业普遍认为环境成本是额外付出的一部分无回报的成本，这本该是可规避的。因此，环境成本核算体系在我国的企业里还没有广泛地被推广。其实，将环境问题融入企业的成本之中，对企业的发展不仅不是风险，反而是一种机会。因为它促使企业认识到从传统的先发展后治理的粗放型增长方式，改变为低污染、低环境风险的持续发展方式的重要性和必要性。因此，建立一套适合中国企业的环境成本核算体系就显得十分重要。

目前，我国大多数企业不重视对环境成本的核算，只是在发生时简单地计入管理费用或营业外支出。现行会计制度涉及环境成本的科目只在管理费用的明细科目中有所体现，即"排污费"和"绿化费"。其他的相关支出，例如企业因违反环保法规交纳的经费支出、环保人员的经费、环境预防支出等未能很好地得到体现。所以，会计账户的设置可以考虑单独设置"环境成本"科目，根据不同的类别设置相应的二级科目，如"环境保护成本""环境补偿成本""环境治理成本""环境预防成本"等，然后根据企业环境成本发生时的具体情况再采用不同的方法进行核算。①

2）加强生态文化教育

一是提高企业管理者的生态文化意识；二是引导企业员工接受并践行企业生态文化；三是建立健全评价和奖惩制度，发挥企业楷模的典型示范作用。

追求自利，应该说是企业的本能。我国大多数企业很难自觉地承担自己的生态责任，必须进行教育和引导。在众多解决环境问题的方法中，最为重要的是加强企业的生态文化教育，以唤起企业领导及员工的生态责任感。员工的认识水平是与其

---

① 邱魏魏. 浅谈环境成本 [J]. 中国乡镇企业会计，2007 (2).

接受教育的程度密切相关的，一个员工文化程度较低的企业，难以形成具有时代精神的生态价值观。因此，多形式、多层次、多途径地对员工进行科学文化与思想教育，提高他们认识世界和改造世界的能力，是确立生态价值观的关键步骤。21世纪的企业家应当是负有社会责任的企业家，应通晓现代生态化经济运作规律的生产经营管理，带领企业员工走出一条低耗、高产、优质、高效、无污染的企业发展的生态化道路。企业领导者要不断地把企业价值观向员工灌输，企业应通过培训、讲座、生态改进项目的实施，领导员工积极参与环境保护和有利于可持续发展的社会公益活动及文化活动等多种途径，提高员工的生态意识。让企业人员充分认识到环境保护关系到每一个人的切身利益，真正能够树立尊重自然的生态态度，形成强烈的道德责任感。

企业很少进行生态环境保护，一方面是为了追求利益，另一方面是由于很少对环保进行投资。国家应该制定一套严格的法律法规，降低环保产业的投资风险，确保对环保产业确立合理的投资回报率，甚至应该使企业有优惠的利润空间，以提高投资者的信心。通过吸引更多社会资本，从根本上解决环保产业投入不足问题。对准备进入或已经投资环保产业、生产环保产品的企业，应给予最大幅度的产业政策支持。在扶持企业进入环保产业的同时，削弱生产非环保产品和污染企业的市场竞争力，促其尽快退出市场。对于企业进入环保产业，国家还应给予技术扶助，帮助其采用先进的科技手段、设施，优惠提供环保专利技术，并鼓励科研机关和高等院校与企业联手进行环保技术研发活动，不断创新环保新手段、新技术。通过采用高新技术，实施循环经济，发展清洁生产，降低环保产业的成本，实现企业的长远发展。

科学公正的评价监督体制，对于企业确立责任意识和行为有着重要的引导作用。对于积极参加社会环保的企业，如果没有及时推崇，那么就很可能挫伤企业再次参与环保的积极性，影响其环境保护的行为；而对于那些破坏环境企业，如果没有及时地进行制止和惩罚，就会使企业再次发生类似的行为，尤其是一旦让这部分企业获利或者没有追究这些企业的责任，很可能误导其他企业效仿这种做法，而最终不利于生态责任的履行。因此，有必要建立一套生态评价监督机制。2007年，国家环保总局颁布实施了《关于进一步规范重污染行业生产经营公司申请上市或再融资环境保护核查工作的通知》以及《上市公司环境保护核查工作指南》，对从事火力发电、钢铁、水泥、电解铝行业的公司和跨省从事其他重污染行业生产经营公司明确了环保核查程序要求，进一步规范和推动了环保核查工作。地方各级环保部门也陆续开展了上市公司环保核查工作，收到了很好的效果。为进一步加强上市公司环保核查工作，国家环保总局将继续完善上市公司环保核查相关规定，严把上市公司环保核查关，健全环保核查专家审议机制，加强对上市公司以及相关技术单位的培训，拓宽公众参与和社会监督渠道，加大宣传力度。

3）营造企业生态文化氛围

这主要从企业的物质环境、企业文化网络、企业活动（包括礼节和仪式、文化娱乐活动、社会公益活动等）、社会宣传来进行。①

4.2　企业环境与企业容貌

4.2.1　企业环境

企业环境主要包括两大部分：一是企业为员工工作能够进行所提供的物质环境，如厂房、仓库、办公室等企业建筑物和生产环境等。二是企业为职工生活所提供的物质文化环境，如住宿区、食堂、购物场所、俱乐部、健身房等。

建立一个工厂需要考虑以下主要因素：工厂布置、物料搬运方法、交通或控制、设施及附加物、厂房建筑。

下面重点论述工厂的布置、办公室布置、厂内设备布置等，以说明企业环境的设计或布置有其自身的规律。

1）工厂位置的选择

厂址是否适当是营造企业环境的首要因素。

选择厂址通常遵循以下三个标准：①自然条件，即便利的原料、良好的气候、适当和宜于居住的地形；②经济环境，即邻近市场、交通便利、有充分的公共服务等；③社会因素，包括充足的劳动力供应市场、良好的治安环境和政府政策等。

2）工厂建筑设计

工厂建筑的设计原则是：①适合需要，即有效利用建筑基地符合制程和生产的需要，且与机器布置计划配合；②坚固耐用；③光亮通风；④易于扩充；⑤外观壮丽；⑥弹性控制，即厂房建筑应有效地利用建筑基地，节省建筑费用，考虑工作安全，注意环境美化及预留扩充余地。

3）工厂布置的原则和方法

工厂布置就是出于工作上的便利与安全，把工厂内的机器设备加以适当的计划与组织，使其之间的关系趋于合理与正确，以获得工作上最经济的结果，达到更低的生产成本、更快的资金周转、更高的工作士气、更好地服务顾客等。

（1）现代制造工厂布置的原则

最小移动距离；直线进行；充分利用空间；生产力均衡；适宜厂内运输；工人满意；保持"再布置"弹性；便于检验；附属设施适当；整体配合设计；资本减少；顺利进行。

（2）布置方法

①固定位置布置法。把器材或主要物料固定在某一位置上不加移动，这就是说，所有的工具、机器、工作人员等皆就地起作用或工作；产品的全部作业在同一位置完成。此法适用于雕刻、制鞋、玻璃制品、造船等行业。

---

① 任运河，沈大光，董云芳. 企业生态文化研究 [M]. 大连：东北财经大学出版社，2005：174-190.

②设备基础设置法，又称功能（程序、分类）布置法。将同类的机器设备或相类似的操作程序的机器集中装置，比如，车床部、铣床部等可以集中在同一区域工作，而其他工作物（零件）可以从一个部门移至另一个部门，以完成所需的操作。

③产品基础设置法，又称直线式排列法，即按产品的制造程序，安装所需设备，使之成一条连续生产线。它具体有平行线式、U形线形和圆形排列法。

④混合布置法，即综合采用以上三种方法，取长补短。

4）厂内设备的布置

提供给一线员工以舒适和安全的设备，可以强化工作控制和提高工作效率。

（1）空气调节。机械转动所产生的热量、尘埃、烟雾、水蒸气，以及人体散发的热气、湿气，常使空气污浊不堪。装置空气调节器可改善空气质量，振作精神。厂房内的尘埃，可由滤清器及静电空气清洁器吸收。细菌和气味，可由臭气及杀菌灯或应用化学方法来加以解决。

（2）光线。以光度而言，一般工作区应达100支烛光，通风的房屋或从事极精细工作的区域则为200支烛光。以色彩而言，厂房内的反光大半依靠天花板和墙壁上半部的反射作用，故应漆成淡青色。墙壁下半部应为微暗而调和的颜色。至于机器的工作区域，为利于集中注意力，反光不宜强，故应漆成淡黄色。

（3）噪声和震动控制。噪声和震动是机器运作时所产生的，故对机器应加强维护，注意加油。同时，可用抗音分离器来封闭噪声来源，也可加高天花板及墙壁或加装吸音板。

此外，改善工厂的公用设施。比如，设置厂内交通设备、自动消防系统，以及员工设备（如医院、休息室、用膳设施、体育设施等）。

5）企业生产环境

优化企业的生产环境，为企业员工提供良好的劳动氛围，是企业重视人的需要、激励人的工作积极性的重要手段。

（1）运用色彩调节。厂房用色，可以选择相应的色彩以适应特定的工作，利用冷暖色来提高和降低人的心理感受程度。在暖性环境（如炼钢车间）中，可采用冷色，以增强人的凉爽等心理感受；在冷性环境（如冷藏库）中，可将墙壁涂成暖色，以增加温暖、明亮的心理感受；在中性环境，色彩不宜太艳，否则，会使人感到兴奋、疲劳，但也不能太平淡，否则，会使人感到单调、沉闷，一般来说，以乳白色、浅黄色、浅蓝色、果绿色等色彩为宜，如果再适当地点缀一些深色，就会使人感到有变化、有层次感，且有舒适的感觉。

机器设备用色应以工作对象的颜色来加以比较、选择。如果加工对象的颜色很鲜艳，机器设备就最好涂上对比度较强的暗色，以避免视觉疲劳；否则，正好相反。传统的机器设备以绿色为主，但是，现代机器设备的色彩有了新的变化，常为乳白色加深灰色以及高纯度色。这是因为乳白色和深灰色接近于两个极端——黑色与白色，极容易与其他色彩协调。同时，乳白色和深灰色向来有"精、俏"之美称，如果以此为底调，再施以高纯度色进行对比，就会给人以一种清新、明快、丰富的感觉。

（2）运用音乐调节。音乐调节是指在工作场所创造一种良好的音乐环境，以减轻疲劳和调节情绪。心理学研究发现，柔和的音乐不但不会分散注意力，反而会提高工作效率。这是因为音乐不但通过其节奏、旋律的起伏等激发人的情绪而调节劳动者，而且通过人耳对旋律的选择作用来掩盖噪声。特别是，悦耳的轻音乐可以对人的神经系统产生良好的刺激，促进人体内有益健康的激素、酶和乙酰胆碱等物质的合成，调节血液流量，促进细胞兴奋，增加对信息的感受能力和反应速度，从而提高工作效率。

在工作中播放音乐，应注意乐曲节奏的选择。要使乐曲的节奏与工作节奏、时间上的节奏、空间中的运动相协调，这样，就会减轻劳动者的疲劳感，使人产生愉悦感和提高工作效率。

6）办公室布置

（1）布置的目的、基本要求和方法

办公室布置的目的在于创造一个安静、整洁的工作环境。

其布置的要求和方法是：①采用一大间办公厅，在光线、通风、监督、沟通等方面，比采用同样大小的若干小办公厅要好。使用同一大小的桌子，可增进美观和促进职员相互平等感。同一地方的所有柜子高低一致。②相关部门应被置于相邻的地方。将有许多外宾来访的部门置于入口处。③采用直线对称的布置，避免不对称、弯曲与成角度的排列。工作流程应成直线，避免倒退、交叉与不必要的文书移动。④主管座位应位于部属位置的后方，全体职员的座位面对同一方向。⑤应使工作者的移动减少至最小限度。勿使职员面对窗户、太靠近热源或坐在通风线上。自然光应来自桌子的左上方或斜后上方。⑥采用屏风的，屏风应易于架设和重排。采用平滑或不透明玻璃的屏风，可提供良好的光线及通风。装设充足的电插座。把需要使用嘈杂设备与机器的单位设于防声之处。常用的设备与档案应置于使用者附近，档案柜应背对背靠放，把喷水池、公告板置于不致引起职员分散注意力及造成拥挤之处。⑦如有可能，应设休息室作为公共休息和自由交谈之用，提供充分便利的休息设备。⑧应预留充分的空间，以备最大工作负荷的需要。对未来的变化，应进行预测并加以防备，使布置易适应变化。

（2）办公室物质条件设计

①光线

办公室的光线应能够使职员易看、速看及舒适地看，减少错误，减少疲劳，提高士气。其具体要求有：

A.光量。草拟与设计工作的照明标准为200支烛光；较需眼力的工作如会计、审计、抄写、制表、簿记等照明标准为150支烛光；普遍较易看见的工作，如档案室、收发室为100支烛光；较随便的工作，如楼梯间、接待室、洗手间的照明标准为30支烛光。另外，全部地区的明亮度最好趋于一致，相邻工作地区的明亮比例不应超过3∶1。

B.光源。日光灯以较低的成本提供大量照明，且为冷光，光柔影弱，为多数办公室所采用。

C.光线系统设计。光线设计多采用半间接光或直接间接光。半间接是60%～90%的光线射到天花板，再由天花板及墙壁反射下来，其余40%～10%的光线直接向下照射。直接间接光是指40%～60%的光线射至天花板上，再由天花板及墙壁反射下来，其余的60%～40%光线则直接照射至工作地点，这种光线通常为大办公厅所采用。

良好的光线约占大办公厅总工作成本的2%，但能使办公厅的生产力提高10%～15%。

②颜色

颜色会影响人的情绪、意识及思想。黄色、橙色、红色称为暖色，使人的心理感到温暖和愉快；蓝色、紫色、绿色称为冷色，令人感到稳静。浅黄色、灰褐色与象牙色等淡色，令人有兴奋之感。科学检验的结果表明：适当的环境色调可以使企业劳动生产率提高4%～10%。

目前，办公厅的颜色趋向单色化，即地板、墙与窗帘的颜色要调和。例如，先选择桌子的颜色，而后选择与桌子的颜色相协调的地毯的颜色。较地毯颜色淡的颜色，可作为墙壁和帐帘的颜色。椅子或附属品如图画、桌子附属品和灯，则可采用鲜艳的颜色。一般地说，桌子的颜色宜浅，地板的颜色宜采用棕色，天花板以白色为最佳。普通办公室的天花板宜用白色，面对职员的墙壁宜用冷色，其他壁面宜用暖色；会议室以淡色与中性颜色为最佳；会客室以中性色为佳；私人办公室以深色与鲜艳色为佳。

③音乐

在员工工作时，如播放适当的音乐，可改进工作条件，减轻心理与视觉疲劳，减少精神的紧张，使员工有愉快感。当然，音乐需要加以适当的控制，凡令人分散注意力与引起注意力的音乐，如沉闷的管乐与独奏曲，应予排除。选播时，应配合每个办公室（如档案、打字、收发、接待）工作的性质和职员的性情需要。早晨宜选用轻松愉快的音乐，最大激励的音乐如交响乐可在午前及下午播放。办公厅的音乐，应以节奏轻快的音乐为主。

④空气

办公室的温度以华氏71℃～74℃为最佳，相对湿度以40%～60%为最佳。正常的通风标准是每人每小时约2 000立方尺的空气。

⑤声音

办公室应注意声音调节，防止噪声，力求安静。安静的办公厅的声音标准为37载声波（decibel）。应减少或尽可能排除声音的来源，办公室的地板、天花板与墙壁采用吸音的物材等。

4.2.2　企业容貌

企业容貌是体现企业个性化的标志。它包括企业的名称、企业象征物和企业空间结构、布局等。

（1）企业名称。企业名称一般由专业名称和通用名称两部分构成。前者用来区别同类企业，后者说明企业的行业或产品归属。企业名称还可以国别、地名、人名、品名、产品功效等形式来命名，如中国国际信托投资公司（国别型）、上海卷烟厂（地名型）、张裕葡萄酒（人名型）、可口可乐（品名型）和永明灯泡厂（产品功效型）。企业的命名还应充分考虑艺术性，尽可能运用寓意、象征等艺术手段。

（2）企业象征物。企业象征物是一种反映企业文化的人工制作物，可以制成动物、植物或其他造型。一般矗立在企业中最醒目易见的地方，如厂门、礼堂等。

（3）企业布局。企业布局是指企业的内外空间设计，包括厂容厂貌、商品的橱窗和内部装饰。一个企业的厂容厂貌、绿化、厂房造型、各车间的布局、各种交通布局等，都应给人以一种"花园式工厂"的感觉。

（4）设立纪念建筑、纪念塑像。

4.3　企业工具文化

技术、设备是企业形成物质文化的保证。在现代企业中，职工凭借先进的技术、设备，使劳动对象达到预期的目标，为社会生产量多、质优、价廉的产品，创造优质的物质文化。特别是，新技术、新设备、新材料、新产品的开发和运用，生产过程的机械化、自动化、电算化等都直接关系到企业生产技术的发展方向和产品在国内外市场上的竞争力，关系到企业物质文化发展的水平及其对企业精神文化发展的影响程度。

比如，第一台电子计算机刚刚出现时，人们嫌它又大又笨，但当它被广泛运用且被改进时，人们终于认识到了计算机的价值，并引发了一系列价值观的变化。事实上，以计算机技术为核心的新科技革命已经引发了一场企业革命，且产生了所谓的计算机化企业。所谓计算机化企业，是指由计算机控制的，能够对环境变化、竞争和消费者需求作出即时反应的企业。计算机化企业是以知识为基础的，知识是计算机化企业的关键性资源。计算机化企业强调学习，强调人力资源开发，尊重人的价值，强调人的潜能。在计算机化企业里，计算机技术使企业之间的联系更为方便，虚拟关系普遍存在，增加了企业适应市场的灵活性和竞争力。这为创造新的企业文化、新的企业价值观提供了社会条件。随着知识经济的到来，技术、设备对企业文化建设的制约作用越来越大。

具体地说，企业工具文化可以归纳为以下十个大类：①企业生产手段、作业工具或生产资料的物质特质。②企业生产工具、作业手段及传动或运输系统的基本构成单位、基本结合方式和独立系统结构。③企业生产机器设备系统、工具手段体系的功能、运作方式及其结构。④企业生产、运转赖以存在的能源、动力系统的结构、功能和运作方式。⑤企业传动装置体系、联动系统及其结构。⑥企业生产、传动、动力、控制机器设备系统层次结构及其布局。⑦企业工具系统性质、能耗、效率、使用寿命、价值及其回收（自然损耗与精神损耗）。⑧企业工具系统运转、报废等的生态与环境影响。⑨企业工具系统中控制子系统的整体水平与效能。⑩企业工具系统维护、保养和成本核算。也有人认为，企业工具体系的构成因素有四大要义：工具、传动、发动和控制系统。

从整体上说，企业工具体系的革命的动力主要来自于科技革命及其所引起的产业革命。第一次产业革命来自于蒸汽机的发明和运用，第二次产业革命在很大程度上归因于电力革命，第三次产业革命来自于以计算机技术为核心的新科技革命。

4.4　企业管理物质文化体系

企业管理物质文化通常包含以下几方面的内容：①企业控制、核算、监测、沟通或通信以及信息工具、手段等物质文化特质。②企业管理工具、手段的体系、系统及其整合、运转方式。③企业管理物资、资源、工具体系系统组合与空间分布。④企业生产经营的全部核算、账户物质手段体系的水平、规模、作用和运行方式。⑤企业直接生产过程、现场的监测、控制手段体系的水平、规模、作用和运行方式。⑥企业产品质量测评、检验手段体系的水平、规模、作用和运行方式。⑦办公室自动化水平、方向，办公系统的有效性和合理性。⑧企业信息搜集、存储、处理、传递系统发展水平、可靠性和合理性，管理信息系统现代化程度与规模。⑨企业职员培训系统发展层次、规模、现代化程度。⑩企业公共关系与对外联系物质手段体系之现状、功能和结构。

特别是，随着工业文明被信息文明、物质经济为信息经济所取代，企业管理物质文化的发展趋势表现为企业管理信息系统的地位上升。在企业经营管理中，就表现为信息资源的管理、开发和利用。

4.5　企业产品文化

4.5.1　企业产品的文化意蕴

企业产品文化旨在强调企业产品的质量。产品的竞争首先是质量的竞争。持续稳定的优质产品是维系企业商誉和品牌的根本保证。因此，企业产品折射着企业围绕着新产品设计、开发、生产、营销而组织调整企业的生产加工、经营管理、宣传推销的物质生产经营体系的权变能力。

比如，以产品质量驰名于天下的"奔驰"汽车，其质量号称20万公里不用动螺丝刀。跑30万公里以后，换个发动机，可再跑30万公里。以至于敢做这样的广告：如果有人发现奔驰汽车发生故障，被修理厂拖走，就将被赠1万美元作为回报。

　　奔驰汽车之所以具有如此高的质量，首先是因为其在全公司范围内树立起"质量至上"的企业理念，全体员工高度重视质量。他们的劳动组织是：把生产流水线作业改为小组作业，每12人一组，确定内部分工、协作、人力安排和质量检验。这样，就避免了重复单一劳动易出现的差错，提高了效率和产品质量。其次是奔驰公司特别注重技术培训，在国内有502个培训中心，负责对各类员工的培训。新招收的工人除了基本理论和外语的培训外，还有车、创、焊、测等技术培训，结业考试合格后，才能成为正式工人。不合格者可以补考，补考不合格就不能被聘用。奔驰公司要求全体员工精工细作、一丝不苟、严把质量关。单就奔驰汽车的座位来说，其纺织面料所用的羊毛是从新西兰进口的，粗细在23~25微米之间。细的用于高档车，柔软舒适；粗的用于中低档车，结实耐用。纺织时还要加进一定比例的中国真丝和印度羊绒。皮面座位要选上好的公牛皮，从养牛开始就注意防止外伤和寄生虫。加工鞣制一张6平方米的牛皮，能用到的牛皮不到一半。肚皮太薄、颈皮太皱、腿皮太窄，这些都得除去。制作染色工艺也十分讲究。专座椅制成后，还要用红外线照射灯把皱纹熨平。

　　奔驰公司还有一个126亩地的试车场。每年拿出100辆新车进行破坏性试验，以时速35英里的车速撞击坚固的混凝土厚墙，以检验前座的安全性。奔驰公司在全世界各大洲设有质量检测中心，有大批质检人员和高性能的检测设备，每年抽查上万辆奔驰车。

　　其实，一个人的个性和气质贯穿于人的物化劳动过程中，最后体现在物质产品之中。比如，在手工业时代，人工制品可以直接表现出生产者的个性和手工操作的痕迹。扩大地说，一个社会的政治、经济、科学技术、审美观念、价值观念、生活方式等都会在产品设计上打上深深的烙印。比如，产品的色彩设计不仅要考虑产品的效用功能与操作功能，而且必须考虑社会的价值观念、宗教信仰、民族习俗、艺术传统等文化因素。

4.5.2　企业产品所遵循的文化原则

　　在第2章"企业精神文化"的"企业审美意识"中提到了要"生产精美的产品"。在这里，简要地介绍生产精美的产品所要遵循的原则。

1）技术审美原则

　　在某种意义上说，现代产品是科技和美学相结合的成果，任何一件技术产品存在的唯一根据就在于效用性和审美性的统一。

　　技术美学在英语国家中用"design"来表示。"design"的意思不只是设计，还包含"不同寻常""机敏"的意思。因此，"design"常常被理解为"美的设计"，"不同寻常的、别出心裁的设计"。1944年12月，英国创立了世界上第一个技术美学学会。1957年在日内瓦成立了国际技术美学学会。这就必然要求企业家在组织产品生产中要兼顾产品的功利价值以及审美价值。

技术美学存在的原因就在于人们的购物心理大都出于购物的审美无意识。这是日本电通市场营销战略研究会曾就消费者选购商品和服务的原因时得出的结论。该研究会认为，影响消费者购买心理的原因主要有两类：一是感情与理性；二是同一化与差别化。"感性"是指消费者出于"合乎自己的感觉""流行""气氛、印象"的原则选购商品；"理性"是指消费者出于"对厂家的信任"，商品的"性能、质量"，"廉价"的理智心理选购商品。同一化是指消费者从"广告形象"及"社会评价"的原则出发选购商品。差异化是指从"优越感""发挥个性"出发选购商品。最后，将这些原因归于购物的审美无意识。这种审美无意识可归结于"轻、我、华、鲜"四个字。

"轻"是指轻快感。具体地说，在物质生产中"轻、薄、短、小"是近年来世界性的趋势。特别是对广大青年男女来说，具有轻快感的商品和服务具有极大的市场。

"我"是指个性感。现代人总想到消费中去寻求自我、寻找个性。比如，选择个人计算机、节日礼品、生日礼物、各种旅游、蹦极运动等来感受到自我存在的乐趣。

"华"是指潇洒感、富裕感。现在的普通人都可以通过音响设备、首饰、珠宝等的拥有和使用来追求这类感受。

"鲜"是指新鲜感、健康感。这可以使人们从紧张的工作和人际关系中解脱出来，缓解快速的生活节奏对人心理造成的不适。

正如第2章"企业精神文化"所说，产品的审美意识是由产品的内在形式和外在形式构成的，即产品的功能美、产品的造型结构美、产品的材质美、产品的色彩美和产品包装美的统一。

2）顾客愉悦原则

由技术审美原则可知：产品还意味着顾客购买其所期望的产品所包含的审美价值等一系列效用或利益的满足。换句话说，产品因满足顾客的效用或利益而带来顾客的愉悦。顾客愉悦原则包括质量满意、价格满意、态度满意和时间满意。

质量满意是指顾客对产品的造型、功能、包装、使用的质量的肯定。价格满意是指产品必须以质论价、货真价实。俗话说，一分价钱一分货。什么样的产品就应是什么样的价格。态度满意主要是针对商业企业和服务性行业来说的。顾客愉悦集中表现在顾客重复购买的程度上。只有塑造良好的产品和服务形象，才能增加产品和服务的"回头客"，才能为企业取得更多的利润，激发企业员工的创新意识。时间满意是指顾客对产品交货或应市时间的满意，以及对产品售后服务及时的满意。

4.6　企业广告文化

4.6.1　企业广告文化的特征和功能

1）企业广告文化的特征

企业广告文化是指在广告产生、发展的过程中形成的一系列规范广告行为的文化。

广告文化的特征有：

（1）真实性

广告的真实性是指广告的经济信息、文稿内容要真实、准确，不能虚夸，更不能伪造。

广告是传达信息的，是对商品、劳务、企业以及企业经营思想、经营观念的反映。只有实事求是地反映商品和服务，反映企业本来面貌，广告才具有生命力。广告要取信于人，就必须以真实的信息来打动人、去影响消费者。

有关广告的立法、广告行业自律规范，毫不例外地都将广告的真实性视为首要的原则。英、美、日、法等国对虚假不实的广告都规定了民事、经济乃至刑事的责任。我国也是如此。我国《广告管理条例》第三条规定："广告内容必须真实、健康、清晰、明白，不得以任何形式欺骗用户和消费者。"在《广告管理条例实施细则》中规定："广告客户违反《广告管理条例》第三条，利用广告弄虚作假欺骗用户和消费者的，责令其在相应范围内发布更正广告，并视其情节处广告费2倍以上5倍以下的罚款，给用户和消费者造成损害的，承担赔偿责任。"对于违反上述规定者，要受到行政或法律的制裁。

与真实性相联系的是科学性。为了使广告符合客观实际，就必须确定广告的目标，开展广告的调查，编制广告的预算，确定广告的战略与策略，选择与组合广告等，这些都需要运用市场学、商品学、心理学、社会学、传播学和美学等学科，而使广告文化具有科学性。

（2）艺术性

为了更好地传达广告信息，更好地吸引消费者的注意，引发消费者的联想，刺激消费者的需求欲望，应当充分调动一切艺术形式，如文字、绘画、摄影、声音、色彩、灯光、舞蹈等，达到新颖、形象、富有美感和个性化的广告艺术效果。如果忽视了广告的艺术性，直接推销商品，容易丧失商品的文化品位，就会影响广告的效果。

与艺术性相联系的是人文性。这就是说，在传递广告信息的同时，要注意发挥广告的教育功能，要注意激发和鼓励人们的正直、健康、向上的精神，使人们形成正确的价值观、审美观、幸福观，以造就良好的社会风尚和美好合理的生活方式。

其实，广告作为一种无形的资产，本身就是以MI（企业理念）为指导，并受企业理念所支配。美国企业文化学者帕福从十家在各自所在行业排名最靠前的公司（如百时美施贵宝公司、美国航空公司、英特尔公司、摩根大通公司、西南航空公司、3M公司）的调查数据中得出结论：这些公司除了注重广告的真实性、科学性等之外，还注重广告对企业形象、企业文化的烘托，在宣传本企业的团体协作精神、客户中心主义、员工平等对待、激励和创新等方面下功夫。例如，英特尔公司在公众中的形象就是一贯致力于保持其在创业初期建立起来的平等、协作的职业道德观和"协作精神""高超精神""高超管理""精英荟萃""产品和服务极佳""具备长期投资价值""财务状况稳健""善于运用公司资产"的卓越形象。

总之，广告文化是科学性与人文性的统一。强调广告的真实性，要防止排斥广告创造中必要的艺术夸张、比拟、美化。强调广告的艺术性，要防止夸大失实，弄虚作假。

这里还需一提的是，在现代广告文化中应当注意运用有价值的民族传统广告形式。

在古代，店家无论大小，招牌是必不可少的，而招牌具有广告的效果。招牌可以分为字号、牌匾、楹联和广告装饰物几种。

大多数店名字号都离不开传统文化中吉祥如意的美好心愿。有些文人墨客总结出八句店铺字号和吉祥广告词："国泰民安福永昌、兴隆正利同齐祥、协益长裕金美瑞、合和元亨金顺良、惠丰成聚润发久、谦德达生洪源强、恒义万宝复大通、新春茂盛庆安康。"这56个字中取一个字或两个字，都可以成为店名。上海的"协大祥"绸布店就是如此。

商店牌匾一般为长方形，悬挂在门额之上，其尺寸依门面大小而定，颜色大多以黑漆金字，显得格外醒目而端重。大多数字号匾后还附以店、铺、庄、斋、阁等称谓，以显示经营的不同内容。除了牌匾之外，一般店家都挂有竖招，小巧玲珑，悬挂在门前屋檐下，木板下常缀有红色的幌绸，竖招一般都正反两面书写着商品内容：品种、特色、质量等，字迹简明清楚，一目了然，如酒店前的"太白遗风"，茶馆前的"清肺润心、香气宜人"，药铺前的"本堂自制虎骨药"，食品店前竖招上的"中秋月饼""重阳花糕"等。

楹联，又称对联、楹帖，是中华民族独特的文化精粹。旧时一般店铺门前总要挂上"信为经商本、诚招天下客""义以一气财源户、增进四方利洛长""货真价实""童叟无欺"等。这些楹联有着浓厚的民族伦理文化和商业道德。更有许多特色的楹联，使人回味无穷，这大抵是专营店铺使用的。例如，一家陶瓷店的楹联是："一粒粟中藏世界，半开锅里煮山川。"一家酒店的楹联是："刘伶借问谁家好，李白回答此处佳。"一家颜料店的楹联是："青黄赤白黑，紫绿朱蓝橙。"一家服装店的楹联是："服毕由使王嫱羡，装罢能为宋玉惊。"一家眼镜店门前的楹联是："大放光明眼如神，明媚健美意中镜。"一家理发店门前用的楹联是："虽曰毫末行当，却须顶上功夫。"

店牌市招当然还有其他形式，诸如招徕顾客的各种幌子、酒帘、望子、杏旗等，具有浓厚的民俗韵味。这已远远超出了商业招牌的范畴，而成为一种街头民间大众文化的珍品。

随着商业企业的发展以及其适应流通的需要，昔日的牌匾、招牌、幌子之类的店牌市招已为现代化的广告霓虹灯、电动模型、模特儿、现代化橱窗展示所代替。但是，传统字号以及独具特色的店标市招，在附加给其新的形式以后，仍然显示着民族智慧和文化的内涵。所以，在广告中采用现代化手段的同时，还应注意尽量保留一些有价值的民族传统广告形式。

2）企业广告文化的功能

广告从字面上说，是广而告之的意思。英语 advertising 源出于拉丁文 adverture，其本意就有"大喊大叫、注意、诱导"之意。到 14 世纪，adverture 就演变为英语的 advertise（广告），其含义是"一个人注意到某件事""引起别人的注意""通知别人某件事"。到 17 世纪末，英国开始大规模的商业活动，广告一词广为流传。

由广告的本意和广告文化的含义，可以得出这样的结论：广告的一个重要作用就在于沟通企业与客户、消费者之间的关系，尤其是规范他们的经济行为。对企业来说，它有助于企业形成独特的企业文化，特别是有助于企业树立企业形象和销售企业产品；对消费者来说，它有助于了解产品的信息、商品知识，开阔眼界，刺激消费需求，形成新的消费观念；对于广告媒体来说，它有助于获得其生存和发展的空间和财力支持，丰富其传播内容；对于社会来说，它沟通产供销的环节，有助于社会经济发展，美化生活、美化环境，促进社会文明进步。

4.6.2　企业广告文化的传播

1）广告文化的传播要素

广告文化的传播要素有两类：一类是显性要素。它通过信源、信息、媒体、信道、对象和反馈等来强化广告的功能。信源是指信息的发布来源，即广告客户，指要求发布广告信息的社会组织或个人，在现代经济社会中主要是公司和企业。信息是指广告客户要向消费者宣传的商品、劳务、观念或公共关系等方面的信息。媒体是指以记录和保存广告信息并随后由其重现广告信息的载体。信道是指信息传递的途径、渠道。对象是指广告信息的接受者和利用者。反馈是指广告对象接受广告信息后的反应。

另一类是隐性要素。它通过情感因素、心理因素、时空环境、文化背景、信誉意识、权威意识等来进一步拓宽广告文化的功能。它常以情感人、以情动人，容易被人注意和感知；同时，也指不具有广告味的一种情态，使人在不知不觉中受到感染。信息接受者在不同的情感状态下，其接受信息的效果是不一样的。广告传播行为的发生、延续和发展，都应建立在信息发布者和信息接受者双方心理相悦这一基础之上。没有心理的沟通，就无法获得最佳的广告效果。时间环境是指在单位时间内传播的有限信息量和广告传播的时机选择。在固定的单位时间内，所传播的有效信息量越高，广告的效果就越好。传播时机不同，广告效果也不同，利用节日或销售旺季等时机做广告，其效果就与平时不同。空间环境是指广告传播活动的物理环境。广告文化传播总是在具体的空间中进行的，不同的环境条件会使人对信息有不同的感受，并产生不同的传播效果。文化背景是指在广告传播中不同消费者在文化上的差异。作为一种文化现象，广告传播会受到不同的经济环境、风俗习惯、民族心理、性格特征、思维方式和价值观念的影响。即使是同一信息，也可能会产生不同的主观感受，尤其是在跨文化传播中，必须要了解和尊重消费者的文化背景，避免出现沟通的障碍。比如，在宗教文化不同、民族区域不同的地方做广告，广告的内容与画面应该避免宗教禁忌和民族禁忌，以免造成广告传播的障碍。所以，企业在做广告时，要对消费者的行为方式、消费心理、民族与宗教禁忌等文化背景作全面的调查。信誉意识是指广告的可信度和被消费者依赖的程度。在广告传播中，广告信息内容的权威性越高，信息接受者对其就越信服，就越容易提高广告传播效果。所以，对新产品的宣传，广告客户可以利用用户来信、有关学术机构的鉴定、产品获奖名次及等级来提高其广告信息的可信度。

2）广告文化的传播媒体的选择与组合

传播媒体通常有报纸、电视、交通、户外等广告形式。

在选择广告媒体时，应当具体回答以下问题：应该在什么样的媒体上做广告？应该在选定的媒体上如何做广告？应该如何推出或重复推出广告？广告推出的时间如何？如何结算广告成本与购买费用？广告信息应该让多少人接收到？在不同媒体上推出广告应如何组合其效果？选用的广告媒体应如何与其他营销手段相配合？

每一种广告媒体都有其长处和短处，应当综合利用多种广告媒体。实验证明：同一广告内容传播给目标消费者，各接触三种媒体一次，比接触某种媒体三次的效果好。两种以上的媒体向同一信息接受者传播同一内容的广告内容，比一种媒体传播的效果要好。

同时，为了达到应有的广告效果，就要连续不断地给目标消费者以反复刺激。根据人的记忆规律，当一个人接受某信息后，5 分钟后只能记得 60%，一天以后只能记得 30%，一周后只剩下不到 20%。因此，必须利用媒体组合，运用大众传媒广告、交通广告、路牌广告等，反复刺激、加深人们的记忆，使人的记忆效果不因行为的变化而产生切断现象。

3）增强广告文化的传播功能

增强广告文化的传播功能，除了所说的媒体选择之外，还应再考虑选择传播的内容。

企业一般根据产品特性来选择广告的传播重点。这主要有：产品的质量与性能、外观、包装、使用寿命、用途、使用方法、功能、能给消费者带来的利益、产品的售后服务与维修网络。

企业自身的形象、基本情况、经营历史、规模、对社会的贡献及在社会上的声誉等都会影响广告文化的传播功能。这主要有：企业的人员情况，尤其是拥有人才的规模与构成，其科研成果或业务水平以及在社会上的地位等。企业的设备包括企业的生产设备、营业设施的先进程度、产量情况。企业的经营状况包括企业的经营措施、业绩、市场占有率、流通渠道等。企业的外部形象包括企业的风格、在公众中的印象、有无统一的品牌、经营思想。

此外，企业的营销目标也影响广告文化的传播功能。如果是以扩大销售为目标，就应以能否直接顺利打动消费者作为依据。此时较为理想的选择媒体的顺序是电视、广播、直邮、报纸、杂志、路牌等。如果以增加市场占有率为目标，则要求能争取新的消费者，能从竞争者手中夺取市场，以此来加强自己的地位，其媒体选择的顺序为报纸、杂志、电视、广播。如果以提高企业知名度、美誉度为目标，则要求企业注意让消费者对企业产生好感，让消费者对企业和产品产生信任感，此时应考虑报纸、户外、交通广告和赞助社会公益事业、文化事业、教育事业等广告。

目前，在报纸、杂志及书刊中介绍企业状况和企业成果的"软性"广告也不失为提高企业知名度、美誉度的有效方法，而且更具有文化内涵和高雅的品位。

4.6.3　企业广告的策划、实施与评估

广告策划思想产生于20世纪60年代。英国企业家斯坦利·波利特率先倡导了广告策划思想，并逐渐影响了国际广告界。

1）广告策划

广告策划的核心是广告计划和广告策略的应用。它与广告实施与评估构成广告行为的整体。

（1）广告计划

制订企业广告计划包括企业广告形势分析、广告目标与策略。

企业广告形势分析是指对调查所得的市场、产品、消费者、企业形象等资料进行分析。特别是，要对本企业产品与其他同类产品进行比较，看其有哪些独特的优点能够满足消费者哪些消费心理和消费需求。企业还必须弄清本企业、本企业产品的直接竞争者和间接竞争者的情况，如其生产和经营的规模、发展趋势、占有市场的份额、广告策略与广告投资、特长与薄弱环节等。

广告目标有长期与近期目标、一般与特殊目标之分。长期目标涉及企业长远发展和经营管理战略等重大问题。近期目标是围绕长期目标制定的具体实施目标，通常指年度目标。一般目标指具体开展的广告活动所要达到的目标，如以创新品牌为目标、以市场竞争为目标、以塑造企业形象为目标等。特殊目标是针对企业理念、目标、利益、发展等方面的特殊影响和某些消费者的特殊要求所要达到的目标。

（2）广告策略

广告策略有广告定位策略、广告市场策略、广告心理策略、广告产品策略等。

特别是，广告定位是指企业通过广告根据顾客对企业产品属性的重视程度，在特定的时间、地点把产品卖给某一阶层的目标消费者，且通过广告有利于与其他厂商的产品竞争。也就是说，要在广告宣传中，为其产品培养出一定的特色，树立独特的市场形象，从而使其产品区别于竞争对手，以满足目标消费者的某种需要和偏

好。广告市场策略包括目标市场策略、促销策略、消费心理策略等。

2）广告实施

（1）广告文案的创作

广告文案的创作包括广告语言、形象和其他因素，要把既定的广告主题、广告创意具体地表现出来。

广告文案必须包容大量的广告信息，但是，信息应集中在广告诉求的重点上，且能用准确的语言表达出来。

广告创作要巧妙地配合文字、图像。文字、图像最初能引起人们注意的百分比是 22%∶78%，而唤起记忆的是文字占 65%，图像占 35%。

有的广告产品本身就具有生活的贴近性，易于使消费者产生兴趣，比如食品和日用品的新品种、新款式等。广告还要做的是刺激消费者的购买欲望，使其从有兴趣转入购买行动。消费者接触广告后，广告能否让其采取行动，是广告成功与否的最终环节。

制作广告文案有一定的原则。在 20 世纪 20 年代，有人提出了 AIDA 效果模式，即有效的人员推销演讲应该吸引注意力、引起兴趣、产生愿望、促成行动。人们将这一模式应用于广告，形成了注意、兴趣、愿望、行动原则。以后又有人提出了 FIC 原则，即事实、信息、信用原则，还有 USP 原则，即销售主题创作原则。

当然，广告的创意是需要灵感的。创作者对企业及其产品、企业的文化背景了解得越深入、理解得越深入，就越能推出有创意的广告文案。

（2）广告的发布

广告在发布时常采用广告差别策略、广告系列策略和广告时间策略。

广告差别策略是指发现、突出广告产品的差异以充分显示企业及其产品特点的一种策略。

广告系列策略是指在一定时间内连续发布多则广告，以形成气势，增加新鲜感和注目感。主要包括：按形式分系列、按主题分系列、按产品分系列。按形式分系列是指设计形式相同但内容不同。按主题分系列是指企业根据每一个时期目标市场的特点和市场营销策略的需要，不断地变更广告主题，以适应不同的广告对象的心理需要。按产品分系列是企业常用的策略，是指在企业规模扩大、产品品种增加时，针对不同的产品做不同的广告。

广告时间策略是指在广告实施后，应随时根据市场变化调整广告策略，以适应市场的需要，同时，配合必要的促销策略或公共关系活动，以取得事半功倍的效果。

3）广告评估

企业广告的评估是指对整个广告活动全过程的评估，包括广告调查、广告策划、广告实施、广告效果等的评估。

对广告调查的评估包括对广告调查的可信度与允许误差大小，调查方法的科学性、有效性和可靠性的评估；对搜集的原始信息是否充分、全面，有无遗漏、误用的评估；对调查搜集的信息内容如何适应广告活动的评估。

对广告策划的评估包括广告设计是否与广告目标相一致，广告策略是否运用恰当，广告预算、实际费用与广告效益关系的评估。

对广告实施的评估包括对广告主题是否正确、广告创意是否独特新颖、广告诉求是否明确、广告是否有吸引力的评估；对广告发布策略运用是否恰当的评估；对广告媒体的选择与组合是否科学、发送的广告信息是否准确抵达目标消费者的评估；对可能接受广告信息的目标消费者的数量与实际获得广告信息的目标消费者的数量的评估。

对广告效果的评估包括对广告计划在取得预定的广告目标上是否有效的评估；对广告活动在实施过程中是否有超出计划作用的评估；对广告活动的实施是否最大效益地使用资源的评估；对接触广告信息的目标消费者数量、注意和理解广告信息的受众数量的评估；对接受了广告内容，且改变了态度、意见、观点的目标消费者的数量的评估等。

在评估方法上，西方通常用达格玛法，即 defining advertising goals for measure advertising results（为测试广告效果确定广告目标）的方法。它的基点是向人们指出具体的广告目标是必不可少的，然后评审是否达到了这一目标。另一种方法是直接评估法，即邀请专家、学者或有代表性的顾问来评定，如通过广告评价单来进行。根据每一项的评价得出总积分，再来评价其广告效果。

复习思考题

1. 什么是企业物质文化？

2. 企业环境如何构建？

3. 企业工具文化有哪些种类？

4. 企业管理物质文化体系有哪些种类？

5. 企业产品所遵循的文化原则有哪些？

6. 企业广告文化的特征有哪些？

7. 企业广告文化的功能有哪些？

8. 企业广告文化的传播要素有哪些？

9. 如何加强企业广告文化的传播功能？

10. 如何进行企业广告文化的策划、实施与评估？

11. 如何进行企业生态文化建设？

第 5 章

企业形象设计

学习目标

　　企业的发展和市场的发展程度密切相关，在竞争日益激烈的市场中，企业的竞争将越来越表现为文化的竞争，未来的市场竞争所体现的将是不同企业的独特风格。对市场和消费者来说，企业的独特风格是通过感知企业文化而形成的企业形象。一个好的企业形象，会使社会公众一经接触，便感觉到该企业与众不同，在心理上产生良好的反应，进而形成良好的印象。

　　通过本章的学习，掌握企业形象的含义、特性、分类、产生、发展、作用以及企业形象设计的原则、企业识别系统的设计。

5.1   企业形象概述

5.1.1   企业形象的含义

1）企业形象的内涵

人们通常所说的形象，是指通过人的感知活动在大脑中形成的对事物的整体印象，虽然这种印象并非事物本身，只是人对客观事物的主观认识，但它却会影响人对该事物的反应，就是说，人对事物的意识具有主观能动性。可见，保持好的形象符合人们的审美观点，能使人作出好的反应。企业要想以形象制胜，必须保持其在市场和消费者心目中的完美性。

那么，什么是企业形象呢？所谓企业形象，是指企业内外对企业的整体感觉、印象和认知，包括公众印象、公众态度和公众舆论三个层次。公众印象来自不同个体的认知和判断，并由此而形成具有相对稳定性的公众态度。公众态度的表达会进一步形成公众舆论。公众舆论的扩散和传播则对人们的行为有导向作用。

事物都有一分为二的特点，企业形象也有优劣之分。在社会公众中保持良好形象的企业，消费者愿意购买其产品或接受其服务；反之，形象不佳的企业，消费者将不会选择其产品和服务。当然，这里说的企业形象是指大多数人对企业的认识和感觉，任何企业都不可能使所有人对其产生完美的形象，由于审美观点、个人品位不同，加上过多偶然性因素的存在，绝对完美无缺的企业形象是不存在的。当大多数人认为企业很好时，一些人可能还会觉得该企业并不怎么样。假设一家企业生产出了质量好、工艺佳、价格合理的产品，而且为消费者提供了很好的售后服务，但由于某种原因，运输途中有某件商品发生故障，外观上又无法鉴别，致使买到有问题商品的消费者对该企业的印象大打折扣。如果此时企业处理得当，尚能挽回消费者对企业的不良看法；如果处理不当，将可能永远失去这位消费者。不要小看一个消费者的作用，企业的市场份额本身就是由单个消费者组成的。况且，忠实消费者的现身说法远比广告更令人信服。在企业的日常经营中，类似上述例子的情况不胜枚举，可见，要保持一个良好的企业形象是很难的。不过，这并不是说企业形象是虚无缥缈、不可捉摸的。通过一些大家都接受的价值观念，如企业诚信、创新精神、服务意识等，来提高企业形象的认可度是非常可能的。虽然无法做到完美，但也应尽量接近完美。

2）企业形象的特征

企业形象对不同企业来说，其差异或大或小，表现形式千变万化，但总体而言，企业形象的基本特征还是可以把握的。了解企业形象的基本特征有利于进一步把握企业形象的内涵，认识企业形象的作用，探索企业形象的发展规律。

企业形象具有以下四个基本特征：

（1）主观性和客观性并存

企业形象本身来源于市场公众的感知和印象，受不同个体价值观、思维方式、审美取向、生活经历、社会地位、性格差别等因素的影响，不可避免地会打上深深的主观性烙印，如此一来，同一个企业在不同人心目中会产生不同的甚至是大相径庭的印象便不足为奇了。此外，企业自创立起就会逐渐形成其自身的独特形象，这种现象虽然源于主观上的价值判断，其本身却又是一种客观存在，不管企业本身或他人承认与否，是喜欢还是厌恶，企业形象始终是企业不可分割的一部分，永远与企业共存。因此，企业形象又具有客观性。这里应注意，企业形象的客观性并不是说企业形象无法更改，一成不变，恰恰相反，如果企业认识到企业形象的重要性，充分发挥主观能动性，采取合理的手段积极改变和完善自身，进行科学管理、改善经营、加强对外宣传等活动努力塑造企业形象，企业形象就会不断得到提升。因此，企业形象既有主观性，又有客观性，两种属性同时存在并相互统一。

（2）系统性

一般来说，社会公众对企业形象的认识只是一种简单的判断，这种判断是模糊的，仅仅用好和坏就可以定位和表示。但实际上，企业形象本身远非这么简单，它是一个由各种物质或非物质形态所构成的复杂系统，具有很强的系统性。从物质形态上来看，企业形象的要素包括产品质量、功能、色彩、包装等产品因素，商标、服装、厂房等标志因素；从行为要素的角度来看，企业形象的要素包括员工素质、行为规范、习惯等内容；从企业精神风貌的角度来看，企业形象还包括企业目标、企业宗旨、企业风气等内容。这些要素虽然看起来错综复杂，但却并非杂乱无章，而是相互依存、互为条件，各要素之间有着内在的联系，并有着整体的系统性。对于社会公众来说，一个企业的整体形象是通过各种媒体，由多方面信息综合而成的，因此，塑造企业形象需要从整体入手，进行全面规划，任何一个环节出现问题，都会影响企业形象。

（3）动态性

企业形象并不是一成不变的，而是始终处在一个动态变化的过程之中，这种变化过程就是企业形象的动态性。企业形象之所以具有动态性特征，主要有两个方面的原因：首先，构成企业文化要素的企业存在状况不断发生变化，如企业的生产经营状况、产品质量、服务意识、市场地位等因素无时无刻不在发生变化，这种变化直接导致企业形象的变化，在某种程度上，这一变化过程本身就是企业形象的变化。其次，社会公众价值观对企业的要求不断发生变化。企业形象的好坏本身就是社会公众的判断。随着社会的发展、技术的更新，物质产品越来越丰富，市场越来越繁荣，人们对产品和服务的要求自然会越来越高，消费观念也逐渐发生变化，看待企业的眼光也越来越"挑剔"。在这种情况下，即使企业保持自己的一贯特色，其形象在公众眼中也会发生变化。举一个比较极端的例子：有一家冰箱厂因所生产冰箱质量卓越而闻名。其所生产的冰箱坚固耐用，数十年也不会发生损坏，因此产品很受欢迎，市场的占有率很高，企业信誉非常好。这样一家企业在消费者心目中的形象自然是不错了。然而，奇怪的事发生了，新上任的总经理发现近期以来企业的销售业绩越来越不令人满意，呈现出不断下降的趋势，尽管销售部门一直致力于扩大销售，并且工作十分努力，情况也未见好转。总经理百思不得其解，对销售经理发火，我们的冰箱质量如此可靠，从楼上扔下去都不会摔坏，怎么会没有人买？销售经理回答，消费者买冰箱不是用来从楼上往下扔的，他们不仅在乎冰箱的质量，也很重视冰箱的外观设计，我们的冰箱虽好，可看上去却那么笨拙，他们早就不喜欢了。可见，随着时代变迁，过去曾是维护企业形象的护身符——"经久耐用"，已逐渐不再是消费者选择的唯一因素，而丰富多彩、美观大方、时髦前卫正成为许多消费者新的追求。如果还是仅仅抓住"耐用"这一点而不考虑其他方面，可能给消费者留下陈旧、落后的印象，给企业形象造成消极影响。因此，要保持企业的良好形象，就不能一成不变，必须在企业本身状况和社会公众欣赏眼光中求得动态平衡。

（4）相对稳定性

企业形象的动态性说明其不断变化的过程，这种变化过程是指一个客观存在的长期趋势，并不意味着它是海市蜃楼、雾里看花，没有规律可循。企业形象的产生、发展是一个连续过程，在一定期间内具有相对稳定性，是可以认识和把握的。其中的道理很简单，企业形象始终与企业紧密结合在一起，并且无法分割，企业是其赖以存在的物质基础。随着企业的变化，企业形象也就发生变化。对一个特定期间来说，企业的状态是相对稳定的，因而企业形象也保持相对稳定。另外，企业形象的动态性和相对稳定性并不矛盾，而是相互统一的。相对的稳定性，实际上就是动态稳定，企业形象在发展变化的过程中，也总是要继承其原来的基础。

3）企业形象的分类

判断企业形象的标准不同，企业形象的划分也就不同。根据不同的标准，企业形象主要可以划分为以下几个类别：

（1）正面企业形象和负面企业形象

按照社会公众的评价和态度，企业形象可以分为正面企业形象和负面企业形象。正面企业形象是公众对企业形象认同和肯定的部分；负面企业形象是公众对企业形象抵触和否定的部分。实际上，对任何一个企业来说，企业形象都具有正反两面，既有被肯定和认同的部分，也有被否定和排斥的部分。即使对于企业的某一方面具体特征，也可能会有一部分公众持赞成态度，而另一部分公众持反对态度。IBM的笔记本电脑一贯以黑色为主色调，这被许多人认为是庄重、高贵，但同时被一些追求时尚的年轻人认为是死板和土气。从这一点来说，企业的正面形象和负面形象总是客观存在的，企业不应该也无法回避。对于企业来说，理智的做法是，努力扩大正面企业形象的同时，积极消除负面企业形象。注重企业正面形象对提高企业竞争力的作用是显而易见的，消除负面企业形象的作用也不可忽视。正面企业形象给公众一个潜在的购买意向，而负面企业形象则使用户必然拒绝购买企业的产品或服务。其实，在一定程度上说，消除负面企业形象的工作就是提高正面企业形象的工作。

（2）内在企业形象和外在企业形象

根据企业形象的表现形式，企业形象可以分为内在企业形象和外在企业形象。内在企业形象是指企业目标、企业精神、企业风气等看不见、摸不着的部分，是以无形的形式存在的企业形象的核心体现。外在企业形象指企业名称、商标、厂房、产品包装、各种企业公开活动等具体的存在形式，是企业形象的外在表现。应引起注意的是，外在企业形象和内在企业形象并不是割裂和孤立的，而是统一和互相依存的。外在企业形象反映内在企业形象，内在企业形象在很大程度上决定了外在企业形象。这就好比一个人，他的一举一动等外在表现和他的内在品质、个人素质是相互统一、无法分开的，我们可以通过他的语言、行动了解他的内在品质和素质，因为这些外在表现是由他的内在品质决定的。企业也是如此，企业精神、经营哲学等内在的东西也是通过产品、服务等外在形式来表现的。

（3）直接企业形象和间接企业形象

根据公众获取企业信息的渠道不同，企业形象可以划分为直接企业形象和间接企业形象。所谓直接企业形象，是指社会公众直接接触企业的产品和服务，由亲身体验形成的企业形象，而根据他人的经历或通过传播媒介等方式得到的企业形象则属于间接企业形象。直接企业形象非常重要，俗话说得好：百闻不如一见。用户在选择企业产品和服务时可以说在很多方面和企业进行零距离接触，产品的好坏、服务的优劣给用户的冲击和印象最深刻，并且这种印象一旦形成将很难改变，其他渠道的信息很难再对这种印象进行修正。间接企业形象只是影响潜在客户，而直接企业形象面对的就是企业的既有客户，对于保持现有客户有非常重要的意义。就成本而言，开发新客户的成本远远大于维持老客户的成本。因此，企业花大力气通过各种媒体手段塑造间接企业形象的同时，千万不要忽略企业的直接形象的作用，否则就会捡了芝麻，丢了西瓜。

（4）主导企业形象和辅助企业形象

由于公众对企业形象各要素关注的程度不同，由此而形成的企业形象也不同。公众关注的企业形象因素构成的企业形象可称为主导企业形象，而其他由公众不太关注的企业形象因素构成的企业形象则称为辅助企业形象。理论上的划分比较简单，实际情况却远不是这么简单，不同的人对企业形象构成因素关心的侧重点差异较大，因而什么是主导企业形象和辅助企业形象就很难合理划分。这就要求企业必须明确自身的目标市场和消费者群，对于高档产品，由于选择此类产品的消费者注重性能和质量，应明确这两个因素所构成的企业形象，将其定位为主导形象；对于大众化的一般产品，应注重价格因素构成的企业形象，并将其作为主导形象。另外，企业的主导形象和辅助形象并不是固定的，在一定情况下二者可以相互转化，一定时期的主导形象可能随着时间的推移而转化成辅助形象；反之亦然。企业应时刻把握市场动向，搞清楚目标市场和消费者关心什么，需要什么，主动适应新的变化，塑造良好的企业形象。

4）企业形象和企业识别

企业形象的英文表示为 corporate image，简称 CI，而企业识别的英文表示为 corporate identity，其简写也是 CI，因此，二者的简称在字面上是完全相同的。但应注意，两者的实际内涵是不同的，具体地说，企业形象和企业识别是完全不同的两个概念。企业形象的概念前面已有详细解释，这里不再重复。那么企业识别又指的是什么呢？所谓企业识别，实际上是指传播和塑造企业形象的工具和手段。企业导入 CI（企业识别）的目的是通过塑造优良的企业形象，提升市场竞争力和企业内在素质，但不代表 CI（企业识别）就是企业形象。从逻辑关系上看，企业识别与企业形象是因果关系。

另外，CI（企业识别）与企业形象构成要素也是不一样的，企业形象是由产品形象、市场形象、技术形象、环境形象、服务形象、员工形象、经营者形象、公关形象、社会形象等要素组成的，而企业识别的 CI 则是由理念识别（MI）、视觉识别（VI）、活动识别（BI）三大体系构成的。

企业识别由产生到发展，其内涵不断丰富，系统性不断增强和完善，最终成为一种企业识别系统理论和企业识别系统战略。这种企业识别系统理论和战略的核心，就是我们今天所说的 CIS。CIS 的完整英文表述是"corporate identity system"，汉语解释为"企业识别系统"。CIS 的主要思想是将企业的经营理念、行为规范和视觉识别进行系统性分类，从战略角度来研究企业内涵，丰富企业文化，塑造企业形象，从而使企业逐步走上规范化、系统化和不断完善的轨道。企业引入 CIS 的意义，是通过这一系统将企业的经营理念、企业精神等文化和哲学思想通过员工的行为表现和整体的识别系统传达给社会公众，使企业得到社会公众的理解、认同和接纳，树立良好的企业形象，得到更好的发展。

企业识别是企业在行业结构和社会结构中的特定地位和个性化特征，它是通过不同的传播方式、方法在社会公众心目中对企业产生认同感和价值共识的结果。

随着环境的变迁、社会价值观的改变，企业必须通过重新定位、调整经营理念来塑造新的企业形象。这正是企业识别的任务所在，即不断使企业调整、修正自己来适应环境的变化和自身发展的需要，以求得企业与社会和自然的一种平衡状态。如果企业识别仅仅是对企业本身形象的社会传送，其作用也就仅限于为那些本来就具有良好的形象，只是信息传递力不强的企业而进行的信息传送设计。但事实上，大量的企业是因其形象不适应正在发展的信息时代的形象竞争日趋激烈的需要，才求助于企业识别这一系统手段。这也正是企业识别产生和发展的深厚基础。

最后还应注意，企业识别是塑造企业形象最好的快捷方式和手段，但它并不是万能的，更不是企业经营本身。如果企业本身的形象基础不佳（如产品质量、服务意识、经营管理等因素），再优秀的企业识别设计也是徒劳的。

5.1.2　企业识别系统的产生

1）CIS 现象溯源

CIS 现象虽然出现的历史不长，但其产生绝不是偶然的，在人类的历史上，通过不同的标记和象征来区别自己与别人的差异的现象，其意义和今天的 CIS 现象有非常类似的地方。索尼公司的高级主管黑木靖夫先生认为：CI 就是企业的差别化战略。中国台湾的 CI 大师林磐耸则认为：CI 就是企业经营理念和精神文化，运用统一的整体传达系统（特别是视觉传达设计），传达给企业周边关系或团体（包括企业内部与社会大众），并使其产生一致的认同感和价值观。这些说法很有道理：其一，企业形象就是通过企业识别系统来表示其不同于别人的特点；其二，这种独一无二的特点有它自身的含义，体现了该企业的文化、精神和价值观。

早在母系氏族公社时期，不同的氏族公社就懂得用某种动物或植物作为本氏族的名称，并以血亲关系与其相联系，将自己作为其子系族，这种现象就是原始图腾现象。而作为自然图腾的崇拜物，就成为区别不同人类群体的标志。在原始部落中，人们在身上某一部位纹出不同的花纹作为一种标记，拥有同一标记的人属于同一部落，不同部落的人，标记不同，这种花纹代表的标记就成为划分不同部落的标志。为了更具有象征意义，强化本部落的特点，人们将特定的花纹以特定颜色标记在部落旗帜上，并用同样的口号感召其部落成员，传递原始部落的精神理念。

在人类发展的历史长河中，宗教和文化也是 CIS 现象形成的肥沃土壤。宗教现象本身就是某种人类理念的化身。在我国广泛传播的四大宗教（基督教、天主教、佛教、道教）无不是如此。如佛教精神理念为慈悲为怀、普度众生，这一理念正是通过吃斋念佛、戒杀生等行为模式来表现的，而双手合十、剃度、袈裟等则形成独特的视觉识别信号。儒家文化是自汉代以来我国的正统文化，提倡仁、义、礼、智、信。孔子一再强调"仁"的思想，并将其作为最高准则，提出"仁者爱人""己欲立而立人，己欲达而达人""己所不欲，勿施于人"等思想。"四书五经"更是成为儒家规范人们行为的经典著作，其思想理念影响了上千年的中国历史。直到今天，人们的交往礼仪和思想依然有很多方面受到儒家文化的影响。

上述事实说明，现代 CIS 现象和远古时代的一些文化现象在本质上没有什么区别，有着共同的根基。

2）CIS 的产生

现代意义上的 CIS 起源于美国。20 世纪 50 年代初，由于汽车的发展与普及，美国交通业迅速发展，私人车辆激增，高速公路也迅速发展起来。一个有趣的现象引起了人们的注意，当车辆在高速行驶时，驾驶员虽然不得不把注意力集中在前方，视野很窄，但对公路边的各种交通标志却一目了然。这是什么原因呢？经过观察人们发现：这些标志有一个共同的特点，没有过多的文字，只有简洁明了的图案，其颜色、图形均按统一的标准设定。正是这种特殊的设计，使驾驶员在行驶中尽管车速很快，仍然能够对其心领神会而不出现任何差错。根据这种现象，一些企业家们在这种"瞬间识别"效应的启发下聪明地设想，如果能按照类似的方法和标准设计出企业的标志、符号，也一定能取得类似的良好效果。于是，一些企业根据这样的设想设计出了自己企业的标志和图案，通过这种手段来强化企业的品牌和形象，提高公众对本企业的认知度，扩大销售，提高竞争能力。这些企业在高速公路两旁设立各式各样的广告牌和企业招牌，用简单明了的独特图形、文字或符号作为识别标志，吸引驾驶员的注意力。看到黄色的"M"标志，司机就知道那是"麦当劳"快餐店；看到蓝红两色并排的招牌，就知道那是加油站；看到红色招牌中有一条白色的波浪图形，就知道那是"可口可乐"；看到光亮的星形记号，就知道那是"假日饭店"连锁店等。这些标识不需要司机阅读文字，很容易就能在瞬间被一眼识别出来，逐渐在公众心中形成了深刻的印象，有效地树立了企业在公众心目中的形象。作为信息传播媒介，这种由标准的字体、图形和色彩绘制的企业标识，获得了良好的宣传效果，很快受到了美国企业的普遍重视，被越来越多的企业广泛采用，最终演变成为一种经营策略，也就是我们所说的CI策划。

第二次世界大战后，国际经济开始复苏，工商企业发展迅速，产品日益丰富的同时也使市场竞争日益尖锐和激烈。在这种情况下，经营者普遍感觉到，仅仅依靠视觉设计标准化还不够，企业必须采取一种更新的方法，强调自己与竞争对手的差别和个性化特征，必须对经营理念、行为规范和视觉表达等方面的因素进行统筹设计和策划，形成一种企业识别系统，来塑造良好的企业形象，才能在竞争中立于不败之地，于是CIS战略就逐渐产生和发展起来，企业形象也成为企业竞争的重要思想。

1951年，美国国家广告公司（NBE）首先将其由威廉·哥顿设计的巨眼标志广泛应用于各种媒体，同年，CBS企业也将其由哥顿设计的企业标识利用各种媒体进行广泛宣传，这一举措使CBS公司的标识家喻户晓，成为企业CIS导入的先驱之一。

5.1.3 企业识别系统的发展

1）国外CIS的发展状况

美国是CIS的发源地，众多的美国企业以CIS成就了自己的独特风格，成功塑造了自己的独特形象，在市场中立于不败之地。20世纪40—50年代期间，美国先后有三家企业采用CI设计，它们除了前面提到的CBS公司，还有IBM公司和西屋电器公司，其中以IBM公司的标志设计最为著名，也正是因为如此，有人将当时IBM公司导入CI计划视为CI创立的标志。

IBM在经过40多年的经营后，成为电脑业的成功知名企业，为了使企业进一步发展，成为世界性的大企业，当时的董事长小托马斯·沃森意识到，IBM必须在世界计算机行业中树立起一个引人注目的公司形象，而公司形象的灵魂应该是开拓和创造精神。于是他与设计顾问艾略特·诺伊斯进行了探讨。诺伊斯认为：公司的创造精神和开拓精神如果无法被社会公众所了解，等于什么也没有，因而在市场竞争中，公司应有意识地在消费者心目中留下一个具有视觉冲击力的形象标志。另外，公司名称"International Business Machines"不仅难以记忆，也不易读写，是公司形象宣传上的障碍，必须予以解决。为了解决上述问题，应将公司的所有优势进行横向分析，找出共同的焦点加以提炼和升华，力求设计完美的图案，提高标识的视觉感染力并体现其内涵。根据上述思想，公司委托著名设计师保罗·兰德设计出了 IBM 的字体标志。该标志以蓝色为基本色，象征企业的高精尖技术，以八条纹的 IBM 标准字体现公司的经营哲学："先锋、科技和智慧。"IBM 的 CI 设计非常成功，使其迅速取得美国计算机行业首屈一指的领先地位，IBM 的公司形象则成了大家心目中的"蓝色巨人"。IBM 的 CI 战略的成功使其他企业受到强烈触动，众多公司纷纷效仿，通过 CIS 导入，统一企业标识，塑造自己的企业形象。

　　CIS 的导入使很多企业取得了良好的经营业绩，如克莱斯勒公司在 20 世纪 60 年代初，一下子把市场占有率提高了 18%；1970 年可口可乐公司不惜投入巨资导入了 CIS，成功改造了世界各地的可口可乐标志，一度震惊了世界，掀起了 CIS 的热潮。可口可乐公司的成功，首先应归功于其技术的不断创新和产品的优良品质，但正像艾略特·诺伊斯所说的：公司的创造精神和开拓精神如果无法被社会公众所了解，等于什么也没有。可口可乐公司的生命力如此旺盛，产品形象如此具有冲击力，其 CIS 战略的成功运作无疑立下了汗马功劳。与美国企业类似，很多欧洲企业在 CIS 战略的运用上也非常成功，如法国名牌服装"皮尔·卡丹"，德国名车"奔驰""宝马"。

　　除了欧美企业，日本的企业也在 CI 战略的应用上走出了一条非常成功的道路。在日本，CI 的发展大致经过了四个阶段：第一阶段是 20 世纪 70 年代前期，CI 设计主要是视觉传达设计的标准化，强调设计要素与传达媒介的统一，标志、标准字和标准色都得以充分应用；第二阶段是 20 世纪 70 年代后期，CI 设计的重点在于重整企业理念和经营方针，即所谓的"医疗式"CI，其目的在于保证企业发展并实现战略目标；第三阶段是 20 世纪 80 年代前期，CI 设计强调员工意识改革和企业体制改善，即所谓的"预防式 CI"，目的在于对企业现状进行强化和改善；第四阶段是 20 世纪 80 年代后期，CI 设计注重充分利用企业本身的经营资源与经营方针，强调与竞争对手的差异性。与欧美企业的 CIS 设计相比较，日本企业的 CIS 有着自己鲜明的特色。日本企业的 CIS 以视觉系统作为 CIS 战略的核心，更强调在公司标志、符号、字体和色彩等方面给人清新自然的感觉。在导入 CIS 的过程中，日本企业注重在经营理念、精神文化、组织制度和行为准则方面塑造企业形象，以人为中心，以企业文化为基础，将 CIS 作为认识企业理念和企业文化的活动。日本的企业文化是非常独特的，一旦和 CIS 合理地结合起来，就会发挥其独特威力。CIS 战略的成功实施，使很多日本企业取得了良好的经营业绩。20 世纪 80 年代以后，日本企业导入 CIS 战略达到高潮，1982 年达到了 21.8%。

2）CIS在中国的发展

与欧美、日本等发达国家的情况不同，CIS在中国的起步和发展非常之晚，20世纪80年代后期开始，我国一些经济发达地区的企业开始注重产品的包装和品牌效应，注重企业自身的整体表现，应该属于CIS发展的初始阶段。1990年，广州神州燃器具联合实业公司全面导入CIS系统，打造自己独特的企业形象。从此，CIS战略逐渐在一些发达地区缓慢推广。直到1993年，在一些成功导入CIS战略并取得良好经济效益的企业带动下，我国各地的企业才开始逐步认识CIS，一些有魄力的企业领导者意识到企业形象的重要性，下决心导入CIS，塑造企业的整体形象，CIS战略终于在中国发展起来。时至今日，中国已有多家企业成功导入CIS，如联想集团、科龙集团、小天鹅洗衣机、雅戈尔集团等。这些知名企业通过CI策划成功地塑造了良好的企业形象，带动了企业生产和利润的巨大增长，从根本上提高了企业的市场竞争能力。

5.1.4 企业识别系统的作用

1）导入CIS，塑造企业形象，有利于增强企业竞争能力

企业在市场上的地位如何，最重要的指标是市场占有率，也就是说消费者对该企业的青睐程度在很大程度上反映了企业的竞争能力。CIS的引入目的就是要运用企业形象策略加深和强化企业在消费者心目中的良好印象。名牌产品之所以能够获得大量消费者的认可，正是因为在消费者的眼中，名牌是信任的标志和荣耀的象征，消费者愿意花比同类商品高出很多的价格购买名牌，在很大程度上不是该产品本身的使用功能，而是名牌所引申出来的气派、身价和信赖感。对于企业来说，名牌商品的价格远远高于普通商品，能带来更大的经济效益，塑造良好的品牌形象，能带来更大的市场，可见形象的重要性。总之，通过导入CIS，塑造企业形象，向公众传播企业信息，体现企业产品内涵和价值，积极影响消费者的购买愿望和偏好，对增强企业的竞争能力有重要战略意义。

2）导入CIS，塑造企业形象，有利于完善企业经营管理

加强和完善企业内部管理，是实现企业经营战略目标的组织保障和行为保障，CIS企业形象设计系统作为企业形象一体化的设计体系，是建立和传达企业形象的完整和理想的方法。通过CIS企业形象设计可以对企业的办公系统、生产系统、管理系统，以及营销、包装、广告等系统的形象形成规范化设计和管理，从而调动每个员工的积极性并实现企业的发展战略。通过一体化的符号形式来划分责任和义务，使企业经营方针在各职能部门中能有效地贯彻和执行。在导入CIS的运作过程中，面对的首要问题就是完善企业的各种规章制度，以企业文化和经营理念为指导，统一员工的行为。然后，针对企业内部不同级次的员工制定具体的行为准则，保证每一个员工岗位都有规范制度可以遵循。同时，在完善各种规章制度的过程中，还要对企业的生产、销售、人事等各项具体工作进行完善或重建，通过教育、培训来提高员工的业务素质和责任感，以统一的着装和标志激励员工的斗志和士

气，形成员工自我约束和自我管理的风气，对实现企业经营管理目标有很好的促进作用。

3）导入CIS，塑造企业形象，有利于企业文化建设

企业文化是企业全体员工在长期创业和发展过程中形成的最高目标、价值观、基本信念和行为规范。它是企业生命力的核心要素。企业文化有利于企业目标和员工工作目标的统一，强化员工的信念和共同的价值观，增加企业对员工的吸引力。一个企业如果缺乏好的文化氛围，很难形成凝聚力，必然缺乏竞争力，很难立足于激烈的竞争市场。CIS企业形象设计系统以企业文化和企业经营理念为核心，必须重新审视和考察企业的文化系统，通过具体运作梳理和纠正企业的文化体系，使其理念和价值观得到凸显并更加清晰，弥补企业文化系统的某些缺陷，以达到充实、提升和健全其文化系统的最终目的。

4）导入CIS，塑造企业形象，有利于多元化、集团化经营

全球化的经济趋势和日趋激烈的竞争使一些企业逐渐被淘汰的同时，也使另一些企业脱颖而出，成为市场竞争中的佼佼者。一些发展势头良好的企业纷纷开始多元化、集团化甚至国际化经营。在此过程中，如何有效进行内部协调逐渐成为一个突出问题。导入CIS，塑造良好的企业形象能够使企业内部资源的利用更加有效，其统一的企业识别、符号、颜色提高了企业整体的竞争力。

CIS的策划和形象塑造对企业的影响是多角度和深层次的，其作用并不仅仅限于上面所说的几个方面，如企业形象塑造有利于增加投资者的信心，吸引更多的投资者，有利于增加债权人对企业的信心，更好地进行债务融资。因此，对于导入CIS系统、塑造企业形象对企业的作用，要从多方面理解。

5.1.5 企业形象设计的原则

1）全方位原则

导入CIS，塑造企业形象，必须综合考虑企业环境、结构、组织实施和传播媒介等多种因素，全方位运作。

具体地说，全方位原则主要坚持：

（1）CIS运作要考虑适应企业的环境。企业环境有两层含义：一是企业内部环境；二是企业外部环境。CIS的设计是塑造企业形象的途径，而企业形象是以企业本身为基础的，无法脱离企业本身而存在，更确切地说，有什么样的企业，就有什么样的企业形象，CIS的作用只是使该形象更加清晰明了，给社会公众留下深刻印象。从这个角度来说，CIS的设计必须与企业内部环境相适应，体现企业的文化理念特色，脱离了企业实际，CIS就是唱了一首跑调的歌，无法展现企业形象的原貌。不仅要考虑内部环境，外部环境对CIS设计也有非常重要的意义，企业形象的塑造主要是针对外部社会公众而言的，公众对企业识别的直观感性认识是好是坏，直接反映了企业形象的好坏。

（2）CIS运作应注意MI（理念识别）、BI（行为识别）、VI（视觉识别）三者的

平衡和相互关系。CIS的三个构成要素中，MI是核心要素，也最难体现。当然，这并不是说BI和VI就不重要，因为无论如何MI都必须通过BI和VI来体现，MI本身是抽象的，以VI和BI作为载体传递给社会公众。鉴于此，好的CIS设计应该MI、BI和VI并重，不可有所偏废。在理顺企业经营理念和企业文化系统时，经常需要花费很大的力气和大量的时间，经过反复的修改讨论，为MI的形成做好充分的基础工作并将其凸显出来。为了形成统一的BI，更好地体现MI，企业必须改变员工长期形成的不良行为和某些固有的习惯、作风，明确必须遵守的相关制度规范，这些工作不仅涉及大量的人力、物力，而且必须慎之又慎，以免出现差错，影响员工的积极性，破坏企业的凝聚力。在最后阶段，形成直观印象并直接传递信息的VI设计则显得至关重要，除了人财物力的保证外，必须确保VI能恰当、贴切地反映企业的经营理念、精神和企业文化。

（3）CIS的设计和运作，必须注意各种配套措施的实施和衔接。前面已经提到，CIS运作涉及企业深层次、多方面的问题，因而各个环节的方案、措施安排必须细致、合理、周到，力求达到协调一致。

（4）企业的CIS设计应考虑企业的长期发展战略，只有符合企业战略，才能保证企业战略目标的实现。

2）公众中心原则

归根到底，企业形象是企业在社会公众心目中印象的综合反映，公众态度对企业的接受程度是企业形象好坏的决定性因素。CIS作为塑造企业形象的手段，其设计、策划必须坚持以社会公众为中心的原则。需要指出，坚持以公众为中心，并不是要企业不顾一切地采取一切手段迎合公众的任何要求，这种无条件的迎合不仅无法做到，而且即使能够做到，也不会塑造出良好的企业形象，反而可能损害企业的形象。如价格因素，根据市场行情制定合理的价格非常重要，为了促销价格稍低也无可厚非，但一味地采用低价销售策略，固然能扩大销售，但同时也会给消费者留下"该产品是廉价品"的印象。

坚持以公众为中心的原则，首先，要进行准确的公众定位，任何产品都有其针对的消费者群体，企业形象的塑造应针对其主要消费者群体，CIS设计也应考虑该消费者群体的特点，做到有的放矢，千万不要企图以所有社会公众为目标，追求对任何人来说都是"完美"的企业形象，事实上，这是不可能做到的。正确的做法是确定首要公众，进而有所兼顾。其次，在准确定位的基础上，满足目标公众的需要。消费者之所以购买产品，不是因为产品的物质形态本身，而是产品的功能能够满足人们某些方面的需要。人的需要是多层次的，美国心理学家马斯洛将人的需要分为五个层次：生理需要、安全需要、社交需要、尊重需要和自我实现需要。这五种需要按由低到高的顺序排列。其实，这种划分也只是粗略地划分，每一层次还可以在继续划分为多个层次。可见，人的需要层次是非常复杂的，企业要满足其目标公众的需要，不应该仅仅停留在"能够供消费者使用，实现某一功能"的肤浅层次上，而应该全方位、多角度进行考察，研究目标公众的消费偏好、消费层次、消费品位、消费能力、消费结构等多个因素，为了得到较为准确的信息，还应考虑影响消费者行为的一些间接因素，如消费者的传统、习惯、文化程度、年龄段、地域范围等。最后，积极引导目标公众的消费观念。对于企业来说，更好地满足消费者的需求可以从两个方面考虑：一方面是被动适应消费者的需求；另一方面则可以主动创造消费需求。创造消费需求在更深层次上体现了企业的创新和开拓精神，也是适应社会发展趋势和社会进步的标志。以个人计算机的发展为例，其计算能力不断提高，功能不断扩展，未来还要逐渐和家电结合起来，组成家庭媒体中心，每一次技术革新都带来新一次的科技革命，对社会的进步作出了很大的贡献，同时也引导了市场，创造了新一轮的市场需求。

3）实事求是原则

实事求是原则即要求企业在导入CIS的过程中，一定要立足企业的现实基础，正视企业的劣势和不足之处，在保证客观性的基础上进行运作。很明显，这里包括对CIS设计的两个要求：一是CIS设计应以企业的实际情况为基础，反映企业的特色、经营理念和企业文化，不能为了CIS本身而进行CIS设计，与企业的实际脱节，这样的CIS不如不要；二是在CIS设计的过程中，不应回避和掩饰企业的缺点和不足，而应该以导入CIS为契机，重新审视和定位企业的理念、文化，完善企业的经营管理，制定合理的发展战略，树立特色品牌，从而塑造更好的企业形象。在CIS运作的实际过程中，有些企业将CIS仅仅当作对企业的"包装"和美化，认为只要夸大企业的优势就可以了，至于缺点则淡化处理或根本不需要重视，这种理解是对CIS的误解和歪曲，割裂了企业形象和企业本身的关系，也使CIS设计发挥不了应有的作用，白白忙活了一场，浪费了大量的资金和人力，结果"星星还是那个星星，月亮还是那个月亮"，CIS设计成了走过场、做样子。也有的企业完全不顾自己企业的实际情况，完全照搬其他知名公司的经验，引入了完全不符合自己公司形象的CIS设计，将企业识别当成了点石成金的手指，最终也落得了一个自欺欺人、贻笑大方的下场，严重时，会给人以金玉其外、败絮其中的不良印象。

4）特色、创新原则

企业形象反映企业的文化、理念和精神，CIS的设计应始终紧紧把握这一主题。企业文化、理念不可能千篇一律，即使是规模、行业、地区相同的企业，其意识形态和价值观念也会有较大差别。换句话说，每个企业都有其不同于其他企业的文化特色。正如索尼公司的高级主管黑木靖夫先生所说：CI就是企业的差别化战略。CIS就是要给企业一个独一无二的identity（识别），这也正是一个企业区别于其他企业，尤其是同行业竞争对手的本质所在。例如，小天鹅洗衣机生产企业的口号"全心全意小天鹅"就非常好，当别人一味强调其洗衣机如何好的时候，小天鹅的"全心全意"给人一种非常贴心的感觉，一下拉近了公众和企业的距离，给人留下了非常深刻的印象，这就是文化特色的魅力。CIS设计在体现企业特色的同时，还必须有创新精神，这种创新精神不仅指企业制度、组织结构、产品、管理方式等方面，还包括CIS设计运作的整个过程。企业的标志、标准字、标准色等视觉要素应与其他企业有明显区别，以方便公众辨认。图案的设计更要匠心独具，既能体现企业的文化精神等抽象含义，又要具有简单、新颖的形状，使人很容易记住。当然，这些一定要建立在符合大众审美取向的基础上，不可一味追求怪异、荒诞，以免弄巧成拙。

5）效益兼顾原则

效益兼顾原则要求企业在 CIS 设计时，要充分体现经济效益和社会效益兼顾的思想。企业经营的原则是利益最大化，但最大化原则必须建立在遵纪守法、符合社会公德的基础上，不可为了本企业的私利，置社会公众利益于不顾，如果这样做，还谈什么塑造企业形象呢？更不用说什么 CIS 设计了。中国是一个具有优秀文化传统的国家，一直强调在义和利的关系上，利要服从于义。什么是义？用今天的话说，符合社会利益的行为就是义，违反社会利益、损公肥私就是不义。所谓君子爱财、取之有道，这个道理同样适用于企业。那么如何做到经济效益和社会效益兼顾呢？具体可以从三个方面来考虑：首先，企业必须依法经营，不能以违法行为谋求不当利益，法律是保护公众和各种经济组织、社会团体等社会基本单位利益的准绳，违法经营是以损害社会利益为代价的，不当得利虽然给企业本身带来了好处，却增加了整个社会的外部成本，必然要受到惩罚。其次，除了遵守国家法律以外，企业的行为还应符合国家政策，政策虽然不是法律，缺乏法律的权威性和刚性，但一定时期的国家政策总是代表广大人民的利益。与国家政策背道而驰至少有两个缺点：一方面会直接或间接损害公众利益，破坏企业形象；另一方面会给企业带来一定的经济损失，这种经济损失可能是因为违反政策受到行政部门的处罚，更多的是间接的经济成本，如国家正在执行紧缩银根的货币政策和相应的财政政策，企业却要扩展规模，此时，向金融部门融资难度很大，利息较高，还可能因为财政政策而多纳税款。最后，企业行为要考虑社会公德。社会道德虽然既不是法律，也不是国家政策，但其对社会成员的约束力却非常之大。企业的行为不符合道德规范，必然在公众心目中留下极差的印象。如某企业，花巨资在媒体上大做广告宣传，称其产品多么卫生，对人健康无害，暗地里却天天向河流排放污水，导致下游整个县区的群众深受其害，很多人因为污水而死亡，更多的人因污水而患病，生活在痛苦中。对这样的企业，再优秀的 CIS 设计也难以改变其在公众心目中恶劣的形象。

5.2　企业理念识别（MI）

5.2.1　MI的基本含义

1）MI的含义

理念是一种意识，企业理念则是指能够指导企业行为并具有企业哲学内涵的思想意识形态。企业的理念识别指企业通过一定的途径进行阐述和表达，让内部员工和外部社会公众感觉并认识其思想意识的一种方式。理念识别是企业 CIS 系统的核心内容，企业理念是企业生命之源。在企业CIS设计的过程中，理念识别过程非常重要。

2）MI的发展阶段

在CIS的发展过程中，企业理念大致经过了三个发展阶段。最初的企业理念识别系统只是一种理念口号，以一种非常朴素、简单的方式表达了企业的价值观等核心理念和思想。比如，IBM的理念口号："IBM就是服务"；百事可乐的理念口号："第一永远是最重要的"；日本丰田公司的理念口号："好产品、好主意"；联想集团的理念口号："人类失去联想，世界将会怎样"；广东万宝电器的理念口号："质量是企业的生命"。随着企业理念内涵的不断丰富，简单的理念口号越来越难以完整表达企业理念的内容，于是，理念识别系统的第二个阶段——理念菜单出现了。理念菜单比理念口号稍稍复杂一些，能更好地表达企业理念。如深圳彩虹投资发展有限公司的理念菜单为：①事业领域：以气雾剂为起点，以提高人类生存质量为核心，进而向多元化发展。②企业宗旨：彩虹——为人类生活增添色彩。③价值观：人与环境的和谐高于一切。④企业精神：追求卓越，从小事做起。⑤行为准则：一切比国家规定做得更好；一切比公司规定做得更好；制度面前人人平等；机遇面前人人平等。对现代企业来说，理念不仅是一种对员工的指导思想，还有着更深层次的价值内涵，要体现这种深层的价值内涵，理念菜单显然也是不够的，于是出现了更加成熟的理念形式——理念手册。这种形式能够对企业理念进行深层剖析，引导员工的思维和行为。

5.2.2　MI的构成要素

这在第2章企业精神文化中详细地论述了，这里再简单地加以介绍。

1）价值观

价值观是企业文化的核心体现，是企业在长期发展的过程中形成的基本信念和行为目标，是企业行为的价值取向。企业价值观很难用简单的大众标准去衡量，毕竟从本质上说，只要没有违反国家的法律、政策、社会公众的利益，价值观就是企业自己的事情。不过，从是否有利于企业实现企业战略目标的角度来看，应该说价值观还是有优劣之分的。正确地确立企业的价值观，对企业生存和发展至关重要。价值观是企业生存的思想基础，又是企业长期发展的精神导向。企业的价值观是抽象的，但又非常具体地体现在企业的日常运营过程中，企业的管理、制度、生产、销售、服务、态度、员工的一举一动等，都会体现其价值观。笔者在国外时曾去过一家公司向国内邮寄物品，该公司的员工非常热情，整个过程始终耐心地帮助并解释邮寄过程，当一切程序结束时，她发现我邮寄的物品大多数是书，于是又热心地告诉我将书放在一起，和其他物品分开装，书的邮寄可以节省邮费，她见我面有难色，又帮我将所有过程重来一遍，虽然累得满头大汗却始终笑容满面，这让我感动不已。这虽然是一件小事，却反映出该公司的服务意识和价值观念。

企业应该具有什么样的价值观？不同国家、地区、信仰的企业价值观差异很大，即使同一国家、地区甚至同一行业相同规模的企业价值观也有较大差异。中国文化和西方文化有着很大差异，西方人追求个性自由，中国人强调集体主义，中国企业应该发挥传统文化的长处，并将其与现代企业经营理念结合起来确立积极、向上、团结的集体主义价值观。正确的价值观将构成良好的企业心理氛围和文化氛围，并时时刻刻影响企业员工积极性的发挥。

2）企业精神

企业精神是企业在长期发展中形成的对企业观念、传统习惯、行为方式中积极因素的总结、提炼和倡导，是现代意识和企业个性相结合的产物。这里的现代意识是指由市场意识、质量意识、服务意识、竞争意识、效益意识等因素构成的综合体。企业精神一般以简练而富有哲理的语言来描述，具有丰富的内涵，能从侧面反映企业的文化和企业形象，如松下公司的七个企业精神信条：①产业报国精神。②光明正大精神。③友好一致精神。④奋斗向上精神。⑤礼节谦让精神。⑥适应同化精神。⑦感激精神。IBM公司的创始人沃特森在《企业与精神》一书中指出，IBM之所以能够不断发展，在于其提倡和发扬了"最佳服务"的企业精神。为了做到顾客第一，IBM要求每个员工都不断思考，设计人员要经常了解市场变化，销售人员要时刻掌握客户意见并将信息及时反馈给开发部门，保证其制造出来的产品能够最大限度地考虑客户的要求，为客户提供最佳服务。我国是一个有着悠久历史和优秀传统文化的国家。今天的中国经济迅速发展，市场经济体制日趋完善，提倡优秀的企业精神对形成企业文化、塑造企业形象有重要作用。优秀的企业精神应包括：实事求是，开拓创新，团结协作，牺牲奉献，拼搏竞争，艰苦奋斗，爱岗敬业，追求卓越，敢冒风险，尊重科学。

3）企业使命

企业使命是在一定时期内，根据企业战略决策要求，企业所有工作者需要完成的任务，是员工对实现企业发展目标和完成企业历史任务应负的责任。企业使命受多种因素的影响：首先，企业使命受时间性因素的影响，不同发展阶段的企业其使命是不同的，初创时期的企业与发展期的企业相比，企业使命差异很大。其次，企业使命受企业规模的影响，规模小的企业与规模大的企业集团也会在企业使命上具有较大差异。最后，企业使命受市场因素影响，企业所处的市场地位、市场竞争的激烈程度、目标市场的选择等因素都会对企业使命产生一定的影响。尽管企业使命受多种因素影响，会有不同的表现和结果，但总起来说，企业使命应该符合社会发展的趋势和方向，有利于社会，有利于环境，能够满足社会对企业的要求，体现企业对社会能够和愿意承担的责任与义务。

4）经营宗旨

企业宗旨是企业经营活动的主要目的和意图，这种目的和意图不仅有企业目标的含义，而且体现了企业对内部员工、对外部社会公众所承诺的责任。企业宗旨反映了企业对其所承担义务的基本态度，反映了其价值观念和思想水平，也反映了企业存在的社会价值，并以一定的方式具体化为企业的经营方针和经营指导思想。

企业宗旨具有深刻的内涵，主要有企业的产品、客户、市场、企业贡献等内容。例如，长虹电器的理念口号——长虹以民族工业为己任，本身就是一种非常好的经营宗旨。美国波音公司的宗旨——以服务顾客为经营目标，具有非常鲜明的行业特色，也强调了服务顾客的企业精神。海尔集团的宗旨：质量宗旨——高标准、精细化、零缺陷；科研开发宗旨——立足创新、用户为师、永远改进、追求完美；服务宗旨——用户永远是对的。企业经营宗旨不仅仅是一种语言，最终要体现在企业的实际行动中，为了实现其经营宗旨，在质量方面，海尔要求各项指标均高于国家标准，按国家一流质量组织生产，严格控制进货，决不接受二等品，建立完善的检测体制，引进国际先进的检验设备，保证生产过程精细化、零缺陷；在科研开发方面，以用户为师、市场为导向，不断创新市场，引导消费，满足用户的潜在需求，不断创造第一和唯一；在服务方面，为了达到目的，推出特色星级服务体系，24小时登门维修、24小时热线电话，并以互联网与用户保持紧密联系，出现问题及时解决，以百分之百的热情应对百分之一可能的失误。

企业的经营宗旨受企业内外环境的影响，当外部环境或企业自身情况发生重大变化时，企业宗旨也会随之发生变化。这种变化是企业适应环境、自我调整的结果，是客观的、进步的表现。

5）企业作风

企业作风是企业在历史发展过程中形成的，具有企业个性和思想特点的外在表现形式，是企业风格的体现。企业作风有两个特征：一是个性化特征；二是历史性特征。企业作风的形成过程中受多种因素的影响，领导人物的示范作用、先进人物的模范作用、企业发生的重大事件等都能影响或改变企业作风。企业领导的示范作用虽然并不像企业规章制度那样正式和明确，但其对员工的潜移默化作用非常有效。俗话说："上行下效""上梁不正下梁歪"，就是对这种示范作用的恰当表述。有一位企业老总，宣布了企业的新规章制度，要求所有员工都必须戴企业的工作牌进入公司上班，否则不得进入公司大门。不巧的是，由于当天晚上他陪客户吃饭直到深夜，第二天早上，在公司门口才发现自己没有戴工作牌。这位老总坚持要回去取了才肯进入公司大门，员工们开始很不理解，后来注意到老总的工作作风非常严谨，不仅理解了他的行为，也都严格要求自己。现实中，在某些国有企业工作作风非常涣散，总是难以治理，这些企业老总在感叹员工不好管理的同时，是不是也应该反思一下自己的行为，自己的示范作用是正面的还是负面的。企业发生的某些重大事件也会对企业作风产生重大影响，电影《首席执行官》讲的是海尔如何由负债累累的青岛冰箱厂一步一步走向成功的故事。其中有一处情节非常感人，当企业千辛万苦、费尽心血引入德国技术生产的第一批冰箱终于制造完成时，总工程师气得浑身发抖，原来，工人们平时涣散惯了，没有什么责任心，生产出来的冰箱大部分都检验不合格，这其中很多竟然是螺丝没有拧紧而脱落，喷漆喷了一半，或者冰箱门安装得东倒西歪之类的问题。在资金非常匮乏的情况下，厂长没有要求返工，而是召开了全厂大会，在大会上亲自抡大锤砸毁了这些因为非常简单的"低级错误"

而不合格的冰箱，对全厂工人震动非常大，加上领导班子趁热打铁，积极地进行教育，企业的懒散作风终于得到彻底的转变。海尔冰箱的企业形象也"旧貌换新颜"了。

6）行为准则

企业的行为准则是对全体员工提出的最高行为规范，是在企业理念、精神指导下形成的对员工行为的约束。这种行为准则可以落实到每位员工的日常工作中去。摩托罗拉商业行为准则的基本理念是：基本理念表明了我们作为摩托罗拉人和摩托罗拉公司的不同。许多年以来，对于我们彼此，我们的客户、股东、供应商、竞争者以及社会，我们的基本理念表明了我们是谁。正直不移意指忠实于我们的理念。我们毫不妥协地坚持诚实、公正以及"做正确之事"，即使环境困难亦当如此；尊重不渝意指我们待人尊重，如同我们希望自己得到的对待一样，我们与全世界的每一个人接触时都应遵循"尊重不渝"这一原则。作为摩托罗拉人，我们每一个人都应在工作中表现出这些基本理念。对待客户和消费者，摩托罗拉的行为准则是：摩托罗拉为使其客户满意而存在。产品质量与安全——为保持摩托罗拉宝贵的声誉，遵守我们的质量工艺流程与安全规定是至关重要的。发送产品或提供服务未能达到摩托罗拉的标准时，就损害了我们良好的声誉。销售和营销——我们依靠诚实与正直与客户建立长期关系。我们所有的营销与广告应准确与真实。蓄意的误导性信息、对重要事实的遗漏或对竞争者出售的商品作虚假的评断是永远不可接受的。我们只能合法地、道德地获取生意，贿赂或回扣都是不可接受的。有关客户礼物、旅行与招待等都有指导性的原则。客户信息——如同保护我们自己的信息一样，要认真保护敏感的、保密的或机密的客户信息。只有那些需要知道的人才能获得机密信息。政府客户——与政府打交道时，我们必须特别注意遵守所有法律及合同义务。为保护公共利益，世界各国及地区的政府都制定了具体的及各种不同的政府采购法律及法规。这些法律一般禁止或严格限制向政府官员提供礼物、款待及旅行。这些规定也经常适用于雇用在职或新近卸任的官员及他们的家人及其他可能被认为不适当地影响作客观决定的任何行为，许多其他法律严格规定了履行政府合同与分包合同的会计与记账方法。这些法律也适用于摩托罗拉及其全球的员工。当摩托罗拉选用供应商或分包商履行其承担的义务时，我们也有责任向他们传达这些特定的政府要求。如果你与政府官员打交道及处理政府合同，你有责任知道并且遵守适用的法律与法规。从上述行为准则可以看出，企业行为准则虽然并没有告诉员工每件事应该怎么做，却将其理念和精神落实到了员工的日常工作中。

5.2.3　MI的设计

1）MI设计理论

（1）企业理念的收敛理论

企业理念需要全体员工深入领会和全面贯彻，也唯有如此，才能在塑造企业形象的过程中发挥其有效作用。要达到这一目的，企业理念必须有利于在企业最高目标上形成合力，企业的一切行为都必须向企业目标方向收敛，这就是企业理念的收敛。收敛来源于数学概念，指函数值随变量的变化而逐渐趋向于一个固定值。将收敛引入到这里，用来说明企业理念能够通过共同的价值观形成一种力量，促使企业所有员工向企业的最高目标前进。也就是说，每一种企业理念要素都应该对员工产生趋向企业最高目标和共同价值观的作用，从而使所有员工的努力最终收敛于企业的最高目标。

收敛理论对 MI 的设计提出以下要求：第一，收敛理论要求企业的最高目标必须明确，企业理念必须能够使企业全体员工为实现企业的最高目标而奋斗。此外，企业进行 MI 的设计时，最高目标的设置要考虑诸多因素，如企业精神、宗旨、社会公众利益等。第二，企业理念要能够促进企业员工形成共同的价值观。只有员工齐心协力，形成强大的向心力和高度的凝聚力，企业的最高目标才能得以实现，而共同的价值观正是保证员工齐心协力的最有效途径。第三，企业理念各要素之间必须和谐统一。这种和谐统一是指企业理念能在促进企业员工形成共同价值观的同时，也能促使其向企业的最高目标努力。同时具有这两个促进作用的企业理念就是和谐统一的；反之，就没有做到和谐统一。

（2）企业理念的外张理论

企业理念的外张指企业理念在时间上和空间上向外扩张的现象。很明显，企业理念的外张包括两个方面：一是时间上的向外扩张；二是空间上的向外扩张。企业理念在时间上的向外扩张实际上是指其随着时间推移而发生变化的过程。过去、现在和将来，企业理念的变化是客观的。企业理念的设计虽然是针对将来的情况，但不应该割裂其历史和现实，事实上这也是无法做到的，企业理念设计应符合其发展的规律和趋势。企业理念在空间上的扩张指企业理念对企业员工和外部公众所形成的一种无形的磁力"场"，这种"场"时时刻刻对其影响范围内的对象产生作用。对于企业员工，"场"的作用是其产生强大的凝聚力和向心力，不断修正和统一员工的价值观，影响其工作作风和日常行为；对于外部社会公众，不断传递企业的各种信息，塑造企业形象并使之逐渐丰满起来。当然，企业理念设计中这种"场"要发挥其作用，离不开传播媒介的作用，有效的传播渠道对企业理念的形象化和具体化有重要作用。

2）MI设计技巧

企业理念主要是靠书面来表达的，但不代表企业理念就必须以千篇一律的形式和语言来描述。作为企业文化的核心，企业理念必须将文字的排列变为企业的灵魂和思想，发挥其在塑造企业形象中的作用，这就要求企业理念的设计必须有一定的技巧。

（1）企业理念的口号化

企业理念有深厚的内涵，理解起来比较抽象，这给很多人造成一种错觉，认为只有用复杂和深奥的语言进行大篇幅的描述、解释，才能搞清楚。实际上，在实践中这并非是一种很好的方法，反而可能让企业员工和社会公众觉得云里雾里，难以留下深刻印象。相反，在信息传输过程中使用口号的方法效果往往更明显。用口号和纲领性的句子对企业理念的内容进行高度的概括和浓缩，对体现企业精神、树立企业形象非常有效。效果好的口号一般应具有以下特点：①内容精炼，中心突出；②以祈使句、感叹句等增强感染力和号召力；③使用短句，方便阅读、记忆和传播；④体现时代精神。将企业理念口号化既要在形式上符合上述特点，又要将企业理念提炼处理，将其核心思想表述清楚。例如，富士通：信赖和创造的富士通；宝马：终极驾驶机器；苹果：解放你的思维；UPS：与您的业务同步奔驰；吉列：男人的终极追求；美国航空公司：空中精灵。

（2）企业理念的人格化

企业理念可以用口号来表达，但绝非是简单的口号，一定要将口号化为精神扎根于员工的心中，并以其实际行动表现出来，才能被社会公众接受，形成良好的企业形象。要使企业理念人格化，让口号变成活生生的形象，有两种途径必须重视：一是企业领导的示范作用；二是模范人物的影响。企业领导是企业的领路人，权利和权威的作用使企业领导者的风格、行为在其他员工中的影响被强化、放大，起到或好或坏的示范作用，因此，作为领导者，应更严格地要求自己。模范人物的示范作用和领导者的作用类似，也会影响其他员工，企业应通过宣传、赞扬其思想和精神，将企业理念通过其人格力量予以形象化。应该引起重视的是，人格力量不仅可以产生正面作用，也会产生负面作用，个别人的不良行为不仅能带来消极影响，甚至可能失去优秀员工。某大型超级市场的一位优秀员工突然辞职，去另谋职业了，大家都不明白她为何放弃优厚的薪水和工作环境，后来才知道部门新来的主管个人素质很差，整天满嘴脏话，这位员工难以再忍受，一段时间之后终于投入原单位竞争对手的怀抱，即使领取较低的薪水她也愿意。

（3）企业理念的艺术化

企业理念信息的传递方式不仅可以是文字、口号等传统形式，也可以采取音乐、美术等艺术手法。以音乐方式表达企业理念的常见方式是歌曲，以厂歌或公司之歌来反映企业理念既有灵活性特点，又能增强员工的自豪感和凝聚力，更有利于企业理念向外部社会公众传播，塑造企业形象。因此，不仅国外知名企业，中国也有许多企业拥有自己的厂歌或公司之歌，对塑造企业形象起到了非常重要的作用。如步步高公司的公司之歌就有非常好的公众影响力，一句"世间自有公道，付出总有回报"，字里行间的企业理念通过旋律优美的音乐演绎，具有很强的感染力，使公司形象在歌声中潜移默化在公众的心中。除了音乐方法，美术也是一种很好的表达方式。很多公司以各种动物、卡通形象作为企业形象传播企业理念，并取得了很好的效果。

5.3　企业行为识别（BI）

5.3.1　BI的主要内容

企业行为识别是在企业理念识别的基础上，对企业行为的规范和统一。企业理念是一种意识，能够指导企业行为并具有企业哲学内涵。企业的理念必须通过一定的途径进行阐述和表达，才能使社会公众感觉并认识。企业对内对外的各种行为正是反映企业理念的最有效的途径。以企业行为反映企业理念、塑造企业形象就是企业的行为识别。企业行为和员工行为关系密切，但企业行为和员工行为并非同一概念，企业行为是抽象的，员工行为是企业行为的具体化和外在表现形式。企业行为涉及企业活动的方方面面，内容非常庞杂，相应的，企业行为识别系统设计要考虑的因素也是多方面的。从内外的方向性看，企业行为识别系统包括两方面内容：一是对内企业行为活动，主要有：培训教育、组织建设、管理实施、技术创新与改造、生产运作、产品开发、内部关系协调与沟通、工作软环境的再创造等；二是对外企业行为活动，主要有：市场调查、产品销售、公共关系、广告宣传、促销活动、服务工作、社会公益性和文化性活动、各项对外协调和传播性工作。从层次性的角度来看，企业行为识别系统分两个层次：一是企业制度的设计；二是员工行为规范的设计。制度、规范的完善是规范企业员工行为的标尺，因此，在某种程度上，企业行为的设计就是企业各种制度规范的完善过程。

5.3.2　企业BI的设计

1）企业制度设计

（1）企业制度设计的原则

企业制度的存在意义在于规范、协调员工的行为，提高企业的工作效率和经济效益。企业制度设计应考虑六项原则：①企业制度应充分表达企业理念。企业理念是企业文化的核心，是制定企业制度的指导思想。企业制度的设计如果存在盲目性，与企业理念相悖，就会阻碍企业目标的实现。在实践中，企业制度的设计应做到：符合国家的各项法律制度；符合社会主义道德，有利于"三个文明"建设；充分体现"以人为本"的管理思想。②企业制度应立足于企业的实际需要。企业制度的存在以满足实际工作需要、解决问题为目的，要坚持这一原则，就必须做到：根据企业需要决定制度体系的构成；根据本企业员工的具体情况拟定各项制度的内容；把企业实践作为检验制度有效与否的唯一标准；充分反映本企业的管理特色。③企业制度应由主及次，分类制定。由主及次的原则要求企业制度的设计要首先抓住主要矛盾，制定那些涉及面广、对企业运行最为重要的制度，然后再以此为基础分门别类地拟定其他制度。按照这一原则制定的企业制度，系统性强，结构清晰，主次得当，不易出现遗漏。④相互兼顾、整体协调。企业制度多而杂，要保证其整体协调和相互兼顾，不因发生抵触而抵消其作用就显得异常重要。这要求：首先，每项制度都要保持唯一性，或者说，每件事只能由一项制度来规范，不应出现多头管理，避免各部门相互扯皮、权责不清；其次，各项制度应保持相互一致，不得相互抵触，避免导致制度之间的纠缠不清，使相关部门的员工无所适从；最后，制度要有主次之分，次要制度要服从主要制度。⑤制度的刚性和弹性相结合。刚性要求企业制度必须具体、详细，以便员工更好地遵循，弹性要求企业制度应尽量考虑周全，能应对员工工作中出现的任何问题。企业的经营活动是动态的，需要随时适应内外部情况的变化，企业制度越详细、准确、严格，对员工的规范和指导作用越明显，但这种规范又不能僵化、死板，以体现制度的弹性、有所变通。具体地说，涉及企业生存发展的重要企业制度必须具有刚性，相对而言，次要企业制度则可以体现一定弹性；偏重于物的制度要强调刚性，管理人的制度则保持适当弹性；相对成熟的制度应强调刚性，具有实验性的创新制度可具有适当弹性；执行制度应强调刚性，决策制度则需要一定的弹性。⑥条理清楚、简明实用。企业制度必须有明确的针对性和执行范围，在表明其意思的前提下，应尽量简单明了，切忌过分烦琐和漫无边际，给执行造成困难。

（2）企业制度设计的内容

企业制度设计的内容非常庞杂，涉及企业经营活动的各个方面和不同层次，从大的方面主要分为工作制度、责任制度和其他制度。工作制度指企业对各项工作运行程序的管理规定，具体可以分为：计划制度、生产管理制度、服务管理制度、技术工作及技术管理制度、设备管理制度、劳动管理制度、物资供应管理制度、产品销售管理制度、劳资人事制度、财务制度、员工福利制度、奖惩制度等；责任制度指企业内部各级组织、各类工作人员的权力及责任制度，主要有：领导责任制、各职能部门责任制、员工的岗位责任制等；其他制度指企业的非程序化制度，如总结表彰会制度等。

企业制度的设计在遵循上述原则的基础上，还应充分考虑每种制度自身的特点，体现企业的管理风格。如企业的激励制度，是以正激励为主，还是以负激励为主，现代企业强调人本管理，主要还是以正激励为主，可选择的激励方法也非常多，有物质激励和精神激励。单一的物质激励用多了会产生"疲劳"，因而需要与精神激励结合起来。精神激励有：目标激励、工作激励、形象激励、荣誉激励、兴趣激励、感情激励、榜样激励等。由于每个人对每种激励方式的敏感点不同，因此企业应该采取多种激励方式。

2）企业员工行为规范设计

（1）员工行为规范设计的原则

在日常生活中，社会公众接触企业是通过接触企业员工而进行的，对他们来说企业是抽象的，而员工是具体的，员工的行为就是企业的行为，很少有人去深究员工行为和企业行为有什么不同。因此，员工行为是企业行为标识的重要内容。员工行为规范在强制性上不如企业制度，但却更容易在员工中形成共识和自觉意识，促进员工的言行举止和工作习惯向企业期望的方向发展，直接向社会公众传递信息，塑造良好的企业形象。员工行为规范的设计需要考虑以下原则：①一致性原则。一致性有三个要求：首先，员工行为规范必须与企业理念一致，成为企业理念的载体；其次，员工行为规范不得与企业制度相抵触；最后，员工行为规范自身的各项要求不应有矛盾之处。②针对性原则。员工行为规范应从员工的实际情况出发，针对良好的员工行为进行相应的强化和激励，针对不良员工行为采取相应的规范和纠正措施。空泛、抽象的行为规范对企业的形象塑造没有实际意义。③合理性原则。员工行为规范的设计在保证企业利益的情况下，还应考虑社会利益和员工个体的利益，应该尽量人性化，避免员工的抵触情绪。④普遍性原则。员工行为规范的对象应该是全体员工，不应只有普通员工的行为规范而没有管理人员的行为规范，规范的不完整会给部分员工一种消极的歧视信息，同时，导致不同员工群体的价值观和行为产生偏离。⑤可操作性原则。可操作性要求员工行为规范详细、具体，便于员工遵守。⑥简洁性原则。简洁性要求员工行为规范必须意思明确、条理清晰，避免文字游戏和八股形式，当然，这里的简洁并不等于简单，过分简单将难以表达准确含义。

（2）员工行为规范设计的内容

企业员工行为规范设计最基本的内容包括仪表仪容、岗位纪律、工作程序、待人接物及素质修养等几个方面。仪表仪容指员工个人的外在形象，包括服装、发型、化妆等。从个体角度看，仪表仪容是员工自己的私人事情，但这里讨论仪表仪容是把员工个人当作企业的一分子来看待的，强调仪表仪容的规范化既是出于员工个人利益的考虑，也是出于企业集体利益的考虑。例如，建筑工人在作业现场必须戴上安全帽，这一简单的行为规范从个人角度有利于保证工人的生命安全，从公司角度，着装整齐、头戴安全帽的建筑工人形象给社会公众强烈的信赖感、安全感和责任感，对塑造良好的企业形象非常有利。再如，餐饮行业的职工，白色清洁的服饰会让顾客对企业的卫生状况非常放心，从而愿意接受企业的服务。岗位纪律指员工在某一工作岗位中必须遵守的具体规定和要求，包括作息制度，请假、销假制度，工作状态要求等内容。严格的岗位纪律有利于形成严谨的企业作风，完善企业形象。试想，如果一个重要客户到了你的公司接待处，却发现空无一人，或者虽然有人，却在工作时间玩电脑游戏，他会是什么感觉，会对你的公司产生什么印象？答案是不言而喻的。工作程序指企业员工之间协调沟通的程序。现代企业中虽然每个员工各司其职，但却并不是孤军奋战，沟通和协调就显得非常重要，有效的沟通和协调是公司上下一致、共同努力实现企业目标的保障。待人接物包括礼貌用语、基本理解、电话礼仪、接待客人、登门拜访等内容，是企业和公众沟通的桥梁。企业员工待人接物是否恰当、得体直接关系企业形象的好坏。几年前，我曾经去一家地处繁华街道的大商场买电器，那里的工作人员给我留下了非常深刻的印象。事情的经过很简单，当我看中一款彩电想询问价格和相关指标时，发现年轻的女服务员在和男服务员打情骂俏，我不好意思打扰，只好自己仔细观察该电视的表现性能，没想到女服务员'啪'的一声关掉了电视，也许她认为我在蹭电视看吧，当时我生气还在其次，我非常诧异：什么年代了，居然还有这种态度。一年后，那家商场倒闭了。提高员工素质不仅有利于提高企业的效率和生产力，对塑造企业形象也很重要。遗憾的是很多企业在这一方面做得很不到位，如电信公司的员工解释不清什么是CDMA，工作过程中面对客户询问，生拉硬扯、笑话百出的解释错误俯首皆是，实在让人怀疑该公司的产品和服务质量。总之，在企业BI设计的各环节中，对员工行为规范的设计必须加以重视。

5.4　企业视觉识别（VI）

5.4.1　VI的主要内容

企业视觉识别是企业形象的静态表现，是一种具体化、视觉化的企业形象表达方式。在企业识别系统的三要素中，视觉识别的影响面最大。一个良好的视觉识别设计需要将企业精神、企业特色和风格充分表达出来，使社会公众很容易掌握其内涵，继而识别、认知和接纳。企业的视觉识别要素分为两大类：第一大类是视觉识别的基本要素；第二大类是视觉识别的应用要素。基本要素有四个部分，即企业名称、标志、标准字和标准色。应用要素的内容非常广泛，包括企业根据视觉识别系统要求，在对外传播系统中使用统一规范的各种物品，如名片、信封、信纸、稿纸、资料袋、文件夹、工作证、上岗证、请柬、公司旗帜、条幅广告、户外导向牌、各类企业服饰、胸章、专用台历、挂历、赠品等。

5.4.2　VI的设计

1）企业名称设计

企业名称设计对企业形象的塑造非常重要，优秀的企业名称是一种魅力，是企业外观形象的重要组成部分。人们对一个企业的记忆和最初印象往往直接来自企业名称，就像一个人的名字，它是一个人的最重要的识别代号，好的名字常让人产生美好的联想和期望，而拗口、晦涩的名字会给人不好的印象，也许这正是我们很重视给孩子起名的原因吧。企业名称是企业在市场众多厂商中的识别代号，如果企业名称不适于信息传递，将会直接影响企业的商业活动和形象塑造。

企业名称在设计时首先要考虑的因素是是否违反国家法律。企业名称一旦确定、注册，将在企业所有市场活动中频繁使用，如果中途更改企业名称，不仅手续烦琐，更重要的是会给企业造成很大经济损失。因而企业在确定名称时，一定要慎重考虑，不违反国家相关法律规定是最基本的要求。我国《企业名称登记管理规定》第七条规定：企业名称应当由以下部分依次组成：字号（或者商号，下同）、行业或者经营特点、组织形式。企业名称应当冠以企业所在地省（包括自治区、直辖市，下同）或者市（包括州，下同）或者县（包括市辖区，下同）行政区划名称。经国家工商行政管理局核准，下列企业的名称可以不冠以企业所在地行政区划名称：①本规定第十三条所列企业；②历史悠久、字号驰名的企业；③外商投资企业。《企业名称登记管理规定》第八条规定：企业名称应当使用汉字，民族自治地方企业名称可以同时使用本民族自治地方通用的民族文字。企业使用外文名称的，其外文名称应当与中文名称相一致，并报登记主管机关登记注册。第九条规定，企业名称不得含有下列内容和文字：①有损于国家、社会公共利益的；②可能对公众造成欺骗或者误解的；③外国国家（地区）名称、国际组织名称；④政党名称、党政军机关名称、群众组织名称、社会团体名称及部队番号；⑤汉语拼音字母（外文名称中使用的除外）、数字；⑥其他法律、行政法规规定禁止的。对于上述规定，在企业进行名称设计时，一定要引起重视。

企业名称要具有企业特色。企业名称是企业区别于其他企业的标志，只有彰显其特有的鲜明个性特色，才能给社会公众留下深刻的印象，当然，这里的特色不是指怪诞和故弄玄虚，而是指企业名称应与企业本身的特色结合起来。但现实中，很多企业的产品本来相当不错、富有很强的市场生命力，却不知珍惜，处心积虑地将自己的企业名称和某些名牌挂钩，一心想要"傍名牌"，增加自己的知名度，这种做法不仅无法给自己带来长久利益，而且使很多消费者产生反感，将该企业当成地下作坊，将其产品当成劣质产品或假冒伪劣产品，抹杀了自己产品的长处，丢掉了企业的市场前途，严重时还会引起法律纠纷。

企业名称要与企业的具体情况相吻合，要做到名实相符。在社会公众心目中企业名称就代表企业本身，企业的产品、服务、技术等因素和企业名称都是分不开的。因此，企业名称必须符合企业本身的实际情况，否则，会给人以哗众取宠、招摇撞骗之嫌，丧失消费者对其产生的信赖感。例如，一个只有几十人的小厂非要起名"××集团"，让人觉得啼笑皆非。具体来说，名实相符要求企业名称与企业规模、经营范围、企业目标、企业宗旨、企业精神等要素结合起来，树立良好的企业形象。

企业名称要符合民族传统和民族文化。中华民族具有悠久的历史文化传统，相对于国外的风俗，中国人一直非常重视名字，从古到今名字的文化和内涵源远流长。不仅个人，商业组织也是如此，各种商号、茶楼、酒肆的名称文化也极具特色。现代企业虽然在形式上和过去相比有很大变化，但在名称上保持民族文化传统还是必要的。如"凤凰自行车"，原来的名称是上海自行车三厂，完全是计划经济时代的产物，没有任何个性和含义，仅为一个代码而已，后来更名为"凤凰"。在中国人的心目中，凤凰是吉祥和高贵的象征，这个名字使企业名称很快家喻户晓，产品也成为名牌。不仅如此，在国际市场上，也不会再因为"第三"而让外国人误认为其产品品质并不怎么样，只是第三而已。

企业名称要简单、易记。简单、明快的名称，有利于企业和消费者进行信息交流，易于刺激消费者的遐想。根据"日本经济新闻"调查，企业名称的字数对认知度有一定影响，4个字的企业名称在被调查者中的平均认知度为11.3%，8个字的则只有2.88%。可见，名称越短，越利于传播，易读易记的企业名称是理想形式。VI的功能之一就是尽可能通过名称将企业的个性强调出来，以便扩大影响力。IBM公司的全称（International Business Machines）是国际商用机器公司，企业在导入CIS的过程中，将其简化为IBM，迅速提升了公司的市场形象。日本索尼公司原名东京通讯工业公司，读起来很拗口，英译名太长而累赘，欧美人很难记住。公司创始人盛田昭夫认为要使企业成为国际型企业，必须有一个适于全世界的独特名称。为此盛田昭夫查了不少字典，终于找到一个拉丁词"sonus"（"声音"）。该词本身充满声韵，但与日语中的读音"sohnee"（"丢钱"）相似，这自然是商家大忌，于是将sonus变形，创造出一个字典上找不到的新词"sony"作为名称，很快风行世界。

2）企业标志

企业标志是以文字、图案或者文字与图案相结合的形式来传递企业的经营理念、企业文化、经营范围、企业规模、产品特性等要素的，是社会公众识别和认同企业的视觉符号。显然，企业标志的功能是传递企业信息，使公众由标志性的符号联想到企业的产品、服务，产生或者强化在其心目中的形象。企业标志的构成要素分为两类：文字和图案。在表现手法上，企业标志有三种形式：第一种为表音形式。这种形式是将企业名称的关键文字或者某些字母进行组合作为企业标志。其典型代表为国际商用机器公司的标志IBM，其中，I代表international（国际）；B代表business（商业）；M代表machine（机器）。第二种为表形形式。这种形式是以简明的几何图形或其他图案构成企业标志。将图形本身的含义经过设计加工，以特定形象表示出来，可以达到很好的视觉效果，如新飞冰箱、小天鹅洗衣机等。第三种为表音、表形相结合的形式。这种形式将前两种形式融为一体，具有二者的优点，表达的内容和含义更加丰富，被较多的企业采用。如Motorola（摩托罗拉）公司的企业标志，将表音的M和表形的圆形图案完美地结合起来，很好地体现了其智慧演绎、无处不在的思想。再如中国银行将钱币和"中"字的形状结合起来，巧妙地传达了企业的信息。除此之外，惠普、ATI等多家著名厂商都采取了类似的设计。

企业标志的设计应符合其自身的内在特征，在可识别性上要突出强调其视觉冲击力，尽可能做到让人过目不忘；在表现力上要强调对企业理念、企业精神等丰富内涵的信息传递；在和谐性上要和企业文化相一致；在造型的艺术性上要生动、活泼、优美，使接受者产生美好的联想；在系统性上要与其他视觉设计要素相配合，强化其作用；在时代性上要富有创新精神并符合社会发展的潮流。

企业标志设计的流程共分为四步：第一步是企业标志设计调研分析。标志设计不仅仅是图形或文字的简单组合，它需要向社会公众有效地传递信息，有其独特的设计原则和规律。因此，必须依据企业的行业类别、经营理念、市场对象和应用环境，制定其标准视觉符号。为了达到上述目的，需要在设计之前，对企业作全面、深入的了解，包括经营战略、市场分析、企业领导人员的意愿，甚至竞争对手的基本情况等因素，并将结果作为企业标志设计与开发的重要依据。第二步是企业标志设计要素的挖掘。在充分调研的基础上，进行要素挖掘是为设计开发工作作进一步的准备。根据调查结果分析、提炼出企业标志设计的结构类型、色彩取向，并列出其所要体现的精神和特点，挖掘出合适的图形元素，确定设计方向，避免漫无目的地进行简单的文字、图形组合。第三步是企业标志设计的开发过程。在对企业全面了解和对设计要素充分掌握的前提下，就可以从不同的角度进行设计开发。在开发过程中通过对标志的充分理解，发挥想象，以不同的表现方式，将设计要素融入设计原形，做到含义深刻、特征明显、造型大气、结构稳重、色彩搭配恰当。最后，经过讨论分析或修改在不同设计原形中找出适合企业的标志。第四步是企业标志的设计修正。企业标志的设计原形确定后，还应进一步修正细节上的不完善之处，对其标准制图、大小、色彩、线条等表现形式进行修正，使之更加规范、完美。

3）标准字

标准字指企业名称或品牌名称经过特殊设计而确定下来的规范化表达方式，是企业识别系统中的基本视觉要素之一。与企业标志一样，标准字的设计要能够表达企业的丰富内涵，具有企业特色，能够将企业的规模、性质、经营理念、精神，通过特定的字体组合在各种媒体上进行传播，以达到被社会公众识别、接纳的目的。

标准字的种类很多，功能各异，如企业名称、产品名称、商店名称、活动名称、广告标题、电影名称、小说、杂志的标题文字等的设计均属于标准字，具体可分为：企业标准字、品牌名称标准字、活动标准字三类。企业标准字是在企业的对外视觉传达中，将企业的名称、地址等用相同字体来统一，字体可以是中文和外文。标准字与企业标志组合在一起，是企业标志中不可缺少的部分。品牌名称标准字是为了企业经营战略需要，如国际化经营、多元化经营、提高市场占有率、提升企业形象等需要而针对企业品牌设计的标准字。品牌标准字与商标组成完整的信息单位，在信息传递中发挥着重要作用。活动标准字是企业专门为新产品的推出、周年纪念、节日庆典、展示活动、竞争活动、社会活动等特定活动而设计的标准字。一般来说，此类标准字的使用时间较短，设计的形式较为活泼、自由。

设计标准字要遵循以下基本原则：第一，要遵循易辨性原则，即要求标准字的设计必须很容易被普通公众所认识，不得为了追求艺术和美感而让人难以辨认，因而标准字应选用大家普遍能看懂的字体，字体的结构和线条一定要清楚明晰，具有可延展性，放大缩小都不影响辨认。第二，要遵循艺术性原则，即要求标准字比例适当、结构合理、线条美观，使人看到后产生美感。第三，讲究协调性原则，即要求标准字与企业的经营领域、产品、包装等相适应。如细线构成的字体易让人联想到纤维制品、香水、化妆品类；圆滑的字体易让人联想到香皂、糕饼、糖果；角形字体易让人联想到机械类、工业用品类。第四，标准字造型要与标志造型相融合。标准字与标志虽有不同作用，但却是紧密相联的统一体，二者组合的位置、方式应该互相协调配合，均衡统一，具有美感，以利于传达企业文化和经营理念。第五，标准字设计应该与企业的形象战略相符合。企业引入 CIS 设计的一个重要原因就是为了塑造企业形象，因而标准字的设计必须与企业形象战略相吻合。

标准字设计一般分五个程序进行：第一，对与企业相关的标准字进行调查分析，主要目的是避免设计上的盲目性和随意性。工作内容是对企业现在使用的标准字、品牌标准字等进行搜集、整理和分析。如现有标准字是否符合行业和产品的形象特征；有无创新的风格和独特的形态；有无传达企业理念、发展性和信赖感；是否满足产品目标消费者的喜好；字体的造型包括字体外形特征、笔画、线形、编排方式、色彩等有什么问题等。第二，确定标准字的基本造型，目的是使标准字符合企业所要传达的内容和期望建立的形象。第三，配置标准字的笔画形态，内容包括配置笔画、字体的错视修正、字体结构的处理等。第四，统一字体形象，目的是形成独特的风格。第五，编排设计，可选择横排或竖排两种方式，在实际应用时根据实际需要而定。

4）标准色

企业标准色是企业选定的代表企业形象的色彩。标准色实际上是一种或多种颜色的搭配，与企业标志和标准字组合在一起使用。标准色广泛应用于企业的广告、包装、服饰等，通过人们对色彩的感觉传达刺激和心理反应，表现企业的经营理念、组织结构和经营内容等特质。标准色的应用原理来源于心理学。心理学家的调查研究发现，不同色彩对人的感觉、注意力、思维会产生不同的影响，如橙色能使人血液循环加快，代表了活泼、渴望等感觉，而黑色则能使人得到休息，具有稳定、深沉、庄重、严肃大方、坚毅等特点。色彩原理的引入，为组织视觉形象的识别提供了基础，成为组织塑造个性形象的有效手段之一。企业的色彩不仅影响着视觉识别的传播，而且也影响着社会心理认同。表5-1列出了一些色彩对人的影响。

表5-1　　　　　　　　　　　　　　色彩的心理效应

色彩	感情倾向
红色	生命、热烈、喜悦、兴奋、忠诚、斗争、危险、烦恼、残暴
橙色	温馨、活泼、渴望、华美、成熟、自由、疑惑、嫉妒、不安
黄色	新生、单纯、庄严、高贵、惊讶、和平、俗气、放荡、嫉妒
绿色	生长、胜利、和平、青春、新鲜、安全、冷漠、苦涩、悲伤
蓝色	希望、高远、安详、寂静、清高、空灵、孤独、神秘、阴郁
青色	神圣、理智、信仰、积极、深远、寂寞、怜惜
紫色	高贵、典雅、圣洁、温厚、诚恳、嫉妒
金色	华美、富丽、高级、气派、庸俗
银色	冷静、优雅、高贵
白色	纯洁、清白、干净、和平、神圣、廉洁、朴素、光明、积极
黑色	庄重、深沉、坚毅、神秘、消极、伤感、过失、死亡、悔恨
灰色	谦逊、冷静、寂寞、失落、凄凉、烦恼

企业标准色设计须考虑三个主要因素：企业形象、经营战略、成本与技术。从企业形象的角度考虑，应根据企业经营理念或产品的特质，选择色彩时应突出企业的安定性、信赖感、成长性、生产技术性、产品的优异性，以表现和塑造企业的良好形象。从经营战略的角度考虑，为扩大企业之间的差异性，应选择与众不同的色彩，充分表现企业特色，以期达到企业识别的目的。从成本与技术的角度考虑，为

了使企业的标准色能准确再现而又方便管理，应该尽量选择理想的印刷技术、合理的分色制版方法，避免选用特殊色彩或多色印刷，也要避免增加不必要的成本。除了上述因素，在设计企业标准色时，还须考虑企业理念的充分反映、符合社会公众的心理等问题。

完成上述四个基本的企业VI要素的设计后，还应针对应用要素企业标识设计做进一步的工作，以便于企业VI设计能真正广泛地应用于企业日常经营的各个方面、各个层次，以塑造企业形象。

复习思考题

1. 什么是企业形象？企业形象有哪些种类？

2. 什么是企业识别？企业识别和企业形象有什么关系？

3. 企业识别系统包括哪几个部分？

4. 企业理念的构成要素有哪些？有哪些设计技巧？

5. BI和VI各有哪些内容？

第 6 章

家族企业文化

学习目标

　　家族企业现已成为我国私有企业中的主力，并且将在今后相当长的一段时期内作为我国私有企业的主要存在方式，对我国的经济发展起着举足轻重的作用。考察一种事物存在的优劣，不应脱离其存在的特殊环境。家族企业的发展和作用充分显示了它在现阶段的生命力，必然有其存在的合理性，同时也伴随着不足之处。

　　通过本章的学习，掌握家族企业的概念、变迁的主要原因、成败并对其产权进行分析，进而把握中国家族企业的发展前景。

6.1 家族企业概述

6.1.1 家族企业的概念

21世纪将中国这个有着悠久历史和传统文化的国家带入了一个崭新的时期，政府深化改革的决心和市场经济制度的不断完善给企业发展注入了新的生命力。民营企业作为新的经济力量正在迅速崛起，而这些企业中家族企业占了很大的比例。据专家分析，我国私营企业中90%以上是家族企业，绝大部分实行家族式管理。今天的家族企业已不是以前人们眼中的夫妻店，很多企业经过长期的发展已经成长为现代化的大企业，经营范围涉足农、工、商贸多个方面，经营区域跨越省、市，产品远销国外，更有部分优秀企业成为上市公司。自2001年1月18日浙江天通股份公司成功上市，开家族企业上市的先河以来，康美药业、用友软件、深圳太太药业等家族企业先后上市，成为私有企业中一道靓丽的风景线。很显然，家族企业已成为我国私有企业中的主力，并且将在今后相当长的一段时期内作为我国私有企业的主要存在方式，对我国的经济发展起着举足轻重的作用。

也许正是因为家族企业在我国经济发展中所处的特殊地位和作用，家族企业作为一种经济现象越来越引起社会各界的注意。家族企业是资源还是障碍？家族企业的用人是任人唯亲还是任人唯贤？家族企业该走向何方？各界人士争论不休，最后的结果是仁者见仁、智者见智。本书认为，考察一种事物存在的合理性和优劣，不应脱离其存在的特殊环境，家族企业的发展和起到的作用充分显示了它在现阶段的生命力，必然有其存在的合理性。研究家族企业不仅要考虑制度环境，还要充分考虑其文化环境和人文土壤，从更深的层次上加以把握。

1）家族企业的内涵

家族企业是一种特殊的经济现象和文化现象，是大家都在讨论的一个问题，但却并没有一个统一的定义。美国著名的企业史学家将家族企业定义为：企业创始者及其最亲密的合伙人（和家族）一直掌握大部分股权，与经理人员维持紧密的私人关系，且保留高层管理的主要决策权，特别是在有关财务政策、资源分配和高层人员的选拔方面。杰斯汀·隆内等人在其《创业机会》中认为：家族企业以同一个家庭中的两个或更多个家庭成员在企业的生活和经营过程中对企业所有和参与为特征，这种参与的性质和程度变化很大，在一些家庭企业中，其家庭成员只做兼职工作，家庭企业大多规模较小，但即使变成大的集团公司，其家庭因素仍将延续，仍然是家庭企业，如沃尔玛、福特汽车公司等。我国台湾学者叶银华认为家族企业应具备三个条件：一是家族的持股比例大于临界持股比例；二是家族成员或具有二等亲以内的亲属担任董事长或总经理；三是家族成员或具有三等亲以内的亲属担任公司董事席位超过公司全部董事席位一半以上。哈佛大学的唐纳利教授认为满足下列七个条件中的某一个或数个，便构成家族企业。这些条件是：第一，家族成员凭借其与公司的关系，决定个人一生的事业；第二，家族成员在公司的职务影响其在家族中的地位；第三，家族成员以超乎财务的理由，认为其有责任持有这家公司的股票；第四，家族成员正式参与公司管理，其个人行为代表着这家公司的信誉；第五，公司与家族的整体价值合二为一；第六，现任或前任董事长或总经理的妻子或儿子位居董事；第七，家族关系为决定继承经营管理权的关系。在《家庭企业的繁衍》一书中，美国的克林·盖尔西克等人从系统论的观点，以一种三环模式来解释家族企业。在这种模式中，他们将家族企业用企业、所有权和家庭三个互相独立而相互交叉的子系统来表示，分析了在家族企业中这三个要素之间的复杂关系和相互作用（见图6-1）。区域1：虽然是家庭成员，但既不在企业工作，亦不拥有企业所有权；区域2：非家庭成员，是企业所有者，但不在企业工作；区域3：既不是家庭成员也不是企业股东，但在企业工作；区域4：是企业股东，也是家庭成员，但不在企业工作；区域5：在企业工作并拥有企业股权，但不是家庭成员；区域6：是家庭成员，也在企业工作，但不是企业股东；区域7：是家庭成员，在企业工作并拥有企业股权。

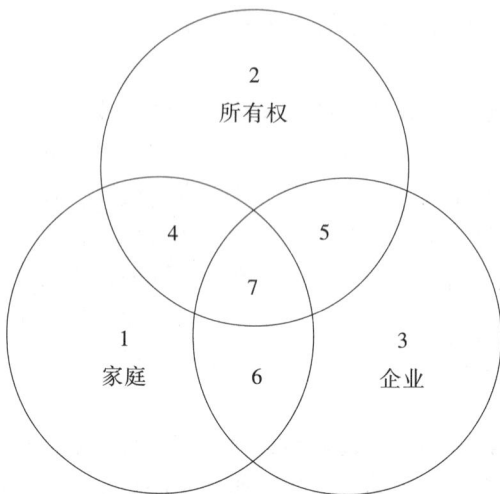

图6-1　家族企业的三环模式

上述各种对家族企业的概念界定虽然角度不同，重点各异，但皆有合理之处，通过对这些概念的考察，能够基本掌握家族企业的内涵。如果非要有一个简洁、明确的定义的话，美国哲学博士丹尼斯·杰弗对家族企业就定义得非常好，他认为：由一位或数位家庭成员所拥有和控制的企业就是家族企业。这一界定虽然很短，却一语道破家族企业的真谛，点出了家族企业的三个关键要素，即家族关系、经营权和所有权。家族关系不仅仅是血缘关系，还包括以婚姻、养育等形式而形成的利益关系，拥有家族关系的成员共同生产、共同消费，从事各种经济活动，而当家族成员共同拥有某一企业的所有权和经营权时，这个企业就是家族企业。

2）家族企业的特征

家族企业虽然形式不同、情况各异，但通过对大部分家族企业的考察，可以看出，家族企业还是具有一些共同特征的。一般来说，这些特征表现为：

（1）以家族成员对企业的拥有和控制为特征

在家族企业中，部分家族成员拥有企业的所有权并控制企业的经营管理，尽管外表看来，企业的规章制度和经营管理可能非常现代化，但在经营权和所有权的分布上，依然非常集中，尽管有时也会有外部资本的进入，其所占份额毕竟只是小数额，不影响家族成员对企业所有权和经营权的绝对控制。一般来说，家族企业的所有权掌握在一个或几个家族成员手中，组织形式上以所有者的亲戚或其他家族成员为骨干。一个企业是否为家族企业，不在于家族中有多少人在企业中拥有股权或参与企业经营管理，而在于家族成员对企业的影响程度。有的企业只有一个或少数几个家族成员持股并控制企业经营，也是典型的家族企业，而有的企业尽管有多人在企业持股，但所持股份不占优势，也不参与企业经营管理，对企业的影响程度很小，就不能算是家族企业。至于持股是否占优势的判断标准，一般并不认为就一定是占股权总额的50%以上，而是看持股数额是否达到足以控制企业的程度，实际上这一数额经常是小于50%的。例如，由潘广通父子控股21.48%的浙江天通股份就是一个典型的家族企业。

（2）所有权和经营权难以分离

家族企业是由家族成员控制的，这里的"控制"一是所有权控制，二是经营权控制。在这两个控制权中，所有权控制是基础，掌握了企业所有权，经营权的控制就是自然而然的事了。在家族企业中，企业的组织结构大多以男性血缘为核心，通过婚姻和其他家族关系的亲疏远近逐渐由里向外进行构建和扩张，而这一过程正是通过所有权的控制来实现的。一般来说，家族企业的规模越小，产权越集中，结构也越单一，而企业规模越大，产权分布则相对越分散，当然，家族成员所拥有的份额依然占相对优势。一些家族企业可能以股份公司的形式出现，在公司的组织构架和制度安排上也显得相当完善，但由于企业的所有权和经营权始终无法分离，集中在家族成员的手中，因而其本质上仍然是一个家族企业，只是这个家族具有现代的管理方法和相对完善的制度而已。从理论上来说，家族企业还应包括那些只对企业控股，拥有企业的所有权而并不参与企业实际经营活动的企业，但实际上，这样的家族企业毕竟只是少数，大多数家族企业，尤其是我国的家族企业都具有所有权和经营权不分的特点。在我国家族企业云集的温州有一个尽人皆知的故事：一位年薪20万元的管理者无法为支出200元做主，原因是企业主的妻子是财务总监，而她认为这200元的支出没有必要。

（3）家族利益是企业的目标

家族企业的所有权基础是血缘、亲缘、姻缘等家族关系，在个体上，不同的利益主体也有自己的私人目标，但作为一个总体来看，家族企业的总体目标是一致的，家族企业的首要目标就是家族利益的最大化，在这一共同目标的前提下，才能考虑单个家族成员的个体利益目标。与一般企业相比，家族企业的内部人员更容易沟通，具有相似的思维方式和对人对事的看法和观点，工作中较容易实现决策的一致性，具有很强的凝聚力。

（4）集权化的管理模式

家族企业的关键权利一般由家族中的核心成员掌握，以保证整个家族对企业的控制，维持家族成员的忠诚、利益和秩序。在家族企业中，家族成员在整个家族中的威信和地位就意味着其在企业中的地位和职位。大多数的家族企业都实行家长制的集权化管理模式，家长在企业中的领袖地位是在企业的发展里程中逐渐形成的，家长作为企业的"灵魂"，是由其创业经历、个人权威、才干和对企业的贡献所决定的。家长人物的个人理念、风格就是企业的经营理念和风格，家长的能力、经验、知识甚至健康状况和企业的生存、发展休戚相关，家长在，企业发展，家长不在，企业很可能发生重大变化，如果其继承者能力不足以使其成为支撑企业的精神支柱和形成企业凝聚力的核心，企业控制权过渡所引发的变化则可能是致命的。另外，在家长作风严重的家族企业中，权力往往集中在一个人手中，形成垄断的决策机制和高速的决策效率，如果决策得当，企业实力会迅速提高，一旦决策不当，也可能使企业陷入困境。总之，集权化的管理模式将企业的生存发展、荣辱安危都交给了家长来承担。

（5）独特的家族企业文化

家族企业的形成有浓厚的家族文化特色和外部环境土壤。这注定了家族企业内部独特的企业文化特征，企业的价值观、理念、经营管理风格都打上了深深的家族烙印。家族企业的创立由家族成员共同出资，家族企业的生存靠家族成员的团结合作，家族企业的发展靠家族成员共同打拼，这样一个特殊的共同经历使家族企业的成员有着超出寻常的感情，这种感情又和他们在企业中的职业关系紧密交织在一起而无法分开。家族企业中的基本目标是家族企业的共同利益，在实际经营中，所有者同时又是管理者，这种特殊机制使家族企业不存在因经营者和所有者不同而可能发生的经营者的道德风险和逆向选择问题。在市场机制不够完善、法制环境不健全的情况下，这种由家族关系维系的企业成员之间的诚信机制非常有效。在西方发达国家，如果一个掌握企业机密的人员离开企业，那么他将不被法律允许在一定年限内从事同一行业的工作，而在我国，就没有明确的类似法律规定，给企业的管理造成了很大的问题，从某种程度上来说，家族企业这种特殊的形式正好弥补了没有诚信约束机制的缺陷。在家族企业内部，企业主要成员由家庭、婚姻、宗族等关系联系起来，互相之间有着相同或类似的价值观念，这些观念以不同形式体现在企业的体制、结构、经营管理方式等诸多方面，构成独特的企业文化。在利益取向上，家族企业信奉家族重于国家、集体重于个人；在用人机制上，家族企业信奉品行重于才干、资历重于能力、经验重于知识；在决策机制上，家族企业信奉权威重于集体；在诚信机制上，家族企业奉行信用重于契约、伦理重于道理。

6.1.2 家族企业的变迁

1）家族企业变迁的主要原因

唯物主义认为事物的发展不可能脱离其外部环境的影响。家族企业作为一种特殊的企业存在形式也始终在外部环境的影响下发展和变化着。家族企业是一种古老而又非常具有生命力的企业形式。说它古老是因为它在商品经济尚不发达的情况下，就已经产生了；说它有生命力的原因在于即使是在商品经济如此发达、科技进步一日千里的今天，家族企业仍然活跃在市场经济的大潮中。我国的私有企业中90%以上是家族企业，以家族管理的方式经营。在西方发达国家，家族企业也是一种很常见的企业形式。据调查，美国约有90%的企业为家族企业；英国大约有70%的企业为家族企业；在我国台湾地区的所有企业中，除了公营和外资企业外，其他企业几乎都是家族企业。如果认为家族企业都是中小企业，那就错了。在世界知名的大企业中，有相当一部分为家族企业。美国《财富》所列的500家大型企业中，家族企业为175家；在美国上市的大型企业中，40%被家族企业控制。这些数据说明，家族企业是一种普遍存在的企业形式，市场经济的发达和完善并没有让它消失。那么，经济发展、市场完善、法制健全等外部环境因素对家族企业不会产生任何影响吗？显然，答案是否定的，不仅有影响，而且影响很大，环境因素的变化使家族企业不仅在经营理念、管理风格等企业文化层次发生变化，而且在很大程度上改变了企业的组织形式。英国是世界上工业化最早的国家，也是最早建立和完善市场经济制度的国家，其家族企业的发展和变迁很有典型意义。在18、19世纪英国工业和经济的发展过程中，企业形式主要是以个人业主制或合伙制形式组织的小规模家族企业，当时几乎所有的制造业企业都是家族企业，由于这种企业形式适应当时的经济发展状况，英国经济很快发展起来，成为"世界的生产车间"。英国这些小规模家族企业的成功是外部环境因素的产物。首先，18、19世纪的英国，金融市场并未发育成熟，要筹集资金建立大的企业比较困难，市场筹资渠道的堵塞使很多人以亲友共同出资的方式进行经营，家族企业的产生就是自然而然的事了。其次，诚信约束机制的影响也很重要，在经济不稳定的环境中，这些家族企业都以无限责任的方式经营，虽然无限责任给经营者带来压力（因为一旦经营不利，业主要对债权人负无限责任），但这种形式却向其他人传递了一种信用保证信息，即所有者是企业的坚强后盾，事实上，这种无限责任的经营方式就是一种业主对公众的诚信约束机制。最后，在市场经济尚不完善、法制不健全的情况下，所有权人和外部经营者之间缺乏信任，二者之间的委托–代理关系很难建立起来，因而所有权和经营权集于一身就成为家族企业经营者的必然选择。英国家族企业的种种情况说明：家族企业的产生是外部环境的产物。此后，随着市场经济的不断发展和法制的不断健全，英国的经济迅速发展起来，融资渠道开始畅通，企业的规模也迅速扩大，规模的扩张使企业必须面临所有权和经营权的分离问题，一些企业逐渐聘用职业经理人进入企业进行经营管理，所有者逐渐放松企业的经营权，家族企业的经营管理也因此出现了很大的变化。

不仅仅是英国，美国家族企业的情况也大致如此。美国学者的相关研究显示，美国家族企业盛行时期和美国社会信用缺失的阶段相吻合，当时，受外来移民、机会主义、搭便车行为等因素的影响，整个社会道德败坏之风盛行，导致业主对经理人缺乏足够的信任，在雇佣关系上更倾向于选择有血缘关系的人来管理企业。但是，美国政府很快加强了专业资格制度的完善、强化了各种规章和立法，加上大量社会团体、中介组织的发展，从而形成了良好的社会诚信约束机制，所有这些使美国的市场环境大为改观，家族企业的经营管理逐渐向现代方式转变。

除了外部环境的影响，企业内在因素的变化也是影响家族企业发展变化的重要因素。家族企业创业的初期，企业规模较小，相对稀缺的是货币资本而不是人力资本，对管理的要求也不高，只依靠家族成员就完全可以，而且保证了经营的高效率和低成本。但是，随着规模的扩大，管理的复杂化，企业对高级人力资本的需求必然会大大增加，此时，完全依靠家族成员显然是不够的，这会使企业的效率降低。这里说的"不够"并不是指人数的不足，而是有更广泛和更深刻的含义，确切地说，就是家族成员的绝对控制已成为企业进一步发展的束缚。因此，企业自身的发展客观上要求家族企业适应现代管理的要求，将经营权逐渐交给专门的职业经理人，当然这种让渡行为并没有改变企业作为家族企业的本质属性，因为所有权仍然牢牢控制在家族成员的手中，只要家族成员对企业的控制足以对企业的经营产生重大影响，这个企业就仍是家族企业。

2）家族企业的变迁历程

大体上，家族企业的发展过程可以粗略地划分为以下几个阶段：初始阶段的家族企业大多是以"夫妻店""兄弟档"的形式出现的，不仅规模小、经营范围单一，而且所有者和经营者也大多限定在家庭范围以内，因此，叫作家庭企业或许更加合适。无论是东方文化还是西方文化，家族文化都占有很重要的地位，家庭成员之间的关系是一个人最稳定的社会关系，家族、家庭的关系深深地渗入了各种社会关系中。例如，古代甚至近代欧洲及东方不同国家之间的政治联姻就是以家庭关系来维系政治关系的，而企业中靠姻缘稳固彼此之间的经济关系的例子也屡见不鲜。可见，以家庭关系维系的经营关系是非常自然的，能形成长久的稳定关系，在特定环境下，家庭企业是一种最可靠的经济实体。有关资料显示，海外华人70%以上白手起家的富豪都是由"夫妻店"的模式起步。对国内50家家族企业的调查证明：其中有近25%的企业也是由"夫妻店"起家。家庭企业在其发展过程中随着规模的不断扩大，其人员和资金明显缺乏，需要吸纳更多的人员参与进来，于是，一些企业逐渐与自己家庭之外的亲属、有一定宗族关系的其他人员合作，也就进入了家族企业发展的第二个阶段，即成为家属加亲属的家族企业。在这种家族企业中，往往以企业创始人为核心，按照血缘、亲缘和其他宗族关系形成一个网络，实现对企业的控制和经营。这样的企业如果进一步发展，将逐渐演变成泛家族管理的家族企业，虽然所有权还控制在家族成员手中，但企业开始大量引入外来管理人才来实现企业的经营管理。之所以有这种变化,是因为企业外部环境如市场机制、法律制度等因素的完善和企业本身发展的客观要求。家族企业一旦发展到更高阶段,经营者的选择和股权激励制度就成为必须面对的问题。经营者的选择使经营权外化,股权激励制度的施行则形成所有权外化,企业越发展、规模越大,这种外化的趋势和客观需要就越明显。当然,作为家族企业,家族势力对所有权的控制还将占绝对或相对优势,但对经营权的控制将不再明显,直至完全由来自外部的职业经理人来完成,而此时的家族企业已经在形式上实现了现代企业的经营模式,成为现代家族企业,进入家族企业发展的最终阶段。如果在这种现代家族企业中,家族成员对所有权的控制所占份额越来越少,失去优势地位,那么这个企业将不再是家族企业,即使仍然沿用原来的企业名称,也只是徒有家族企业之名,而无家族企业之实了。

6.1.3 家族企业的成败

1)家族企业的优势和劣势

事物的存在和发展都有其两面性,俗话说得好,有一利必有一弊。作为一种特殊的企业形式,家族企业能以顽强的生命力和竞争力始终活跃在市场中,必然有其优势,当然这种优势并不是绝对的,从发展的观点看,优势一旦脱离特定的条件,很可能变成劣势,正所谓"成也萧何,败也萧何",不是"萧何"有变,而是情势不同。简言之,家族企业的特色使其具有其他企业所没有的优势,也会带来其他企业所没有的缺陷。

家族企业的优势有:①家族利益目标下的高凝聚力。家族企业的一个基本特征就是家族利益目标和企业目标一致,家族成员只有在保证整个家族利益的情况下才能考虑自己的个体利益。家族企业的成员之间具有特殊的血缘、亲缘、地缘和宗族关系,在维护企业利益的问题上,能够紧密团结起来以全身心投入,甚至可以不计报酬,这种协作关系非常有利于形成坚强的精神信念和高度的凝聚力,使企业在竞争激烈的市场中始终立于不败之地。②集权管理模式下的高效率。家族企业一般采取集权式的"家长"管理制度,很多企业都是以一个绝对权威的企业创始人作为核心,按亲属关系的远近各司其职,构成企业的管理网络。尽管看起来,这个企业的管理状况很像一个家庭,不是那么"科学化",但却非常有利于信息的畅通,有利于避免决策执行的偏差,保证企业运转的高效率。③家族文化传统下精神理念的高度一致性。家族文化和精神观念是家族企业的一大特色,在家族文化的基础上很容易形成独特的企业文化。家族企业中的创始人既是家族的权威,又是企业的领袖,更是企业文化的缔造者。在家族企业的发展过程中,创始人的行为和个人风格对企业中的其他家族成员起到了强烈的示范作用,长期的潜移默化加上家族成员彼此之间的信任和了解,形成了共同的信念和价值观,进而产生了独特的家族企业文化,对企业整体行为的协调非常有利。④所有权、经营权集于一身避免了委托-代理关系下的道德风险。在市场完善、法制健全、社会诚信机制有较强约束力的情况下,所有权和经营权的分离对企业的经营是很有好处的,而在诚信约束机制不能正常发挥作用的情况下，盲目的改制不仅鲜有成效，而且非常危险。曾经轰动一时的"中国职业经理人第一案"就是一个典型的例子。这一事件的缘由是广西喷施宝董事长王祥林在吸纳日本野村证券投资基金投入的资金后，一举聘请了12位职业经理人，让原来任总经理和财务总监的儿子、儿媳退出管理层。然而，令人始料不及的是在很短的时间内，便发生了总经理王惟尊及财务总监带走大量财务账单、单据、采购单、银行对账单，并招致野村证券投资基金起诉的假账风波。事件的结果是王祥林不得不赶走这12位职业经理人，让企业重新走回老路上。在家族企业的转制中受挫的企业绝不只是广西喷施宝一家，类似的还有陕西黄河集团、广东华帝燃具等知名企业。

家族企业的劣势有：①家族企业经营管理中的人才问题。人才问题主要是指家族企业的人力资源管理问题。家族企业在规模扩大和资本扩展的过程中，必然要走公司管理的专业化和规范化道路，客观上要求引进优秀的外来管理人才，并有一个良好的人才管理机制。引进外来管理人才对家族企业来说是一个两难选择。一方面，如果大量引进外来管理人员，就会出现经营权的旁落，在社会诚信机制没有建立起来的情况下，可能存在较高的道德风险和逆向选择问题；另一方面，不引进外来管理者又不利于企业的成长。除了人才引进，在人才的管理和使用上，家族企业同样存在问题。家族企业的用人不仅仅涉及一个企业内部员工之间的关系，还掺杂了复杂的家族关系，使外部的管理者很难融入到企业中去，无法发挥其应有的作用，人才引进的效果就打了很大的折扣。②集权管理模式下的决策问题。家族企业的家长有着绝对的权威和权力，家族成员对权威的崇拜是普遍现象，在这种特殊的家族文化传统基础上形成了管理的集权模式。集权式的管理从纯粹的效率角度看，的确能使企业在瞬息万变的市场中针对行情作出快速的反应，不过，这种决策的程序比较简单，随意性较强，很多时候就是由企业的家长一个人拍板，其他家族成员赞同执行，一旦决策失误，会给企业造成很大的伤害。③家族文化对变革的阻力问题。家族企业的企业文化较之一般企业更为特殊，这种文化首先建立在家族文化的基础上，家族文化具有继承性，其形成发展是一个漫长的过程，很难改变。家族企业文化在最初就是家族文化，在企业的长期发展过程中逐渐形成企业文化，家族企业的成员无论是工作还是生活总是处在这种特定的文化氛围中，价值观、理念、思维方式很难改变，这种情况固然有利于形成企业的凝聚力，但也往往成为企业变革的阻力。④家族关系和企业关系交织的问题。家族企业内部，各家族成员既是职业上的工作关系，又是同一家族的亲属、宗族关系，工作关系和家族关系很难分得清楚，因此，家长的权威非常重要，可以使两种关系自动调节，产生一种新的合力，使个人目标和家族目标统一起来。如果家长失去权威，不同的利益主体、不同的利益目标就会迅速分化，也许这正是许多家族企业在第一代创始人经营时非常强大，当创始人退出后却很快陷入困境，甚至在市场上消失的原因。

对家族企业的优势和劣势要正确地理解，就不应离开具体的环境条件固定地看问题，而要以发展变化的眼光进行客观、动态的分析。所谓的优势和劣势都不是放之四海而皆准的绝对真理，一种情况下的优势在另一种情况下很可能就是劣势。同样都是家族企业，有的企业不断取得成功，有的却逐渐陷入困境，可见，问题的关键不在于是不是"家族企业"本身，而在于如何趋利避害，适应环境的变化。

2）家族企业的成功与失败案例

案例6-1

王安公司的失败

王安博士是由上海移民到美国的华人，他于1948年获得哈佛大学博士学位，1951年他创办了王安实验室，并凭他发明的磁芯存储器踏入计算机经营领域。1983年，王安公司营业额迅速增至15亿美元，位居全美电脑公司第7位，在全球计算机和办公电脑设备领域领衔群雄，1985年，王安在《福布斯》杂志"美国400名最富有的人物"名单上位居第8名。王安曾领导公司生产出了对数计算机、小型商用计算机、文字处理机及其他办公室自动化设备，在美国的计算机领域中起了领导和先锋的作用，这时的他不愧是一位有胆识的企业家。然而后期，王安对计算机市场似乎失去了洞察力，在公司生死攸关的时刻，他没有及时根据市场的需要而转产，而是违背了计算机普及化的原则（价廉而多功能），集中人力和财力开发高档计算机，致使产品滞销，客源流失，债务累累，终致破产。

在20世纪80年代，美国计算机工业的发展速度每况愈下。1985年，计算机业的年增长率为20%，而1989年则降到5%，客户们的兴趣转移到个人电脑和小型工作站，而不是小型计算机和文字处理机。一些公司为了迎合客户的兴趣，开始生产个人电脑。比如，20世纪70年代乔布斯为生产个人电脑而成立"苹果电脑公司"。认识到个人电脑前途无量的不仅仅是乔布斯一人，早在1979年，王安实验室负责产品计划和管理的副总裁盖利诺就曾向公司建议研制个人电脑，王安的儿子王烈也很支持这个建议。令人遗憾的是王安对此却不以为然，他不想让公司搞什么个人电脑，他认为搞个人电脑是"闻所未闻的荒唐事"。待个人电脑市场兴起以后，对王安实验室来说无疑是个致命的打击。显然，个人电脑将挤掉王安实验室赖以生存的产品中的两个："2200型"和"文字处理机"。

在严峻的现实和强大的挑战面前，王安不得不开发自己的个人电脑，并在几周后问世。从硬件上讲，王安个人电脑性能可靠，速度是IBM电脑的三倍。但是它却有一个致命的弱点：它的软件与IBM软件不能兼容。王安公司已经走到了一个十字路口：要么开发与IBM兼容的开放型个人电脑，要么继续开发研制自己系列的个人电脑和软件。遗憾的是，王安不想过早地把宝押在IBM身上。因为王安有史以来都是依靠个人商品在市场上站住脚的。更重要的是，从利润角度来看，王安认为：生产自己系列的个人电脑似乎更有利于客户，因为消费者一旦购买了你的硬件，就一定要买你的软件。三年后，市场趋势明显了。与之相比，IBM个人电脑上可以运行的软件已经超过100种。然而王安个人电脑却使用不上任何一种软件。IRM的个人电脑标准成为事实上的工业标准。王安实验室耽误了三年才作出研制与IBM匹配的个人电脑的决定。

人人都知道，王安发明的文字处理机是计算机走向个人电脑的关键一步，但王安仅仅迈出了第一步，却始终没有迈出第二步。在最重要关头，王安的决策失误了，让IBM率先迈向了个人电脑领域，执电脑市场之牛耳。王安公司要在20世纪90年代超过IBM的豪言壮语渐渐被人淡忘了。

王安把位置让给他的儿子王烈以后，原来由王安建立的公司内部平衡机制失调了。王安实验室的三个天才考布劳、斯加尔和考尔科原来也相处不好，王安的策略是让他们三人相互竞争以推动公司的发展。王安不许他们表现出任何公开的敌意，他总把他们分开，让他们各自负责一个项目，王安从这些项目中选择最好的当作公司新产品投放市场。然而王烈经营公司后，情况发生了转变。他一再强调公司的出路在于内部的团结和合作，只有内部合作才能与 IBM 竞争。他还让考布劳等三人统一思想，但这是根本不可能的。王烈的另一个原则是统一实验室的产品，使其系统化，即停止开发那些互相之间不能匹配的产品。王烈认为计算机和办公自动化未来的出路在于系统化，在于整个系统互相配合和补充，而不在于单一产品的功能。对于王烈的原则几个人没有异议，并且大家都很兴奋，人人都懂得，公司产品系列化的未来是关键的一招。但这又出现了一个难题：以什么产品作为未来系统化的基础。是考布劳的文字处理机，还是斯加尔的 VS，还是考尔科的 2200 型？如果以三者之中的任何一个作为系统化的基础，其他两个产品的"主人"绝不会同意。王烈对这种情况十分不满，他认为考布劳他们考虑的只是自己的利益，而不顾公司的利益。王烈手下负责新产品研制和开发的人员大多也十分不满。斯加尔回忆说，人们不是在所有问题上都是可以取得一致的。"如果一个人在作一项富有创造性的实验，你不可以对他说，你的实验得停一停，得看看其他人是否同样地认为这样做是可行和值得的。你必须知道自己有时得冒险。王安就懂得这一点。他知道你不可能每次都成功，但你如果不冒险，你很快就会得不到发展，世界将把你抛在后面。""而王烈就不懂得这一点，王烈总是说，大家一起商量一下，取得一致意见再向我报告，我希望大家都同意你做的事。这是对待事物最消极的一种态度。"随着时间的推移，实验室越来越多的人认识到王烈是王安的一位不称职的接班人。

到了 1982 年，考布劳与王烈的矛盾发展到白热化的程度。除了考布劳痛斥王烈外，直接原因还是因为王烈对考布劳的一个新项目设想的处理方法不当。考布劳想建立一个新系统，用数字微机处理器组成一个工作站，这个工作站既可以用于进行文字处理，也可以像苹果机那样处理图像。最初公司上下都对这个计划感到兴奋。然而一看到王烈的工作安排，大家都像被泼了瓢冷水。王烈把这个计划交给三个不同的研制小组来承办。考布劳认为这种做法是根本行不通的，正确的办法应像王安那样，由一个部门自始至终地负责。考布劳气愤难当，决定辞职。在向王安递交辞职信时，王安对他依依不舍。考布劳从 1967 年加入公司以来，开发了"700 计算器"和使王安公司一举成名的新一代文字处理机。他俩互相敬佩，王安甚至把他当作当代的爱迪生。为了尊重考布劳的选择，王安痛苦地答应了他的辞职，但要求他在离开之前召开一次新产品研制和开发部门的全体会，向大家讲讲他对新产品研制和开发的看法。考布劳同意了，因为他也有好多话要在会上讲。开会那天，王烈等人都到了，考布劳一开始就很激动，他指着王烈说，是你把事情都给弄糟了，你不是当总经理的合适人选，你作出了很多错误的决策，你甚至不知道自己正在做些什么……

1984 年，斯加尔决定离开王安实验室。1985 年，考尔科也离开了王安实验室。考布劳、斯加尔、考尔科三人可以说是实验室的三根支柱，他们为公司带来了几十亿美元的利润，然而他们三人都离开了，他们是因为受不了王烈的工作方式而离开的。

王烈从 1986 年接手公司以来，在一年之中让公司亏损了 4.24 亿美元，公司股票三年中下跌 90%。王烈不具备王安那样从几十年奋斗中积累出来的经验，不具备王安那样的开拓精神和魄力，在商场的斗争中显得那样的幼稚和脆弱。当暴风雨袭来时，他茫然不知所措，把公司搞得支离破碎。

王安这位在西方闯荡了几十年的电脑英雄，最终还是没有做好中华传统文化与西方制度的融合。他用自己的铁掌控制公司长达 40 年，并且在他晚年，在家庭和企业的发展之间，他更顾及前者。

王安实验室就像"一个传统的中国家庭"，"他是父亲，他知道一切！他让你干什么，你就得干什么"。1976 年，王安与瑞士的计算机同人公司合作，合资创办了一家联合企业，命名为国际计算机同人公司。随着公司的发展，王安利用自己在公司中的绝对股权，对公司的组织机构进行重组，自任董事长，又命他弟弟安东尼·王任总经理，负责公司日常业务，把公司牢牢地控制在他们两兄弟的手中。

从某种意义上讲，王安就是公司，公司就是王安。只要了解了他本人，就等于了解了他的公司。与20世纪80年代其他许多有关公司的各式各样的故事相比，王安及其公司的故事要丰富得多。那些公司不是严重腐化，就是暴露无遗的贪婪，行贿受贿。但王安的衰落不是因为他的贪婪，而是王安自始至终抱着他一人或一家控制公司的幻想。王安总是一再强调，他绝不愿丧失对公司的控制权，让外人糟蹋了自己多年苦心经营的成果。"我愿为我自己的冒险承担风险，只要我在公司，我对一切成败负责。我不主张开放投资，因为我不愿让外来的投资者受到牵累。"王安还说过："因为我是公司的创始人，我要保持我对公司的完全控制权，使我的子女能有机会证明他们有没有经营公司的能力。"从这些话中可见王安的"家族观念"可谓根深蒂固。王安的儿子王烈从圣·保罗和布朗大学毕业后，有好几个夏天都是在王安公司度过的，他被轮流安排到公司的各个部门。王安这样做的目的是为了让王烈了解公司里一位名叫约翰·卡宁汉的非亚裔人。此人在公司里出类拔萃，他同王安一同制定了使公司迅猛发展的策略，很受王安的器重，并且卡宁汉是唯一一位王安家族外却能影响王安决策的人。他得到王安一家人的信赖。王安的夫人常称卡宁汉是"我们祖国的儿子"，但卡宁汉认为他能得到王安的信任主要原因是他的能力弥补了王安的缺陷，并且最重要的是他对王安的要求总是洗耳恭听，与王安之间的竞争也并不激烈。当时，很多人都认为，是卡宁汉使公司取得成功，他是能够引导王安公司迈进21世纪的最佳人选。但他却并没能像人们想象的那样被推上至高宝座，因为他不是王安家族的成员！

1986年1月，王安任命36岁的王烈为公司的总裁后，董事会的成员们就担心王烈缺乏领导公司的经验。20世纪80年代中期以后，董事们曾多次劝说王安招聘一位专业经理，如果需要可以给王烈一个让人得以留下深刻印象的头衔，但应避免让王烈这样缺乏经验的年轻人来推动这个在地球上竞争最激烈的行业中生存的公司。这些董事们还要求挑选一位现有的最聪明、最有经验的人来管理这个公司。然而王安却说："他（王烈）是我的儿子，他能够胜任。"有谁能够知道，这个儿子竟不争气，在一年之中让公司亏损了4.24亿美元，并使公司的股票三年中下跌了90%。与其说王烈让王安失败了，不如说这种"家族观念"让王安失败了。

1989年8月4日，王安公司的各负责人聚集在公司创始人王安位于马萨诸塞州林肯市的家中。这天，他要为自己的公司再作一次大的手术。他别无选择，就在这一天，王安作出了他一生中最为痛苦的决定，他向董事们宣布撤换他的儿子王烈的公司董事长职务。由亨利·周暂时接管公司业务，再由公司内一个三人委员会负责物色接班人。这样，王安幻想的由他一家人控制公司的美梦彻底破灭了！

一系列决策的错误，接班人选择的不当和王安根深蒂固的"家族观念"，这层层的危机环绕着王安公司。虽然1989年王安抱病复主大局时，股票回升了20%，王安又不惜重金聘请了米勒出售公司的部分资产，以减轻负债的压力，然而他削减开支有限，且对电脑科技的发展趋势认识不深，未能扭转乾坤。在1989年后的4年内共亏损16多亿美元，股价也大跌为75美分（而全盛时期的股价为43美元）。在寻求集资和其他挽救方法无效后，王安公司不得不于1992年申请破产。[1]

---

① 白光. 王安最终失败在家族观念上［J］. 经济论坛，1999（20）.

6.2 家族企业的产权分析

6.2.1 家族企业的产权结构特征

产权通常是指一组权利。它包括"占有、使用、改变、馈赠、转让或阻止他人侵犯其财产的权利"。《中华人民共和国国有资产法》（草案）中将产权定义为："产权是财产所有权及与财产所有权相关的财产权。"在我国，一般将企业产权理解为企业的所有权和经营权。因此，所谓的企业产权结构，就是企业中所有权及其所附带的经营权的构成情况。家族企业的产权结构和其他企业的产权结构相比，有其一般特征。了解家族企业的产权结构特征，有助于我们更深入地了解家族企业。

1）家族企业产权高度集中在家族成员之间

家族企业产权外部的基本特征是家族成员作为整体所占的产权份额远远高于其他产权所有人所占的份额。一般来说，在家族企业中，家庭或家族成员占的产权比例都很高，具有绝对优势，其他投资资金所占的比例很小，而且这种产权结构并不随着家族企业的扩张和发展而发生大的变化，对于一些企业来说，业主的产权比例不但不降低，还可能进一步升高。研究人员在对我国企业的调查中发现，1997年我国私营企业中，业主个人投资由开业时的69%上升到82.7%，而其他企业产权主体所占的比例都有所下降。在一些家族企业中，家族成员之外的投资者数量较多，绝对数额也不小，但所占的产权比例仍然微不足道。一些家族企业的经营范围和地域已经非常之广，随着产品迈出国门，海外资本也被吸引过来，从资本的构成来源来说，出现了多元化的特征，但总体上还是没有影响到企业家族成员产权所占的绝对优势地位。另外，相当多的家族企业开始采用现代管理的理念和激励机制，给企业中的部分管理人员、工程技术人员以及其他人员一定的股份，目的是为企业留住优秀人才，将员工利益和企业利益结合起来，充分调动其工作积极性，不过，这部分股权所占的产权比例是非常小的，不会影响家族企业的产权分布状态。

家族企业的产权高度集中在家族成员的手中，有优点，也有缺点。优点表现在：产权集于家族成员，使企业具有强大的发展动力，将不同所有者之间的分歧和摩擦成本降到最低，企业目标和所有者的目标完全一致，确保企业为了所有者的最大利益而运作。当然，产权高度集中的缺点也很明显，家族对企业的严格控制可能使企业失去创新能力，家族关系对企业关系的干扰不利于引入现代管理方法。

2）家族企业原始产权主体界定不清

家族企业创立时人力和资金非常缺乏，出资者基本上都是家族成员，大家为了共同的目标和利益共同奋斗，在传统家族观念的影响下个体对其自身的利益并没有太多的计较，很少有企业在创业初期对家族成员之间的产权关系进行明确界定。除了受家族观念的影响外，创业初期的家族企业不对产权进行明确划分还有一个重要的客观原因：在家族企业创业之初，企业往往还没有大量盈利，此时企业的重点在于如何做大、做强，以及在激烈的市场竞争中生存和发展，家族成员不会也没有精力去考虑太多的个人利益问题，也就是说这一时期企业重点是如何赚钱，而不是如何分钱。随着企业的不断发展壮大，企业的规模逐渐扩大，财富也逐渐积累起来，企业内部谁说了算、赚的钱如何分配就成了家族成员之间必须认真面对的问题，这个问题的解决不能光靠一张嘴说了算，成员对企业作出的贡献大小应该有一个量化标准，最合理的标准就是产权份额，然而大家蓦然回首却发现谁的产权份额应该是多少居然是一笔糊涂账，原来产权纷争的隐患早在一开始就埋下了。于是，在产权利益无法搞清楚的情况下，家族成员之间的冲突由产生而扩大，大家对企业的忠诚度受到冲击，家族关系在利益面前变得苍白无力，亲情被淡化，矛盾被激化，在一些企业里甚至出现了夫妻反目、兄弟成仇的局面。家族企业本来就是在家族文化的维系下发展起来的，家族成员之间共同利益目标、共同的理念、强大的凝聚力是企业核心竞争力的力量之源，然而此时这些优势却因为产权利益不清而轻易地丧失了，很多企业为此一蹶不振，甚至永远消失在市场潮流中，很快被人们遗忘。也许会有人认为这是由于某些家族成员的贪婪造成的，事实远不是这么简单，在市场经济中，只要靠自己的努力获得财富，遵守国家法律和各项规章制度，符合国家政策，进行公平竞争，就是正当的、合理的，不存在什么贪婪与不贪婪的问题，更不是个人道德问题。在我国，家族企业产权不清还表现在企业本身与外界产权的模糊性上，由于计划经济时代对私人企业的否定态度，很多家族企业为了获得政府支持只好挂靠国有或集体单位，这种经济关系在企业产权问题上也往往难以界定。

3）个人财产与法人财产难以界定

现代企业的一个重要特征是企业相对于其所有者的独立性。法律意义上的企业有自己的独立身份和行为能力，企业的身份不依附于企业的所有者，作为法人，企业对财产享有占有、使用和处分的权利，其他人不能干预，企业和企业的所有者是两个完全不同的法律实体，二者不得混为一谈。企业法人独立于所有者的必要性在于，消除了所有者和企业之间的组织归属关系，代之以出资者与企业法人的关系，使双方明确了各自的权利、义务和责任。所有者享有所有权，但不享有企业的财产权，不能干预企业的生产经营权，企业依法拥有出资者投资形成的全部法人财产权，依法自主经营、自负盈亏、独立享有民事权利，并以全部的法人财产权，独立承担民事责任。所有者和企业法人在民法上是一种平等的民事主体关系。企业盈利，所有者有分享利益的权利，但必须按法定程序进行分配。企业经营不利，所有者也不必向企业的债权人承担偿还债务的义务。

在很多家族企业中，企业的组织形式并不符合现代企业的这种独立性要求，企业的财产往往被视为家族的私有财产而随意处置。企业所有权高度集中在企业主手中，为其直接参与经营管理提供了方便，业主的个人行为就合理化为企业的行为，于是在潜意识里就形成一种简单的认识：企业是我的，企业的财产当然也是我的。基于这种认识的企业活动实际上已经将企业的法人身份以业主的个人身份取而代之了。就目前情况而言，很多家族企业都在形式上成为有限责任公司或股份有限公司，不可否认这是一种积极的行为，但这些公司中的大部分却并没有按规范的法人公司去运作，没有形成健全的法人制度，无法保证企业以独立的法人资格存在。

6.2.2　家族企业产权结构的变迁

1）家族企业产权结构变迁的原因

家族企业的产权结构并非一成不变，而是在企业发展的不同阶段随着外部环境的变化和企业发展的客观需要呈现出不同的特点：①企业产权结构变化是规模经济的需要。在创业初期，家族企业的规模较小，产权集中在家庭或家族成员的手中，克服了资金、人力的困难，发挥了灵活机动、凝聚力强、内部交易成本低等优点，在市场中迅速发展起来。然而，发展中的家族企业必然出现规模的扩展，因为只有形成规模经济并降低企业的经营成本，才能增强企业的竞争能力，成为市场的强者。现代企业制度所体现的所有权结构不是由单一的出资者持股，而是多方出资，资金来源大大拓宽，这种形式保证了企业资金供给的充足，为企业实现规模经济奠定了资本基础。家族企业由于产权高度集中，不利于企业广开资金来源，要适应企业发展的步伐，改变产权结构就成了一种客观要求。②企业产权结构变化是经营管理制度的需要。现代企业经营管理制度将所有权和经营权分离，实际上体现的是一种分工思想。所谓"术业有专攻"，古人早就提到了分工和专业化可以提高效率的道理。英国古典经济学的创立者亚当·斯密在他的《国富论》中详细论述了分工对提高效率的重要性。在企业的经营中，分工的作用不仅仅体现在生产环节，管理的专业化也是分工思想的应用。当企业的经营达到一定的规模水平时，必须有一个专业化的职业管理阶层，这时企业的所有权和经营权就会分开。在家族企业中，所有权和经营权高度集中，企业规模较小的时候，家族成员完全可以应付，随着规模和经营范围逐渐扩大，所有者的直接管理负担会越来越重，管理的成本不断提高，管理效率逐渐递减，客观上要求企业将所有权和经营权分开，引入职业经理人从事专门的管理工作。③企业产权结构变化是理顺产权关系的要求。家族企业的产权关系模糊主要是家庭或家族成员之间的产权界限不明确。这一方面是因为家族文化的影响，尤其是东方文化，家的观念非常强，家庭成员之间不分彼此；另一方面家族企业创业初期的客观情况是企业处在生存发展的关键时期，大家的全部精力都集中于家族利益和企业的成长，很少会顾及个体利益，不容创业者对相互之间的产权作明确界定。但当企业规模迅速扩大，利润急剧增长的时候，产权模糊带来的问题开始滋长。例如，企业中谁说了算？利益如何分配？这些问题给企业的发展带来很大的困扰。要解决好这些问题，企业应该设计明确清晰的产权结构，根据产权关系确定各利益主体的权利和责任以及利益分配机制，相反，如果企业产权界限模糊不清，各家族成员之间权责不明，为了各自的利益明争暗斗，企业的权力机制、管理秩序就会受到冲击，企业竞争力会被削弱，甚至企业会陷入困境、难以维持。④市场、法制、经济政策等外部环境的成熟为企业产权结构变化提供了条件。家族企业能以很强的生命力出现在市场，并在社会发展的不同时期呈现不同的特点绝非偶然，而是有深刻的历史原因。家族企业以原始形式大量出现在市场，呈现出完全家族经营、所有权和经营权高度统一的特点时期，一般是一个社会的市场经济发展程度不高、市场机制不完善、法制不健全并且缺乏有效诚信约束机制的时期，与此相反，现代西方国家由于其市场机制的完善程度、法制的健全程度都比较高，社会诚信约束机制比较成熟，因而，虽然市场上也存在着大量的家族控制企业，但是，这些企业中的很多大企业产权明晰、所有权和经营权相分离，已经基本实现了家族企业和现代企业制度的接轨。从某种程度上说，这些企业和现代企业没有什么不同，只是其产权的优势份额掌握在某一个或几个家族中而已。

2）家族企业的产权更替与纷争的时期

从外表来看，家族企业的产权集中于家族成员手中，以家族成员之间的亲情作为维系的纽带，具有很强的凝聚力，不易受外界因素的影响。但实际情况却并非如此简单，在企业的创业初期，家族成员之间不存在产权纷争是完全可能的，此时大家利益目标一致，更关注企业的发展，而一旦企业发展壮大积累了大量的财富，权力分配和利益分配的问题就出现了。作为企业的所有者，产权份额是参与利益分配和权力分配的基础，然而不幸的是大多数的家族企业在创业初期并没有明确的产权划分约定，于是产生产权纷争就不足为怪了。家族企业发生产权纷争的两个多发时期，一是企业发展壮大时期产生的第一代创业者之间的产权纷争，二是第一代创业者将企业传递给下一代时发生的产权纷争。前一时期的产权纷争实际上是企业本身发展的需要，无论企业的所有权和经营权是否集于一身，产权界限的明晰都是必需的，唯有如此，家族成员才能继续保持其凝聚力和创业的激情，才能将个体利益和企业利益目标协调一致，才能明确各自的权利和义务，才能继续作为一个家族成员在企业中发挥自己的作用，企业才能继续保持其竞争能力。如果产权纷争使企业产权关系得以理顺，产权结构更加清晰，产权纷争带来的结果完全可能是积极的，前提是企业必须克服产权格局发生变化所带来的一系列成本，如果产权变化的成本过高，导致企业一蹶不振，那就非常令人痛心了。可见，对待产权纷争问题，家族企业必须慎重。后一时期企业产权纷争的发生不一定是企业自身发展的内在要求的体现，而往往是家族文化的产物。在家族企业的发展过程中，企业创始人的作用非常关键，他们基本上是企业的权威和领袖人物，把持企业的所有权和经营管理权。除此之外，他们还有另外一种身份，就是家庭或家族的权威和领导者，当这些人年老体弱而因为身体健康条件无法再胜任繁重的企业和家族事务的时候，就必须将家族企业传递给下一代来经营管理，当然，这里的传递实际上就是家族内的继承，并且这种继承行为对家族企业的领袖来说就是"子承父业"，是一种家庭事务，与普通的分家、财产继承等行为没有什么两样。这一时期对家族企业来说是一个非常敏感、危险的时期，企业因为产权变动及其所引起的人事、资源、内部秩序、制度甚至经营范围和发展方向的变动而异常脆弱，如果过渡顺利，对企业不会有不良冲击，能促进企业更好地发展，如果过渡遇到困难、变动成本过高，对企业是非常不利的，很多华人企业就是在这种时期遇到挫折，几十年苦心经营的庞大基业在很短时间内毁于一旦，令人痛心。

3) 家族企业产权变迁的表现形式

家族企业的产权结构变动是企业外部环境因素和企业内部发展因素共同作用的结果。外部环境主要指市场、法制、经济制度、经济政策、社会环境等因素的综合体；内部因素指企业为了自身发展需要而对其在经营管理、组织形式、企业制度、企业文化、经营理念等方面提出的要求。由于影响家族企业产权结构的内、外部因素都具有一定的规律性，家族企业产权结构的变化模式也就有章可循。这些变化表现在三个方面：①家族企业中"家"的概念在逐渐淡化。虽然家族观念曾经是家族企业发展过程中的灵魂，但随着时间的流逝，企业发展的内外条件发生了翻天覆地的变化，家族观念的内涵也随之变化，家族企业不再仅仅是"家族的"企业，而是逐渐成为"社会的"企业，家的烙印在慢慢淡化，尽管这个过程比较漫长，但趋势却很明显。19 世纪末，杜邦公司发生了继承人危机，杜邦家族曾一度准备把公司卖给别人，最后在不得已的情况下由杜邦家族的旁支皮埃尔·杜邦、阿尔弗雷德·杜邦、考尔曼·杜邦来掌管公司。皮埃尔·杜邦任董事长兼总经理期间，引进了家族外的经理人来管理企业，揭开了公司中家族成分淡化的序幕。到 20 世纪 60 年代，公司董事长与总经理都已不再是杜邦家族成员。②企业的所有权结构不断调整。家族企业创业之初在不同程度上存在产权界定不清的问题。当企业规模壮大，需要进一步发展时，产权不清就会成为企业前进道路上的障碍，此时，尽管明确企业产权界限会发生一定的成本，但毕竟这一问题无法回避，直接关系企业未来的发展和成败，及时解决还是非常值得的。另外，环境的变化使企业不得不吸收外部资本，于是外界的股东开始介入公司，企业的产权结构逐渐呈现多元化和社会化的特征。当然，这些对企业的发展是有利的，尽管不一定是家族企业所有者的本来意愿，但为了企业的利益，明智的经营者还是接受了这一事实。③企业逐渐适应现代管理的要求，实现所有权和经营权的分离，聘用外来人员进行专业化的管理，有利于提高企业的效率，降低企业的管理成本，其实质是在企业的所有者和管理者之间建立一种委托-代理关系。有些家族企业之所以不愿引进外来管理者，主要是对这种委托-代理关系所带来的诚信有所顾忌，担心代理成本过高会影响企业的发展。客观地说，这种担心不是多余的，因雇用外来管理人员不慎，发生诚信问题给企业带来巨大损失的家族企业不是个案。但不能因此而否认管理分工和专业化的优点，由一朝被蛇咬十年怕井绳，进而因噎废食。一方面，随着市场环境和法制环境的改善，诚信问题也会逐步得到改善；另一方面，如何在引进外来管理人才上确立一个有效的机制也非常关键。一些家族企业将管理人才的任用和企业的股权分配结合起来，员工达到一定职位，企业会给予一定股份，这样一来，员工的利益和企业的利益目标达成一致，有效地解决了管理成本高的问题，很值得借鉴。

从世界范围来看，随着企业规模扩大，市场竞争加剧，家族企业的经营观念开始发生转变，新的经理阶层成为企业管理的中流砥柱，一些股份较大的家族只是间接地影响企业的决策，企业的经营权落到管理专家们的手中，两权分离成为这些家族企业的特色。IBM、福特、摩托罗拉等老牌家族企业都主动适应了这种趋势并发展起来。一些家族企业通过向社会发行股票和债券，向内部员工转让股份等方式，使企业的所有权进一步社会化，在经营宗旨上表现出了更强的社会责任。除了欧美的一些著名的大企业如福特、杜邦、柯达、通用等之外，日本也有类似的情况。如松下电器公司在其发展过程中，松下幸之助个人的股权比例不断下降和稀释，从创业时的100%下降到1950年的43%、1955年的20%，1975年甚至下降到2.9%，然而这种股权下降不仅没有给企业带来不好的影响，反而使松下公司的发展突破了个人和家族的局限，更好地发展起来。

6.3 华人家族企业

6.3.1 华人家族企业现象

1）国内华人家族企业

我国家族经营的历史很久远，最早可以追溯到人类社会产生后的第一个私有制社会——奴隶社会，此后随着社会形态的不断更替，经济制度的不断变换，家族经营历经了不同时期的风风雨雨终于走到了今天，以现代家族企业的形式成为市场经济的中坚力量，在我国经济建设中发挥着重要作用。

在明、清时期，中国有两个地方的商人非常著名：一是徽州的徽商；另一个是山西的晋商。徽州在秦代就有县的建置，北宋改称徽州。徽州地区山多林密，山间谷地和盆地较少，土质贫瘠，多云雾，少日照，不适宜粮食种植。12世纪以来，人口的不断增长，使徽州人的生活越来越艰难，尽管日出而作、日落而息，却仍然难以养家糊口。于是，很多徽州人离开土地四处谋生，操贾经商，逐渐形成了经商的传统。徽商经营范围极广，"其货无所不居"，而其中又以"以盐、典、茶、木为最著名"。在"盐、典、茶、木"四大行业中，盐业的经营资本实力最雄厚，获利也最多。扬州是徽州盐业的集散地，据有人估计，明代万历年间，扬州的盐商资本约为三千万两，到了清代为七八千万两，与乾隆的国库存银七八千万余两之数大致相等。徽商财力之丰，使贵为皇帝的乾隆也曾发出"富哉商乎，朕不及也"的感叹。胡适先生曾经这样说过徽州人："一个地方如果没有徽州人，那地方只是一个村落。徽州人来了，就开始成立店铺，逐步扩大，把小村落变成小市镇了。"

山西位于黄河中游，是中华民族的发祥地之一，自古以来经济文化发达，加上当地矿产资源丰富，手工业和加工制造业比较发达，18世纪至19世纪末，以太谷、平遥等地晋商为代表的山西商业票号，曾以"富甲华夏""汇通天下"闻名于世。明代时晋中商人已遍及全国各地，北京城曾流行这么一句话："京师大贾数晋人。"为了在激烈的竞争中，壮大自己的力量，维护自身的利益，晋商成立了自己的商业组织。明代开始出现的地方性集团组织发展到清代，进入了鼎盛时期，以会馆的设立为重要标志。会馆的作用一开始是为了联络同乡感情，后来逐渐成为维护同行或同乡利益的组织。到了清代，晋商已成为国内势力最雄厚的商帮，很多人将晋商和意大利商人相提并论，给予了非常高的评价。在中国的传统文化中，"学而优则仕"的观念深入人心，然而晋商却不这么认为，在他们的眼中，"学而优则仕"不如"学而优则商"。茶庄票号是晋商中很多人经营的热门行业，于是就有"家有万两银，不如茶庄上有个人""当官入了阁，不如茶票庄上当了客"等说法。明清时期的晋商雄居中华，辉煌业绩令人瞩目。1907年，晋商中的合盛元票号甚至远涉重洋，在日本的东京、大阪、横滨、神户，朝鲜的新义州等地设立票号分庄，从事国际汇兑业务。

近代经济史上的徽商、晋商之所以有惊人的发展速度和规模，与其家族经营模式有密切的关系。在徽商和晋商中，宗族制度非常稳固，在传统宗族观念和文化的影响下，商人之间的经营活动有很明显的宗族特点：第一，借用宗族力量解决资金问题。从事商业活动需要大量资金，不仅一般小商小贩感觉资金不足，就是大商人也常常出现资金短缺问题，在徽州商人中，以兄弟叔侄合伙经营非常普遍，很多商人将亲缘关系进一步扩展，辐射至同族、同乡，大家将资本组合起来进行经营活动，宗族关系使这些人互相支持、互相信赖，构成了一个强大的经营网络，减少了商业经营的风险。除了合资经营之外，商人之间为了融通资金而产生的借贷行为中也掺杂了强烈的宗族关系，徽商借贷资金一般都在同乡同族的范围内，相互之间关系的特殊性保证了诚信，降低了交易成本，贷款的利率往往比较低，这使资金的借入者能很快获得利润，实现财富和资本的积累。第二，借助宗族势力建立商业垄断。以宗族关系为纽带，相互联合，形成人力、财力上的优势，有利于采取一致行动，提高整体的实力，也可以将其他经营者排挤出市场或本行业，谋求更大的利益。清代，徽商在上海开始垄断典当行业，到了19世纪80年代，上海的69户大典当行中，徽州人占一半以上，其势力可见一斑。第三，以宗族势力为核心建立商业会馆。在封建专制时代，商人经营的社会环境相当恶劣，传统观念一直认为商业是没有地位的人才去干的，各朝各代的政策大多是重农抑商，加之贪官污吏、苛捐杂税无孔不入，单个商人实在难以应付。在这种情况下，无论是当时的徽商和晋商，都建立了大量的会馆，将同族、同乡的人联合起来，相互沟通，维护其整体利益。会馆大致上有三个基本功能：一是为同族同乡的商人提供方便，兴建一些公共设施，如供本乡子弟读书的学堂等；二是便于相互联络，壮大声势，对抗外来势力，与官府交涉商业事务，保护大家利益；三是举行一些公益活动，包括庆典、祭祀等，联络乡里同族感情。上述三种基本功能说明会馆这一组织形式实际上体现以亲缘、地缘为中心的宗族关系，是个体家族经营关系的延伸。

鸦片战争以后，中国进入半殖民地半封建社会，西方资本主义国家对中国进行了疯狂的掠夺，中国的民族工业在这种艰难的环境下逐渐产生并有了一定的发展，洋务运动使中国工业界认识到了大机器生产的作用，以买办、官僚、地主和商人资本为基础的民族资本开始大量涉足工业生产，这其中大部分工业以家族模式经营。

我国改革开放以后，私营企业终于迎来了期盼已久的春天。20世纪80年代初期至1986年之前，对我国家族企业来说是一个非常重要的成长时期，在意识形态里，国家对家族企业的态度由过去的打击、取缔逐渐转向正确的认识、接受。国家对私营企业的态度转变催生了不少家族企业，一些原来一直进行地下经营的私营企业也从遭受打压的阴影里重新走了出来，尽管这些企业的经营规模都不大，但却给市场注入了新的活力，增加了新的亮色。在一些地方，农村私营企业发展的速度令人吃惊。1980年7月，福建省晋江县作出规定，允许社员集资办企业，短短的一年时间里全县居然发展起集资企业500多家，投资总额达到了1 000多万元。全国范围内私营企业的发展状况也很令人振奋，1981—1982年，全国登记的个体工商业户数增长了44.2%，从业人员增长了40.61%，注册资金增长了80.1%，营业额增长了376.35%。1987年以后，国家对私营企业的问题进一步明确，有关私营经济的政策、法规相继出台，私营经济发展过程中出现的一些问题得到了相应处理。1988年4月，第七届全国人民代表大会第一次会议针对《中华人民共和国宪法》中私营经济的合法性问题作了修改，在第十一条规定：国家允许私营经济在法律规定的范围内存在和发展，私营经济是对社会主义公有制经济的补充，国家保护私营经济的合法权利和利益，对私营经济实行引导、监督和管理。1988年6月，国务院发布了《中华人民共和国私营企业暂行条例》，规定了私营企业的标准、种类、开办条件、登记管理、劳动保护等基本内容，自此以后，私营企业取得了合法的身份，其经营和发展有了法律保障，家族企业作为私营经济的绝对主力，也进入了新的发展时期。20世纪90年代是我国私营企业的高速增长期，家族企业的发展有了更强劲的势头，1992—1997年的6年中，家族企业增加了85.3万户，平均每年增加14.2万户，注册资本和从业人员也有了很大增加，企业效益大幅增长，1997年全国私营企业的总产值达到了3 922.5亿元。在发展趋势上，这一时期的企业也呈现出新的特点：首先，在企业规模增大的同时，企业的资金有机构成发生了变化，注册资金增加了，雇用的人数反而减少，说明企业由劳动密集逐渐转向技术密集，一些家族企业的经营逐渐转向高科技领域；其次，在企业组织形式上，有限责任公司逐渐成为家族企业的主要形式，主要是因为独资企业实力有限，合伙企业容易产生纠纷，而且两者在法律上都需要承担无限责任，业主经营风险很大。

尽管进入20世纪90年代以来，家族企业发展很快，但关系企业发展的融资问题一直困扰着许多企业。从债务筹资的角度看，我国四大商业银行主要为国有企业服务，对私营经济的信贷投放规模占总量的比例微乎其微，国有企业的信贷资金基本不需要提供担保和抵押，而私营企业在提供担保和抵押的情况下要得到资金也很困难，而且对国有企业的利率也低于私营企业；从权益筹资的角度看，股票发行和上市是现代企业融资的重要手段，我国相关法律虽然没有明文规定对私营企业的限制，但一直施行"审批制"却造成了对民营企业事实上的歧视。由于发行的额度受到国家有关部门的管理，实行"总量控制，限报家数"的额度管理，这使很多优秀的民营企业失去了利用资本市场融资渠道的机会。鉴于这种情况，我国于2000年开始，对股票发行制度实施了一系列的改革。改革的核心是取消股票发行额度，采取股票发行核准制，将上市机会公平地赋予每个企业。按照核准制的相关规定，企业只要符合相关法规、政策和市场的要求，都有可能成为资本市场中的一员。只要券商看中，无论是国有企业还是民营企业，都有可能进入资本市场。核准制的施行为民营企业充分利用资本市场进行股票发行、上市创造了难得的机遇。2001年1月18日，潘广通父子控股21.48%的浙江天通股份上市，成为第一家上市的家族企业。潘广通父子的股票市值超过16亿元，树立了民营企业上市的里程碑。在此后的半年时间里，康美药业（3月19日）、用友软件（5月18日）、太太药业（6月8日）和广东榕泰（6月12日）4家民营企业先后在沪深两个交易所上市，创造了家族企业上市的奇迹。允许私人控股上市公司的出现从国家政策上充分显示了资本市场在产权上的开放姿态，为我国家族企业的发展指明了方向，也为家族企业进行公司制改造拉开了序幕。

2）世界华人家族企业

中国人移居国外的历史很长，尤其是19世纪中叶以后大量华人向海外迁移。从1840年鸦片战争到1941年太平洋战争爆发前夕的100年里，中国出国人数将近1 000万人。第二次世界大战以后，随着世界经济国际化的发展，美国、加拿大、澳大利亚等发达国家的移民政策调整，欢迎国外移民流入，给发展中国家人口大量移居发达国家创造了条件，东南亚及中国大陆、中国台湾、中国香港等地的华裔人口，纷纷向发达国家迁移，海外华人的数量迅速增加。截至1999年，海外华人超过3 455万人，遍布全世界各个角落。

经过几代人的努力拼搏，海外华人成为当地社会经济发展的重要力量，对所在国家和地区的发展作出了很大的贡献。海外华人创造的财富不断增长，据估计其经济总量相当于一个中国台湾或接近一个韩国，资产总额大约在2.5万亿美元。由于海外华人大量聚居在东南亚各国，华人资本和企业在东南亚国家也比较集中。1995年8月澳大利亚外交与贸易部发表的海外华人经济网络研究报告显示，超过七成的东南亚上市公司由海外华人企业的资本控制，而同一时期，日本东京的一家研究称在其调查的亚洲5个主要国家的上市公司中，资产绝大部分为华人所有。除此之外，分布在亚太国家和地区的华人企业，为当地社会提供了一半以上的就业机会。随着世界经济一体化程度的加深，近20年来海外华人资本在美国、加拿大、日本和欧洲国家有相当快的发展，来自东南亚国家和中国港、澳、台地区的华人资本开始大规模地向澳大利亚输入，对当地经济增长起着重要作用。从资本来源来看，海外华人的资本最初有两大类：一类是早期没有携带任何资本的华人移民在当地白手起家经过几代人的血汗逐渐积累起来的资本；另一类是第二次世界大战前后一些华人企业，包括中国港、澳、台地区的华人在海外投资经营逐渐形成的资本。

早期海外华人的经济活动一般是小规模的商贩活动，这些经营被戏称为华人海外创业的"三把刀"，即理发刀、裁剪刀和菜刀。即使在今天，一些缺少知识背景的华人非投资移民，仍然把以这些简单的经营活动作为创业的起点，在东南亚有很多人经营日杂货物，在欧、美、日等发达国家，也有很多人经营餐饮业，从这些简单的经营活动中仍然可以看到一百多年前老一辈海外华人谋生的景象。当然，从整体情况来看，今天的海外华人经营活动已经今非昔比，大型的海外华人企业比比皆是，华人公司上市也屡见不鲜，不再是什么新闻。华人企业的经营范围遍及电子及电器制造业、生物科技及制药工业、稀有金属冶炼及制造工业、石油化工等领域。据2000年年初的法国《欧洲时报》报道，在美国加州硅谷的7 000多家公司中，华人和印度工程师组成的公司有2 755家。杨致远创立的雅虎公司于1995年创立，1996年股票上市，当时每股13美元，营业额100万美元，如今其股票已飙升到400美元，公司总值高达1 030多亿美元。在2000年评选揭晓的1999年度硅谷"十大风云人物"中，华人就占了四位，他们是陈宏、陈丕宏、李广益和殷晓霄。

海外华人企业经历了从无到有、从小到大、从原始到现代的过程，但有一点始终没有改变，绝大部分的海外华人企业都采取了家族经营的方式，尽管越来越多的华人企业普遍采用股份公司的形式，但却并没有放弃家族经营，在企业的组织结构和经营管理上，亲缘和家族色彩非常浓厚，企业的核心领导层和管理层大多由家族成员组成或控制，所有权和经营权牢牢地控制在家族成员手中。

华人历来十分重视家族血缘的关系，所谓"上阵要靠父子兵，打虎还须亲兄弟"，正是对亲情之间血浓于水的信赖关系的真实写照。血缘关系使同一家庭的人，生来就有一种互相亲近和彼此信任的感情。在创业时，华人选择的合作伙伴往往是本家、同族的父母兄弟或其他成员。这也是海外华人企业为何大部分都是家族型企业的直接原因。在海外华人企业中董事会和总经理大多都要由本家族的成员组成，家族的主要成员都是身兼两职，既是董事，又是经理。据有关资料统计，1987年中国台湾的97家企业集团中，属于家族集团的有81家，占86.6%，家族集团的核心人物全由家长担任董事长和总经理的有23家。由家族成员共同组成的高层管理核心，体现了家族对企业的所有权关系，也保证了家族对企业的有效控制。除了家族血缘关系，地缘关系也是中华民族传统文化的重要方面，海外家族企业在经营管理中，对故土和乡亲的信任也非常普遍。在人事安排上，往往以家族血缘的地缘关系的亲疏远近为准绳，进行选择和取舍，重要部门的负责人，以及各分公司的经理等主要职位，大多是由本家族的兄弟、子侄，或者是与本家族沾亲带故、关系密切的亲戚、宗亲以及老乡来担任。海外华人家族企业家族管理模式既有积极作用，也有消极影响，对待这个问题不能简单地肯定或者否定，因为同样是家族管理，一些企业经营得有声有色，而一些企业却举步维艰，甚至破产倒闭，可见，问题的关键并非是否采取家族管理，而是如何采取家族管理。为了解决家族管理中容易出现的一些问题，一些较大的海外华人家族企业纷纷行动，采取了多种措施进行变革：首先，注重企业继承人的选拔和培养。众所周知，随着企业规模扩大和资本扩张，人才问题是困扰家族企业的大问题，为了企业能后继有人，大多数海外华人企业主把子女送往欧美或当地的名牌大学接受高等教育，学习现代科技知识和企业管理方法，为以后企业交接作好人力资源储备。其次，将家族经营和现代企业制度结合起来，建立新的管理模式。新加坡学者林孝胜先生在对新加坡的家族企业作了深入的研究之后认为，李光前家族企业的管理模式是新加坡华人经济现代化的范例。李光前于1928年创立南益公司，在短短的十多年时间就成为新加坡及马来西亚橡胶、黄梨业的大鳄，后来合资创办新加坡华侨银行，成为金融界巨子。李光前家族企业管理模式核心内容体现在三个方面：第一，在家庭成员中，按其地位及作用，合理分配公司股权。第二，始终保持家庭对企业的控股权。第三，推行西方现代管理原则，把企业拥有权与管理权分开，在企业中担任董事的家庭股东只扮演决策者的角色，实际管理及执行则由专业经理负责。上述管理模式将家族管理和现代企业制度很好地结合起来：在家族中明确各自股权避免了日后发生的财产纠纷，保持家族控股避免了企业所有权旁落，最大限度地维护了家族利益，而推行西方现代管理制度实现所有权和经营权的分离则有效地利用了分工和专业化所带来的效率提升，的确堪称华人家族企业制度创新的典范。也许正因为如此，李氏家族才一直保持其市场地位，在李光前先生病逝后的三十多年来，企业又有了很大发展。

6.3.2　从中西方的文化差异看待家族企业

中华民族历史悠久，中国的传统文化更是博大精深，每一个中国人的身上都带有这种典型东方文化的印迹。中西方文化的巨大差异使中国的家族企业包括海外华人企业与西方家族企业经营管理有很大区别，尽管从企业组织形式来看，都是股份公司，都受家族控制，然而骨子里的文化特质是完全不同的，不可能不影响企业的经营管理。

在中西文化差异的问题上，有人认为"一个中国人是龙，一群中国人是虫"，我看未必这样，家族企业的存在和发展本身就是对这种观点的反驳，翻开成功家族企业的创业史，哪一个企业不是家族成员齐心协力、共同打拼的结果？家族企业的优势就在于企业目标和家族利益相一致，家族成员凝聚力强，内部交易成本低。如果家族企业内部利益目标不统一、相互钩心斗角、难以合作的话，早就被市场淘汰了。也有人认为中国人"宁做鸡头，不做凤尾"，使家族企业难以长大，笔者认为这种看法也很片面。我国目前存在的家族企业中，做大、做强的优秀企业不在少数，而西方发达国家的家族企业中，大部分也都是中小企业。另外，愿意做"头"而不愿意做"尾"并没有什么不好，这本身也是一种竞争精神的体现，从竞争的角度来看，西方国家和我国相比可能更加激烈，所以，仅仅将一些家族企业长不大的原因简单地归结于"头"和"尾"的文化，显然并没有什么根据。还有人认为中国人道德水平低、缺乏诚信，对此我也不敢苟同，因为诚信机制显然不是靠道德就能建立起来的，如果真是这样的话，就不需要法律了，被一些人认为道德水平高而推崇备至的西方国家恰恰是法律健全的典范，可见法律才是建立诚信约束机制的关键。中国的家族企业要想以文化制胜，更应该强调祖国传统文化思想的精髓，事实上包括海外华人企业在内的很多华人家族企业正是因此而不断发展壮大的。中国文化与西方文化的根本差异在于西方文化强调个性自由，而中国传统文化更注重个体所构成的群体及其与外部环境的融合，所谓"天时、地利、人和"正是中国文化的真实写照。在中国传统文化的发展过程中，自汉代以来，儒家文化始终占统治地位，儒家思想直至今天仍然深深地影响人们的行为和思维，甚至作为正统的道德规范而存在。华人家族企业在经营管理上的成功，离不开以儒家文化为核心的中国传统文化。

1）以"仁"为根本的管理办法

在儒家学说中，"仁"的思想地位非常重要。孔子曰：仁者爱人。我们可以将其理解为在复杂的人际关系中学会善待别人。西方自亚当·斯密以来一直将"理性人"作为个体参与社会活动、经济活动的标准，人与人之间的关系因经济利益的不同而泾渭分明，这种理性模式造就了西方的传统文化，形成了西方式的思维方式和行为准则。中国儒家文化中"仁"的思想却与此格格不入，除了利益关系之外更强调人与人之间的感情关系。从西方文化的角度看儒家文化，中国人是"不理性"的；从中国文化的角度看西方文化，西方人是"冷漠"的。我们无法评价两种文化孰优孰劣，只能说这是两种完全不同的文化而已，也许中国人更适合中国文化，而西方人更适合西方文化。在企业经营管理思想和方法方面，华人企业没有必要也不可能照搬西方企业的模式，寻找适合东方文化和中国人自己的经营管理模式完全可以取得成功。以"仁"为根本的管理思想，就是将"仁"奉为管理员工的信条，以"仁"待人，以"仁"处事，从工作和生活的细微之处入手，设身处地地关心员工，爱护员工，尽最大努力解决员工的实际困难和问题，在企业中给员工营造家的气氛，让员工觉得自己就是企业大家庭中的一员，自己的命运和企业命运紧紧连在一起。家族企业中这种以"仁"为根本的管理在感情上拉近了员工和业主的距离，极大地调动员工的工作积极性，使员工们都能忠于职守，对工作尽责尽力，真正做到以企业为家。1988年荣获"香港杰出工业家"称号的林光如先生，自创业以来，其企业规模由小到大，然而历时20年其员工竟无一流失，而且个个成为以公司为家的工作狂，其原因就在于他在经营管理中对员工的善待和爱护。作为老板，他在下厂时却总能随口叫出每个员工的名字，对遇到困难的员工总是尽力相助，而且自己十年如一日，每天早八点半到公司，从不迟到早退。这种精神使员工感觉到老板和自己一样，都是企业中的一员，因而大家在工作中很少迟到、早退。重庆力帆集团的老板尹明善所说的"八分人才、九分使用、十分待遇"，实际上也是善待员工，"让员工觉得走不如留下来"。我的一位朋友在一家私人企业供职，虽然是一家典型的私人企业，但老板对员工的态度却非常好，员工有困难时老板帮忙解决，碰到青年人成家结婚的喜事，老板也总是随一份不菲的礼金，甚至有时员工生了小病，老板娘居然买药探望。尽管这家企业里年轻人非常多，但跳槽的人却非常少，大家都舍不得离开。听朋友说起这些事情，我便想起早年在一家国有单位做事，那么多房间宁愿空着，也不愿解决年轻人的住宿困难，非得很多人挤在一起，明明是国家规定的待遇却找各种借口推托，如此种种，想想我心里仍然发凉。还是古人说得好，"人心齐，泰山移"，善待员工，员工才能有归属感，企业才能上下一致、齐心协力，事业才能兴旺发达。

2）以"和"为核心的协调机制

中国传统文化一向强调"人和""和为贵""家和万事兴"。今天我们所倡导的和谐社会，也是中国文化特色的集中体现。这里所谓的"和"的含义，可以简单地理解为"和谐、协调"之意。一个家庭只有大家和和睦睦，才能万事兴旺；一个国家只有上下协调，才能繁荣昌盛；而一个企业的员工只有目标一致、和谐相处，才能心往一处想、劲往一处使，企业才能迅速发展壮大，才能在激烈的市场竞争中立于不败之地。在中国的家族企业文化中，应该明确体现"和"字，应该建立以"和"为核心的协调机制。以"和"为核心的协调机制包括两层含义：一是保持老板和员工之间的协调关系；二是保持员工之间的协调关系。人是有感情的动物，东方文化尤其重视人与人之间的感情纽带，在人际关系中，仅仅以经济利益作为润滑剂是不够的，难以从根本上解决所有者和员工之间的关系。一些善于处理劳资双方关系的华人家族企业业主对"和"字的哲学意蕴有深刻理解，并能将其化为行动用于员工管理，通过设身处地替员工着想、关心和爱护员工、尊重员工，为员工提供融洽、和谐的工作氛围，保持老板和员工的和谐关系。不要小看这种感情投资，它是企业一笔宝贵的无形资产，虽然从短期利益考虑可能并没有带给企业额外的收获，但从长期考虑，不仅保持了企业的稳定、员工的凝聚力，增加了企业的核心竞争优势，而且在关键时刻甚至可以使企业摆脱失败的命运。著名企业家林绍良曾自豪地说："我们三林企业集团提供了20多万人就业工作机会，20多年来从未发生过罢工事件。"从劳资关系的角度来说，这的确非常不易。在一些西方国家，不仅罢工事件经常出现，而且工会自己下属企业的罢工情况也时有发生。特别值得一提的是，在华人家族企业中，因为平时的感情纽带，当一些企业因经营困难而陷入窘境时，员工不仅不会离开，反而宁愿降低自己的工资，和企业共渡难关，直至企业恢复元气，实在是劳资关系融洽的典范。除了劳资关系外，企业员工之间的协调关系也很重要，这就要求企业的管理制度和管理风格有利于企业信息的上传下达，有利于沟通渠道的畅通无阻，能够随时解决不同部门、不同员工之间出现的误解和矛盾，将大家的观念、利益统一起来，保证企业的运转效率，将内耗降低到最小的程度。

3）以"节俭"为原则的成本核算

勤俭节约是中华民族的传统美德，几千年来，中国人将"勤俭"作为创业之本，守业之道，祖祖辈辈流传下来。在华人家族企业的文化中，也处处体现着勤俭持家的经营之道。企业经营必然发生成本费用支出，并且成本费用支出的多少直接关系到企业投入产出的比例，决定企业利润率的高低，因此，控制成本是任何一个企业都必须重视的问题。在当今世界，信息传播网络极其发达，技术普及速度非常之快，市场竞争已经难以用"激烈"来描述，甚至可以用"残酷"来形容。当同一行业的竞争者拥有相似或相同的技术时，技术就不再是优势了，而且同质化的产品在市场上以大致相同的价格出售，价格竞争也很难奏效，这时，企业的成本控制就显得非常重要了。应该注意，成本控制并不是让企业降低产品质量、偷工减料，这样做的结果只能是自毁长城，使企业陷入困境。事实上，由于技术相同、工艺相近，企业要想在直接成本控制环节和其他企业拉开差距已经非常困难，因此，现代企业的成本控制很大程度上是间接成本的控制。间接成本主要指企业的管理费用、财务费用和营业费用。与直接成本难以压缩的情况不同，间接成本往往可大可小，具有很大的弹性空间，如果控制得当，将会给企业节省一大笔资金，形成企业新的利润增长点。对于一般的公众企业来说，由于企业管理者和企业所有者的利益目标存在差异，管理者往往更关注自身利益和物质享受，压缩间接费用可能存在一定困难。然而，家族企业的所有者和管理者往往集于一身，有利于间接成本的控制。金裕兴公司创业于1991年，在短短的几年中公司迅速发展起来，成为一家拥有科研基地、12家分公司的大型民营企业，在1997年被评为"优秀科技企业"和"先进民营科技企业"称号。就是这样一家大企业，公司的主要大股东和主要领导却一直乘坐桑塔纳轿车，住普通民房。他们可以花上千万元在中央电视台为企业做广告，却不肯浪费公司一点一滴的财产，也许这正是他们能够成功的秘诀之一吧。然而，并非所有企业都能这样，一些民营企业的业主在娱乐场所一掷千金、挥金如土，但企业的职工连基本的劳保都没有，工资待遇低得可怜，在这样的企业里，员工和业主的利益目标很难协调起来，难以形成健康的企业文化，久而久之，企业的凝聚力和竞争力就会下降。

4）以信誉为出发点的质量把关

在中华民族的传统文化观念中，"诚信"是一个人的安身立命之本，也是经营者必须遵守的基本准则。自古以来"童叟无欺"一直作为从事经营的价值尺度警示着许多经营者，而那些为了利益不择手段的经营者则被称为"奸商"而遭到人们的排斥。中国家族企业要立足于市场，必须有诚信、讲信誉，唯有如此，企业才能发展壮大起来，否则，迟早要被市场所淘汰。"金利来"王国的缔造者、香港金利来集团公司主席曾宪梓先生在20世纪60年代于香港创业初期就给自己定下了"无论将来环境如何恶劣，都必须正直做人，勤俭创业"的信条，其诚信经营的故事被人广泛称道。"万事开头难"，曾宪梓先生创业初期境况非常艰难，和妻子手工缝制领带，夫妻起早贪黑，十分辛苦。当时他做领带的主要原料是泰国丝。有一次他急着要去泰国订购原料，临行前跟一家叫龙子行的百货公司报了价格，并由对方预订20打泰国丝领带。因为时间仓促，当时双方并没有签订正式合同，只进行了口头协议。然而，当曾宪梓先生到了泰国进货时才发现泰国丝料价格已经上涨，如果按照原来的报价将领带销售给龙子行，这笔生意就会亏本，如果临时抬高价格或放弃生意，则有不讲诚信之嫌。关键时刻曾宪梓先生决定宁可自己亏本，也要遵守承诺。回香港后他还按照当初口头协议的价格，将领带卖给龙子行。这笔交易使龙子行的经理十分佩服曾宪梓诚实守信的经商作风，在以后的交往中，两家相互信赖、配合默契，并且建立了良好的合作关系。在很短时间里，曾宪梓制作的领带便在香港小有名气，到了1970年，金利来（远东）有限公司注册成立时，曾宪梓生产的领带已在香港十分走俏。在1974年香港经济大萧条，各种商品纷纷降价出售的时候,"金利来"领带却因为质量好而受到公众的信赖,价格不但没有下降,反而有所提高,并且生意一直很好。经济萧条过后,"金利来"领带更是身价倍增,在香港成了独占鳌头的名牌产品。

6.3.3　中国家族企业的发展前景

家族企业是我国私营企业的主力军,也是我国国民经济的重要支柱,将对我国未来的经济发展起到至关重要的推动作用。因此,家族企业该走向何方?家族企业如何发展?这些问题绝不只是企业自身利益的问题,还是影响国计民生的大问题。

1)企业自身的发展完善

家族企业是一个宽泛的概念,可以从多个不同角度去理解,但无论如何,作为家族企业本身,还是有一个基本的发展规律可以把握的。提到家族企业,有人就马上想到原始的经营方式、长不大的企业规模、落后的技术等,这是静止不动地看问题,忽略了家族企业成功的事实。事实上当今世界成功的家族企业比比皆是,其管理、规模、技术都是一流的。也有人认为家族企业既然存在于各个历史时期,而且东西方国家都有,因而,家族企业不受社会制度、市场环境等外部条件的影响,这是脱离实际地看问题,忽略了家族企业在不同时期、不同国家、不同文化等条件下存在很大差异的实际情况。对我国目前的家族企业现状,要有一个客观、正确的看法,不应对家族企业本身持否定态度,也不应回避家族经营中存在的问题,要从实际出发,根据家族企业发展的规律,结合外部条件的变化重新认识家族企业的发展与完善过程。

家族企业的发展与完善表现在:

(1)企业制度的完善。改革开放以来,我国的家族企业在产生、发展的初期大多以个人或合伙方式经营,这当然也是受历史条件的限制,但无论如何,个人或合伙企业在法律上都是自然人企业,业主本人的财产和企业的财产合二为一、无法区分清楚,一旦企业经营不利或倒闭,业主将对企业的债务承担无限责任,作为合伙企业的所有者,如果其他合伙人没有偿债能力,有能力的合伙人还要承担连带责任,先以自己的财产对债权人偿还,然后再向欠债的合伙人追偿。这样一来,个人或合伙经营的风险就增加了很多。相对于个人独资与合伙企业来说,公司制企业的优势非常明显。在我国,公司的类型有两种,即有限责任公司和股份有限公司。《中华人民共和国公司法》(以下简称《公司法》)规定:有限责任公司是由2个以上50个以下的股东共同出资设立,股东以其认缴的出资额为限对公司债务承担有限责任,公司以其全部资产对其债务承担责任的企业法人;股份有限公司是全部资本由等额股份构成并通过发行股票筹集资本,股东以其所认购的股份对公司承担责任,公司以其全部资产对公司债务承担责任的企业法人。《公司法》对公司制企业的概念界定意味着无论是股份有限公司,还是有限责任公司,股东作为企业的所有者都仅以其出资份额对公司承担责任。公司本身是法人,公司和所有者是两个相互独立的法律主体,如果公司经营不善而倒闭或破产,公司的债权人只能向公司要求偿还债务，即使公司的剩余财产无法全部偿还，债权人也不能向公司的股东要求偿还。很明显，对所有者来说，公司制企业的风险要远远小于个人独资企业和合伙企业。当然，公司制企业的优势不仅仅是这些，在组织结构、经营方式、融资渠道等很多方面，公司与独资企业或合伙企业相比，都有绝对的优势。近些年来，我国家族企业中的公司制企业越来越多，当然，由于股票发行条件比较严格，大部分公司制企业还是以有限责任公司的形式存在，不过，也有一些优秀的家族企业发行股票并上市，成为市场中的佼佼者。总起来说，家族企业由个人独资或者合伙经营向公司制企业发展，是一个不可逆转的趋势，是企业制度走向现代化的必经之路。

（2）家族企业的产权社会化趋势。家族企业的基本特征就是企业产权高度集中在家族成员手中，社会公众或其他外部力量难以介入。但家族企业产权结构的这种特点并非一成不变，在企业本身的不同发展阶段、企业经营的外部环境等相关条件发生变化时，家族企业的产权结构也会发生相应的变化。如果不考虑这些条件，仅仅就这种产权集中分布的模式本身而言，是没有什么实际意义的。根据家族企业发展的规律，创业初期的家族企业实行所有权高度集中制度的确有其得天独厚的优势：第一，产权集中于家族成员手中，有利于排除一切干扰因素，提高企业决策的效率，保证了企业经营的灵活性；第二，产权集中于家族成员手中，使家族利益和企业目标完全统一起来，有利于形成较强的凝聚力和向心力，提高企业的市场竞争能力；第三，家族成员之间有着相同或近似的思想理念，容易沟通，降低了企业的内部交易成本；第四，当企业经营的外部市场条件不成熟时，所有权集中能够在一定程度上防止企业的产权纠纷，有利于企业的稳定；第五，当企业无法或难以从资金市场取得所需的资金时，将家族成员的资金集中起来，进行家族经营是企业筹资经营的唯一渠道，而采取这种方式的结果就是企业产权全部集中在家族成员手中。然而，家族企业的这种优势总归是特定条件下的优势。一个不可否认的事实是，随着企业的发展、企业经营的外部环境的改善，产权高度集中的优势会逐渐变成束缚企业发展的不利条件：一方面，产权结构单一，仅仅局限于家族内部，不利于企业广泛利用社会资金，扩大企业的经营；另一方面，家族内部的血缘、亲缘关系和企业产权关系交织在一起，会给企业的管理带来困扰，不利于企业内部现代管理制度的形成和实施。我国自改革开放以后，政府对家族企业的态度由接受、认可到支持，家族企业经营的外部条件正在发生越来越大的变化。股票核准制的施行给民营企业利用权益筹资方式募集资金带来新的机遇，而对民营企业进出口经营权注册资金审批条件的放宽也给中国家族企业进行国际市场竞争铺平了道路。所有这些外部条件的变化都预示着中国家族企业在未来会有更快的发展，企业产权结构也必然发生变化，呈现社会化的趋势。

（3）家族企业的所有权和经营权分离。在创业初始阶段，家族企业不存在所有权和经营权分离的问题。这一时期企业的规模相对较小，企业管理并不复杂，家族成员完全可以胜任，企业的所有者理所当然的就是企业的经营者，而且，所有权和经营权集于一身能有效防止引进外部管理者产生的代理成本过高的问题，这一点在我国内地的家族企业中表现得尤为明显。由于我国是在改革开放后，家族企业才不断发展起来，长期以来的计划经济体制使市场缺少一个专业的职业经理人群体，私营企业也没有雇用职业经理的意识，虽然后来逐渐出现了职业化的管理人才群体，但市场机制并不完善、法律法规也很不健全，使整个社会难以形成一种有效的诚信约束机制。在这种情况下，一些家族企业虽然希望实现所有权和经营权的分离，但由于风险过大，只好暂时持观望态度。重庆力帆的总经理尹明善对此无奈地感叹："让一个外人掌握你企业的技术核心机密，很危险，他完全可以随时拿走，造成企业不稳定。我国法律对此没有明文规定，商业机密拿出去是正常的，不拿出去反而不正常，我只有靠家族才能稳定，家人背叛的可能性小，稳定的成本就低。"然而，尽管存在这样或那样的问题，家族企业引进外部管理人才的脚步却从来就没有停止过，毕竟所有权和经营权的分离有利于企业的发展，这一点广大的家族企业所有者心里非常清楚。尹明善针对这一问题的解决办法是贤亲并举。按照他的说法，任人唯亲是为了稳定，任人唯贤是为了发展，他认为这种方法最符合中国目前的实际情况。在他的企业里，尹家成员在核心层不到5%，总裁、副总裁10多个人中，他家成员有两个，其他95%是与他非亲非故的人，负责财务的总裁和副总裁是非家庭成员，但财务总监是他的太太。从长远来看，企业的所有权和经营权分离是适应现代管理方式的一种必然趋势，是企业发展壮大的内在要求，当然这种愿望的实现不仅仅是企业自己的事，政府和社会在促进企业两权分离的过程中将扮演重要角色。要形成有效的诚信约束机制，政府必须尽快完善市场环境建设，健全各种法律、法规，使一些违法、违规行为的处理能够有法可依并且有法必依，增加职业经理的违约成本，降低所有者的委托-代理风险，使职业经理人在长期的实践活动中逐渐建立职业道德习惯，将法律约束和自我约束结合起来，只有这样，才能给家族企业的所有权和经营权分离创造良好的外部环境。

　　（4）家族企业的员工持股制度。家族企业在发展壮大的过程中必然面临人才的问题。这一方面是因为大型企业中家族成员的力量难以承担管理经营的重负，限制了企业管理水平的提高，影响了企业的创新能力；另一方面引进专业管理人才也是企业逐步实现所有权和经营权分离的需要。表面看来，家族企业引进人才的优点很多，日渐成熟的人才市场也给企业提供了这种机会。然而现实情况却并非如此简单。很多家族企业在引进人才的问题上有颇多顾虑，首先，引进的人才对企业忠诚度如何是一个大问题。家族企业在创业和发展过程中，家族成员对企业的忠诚起了非常关键的作用，在某种程度上，可以说忠诚度和凝聚力造就了家族企业的成功和辉煌。因此，家族企业非常看重员工的忠诚度，尤其是对企业的高层管理者。往往由于他们掌握着企业的要害部门，了解企业的商业机密，一旦忠诚度出现问题，投入竞争者的怀抱，带给企业的损失是难以估量的。因此，家族企业所有者的顾虑并非杞人忧天，在我国现阶段，所有者和管理者之间的委托-代理关系的确有风险。其次，企业如何才能留住人才、激励人才，充分发挥引进人才的作用。人力资源是企业一项非常特殊的资源，和企业的其他资源相比，人力资源的管理非常困难。企业的机器设备等其他资源没有感情，其价格、功能、效率、使用寿命、产量、能耗、品质等指标都一目了然，很容易确定。但同样属于企业资源的人却不同，人既是管理者又是被管理者，有感情、会思维，有责任心也有利己心，一个人才的价值、能够对企业发挥的作用、能在企业工作的年限、能够创造的财富等各种因素在短时期内对企业来说，是一个未知数，甚至有些因素可能永远都是未知数。而且更重要的是，人的需要是多层次的，人不仅有生存需要、安全需要等基本需要，还有获得尊重、实现自我价值等高层次的需要，所有这些都给人才的管理和使用带来困难。尽管存在诸多顾虑，但只要引进人才对企业有利，没有人会因噎废食。目前我国的家族企业都在不同程度上引进了外部管理人才，其中相当一部分企业因此而取得了良好的效益，逐渐走上所有权和管理权分离的道路。很多企业的成功经验表明：员工持股制度是留住人才、激励人才的有效途径。员工持股最初产生于美国企业，为了发挥激励作用，企业允许经营者在一定时期内按预订价格购买企业股票，如果经营得当，企业的股票市值就会上涨，而股票价格上涨不仅符合所有者的利益，也会给经营者带来股票收益。这种方法将经营者的利益和企业利益紧密联系起来，是一种有效的人才管理办法。据统计，在全球500强企业中，至少有89%的企业实行了经营者持股的制度。我国在这方面的工作起步较晚，但目前也有很多家族企业对员工进行股票激励。据调查，国内已有52%的网络公司实行了股权激励办法。北京的金裕兴集团有一个口号：作股东光荣。凡是对企业有突出贡献的员工，经过申请由董事会提名、股东大会批准就可成为企业的股东，这种方法给企业的员工管理带来了很多好处，使企业受益匪浅。

2）国家对家族企业的外部环境调整

国家应当完善相关法律、法规，创造良好的法制环境。西方自古典经济学的创立者亚当·斯密以来，一直强调市场自由的思想，认为市场是一只看不见的手，可以合理配置资源而无须政府干预。今天虽然有人对这一观点有不同看法，但毫无疑问它依然作为西方经济学的基本思想而被广泛接受。不过，市场经济要发挥作用必须有良好的法制环境，如果法律制度不健全或者法律、法规执行不力，市场的有序性将难以保证，缺乏规范的市场必然成为竞争的障碍，自由也就成了一句空话，合理配置资源当然也就无法实现了。法律制度的完善首先要立法，做到有法可依，然后是有法必依。从顺序上看，立法要先于执法，没有法律的情况下又何谈法律的执行。不过在重要性上，执法的重要性丝毫也不亚于立法，尤其是在我国目前的情况下，更应强调执法的重要性。其原因主要在于：其一，有法不依或执法不严破坏了法律的刚性，甚至使法律、法规形同虚设，这样立法也失去了意义。其二，有法不依或执法不严使执法者和违法者的法律观念逐渐淡薄，并进而使整个社会的法律观念淡薄，形成一种不必遵纪守法的社会风气，而一旦形成这种社会风气，它将是根深蒂固的，很难从根本上消除，因为扭转一种社会风气显然要比形成一种社会风气要困难得多。举一个简单的例子，如果一个人只是钻法律的空子，说明问题出在立法上，只要我们完善法律就可以堵住漏洞，使其无空可钻；但如果一个人不是钻法律的空子，而是公然违法，那么要解决的就不仅仅是立法的问题了。从严重性来说，第二种情况显然要严重得多，要解决它就需要付出比第一种情况更多的成本。再进一步，如果执法缺乏力度导致了公然违法形成一种社会风气，那么这个社会就非常危险了。改革开放以来，我国在法制建设上取得很大成就，私人企业的各项权利也有了法律保障，但不可否认的是一些长久积累下来的问题依然存在。例如，针对掌握企业机密的员工跳槽后泄密的现象，为了维护企业自身利益，企业可以按照《中华人民共和国劳动合同法》中的相关规定，在与按照岗位要求、需要涉及用人单位商业机密的劳动者订立劳动合同时，可以协商约定一个最长不得超过6个月的解除劳动合同的提前通知期，在提前通知期期间，用人单位可以采取相应的脱密措施。为防止不正当竞争，用人单位还可以与高级职员在劳动合同中约定一定的竞业避止条款，即劳动者在终止或解除劳动合同后的一定期限内，负有保密义务，不得生产同类产品或经营同类业务，不得在有直接竞争关系的其他单位任职。但根据现实情况，出现以上问题时，企业实际上很难运用法律手段挽回经济损失，大部分企业的做法都是自认倒霉。再比如，长期以来形成的一些行政部门对企业乱收费、乱摊派等现象，虽然政府三令五申，还是屡禁不止，也是一个应该引起重视的问题。因此，在今后的相关经济法制工作中，应该立法与执法并重，并适当强调执法，只有这样才能使家族企业的利益免受侵害，为企业的发展提供一个良好的法制环境。

国家要完善市场环境。市场经济的核心是公平竞争，公平竞争靠合理的竞争机制来实现，合理的竞争机制的建立和完善依赖于国家的各项经济政策。改革开放以后，我国的民营企业从无到有、从小到大、由少到多一路走来，虽然一直保持强劲的势头和顽强的生命力，但在享受国家政策的问题上，却始终无法和国有企业平起平坐。这种经济地位的弱势状态不仅给企业带来资金竞争上的障碍，也使企业在人才竞争中处于不利地位。第一，银行作为我国传统的金融机构，其重点服务对象是国有企业，对私营企业的贷款额度非常少，使很多发展中急需资金的优秀民营企业很难通过银行贷款筹集所需资金，即使筹集到资金，银行对私营企业的利率也高于对国有企业的利率。第二，证券市场上私营企业也很难有所作为。由于股票、债券发行条件的苛刻，以及对私营企业的限制，权益筹资也与私营企业无缘。第三，在中间业务方面，金融机构不对私营企业办理托收承付和汇票承兑，也不进行票据贴现。第四，由于经济上的弱势地位，在相当长的一段时间里，很多专业人才不愿意到私营企业任职，给企业引进人才造成困难。当然，随着改革的不断深入、市场经济的不断发展，上述情况将不断得到改善，如今的私营企业法律地位已经得到明确，企业的各项权益已经逐渐得到保障。2001年我国股票发行开始实行核准制，为私营企业的股票发行和上市创造了条件，证券市场终于为私营企业打开了大门。此外，随着私营企业市场经济地位的确立，各类专业人才也愿意到私营企业任职，发挥特长，实现自己的价值。相信未来的市场环境将带给私营企业更好的发展空间。

复习思考题

1.如何理解家族企业的概念?

2.家族企业有什么特征?

3.试分析家族企业的优势和劣势。

4.家族企业变迁的原因有哪些?

5.家族企业的产权特征对家族企业有何影响?

6.如何完善家族企业发展的外部环境?

7.家族文化对家族企业的影响有哪些方面?

8.家族企业应如何发展?

第 7 章

企业文化的国际比较

学习目标

在传统文化基础上，形成了日本、美国、欧洲各国企业文化。中国企业文化也体现了中国传统文化的内容。跨文化管理学是20世纪70年代后期在美国逐步形成和发展起来的一门新兴的边缘科学，是研究在跨文化条件下如何克服相异文化的冲突，进行卓有成效的管理的理论。宗教作为传统文化的一部分也对企业文化产生了作用。

通过本章的学习，首先，了解日本、美国、欧洲各国和中国企业文化的特点，进而了解东西方企业文化的差异；其次，了解企业文化中的宗教现象；最后，掌握跨文化管理的含义、主要内容、类型、发展的阶段和组织结构等。

7.1　东西方企业文化概要

企业文化千姿百态，几乎可以说不会有两个企业具有完全相同的企业文化。然而由于在相同或相近的社会历史背景、民族文化传统及社会风俗习惯和行为模式的影响下，同一国家或地区、同一民族的企业，在企业文化方面必然存在着共性，在某种程度上会具备某些相同或相似的企业行为特点、企业群体意识和企业价值观等。同时，地域或民族文化这一"企业文化的摇篮"，会孕育出具有一定个性的、带有地域或民族文化特点的企业文化，各个国家、地区或民族间的企业文化也会有明显的差别。

本节主要根据企业地域和企业管理模式的显著差别，重点研究具有代表性的日本企业文化、美国企业文化、欧洲国家企业文化和中国企业文化，分析和比较东西方主要国家企业文化的异同，以便借鉴其经验，取其精华，建设有中国特色的企业文化。

7.1.1　日本的企业文化

1）日本企业文化的渊源——日本民族文化

日本民族文化的形成与其地理特点和社会发展过程密不可分。日本的国土面积仅为37.7万平方公里，是一个疆域狭小、资源匮乏的群岛国家，需要重视集体智慧、集体力量。日本历史上长期盛行单一的种植经济，这种劳作方式需要整个家庭及邻人的相互协作，因而，倾向于发挥集体的智慧。加之日本是单一民族、单一文化的岛国，这更利于重视集体力量、发挥集体智慧。公元1世纪中国儒家文化传入日本，日本人接受了儒家文化中的等级观念、忠孝思想、宗法观念等，并把儒家文化的核心概念"仁"改造成"忠"和"诚"，逐渐形成了稳定性强的具有大和民族色彩的文化传统，且对日本人的生活方式，企业经营方式、管理方式等产生了深远的影响。因而，日本属于典型的东方文化传统的国家。概括起来，其传统文化有以下几个方面的内容：

（1）民族自尊意识和民族昌盛的愿望

从历史上看，日本的周边一直存在着一些强大的国家，这使身处国土面积狭小、资源匮乏的岛国的日本人更加认识到：只有发愤图强，才能振兴经济，赢得民族独立，受到周边国家的尊重。在这种民族自尊意识驱使下，日本人产生出了一种强烈的愿望和感情——赶上和超越发达国家。事实上，日本从弱小的过去到成为巨人的今天，这种愿望和感情一直经久不衰。

在日本，这种国民团结一致的精神到了近代表现得非常突出。在经济发展战略上，政府和企业密切协作，发挥各自的优势和力量；在企业管理上，倡导家族精神和团队精神，特别是，日本对内有集体一致的精神，比如，天皇制从古至今一千年连续不断，就在于日本人把天皇作为日本国家的象征、国民一致性的象征；对外则同心协力，表现出强烈的民族观念，比如，日本人在与外国人谈判时，总是以团队应对，往往取得意想不到的胜利。

（2）永不满足的学习精神

狭小的岛国、历史上长期孤立以及现代工业对国外市场的依赖性，使日本人有着强烈的危机感。为了摆脱危机，日本人形成了惊人的广采博取的学习精神。

日本文化在某种意义上可以说是外来文化，其秉承"综合即创造"的信条，在唐朝时学习中国，明清时学习荷兰，近代以后学习英、法，到了第二次世界大战以后又学习美国。日本人特别注重结合本国需要和本国特点，对外来的东西进行加工改造。比如，在企业管理上，日本人对中国儒学进行了大规模的吸收和成功的嫁接。最让世人惊羡的是，日本人在接受外来的文化时不失民族特性，甚至在接受西方生活方式时，也保持着西服与和服、西餐和日餐等双重生活方式。

（3）忠诚精神

日本文化的价值取向是"忠"。日本人的基本假设前提是每个男女都负有恩情债，即原债。有债就需报恩，报恩的主要形式就是"忠"。因而，"忠"在日本是涵盖一切伦理标准的最高美德。从封建时代对领主的效忠，演变为近现代对国家、企业的忠诚。员工忠诚于企业，企业忠诚于社会、国家，在日本社会被认为是天经地义的事情。具体地说，进入日本公司的员工，有一种对公司感恩报恩、从一而终的感情。忠诚的标志就是献身工作，致力于对公司的贡献，而利润正是这种贡献的结果。

（4）"家族"意识

日本民族渗透着一种特殊的家族精神。这是一种家庭式温情和能力主义原则相结合的共同发展精神。日本过去一直以农业为主，而农耕作业，从播种到收获，绝非是一个人的力量可以完成的，家人、族人必须互助合作，这使得日本人养成了团结互助的好习惯。与个人才能相比，日本更重视协作与技术的作用，即表现为家族主义。

家是日本文化的基质，社会只不过是"家"的放大体。在国家，日本人爱家乡、爱母校、爱企业、爱民族。在企业内部，首先，维系家族式的等级和温情。等级的核心并不是家长式的独断，而是各级人员安于本分、各司其职。员工尊重经理，上司关怀下属。其次，员工在家庭式温情的基础上，所承受的责任往往超过公司的规定，其工作积极性也因此被充分调动起来，愿意为其心目中的"家"——公司的发展而竭尽全力。员工不仅上班时间拼命干，而且往往自动放弃节假日休息，加班加点。

（5）亲和一致的精神

要充分发挥集体的力量，就必须以和为贵，所以，日本人非常珍视和谐一致，提倡自我约束、宽厚待人的精神风貌。

2）日本企业文化的内容

在日本，民族文化对企业文化的影响远较其他国家深远得多，重视传统文化与现代管理的嫁接使日本获得了空前的成功，日本的企业文化也因此饮誉世界。日本企业文化的表现形式是多种多样的，如"社风""社训""组织风土""经营原则"等。具体说来，日本企业文化具有如下内容：

（1）强调为社会经营的核心理念

日本企业经营的核心理念是重视企业的社会责任。日本企业在经营中强调要为社会生产优质的产品、提供周到的服务，为社会多作贡献，从而取得社会的好评。其往往用社风、社训、社歌、社徽等形式来表现这种社会经营理念。日本企业强调追求经济效益和报效国家的双重价值目标，认为企业与国家、政府之间不仅仅是一种交税和收税的经济关系。

自明治维新以来，日本企业具有的强烈的社会责任意识是同日本人的国家观念分不开的。如"松下精神"第一条就讲"工业报国"。当许多企业出现无力办和办不好事情的时候，国家就会出面帮助企业解决。国家在指导企业、协调企业方面发挥很大的作用。在影响日本国家利益的关头，不同企业常常能够密切合作。因此，在日本，企业和国家在利益上往往是一致的。

（2）坚持家族主义的民族传统

日本民族长期的家族主义传统被企业很好地继承下来，渗透在企业管理的各种制度、方法、习惯之中，使职工结成"命运共同体"，即所谓的集团。在日本，集团是一个含义广泛的概念。企业可以被看作集团。企业内部的科室、班组、事业部等是大小不一的集团；在企业外部，相互间有密切联系的企业结合成集团，无数个集团最终又构成日本国家和民族这个总的集团。

所谓家族主义，就是把家庭的伦理道德移植到集团中，而企业管理活动的目的和行为又都是为了保持集团的协调，维护集团的利益，充分发挥集团的力量。在家族主义思想的影响下，集团被看成社会的一个细胞，而人的个性几乎完全被集团所淹没，企业管理所面临的对象也不再是单个的人，而是由人群组合而成的集团。无论是个人的责任、权力还是利益都要由集团来承担。

家族式企业的族长具有至高无上的权威，他是企业的精神领袖，有着慈父一般的形象；员工颇似家族成员，与企业存在着较深厚的"血缘关系"，对企业无限忠诚，恪守"家"规，有很强的归属感，同时为了企业利益，不惜牺牲自身利益，甚至不惜牺牲一切。正因为日本企业把家族主义传统视为企业的灵魂，所以，即使是新一代企业经营者也把自己放在"命运共同体"成员的位置上，提出不能把公司视为私有财产，不能由经营者拍卖。但是，家族的分工以及等级色彩也是浓厚的。

（3）恪守"和魂"的民族精神

日本自称大和民族，"和魂"是日本民族精神的高度概括。"和魂"实际上是以儒家思想为代表的中国传统文化的产物，是"汉魂"的变体和东洋化。中国儒家文化的实质是人伦文化、家族文化，提倡仁、义、礼、智、信、忠、孝、和、爱等思想，归纳起来就是重视伦理道德。日本"忠于天皇、拼死不憾"的武士道精神就是"和魂"的集中表现。家族主义传统也要求和谐的人际关系，这是吸收了中国儒家学说而形成的人生哲学和伦理观念。日本企业追求的"人和""至善""上下同欲者胜"等共同体意识皆源于此。日本企业家在经营管理中就很好地利用了这种"和魂"，提倡从业人员应忠于企业，鼓吹劳资一家、和谐一致、相安而处、共存共荣，即从强调人际和谐入手以稳定劳资关系。因此，"和为贵"的思想是日本企业文化的核心。日立公司的"和"、松下公司的"和亲"、日本丰田汽车公司的"温情友爱"等都是如此。

日本企业领导人和管理人员从各方面关心员工的福利甚至家庭生活，员工也以企业为家，用高质量和高效率的工作来回报企业。在企业内部，人们以处理"家庭关系"的宽容心理来处理相互之间的关系，形成互怀善意的人际环境。近年来，日本又吸收西方文化中的一些成分，倡导企业民主，企业经协商或主动创造一些环境和场合，让员工提意见，说出平时在办公室不好说的话，以缓解企业内部矛盾，这使员工心理上得到一定满足。日本企业家甚至还别出心裁地发明了出气室，里面放有董事长、总经理等企业高层领导的塑像，员工可以在那里用橡皮锤狠狠地砸这些代表着企业领导的塑像，以泄心中不满。"人"也砸了，气也出了，员工回到岗位继续好好工作。

（4）倡导团队主义精神

日本文化中的家族主义观念和"和魂"精神，在企业中则普遍表现为"团队精神"。团队精神的实质是讲合作、讲协作、注重集体的智慧和力量，甚至为群体而牺牲个人的强烈意识。

例如，在决策中，上下级之间除进行正式沟通外，还可以像"兄弟"一样进行各种非正式沟通，自上而下集中多数人的意见，经过反复酝酿，直到取得了较为一致的看法后才拍板定案。在执行中协调一致，合作互助，有意模糊个人的权限和责任，不突出个人，体现着较强的集体责任感、荣誉感和工作献身精神。在利益取舍上，员工把个人利益置于团体利益之下，个人利益置于他人利益之后。在奖励上，主要着眼于团体，而不是个人的激励制度。日本人认为太突出个人，不利于集体的合作。在生活上，通过建立全能的生活设施，建立多种社团组织，开展体育比赛及庆祝结婚纪念日等活动，让员工感受到集体的温暖，培养员工的团队意识。

（5）倡导"综合即创造"的经营哲学

"综合即创造"是日本企业的经营哲学。

第二次世界大战以后，日本企业成功地在世界范围内对各种优势资源进行"综合"，在"综合"中创新，在"综合"中提高。它以最少的投入——360亿美元，获得了世界上39 000多项最新技术，用嫁接、模仿的方法创造了大量具有竞争力的新产品。值得注意的是，日本企业不仅重视引进，更重视的是消化吸收。日本引进费和消化吸收费投入比例为1∶10～1∶7。

与"综合即创造"这一经营哲学相联系，日本人还有一个"和魂洋才"的说法。其中的"洋才"是指西洋（欧美）的技术。这就是说，日本人对外来文化有很强的容纳力和消化力，有很强的饥饿感和危机感，这正是推动其积极吸收、学习国外先进管理与技术的文化动力。1886年日本明治维新，开始了资本主义进程。在明治政府的大力支持下，向西洋学习先进技术及管理方法在日本企业中逐渐形成高潮，于是"和魂"和"洋才"开始结合起来，成为日本近代企业家经营活动的指导思想，即日本化了的以中国儒家文化为核心的"和魂"与以欧美的先进技术为内容的"洋才"相结合，构成了日本企业管理文化的重要基础。第二次世界大战以后日本企业引进、吸收、消化了大量的欧美先进技术，同时又在此基础上进行了卓有成效的改进与创新，创造了远比其他资本主义国家大得多的资本增值。例如，日本丰田汽车公司的企业文化是："上下一致，至诚服务，产业报国；致力于研究与创造，超越时代；力戒华美，追求质朴、刚健；发挥温情友爱，大兴家庭美风；尊崇神佛，致力生产报恩。"日本丰田汽车公司就是靠这种企业文化使公司形成比较和谐的劳资关系，吸收引进了其他各国的先进技术，创造出先进的管理方法——丰田工作方式，从而在新产品开发及市场竞争中取得成功，成为日本第一大企业。

（6）"以人为中心"的经营理念

日本企业的家族主义传统不是空洞的，"和为贵"的企业文化核心思想也不是空谈。许多日本企业家认为，企业不仅是一种获得利润的经济实体，而且是满足企业成员广泛需求的场所。这有三项重要的制度作保障，即终身雇佣制、年功序列工资制和企业工会。

终身雇佣制，是指日本企业一般不轻易解雇员工，这使员工有职业保障的安全感，更重要的是使员工产生成果共享、风险共担的心理。这种制度并不是法律规定的，而是日本企业的传统。

年功序列工资制，是指把员工的收入与其对企业服务的年限挂钩，晋升工资主要凭年资，相应的职务晋升也主要凭年资。资历深、工龄长的员工晋升的机会较多，保证相当部分员工在退休前都可升到中层位置。这种制度是以论资排辈为基础的，员工服务时间长短和对企业的忠诚度比工作能力更重要。加上提供廉价公寓、减免医疗费、发放红利等全面福利，从物质利益上诱使员工对企业"从一而终"，从而限制了员工的"跳槽"现象，鼓励员工在一家企业干到底。

企业工会，是指工会的组织不是按工种或职业的不同来组织，而是按企业来组织，一个企业的职工都在一个工会里，而同其他企业的工会没有什么密切的联系。这样，把劳资关系改造为家族成员的内部关系，劳资之间的冲突和交涉只限于企业内部。

这三项制度像三条无形的绳索，把员工们捆在一起，使他们团结一心，为企业竭尽全力。通过物质利益及精神需要的满足，强化了员工对公司的家庭般的归属感，使他们把自己的工作、事业的追求，甚至精神的寄托都纳入以企业为中心的轨道上来。同时，日本企业还特别强调献身、报恩精神，要求员工尤其是管理人员要把自己的性命与企业的事业融为一体，为之而生、为之而死。

日本企业员工对公司的归属意识很强，不管是管理者还是一般职工，多数人对企业都有很深的"感情和忠诚心"。他们认为，只有靠企业，为企业好好干，才能实现个人目标。所以，日本职工的缺勤率很低，只有 0.95%，而美国为 3.5%，法国为 8.3%，意大利为 10.6%，瑞士为 13.8%。在多数企业，员工西服上都有一个标志，表明从早到晚个人是属于公司的。企业员工忠于职守，勤奋工作，工作时间从来不止 8 小时，而是 10 小时、12 小时，下班后也不及时回家，除工作加班、开展 QC 小组（即质量管理 quality control 小组的简称）活动或学习外，还要以喝酒、下围棋等方式来交流思想，以至于很多人，尤其是管理人员，因为工作紧张和疲劳过度而患有"归宅恐惧症"。所以，外国评论家称日本人是"只知工作的蜜蜂""工作中毒"。

尤其值得一提的是日本企业开展的 QC 小组活动和合理化建议活动。这两项活动更加充分体现了对人的重视和员工对企业的高度责任感。据统计，近年来，日本的 QC 小组已超过 100 万个，每年发布成果 100 多万项，创造价值几十亿美元。合理化建议活动更是盛行不衰。1986 年全日本企业共提出合理化建议 4 792 万件，经济效益达 3 089 亿日元，参加人员的普及率达到 64.8%，实现率达 94%。有些企业为推动这类活动还专门设有创造发明委员会和合理化建议委员会。日本企业员工热衷于这项活动，主要并不是因为能从中得到多少物质奖励。每次合理化建议被采纳，奖金不过几百日元、几千日元，高的也只不过几万日元、十几万日元。员工实际想通过这类活动为团队贡献自己的力量，进而得到集体的承认和集体给予的荣誉。

当然，日本的企业文化尤其是家族主义传统和团队主义精神也有压制个人、妨碍竞争、妨碍自由发表反对意见、不利于发挥个人能力、不利于创新的不良作用，甚至也存在文山会海、办事效率低的不良现象。近年来，越来越多的日本青年人不满于现行制度和传统，尤其是对年功序列工资制和论资排辈的晋升制度表示不满。尤其是 20 世纪 90 年代以后，美国企业文化以极大的活力和创造力向日本企业文化提出了挑战。近年来，不少日本企业在管理上开始重视在强化团队意识的同时，突出一些个人的能力因素，突出创新的作用，用工更灵活，晋升也要考核并重业绩等。但是，日本"团队文化"等企业文化来源于日本民族文化，同时对提高企业生产力又有积极作用，所以，日本的企业文化不会轻易被否定。

7.1.2　美国企业文化

1）美国企业文化的渊源——美国民族文化

美国是一个年轻的国家，从 1492 年哥伦布发现新大陆到现在只有五百多年历史，建国也只有二百多年历史，所以，美国文化根基很浅，没有僵化的传统。

由于美国是一个移民国家，各国移民所带来的各国文化都以个体的方式加入美国社会，因此，经过不同民族文化的相互融合和优胜劣汰的选择，美国逐渐形成了具有鲜明特征的美国民族文化。具体地说，各国移民单枪匹马迁徙到北美大陆后，有着强烈的想在北美大陆站稳脚跟、寻求发展的欲望，于是，他们不得不同大自然做斗争、不得不同阻碍其发展的各种社会行为做斗争。他们为了寻找更好的工作、更大的发展机会而到处流动。因此，美国人在其民族性格中充满着强烈的冒险和进取精神，崇拜的是生活中的强者，鄙视的是懦弱无能的胆小鬼。由于各国移民之间没有血缘关系的联系纽带，在同大自然斗争的过程中和人类社会的环境中缺乏可以依赖的群体，所以，美国人崇尚个人奋斗，尊重个人价值与尊严，这使其逐渐形成了个人主义的价值观。

此外，作为一个不受悠久历史文化束缚的年轻国家，美国较早而彻底地进行了资产阶级民主革命，创造了尊重法制、承认平等的权力结构和鼓励竞争的政治体制。

简单地说，美国的民族文化可以概括为：清教主义、自由主义和个人主义。清教主义是美国文化的根，它赋予了美国民族文化倡导道德、民主、平等的内涵。自由主义是美国民族文化的核心，构成了美国政治文化的基础，它赋予了美国民族文化倡导言论自由、发展自由市场经济的内涵。个人主义是美国民族文化的基本特征和主要内容，它赋予了美国民族文化倡导个人生命和幸福是最终极价值的内涵。

具体来说，美国的民族文化有以下内容：

（1）个人主义的价值观

北美大陆除土著之外的早期居民都是来自欧洲各国富有冒险精神的移民，美国成立后，西部尚有大片肥沃的土地没有开垦，"冒险家"们纷纷背井离乡，单身出走或举家西迁，以寻求致富之道，成为美国历史上著名的"西进运动"。这就造成了美国民族的生活带有明显的个人能力主义及流动性、变动性的特点。因此，美国在资源丰富亟待开发的早期，必须奖励那些具有独立创造性格的个人，凡是束缚个性发展的各种因素都被视作当时拓殖精神的阻碍而加以贬责。同时，在艰苦开拓的过程中，每个民族都力图发挥本民族的长处，尊重并吸取其他民族的优秀品质，坚信自我、尊重他人的文化取舍态度成为他们共同的准则。于是，各国移民找到了共同之处，即个人主义的价值体系，由此形成了美国民族的特殊性格：对自己深信不疑，对自己的命运深信不疑，把依靠自己作为哲学信条。

（2）冒险、开拓、创新精神

美国人的格言是：不冒险就不会有大的成功，胆小鬼永远不会有所作为；不创新即死亡。

从首批英国移民踏上北美大陆，到美国成立这两个半世纪里，北美险恶的自然条件培育了美国人顽强拼搏、艰苦奋斗的性格。北美丰富的资源等待着开发利用，又培育了美国人开拓进取、敢于冒险的精神。

从文化学的角度来考察，北美在一定程度上曾经是一片文化真空地带，闯入这真空地带的，不是有组织的文化单位，而是一批对于传统制度已失去好感的亡命者。他们的头脑为叛逆精神所主宰，身上绝少传统思想的保守性，即便有，也没有发挥的土壤，因为北美险峻的环境迫使他们只能确立与传统不同的生活方式，这就形成了美国人的传统——冒险精神。美国人把冒险探求新大陆看作寻求生存的机遇。在"硝烟弥漫"的商战中，勇敢地开拓创新，敢冒风险；在生活中追求新奇刺激，如高山滑雪、汽车大赛、环球探险等。

美国人虽然相信天命，但不是宿命论者。他们不仅不接受无所作为的宿命论，而且会更加勤奋地工作。他们认为个人的努力程度与未来利害攸关，努力总会带来好处，开拓总会有前所未有的收获，停滞不前和偷懒是一种罪恶，它比不道德还要坏。美国人的这种信念在一代又一代的开拓者中扎根，这既改变着美国经济的面貌，又改变着美国文化的面貌。

（3）自由、平等精神

北美殖民地历史的一个重要内容就是封建秩序从未在那里存在过。在美国民族的形成过程中，许多从欧洲大陆来的移民把资产阶级自由思想带到了美洲，再加上新大陆的自由空气以及大自然的艰苦环境，最终陶冶了美国民族的性格：热爱自由、珍惜自由、崇尚自由。

在美国，除法律可以明文规定加以限制并由执法机关及其人员执行限制外，任何机关或个人不得非法剥夺或限制他人的自由。民主自由的环境为才能和幸运开辟了道路，因此，出身对美国人不起任何作用。美国人相信这样的格言：一个人富裕到什么程度，就表明他的才能发挥到了什么程度。这是因为在机会均等的条件下，人的才能决定富裕的程度。

（4）实用主义哲学

实用主义在美国不仅仅是职业哲学家的哲学，而且是美国人的生活哲学。美国文化的创造是在北美大陆的开发过程中开始的。要开发这片富庶的处女地，就必须打破一切条条框框，服从于实际问题的解决，在这种历史背景下，美国民族形成了实用主义的哲学观。它坚信："有用、有效、有利就是真理。"美国著名思想家威廉·詹姆士曾作出这样的概括：一个实用主义者坚决地、永远地背弃职业哲学家所珍视的许多根深蒂固的习惯，他避开抽象的和不充分的理由，避开那些假冒的绝对和起源之说，而求助于具体和充分的东西，求助于事实、行动和力量。

在实用主义哲学观念影响下的美国人，不喜欢正规的、抽象的、概念游戏的思辨哲学，不喜欢形而上学的哲学思考。在美国人眼里，有用就是真理，成功就是真理。他们立足于现实生活和经验，把确定信念当作出发点，把采取行动当作主要手段，把获得效率当作最高目的，一切为了效益和成功。

（5）物质主义的追求

美国文化崇尚物质生活，认为生活舒适是理所当然的人生追求。当美国人谈论一个人的价值时，主要指物质价值。由于受基督新教价值观的影响，美国民族至今仍以赚钱多少作为评价一个人社会地位高低的重要依据，仍以财富为荣。在美国社会里，许多人都在拼命地工作，不惜付出自己的一切辛苦与智慧来谋求事业上的发展。通过个人奋斗取得成功，从低贱者变成大富翁几乎成了美国式的信条。在这种价值观念支配下，企业家普遍受到尊敬，大学里的管理专业成为热门，人人都想办企业发财致富。

2）美国企业文化的内容

（1）建立共同的价值观

美国企业领导者认识到，决定公司生存和发展的最重要因素是企业共同的价值观。美国最杰出企业的价值观主要有以下几个方面：

①个人主义是企业的价值观，也是员工的价值观。

②成功的企业都要有一个崇高的目标。通过目标来激励和领导员工，不能单纯以盈利作为企业的最高目标，而是要努力为消费者、为社会提供优良的产品和服务。只有崇高的目标，才能产生健全而具有创造性的策略，并使个人愿意为崇高目标而献身。

③追求卓越。追求卓越是美国企业的一种精神，表示永无止境的进步过程。成功的公司在创造一种信念，即认为今天在做的事明天就会变得不适宜，因此，需要寻求更新的方式。求新求变才会使人朝着更高的标准努力。企业应创造一种环境、一种文化，使更多的人感到不满足、更多的人追求卓越。

（2）倡导个人能力主义的管理哲学

美国企业个人能力主义的文化不着眼于集体，而着眼于个人，鼓励个人奋斗、个人冒尖，把突出个人能力作为他们的基本管理哲学。这种个人能力主义的文化在企业经营管理中具体表现为三点：

①尊重个人尊严和价值，承认个人的努力和成就。企业对雇员给予充分"信任"，相信他们的能力和忠诚，在具体工作中更多地采用目标管理法和弹性工作制度，给雇员留有更大程度的工作自由，以利于他们有机会创造性地完成工作。企业鼓励有突出成就的人，人们也羡慕有突出成就的人。人们以取得突出成就、得到企业的鼓励和别人的羡慕而感到自豪。同时，在企业内部充满自由平等精神，人们不轻易否定他人的意见，也愿意发表自己的意见；革新和实验的行为总是受到鼓励。因此，企业竞争气氛浓烈，人们乐于求新求变，乐于冒风险。

②强调个人决策和个人负责。美国企业以个人为主，具有严格的岗位职务规范和明确的责任、权限。决策以个人为主，较少采取集体决策方式。即使决策前允许下级参加讨论，但最终决策权还在于个人。在决策执行过程中，每件事情都有人负责，每个人都能恪尽职守，工作相互推诿的现象较为少见。

③奖励针对个人而不是集体。由于个人职责明确，任务完成情况很好计量，因此，企业的奖励是针对个人的。谁作出贡献，就奖励谁，个人以此为荣。有些公司经理到下边巡视，发现某个人成绩突出，他可以马上掏出支票给一笔奖金。因为美国文化的物质主义传统，所以，其奖励的主要内容是物质的，通过物质的奖励，起到精神激励的作用。

这种突出个人能力的传统，确实对调动单个人的积极性起到了积极作用，刺激了人们的竞争、创新和冒险精神，减少了人际摩擦和能量内耗。但它也带来了两个问题：一是雇员的合作意识较差，影响整体力量的发挥；二是人们对企业缺少感情，更多地把企业作为赚钱和实现个人抱负的场所。企业雇员的流动性较强，缺乏

"从一而终"献身企业的归属意识和集体荣誉感。

（3）英雄主义特质

英雄主义在美国企业中主要表现在三个方面：一是提倡冒险与创新的精神；二是竞争意识；三是对英雄人物的崇拜。

（4）权威主义特质

权威主义的根源在于美国企业崇尚个人主义。上级常借助于权力的影响管束下级或员工，上下级之间意见的交流多表现为命令的形式。在20世纪80年代以前，美国企业也多采用集权式管理，企业每作出一个决策、每设定一项目标，虽然也会听取下面的相关意见，但决策过程仍是自上而下的。

（5）强调理性主义的行为方式

理性主义的企业文化根植于美国实用主义和理性主义的民族传统，发端于泰勒的科学管理。这种文化追求明确、直接和效率，生产经营活动以是否符合实际、是否合理、是否符合逻辑为标准。其具体表现是：

①求实精神比较强，形式主义和文牍主义较少。企业上下级及同级人员之间的关系多讲求实在和独立性，虚假少，相互沟通意见直接、明确。人们从事各项工作讲求实际和有意义。如美国企业的质量管理小组就信奉"爱怎么干就怎么干，只要干得有意义、有效果就好"。企业中开会也唯实，主题明确，有什么说什么，说完就散；奖励也唯实，一切看工作实绩，不太重视学历、资历、地位和职务。美国企业既重言，更重实，多数企业主张"干起来，作出来，试试看"的观念，并坚信"乱糟糟的行动总比有秩序的停滞好"。当某个雇员提出一条工作意见时，主管的回答往往不是"研究研究"，而是"试试看"。从思维方式上，遵循"预备—放—瞄准"的非常规逻辑，而不是"预备—瞄准—放"的常规逻辑。

由于企业求实精神较强，加上美国人乐于创新和冒险，因此，企业宽容人们因创新和冒险所犯的"合理错误"。有的企业甚至提出"雇员不犯错误将被解雇"。其逻辑是，只有犯过"合理"错误，才说明雇员是创新能力强、有发展前途的人。

②提倡科学性和合理性，重视组织结构和规章制度的作用。美国企业继承了泰勒的科学管理，比较重视确定严密的组织系统、合理的管理程序、明确的职责分工、严格的工作标准、科学的规章制度、先进的管理手段和管理方法，即美国企业比较重视硬性管理。美国哈佛商学院集150年的教学实践之经验，编制了大到企业经营方针制定，小至下脚料处理的与企业管理有关的所有制度。

美国企业组织结构形式，如事业部制、矩阵制、多维制等不断翻新。企业中的雇员即使追求同一个目标，在不违背制度的前提下，也愿意寻找一种更合理的途径。在经营管理中，没有固定不变的模式，很少有惯例，只要合理，什么都可以打破。重视"法制"轻情感和面子，管理中较少受人情关系的影响。这些都说明美国企业具有很强的理性主义文化。

虽然，第二次世界大战以后，美国企业也从过去注重企业管理的硬件方面（战略、结构、制度）转向既注重硬件又注重软件（技能、人员、作风、最高目标）

（美国优秀企业强调组织弹性；美国的企业文化强调"走动"管理；美国企业还推崇发展公共关系，实行软专家管理。特别是，美国企业现在也让员工参与决策和管理工作。企业的成功不仅要有先进的科学技术，而且必须创造一种合作文化，让员工参与合作解决问题。企业管理的领导方式已由指挥领导变为共识领导，这使员工感到自己与企业组织已结为一体，员工能为企业成功而喜悦、为企业失败而痛苦）。但是，与日本企业文化相比，美国企业文化依然偏重硬管理。

③强调企业与员工之间的契约关系。美国企业虽然注意到了雇员，尤其是技术工人的稳定性问题，但仍然采取与日本"终身雇佣制"不同的雇佣制度，在经济繁荣时期大量招进工人，经济困难时期解雇多余工人，一切从实际需要出发，完全靠合同契约来维系与员工之间的关系，而较少考虑企业与员工之间的情面关系。同时，员工之间也是一种平等的契约关系。

这种理性主义的文化虽然为提高效率铺平了道路，但是，为整体效应的形成设置了障碍。劳资关系比较紧张，不能形成和衷共济的"家族"氛围。由于只重理性，不重感情，因此，企业内部等级森严，企业管理刚性过分、柔性不足，压抑人的情感需要和创造力。

但是，美国企业文化也正在发生变化。比如，美国有许多始终处于领先地位的高技术企业，主要原因就在于亲密文化。这些企业大都由一群志同道合的科技人员组成，他们彼此之间容易坦诚沟通，共同创意，相互鼓励及启发事业的成就感，因而不断取得成功。美国企业文化要求管理人员与下属员工建立友谊，有了友谊才会有信任、牺牲和忠诚，员工才会发挥巨大的创造力。美国公司及其管理人员都在为创造亲密文化而激发员工创造力的环境进行努力。比尔·盖茨和他的几位合作者和助手之间的信任和友爱，随着微软事业的成功而广为流传。

（6）坚持质量第一、顾客至上的经营理念

首先是有良好的社会文化氛围，政府鼓励企业提高产品质量，保护消费者利益，依法严惩制假贩假者。早在20世纪60年代初，美国总统肯尼迪就发出《总统关于保护消费者的特别咨文》，提出了著名的消费者四大权利，即安全权、知情权、选择权、意见权，要求企业给予保护。1987年，美国政府开始设立"国家质量奖"，对如何评奖有具体的规定，具体实施工作由政府授权的美国标准技术研究院负责。该院对评奖标准从加强现场质量控制、售后服务和用户满意度等方面进行了修订，使评奖条件处于发展状态中，以引导企业迈向更高目标。每年评奖中都邀请多年从事企业质量管理工作并在社会上具有很高声誉的专家担任评审人员。总统亲自为获奖企业授予奖杯和证书，且在政府参与组织的"质量月"大会上向全国发布，以引起更广泛的重视。美国关于名牌质量方面的立法，主要依靠州政府。据了解，各州政府每年用于这方面的执法监督费用约占预算的1/4。同时，美国的社会质量监督体系比较健全，主要是通过质量认证、公证检验、产品责任保险三方面手段实现监督的目的。美国的UL、ETL、QPI等较有影响的认证机构，BS、SGS等公证检验公司以及全美200多家保险公司都参与到这一社会监督体系中来。另外，美国政府通过鼓励自由贸易，给企业施加竞争压力，促使企业在提高质量、创造名牌上寻找出路；政府还协同社会团体、舆论工具不断灌输质量与人类生存的关系，以多种方式提高人们判别商品好坏的能力。

与奖励相适应也有严厉的惩罚措施。在美国，无论任何产品，一旦因质量缺陷给消费者造成伤害或其他财产损失，法律将给予严惩，其赔偿数额之大十分惊人，使生产商、经销商真正受到重罚直至倾家荡产。据亚利桑那州、密苏里州、马萨诸塞州等5个州1983—1985年300多个产品质量责任案件的统计，受害顾客胜诉率近一半，平均每一案件赔偿金额高达85万美元。

坚持质量第一、顾客至上的经营理念，具体表现是：

①在科学的理论指导下，建立严格的质量保证体系。20世纪60年代，美国通用电气公司工程师费根堡姆提出了"全面质量管理"的概念。"全面质量管理"是全过程的管理，即包括市场调查、产品设计、产品制造、销售服务等全过程的质量控制，涉及企业每个部门、每个环节、每个岗位，企业中任何部门、环节、岗位出了问题，都会直接或间接地影响产品质量。因此，要想保证产品的质量，必须重视高层领导的质量决策，重视关乎质量的每一个因素，以系统和事前预防的思想为指导，把质量问题消除在萌芽之中。美国质量管理专家朱兰博士在《质量控制手册》一书中，又明确提出了"适用性"的概念，即产品质量就是产品的适用性。产品质量高，表明用户在使用中满足程度高；产品质量低，即用户在使用中满足程度低。由此可见，是否符合市场需要，对用户是否适用，是衡量产品质量的最终标志。

②坚持"顾客总是对的"。千方百计维护消费者利益。在美国，比较早地提出"顾客是上帝""顾客总是对的"等经营口号。在其看来，顾客是第一位的，利润是副产品，只有更好地服务顾客，利润才能源源不断；在为顾客服务的过程中，顾客总是对的，顾客的需要就是圣旨，因此，永远不要与顾客争辩。

7.1.3 欧洲国家的企业文化

1）欧洲国家民族文化的内容

虽然欧洲大陆有几十个国家，有十几种语言，每个国家都有自己的一些文化传统，但是，其文化的来源主要是古希腊文化和基督教文化。古希腊给欧洲留下了科学与民主这一精神遗产，基督教给欧洲提供了理想人格的道德楷模。在古希腊和基督教文明的基础上，欧洲形成了追求精神自由、人文主义、理性和民主的民族文化传统。

（1）追求精神自由

在基督教义中，信仰是其他一切的前提；上帝是仁慈的，他把仁爱的命令颁布到人间，让世人互爱。1517年，马丁·路德开始宗教改革，创立了新教。他提出了人的双重本性，即一个心灵的本性和一个肉体的本性。肉体的本性是受束缚的，心灵的本性是自由的。这种自由不是来自政治上和肉体上的自由，不是为所欲为的自由，而是精神上的自由。它依靠基督的福音，凭借对上帝的信仰，是真正的自由。这种向往自由的精神深深地扎根于欧洲人的内心深处，深深地影响了欧洲企业的管理风格。

（2）倡导人文主义

人文主义突出人的地位，主张自由、平等、博爱，提倡个性解放，反对迷信、神学信条和权威主义对人的精神的愚弄。

崇尚个人价值观在欧洲文化中有着悠久的历史，早在古希腊时代就已出现。适宜的气候、平和的自然环境，使生活在这一地区的人们不大需要依赖集体的协作就能维持生存，这种生产方式的特点使希腊人很早就形成了崇尚个人、反对强权的价值观。14世纪到17世纪的欧洲文艺复兴，揭开了人文主义思想的新篇章。这时的人文主义强调个人的至上性，反对国家至上主义；强调个人的物质和生物性需要，反对利他主义和自我牺牲。17世纪以后，个人主义被进一步理论化和系统化，"崇尚自我"的观念渗透在欧洲文化的每个角落。

（3）强调理性与科学

强调逻辑推理与分析的理性主义在欧洲有着悠久的历史和坚实的基础。早在古希腊，由于生活环境的优裕，生活在这一地区的人们有兴趣，也有余力来探究影响人们生存的自然奥秘，这使他们形成了注重研究自然的传统。他们抬高理性，崇尚智慧，强调观察，推崇演绎。知识乃是美德，是古希腊人的价值观念。到了文艺复兴时期乃至近代，理性主义态度和科学实验精神得到进一步发扬。新兴的资产阶级思想家把一切都拿到科学和理性面前来重新估价，宗教神学和经院哲学在这里受到严厉的批判，理性科学获得了彻底的解放和长足的发展。理性科学的思维方式对欧洲人的思维方式产生了深远的影响。

（4）追求民主精神

作为现代科技文明的发源地，欧洲的生产力水平在18世纪至19世纪已经超过其他地方，商品经济的发展和生产力的迅速提升，唤起了人们内心深处独立意识和民主意识的觉醒。18世纪相继在欧洲爆发的资产阶级民主革命正是人们民主观念觉醒的表现。

2）欧洲国家企业文化的内容

在欧洲，虽然每个国家的企业文化显现出多样性，但是由于欧洲各国的大文化背景相近，各国经济发展过程和体制相近，经济交往频繁，尤其是欧盟国家逐渐走向一体化，因此，欧洲各国的企业文化具有很多的共同性。具体地说，追求精神自由、倡导人文主义、追求民主精神的文化传统造成了欧洲企业文化重视员工的参与管理。强调理性与科学的文化传统造成了欧洲企业文化重视理性管理、重视研究开发和创新、具有着眼于世界市场的战略眼光。

（1）推行理性管理

理性的管理文化表现在组织结构和制度的建立、人员的配备以及经营管理等很多方面。

虽然，在欧洲，企业注重的是建立讲求实效、灵活多样的组织结构和制度，企业组织机构的设置是随着市场情况和生产技术的变化而变化的，不千篇一律，不相互模仿，不因人设事，即使是同类型的企业，机构设置也不一样，但是，企业也有其共同点，即组织严密、管理集中、讲求实效、富于理性。在人员配备上，欧洲企业要求严格，注重精干。企业的总经理、副总经理和各部门的负责人，一般都是从有一定学历和实际经验的人员中经过考核，择优配备的。各部门职责分工明确，一级对一级负责，讲究工作效率。对一些重要部门的管理者要求更高，如研究与发展部、销售部等，均由能力很强的人掌管，甚至由总经理、副总经理直接兼任。作为一个总经理或副总经理，不仅要在生产技术上有专长，而且在管理上也必须是行家。在经营及对外交往关系的处理上，欧洲企业也显得理性十足。经营中严守法律，坚守信用；对外谈判往往一丝不苟，严肃认真，讲理性，重效率。

（2）重视研究开发和创新

欧洲各国政府和企业都把研究开发当作一项生死攸关的战略任务来抓。研究开发的主要内容是产品更新和技术更新。产品更新和技术更新是互动的。技术更新是产品更新的前提，产品更新又推动技术进步，从而占领和开辟新的市场。在欧洲国家中，不少国家制定相应的政策支持企业的研究与开发。例如，法国的技术政策与经济发展政策有密切的联系，国家在人力、物力和财力等方面都能给予企业大量的帮助。

（3）具有着眼于世界市场的战略眼光

欧洲国家自然资源不丰富，出口贸易在经济中占有十分重要的地位。这使得欧洲国家的企业特别注重在世界市场上的竞争，注重制定着眼于世界市场的经营战略。欧洲企业对产品质量倍加重视，认为这是赢得世界市场竞争的前提条件。为了保证企业全球战略计划的实现，很多欧洲企业非常重视产品在全球的推广与销售，进而建立了销售人员培训制度。受训人员不仅要上销售专业课，还要参加基础课学习和生产实习，经过考试合格后才能担任销售工作。

（4）重视员工的参与管理

重视参与管理与欧洲文化中人文精神，追求民主、自由的精神是密切相关的。在欧洲许多国家中，政府用法律形式规定了员工在企业中应该发挥的作用。如德国法律规定，凡2 000人以上的企业，必须成立监督委员会（相当于美国企业的董事会），凡5人以上的企业必须成立工人委员会，前者要由工人选举产生，后者要有一半工人代表参加。荷兰规定，雇用工人超过100人以上的企业必须要有工人会议。法国和瑞典都规定雇用工人超过50人必须有工人会议，以此保证工人参与管理。有些企业设有由管理人员和雇员代表组成的各级工作委员会，使雇员能够参与管理企业，解决工作上的问题，同时，企业尊重为本公司工作的所有员工，从而使雇员对企业也有一定的归属意识。有些企业通过建立"经理参与系统""半自治团体""工作改善委员会"等，使经理站在客观的立场上协助员工解决问题，而不是直接代替他们做具体决策，以此强化员工的责任意识。有些企业及时实施了轮换工作制和弹性工作制，提出应该使工作适应人，而不是使人适应工作。在这种环境下，工人参与管理、提出工作建议的愿望比较强烈，很多工人从中获得了心理上的满足感，因而劳动积极性也比较高。在德国，很多企业还通过出售给工人股票的办法使工人对企业产生向心力。德国企业向工人发售股票（一般比证券交易所便宜）已有多年历史，目前工人所持有股票在企业股份中已有相当大的比重。

7.1.4　中国企业文化

1）中国企业文化的渊源——中国传统文化

（1）整体意识

在中国的传统文化中，家族整体主义是建立在等级制度基础之上的，在一个家族整体内，以家族利益为最高目标，追求家族利益的最大化，强调整体重于个人，个人无条件服从整体，强调家族内部以伦理关系为基础的和谐与稳定。这种文化虽然有压抑个性、不利于创新和竞争的消极作用，但它对今天的现代化建设还是具有积极意义的。因为企业作为一个相对封闭的系统，可以视为"一个小家族"，如果对"整体意识"加以改造和利用，保留人与人之间的和谐关系，则可以增强企业员工的"家族"观念，有利于企业形成团体凝聚力和竞争力，有利于重构人们以整体利益为重的团体精神。

（2）人本思想

中国古代出现的民为邦本的"民本"思想，主张"重民""利民""富民""爱民""恤民"。孟子认为："民为贵，社稷次之，君为轻。"（《孟子·尽心下》）"桀纣之失天下也，失其民世；失其民者，失其心也。得天下有道，得其民，斯得天下矣。得其民有道，得其心，斯得民矣。"（《孟子·离娄上》）具体地说，在中国文化中人本思想大体包括三层意思：首先，把人看成天地万物的中心，深信价值之源内在于人心。这与西方传统文化中以上帝和神为最高标准的神本文化截然有别。其次，强调"爱人"思想。"仁"的内涵就是爱人。最后，人只要努力，皆可成才。

（3）和谐思想

中国文化中的和谐思想源于中庸之道和天人合一的思想。"中庸"的本意是无"不及"，也无"过"，处理的是"不及与过"的矛盾。实际上是恰当、适度的意思。"不偏之谓中。不易之谓庸。"不偏左、不偏右。不过大、不过小。比如，在炒菜时，放盐适度就是"中庸"的要求。放盐太多，则咸；放盐太少，则淡。这都违背了"中庸"。从中也叮以看出，达到"中庸"的要求，需要人的不断修炼。没有炒菜的多次实践（或反复的修炼），就不可能达到"中庸"所要求的盐的适度。所以，"中庸"对做人、做事提出了一个很高的要求。人一旦达到了"中庸"的要求，就表明了人已达到了很高的境界。通俗地说，中庸之道，主张人与人要和谐，讲"仁""爱""诚""中和"待人，处理人与人之间的关系要不偏不倚，不说过头话，不做过头事，把握事物要有"度"。通过"致中和"等原则，可以修炼天人合一的精神境界。人确实是在对人与自然的关系处理的许许多多的实践或修炼中，才认识到人与自然是平等、尊敬、友好的关系，即天人合一的关系。如果没有处理人与自然关系的许许多多的实践或修炼，人就不可能达到"中庸"的要求，也就不可能达到天人合一。这种和谐的思想深深影响着中国人为人处世的方式。

（4）"经世致用""实事求是"的精神

中国有"经世致用"的优秀传统，强调学问须面向现实，关心现实，为现实服务。汉代以董仲舒为代表的今文经学家们，将先秦儒学进行改造，并融合各家学说，创造出适合西汉政治上需要的学说。宋代理学家张载主张学贵于用。明清之际的思想家们把"经世致用"思想推到了一个新阶段。在思想领域全面地对程朱理学、陆王心学和佛、道思想体系进行批判；在社会政治方面，抨击时弊，批判封建制度，提出社会改革方案；有的思想家则把注意力转向对自然科学的探索。尤其到了近代，龚自珍、魏源等更加主张经世致用。龚自珍认为，一代之学是为了一代之治，并认为研究经、史是为了通"当世之务"，是为了解决现实问题。魏源批判理学空谈心性、汉学埋头烦琐训诂，强调要唤醒人们的觉悟，从而面对现实，致经世致用之学，努力改变现状。

"实事求是"的本意是严谨好学、务求真谛的一种认真的治学态度。其中，包含有尊重事实，注意从实际出发，详细占有材料，正确反映客观实际，反对主观主义的意思。显然，这是一种优良的学风和唯物主义态度。

所以，虽然中国传统文化有玄虚奥妙、重言轻实的一面，但是，其也有很强的求实精神。除了儒家的经世致用之外，道家的"无为"之中所蕴含的"无不为"、法家的奖励耕战等也有所体现。

由"经世致用""实事求是"的精神必然会推出：一是积极入世的人生态度，既重视人生理想，也重视现实；二是朴实无华的民族性格，经商、治学等都讲究脚踏实地和扎扎实实。虽然这不可能与现代企业所要求的求实精神完全吻合，但是它作为一种长期养成的文化传统，对企业文化的形成和发展是有着积极影响的。

（5）反对侵略、维护祖国统一、为国图强的爱国精神

数千年的中华历史形成了一种追求自由、反对侵略、为国图强的爱国主义传统，尤其是在中华民族遇到危难之时，这种爱国主义又激发出巨大的凝聚力、向心力和民族责任感。涌现出了许多"先天下之忧而忧，后天下之乐而乐"，力求"富天下、强天下、安天下"的民族英雄和仁人志士。

（6）吃苦耐劳、勤奋自强的性格

中华民族以农立国，形成了勤劳勇敢、吃苦耐劳、忍辱负重、自强不息的民族性格。在历史上，中国古代的农业、手工业曾领先于世界其他各国。还有中国数千万海外侨胞，远离故土，白手起家，艰苦奋斗，在国外也谱写了光辉的篇章。

（7）求索和开拓精神

中华民族有安贫乐道、易于满足的消极面，但也不乏向黑暗势力抗争、向命运挑战、向自然索取的求索与开拓精神。孔子重视"刚"，其生活态度是"为之不厌""发愤忘食，乐以忘忧"（《论语·述而》）。《象传》提出"刚健"观念，赞扬

刚健精神,"刚健而文明"(《大有》),又认为"天行健,君子以自强不息"(《周易乾卦》)。"穷则变,变则通"也强调不断革新的精神。

(8)以义取利的思想

中国传统文化所蕴含的"仁义"含义除了生生不息、伦理道德之外,还有制度(包括经济制度和政治制度)的意思。通常所说的"仁政"就反映了这一点。义的本训具有物质的内容与经济的含义,是一个关于财富分配的经济概念。墨子说过:"义,利也。""义"与"利"是相同的。在上古时代,"利"必须经过分配后才能取得,即通过"义"才能取到。以后,作为分利的"义"就不仅仅局限于分配方式,还涉及了生产方式,成为分利与生利的一种建制。"义"几乎包括了国计民生的所有方面。孟子认为,田制、经界分配、划分的合宜就是"义"。孟子所谓的"仁政",也是以正经界、均井田、"分田制禄"、"制民之产"为中心内容。孔子赋予义的实质是"因民之所利而利之"(《论语·尧曰》)。郑子产治国为政,"视民如子",曾作"封洫",发展农业,以惠政著称于世,孔子称赞他能"惠人"(《论语·宪问》)。"其养民也惠,其使民也义。"(《论语·公冶长》)而最好的惠民方式是"惠而不费"(《论语·尧曰》)。"惠而不费"正是所谓的大惠,也就是义。汉代以后,在义利关系方面,则较多地强调了两者的道德蕴含,即强调了对经济原则的遵行。董仲舒关于义利关系的名言"正其义不谋其利,明其道不计其功",可以解释如下:正义自然致其利,明道自然见其功。颜元将此语改为"正其义以谋其利,明其道而计其功"(《四书正误》卷一)。至唐代,作为经济范畴,义已为"制度"一词所取代。制有制裁、分割之意,形而同于利,制度是关于利之度的规定。在宋代,王安石变法的主要内容实际上是经济体制的改革。凡限田、均田、轻徭薄赋的税役制度就是义的理财方式。宋明理学家并非只谈义利不谈经济,仅宋代理学中大谈经界、屯田、水利、赋役以及兴利除敝等经济措施的就不下数百家,且所谓的义理的讨论也是以政治经济为指归。特别是,宋明理学将义利之辨结合或化解为公私之分、理欲之别等。朱熹视"义利之说,乃儒者第一义"(《朱子大全集·与延平李先生书》)。他说:"正其义则利自在,明其道则功自在;专去计较利害,定未必有利,未必有功。"(《朱子语类》卷三十七)"利是那义里面生出来的。凡事处制得合宜,利便随之。"(《朱子语类》卷六十八)

由上可以得出这一结论:中国传统文化所蕴含的"义利之争"实质上是"见利思义""以义生利",包括取利要合理合法(即生财有道、买卖公平)、以义制利、整体利益至上等。

在中华民族文化传统中,受儒家思想的影响,很早就提出了"儒商"的理想人格追求:智慧与道德相交融,做人之道与经营之道相统一,在商业活动中坚持"守信与重义""修身与报国""君子爱财,取之有道"。到了近代以至现代,中国商人一直深受这种文化传统的影响,讲究以义取利,合义取利,义利并举,不赚不义之财。

上面都说明了中国有着悠久的以德治国的传统。

（9）丰富的辩证思维

古老的阴阳学派，为中国辩证思维方式奠定了基础。《周易》《老子》《孙子兵法》《黄帝内经》等体现了辩证法思想。

（10）善于容纳百川巨流的传统

中华民族善于学习其他民族的长处，常使自己不断丰腴和迅速发展。以汉族为主的华夏文化，首先是容纳域内各族文化。民族的大融合汇成了文化的大融合。对外来文化，中华民族更能根据自己的情况予以吸收。在中国历史上先后有两次与外来文化大交流的时期。第一次是从汉代开始中经南北朝、隋、唐直至宋代，中国大量吸收了印度佛教文化。对印度佛教文化经历 800 年的吸收、消化，最终创造了具有中国特点的佛教文化，并极大地丰富了中国传统文化。第二次大交流开始于明末的西方质测历算之学的传入。此后西方的声、光、化、电、军械之学相继接踵而来。到了近代，又相继传来了社会学、政治学、经济学、哲学等，使中国近代学术为之一变。

2）中国企业文化的内容

与西方国家相比，中国企业形成和发展的历史是较短的。到了清朝的晚期，商品经济才有了一定发展。从 19 世纪 70 年代中国出现近代民族资本企业开始至今，中国企业的历史只有 130 多年的时间。由于中华人民共和国成立前民族资本企业历经磨难，中华人民共和国成立后经济体制又长期政企不分，市场发育不够，因此，现代企业制度在中国没有得到充分发展。国际社会发展的经验证实，人均 GDP 从三五百美元到一千美元，往往是一国经济结构剧烈变动的时期，也是社会政治、文化、道德、心理受到高强度冲击的时期。从总体来讲，中国还没有完全跨越这个时期，企业文化冲突现象大量存在，没有形成稳定的模式。但是，在民族文化、现代文明和市场经济伦理的共同作用下，中国的企业文化有其自己的特点。

（1）实业报国、服务社会的理念

20 世纪 20 年代中期，在著名民族企业家刘鸿生倡导下，实行国产火柴合并，成立大中华火柴股份有限公司，抵制瑞典和日本火柴的倾销，保护民族工业，其中体现了强烈的自强自立和爱国精神。近代知名企业家范旭东和侯德榜创办、经营的六大精盐厂、永利制碱厂和黄海化学工业研究社所构成的企业集团，早在 1935 年就公布了这个集团的四大基本信念：我们在原则上绝对地相信科学；我们在事业上积极发展实业；我们在精神上以能服务社会为莫大光荣；我们在行动上宁愿牺牲个人而顾全团体。1925 年由卢作孚创办于重庆的民生轮船公司极力倡导"民生精神"，要求员工对外"服务社会，便利人群，开展产业，富强国家"，对内"个人为事业服务，事业为社会服务，个人的工作是超报酬的，事业的任务是超经济的"。橡胶大王陈嘉庚先生更明确地提出"争为国家、为社会尽义务"。这些实业报国、服务社会的爱国主义思想，是中国近代民族资本企业文化的精髓。

中华人民共和国成立以后，中国社会主义企业在中国共产党领导下，表现出更为强烈的社会责任感和勇于奉献的精神。在企业中，员工忘我工作，勇于奉献，力争多为社会做贡献。用一年时间完成三年（或更多）工作量的"生产标兵"大量涌现；以苦为乐、以苦为荣、不计较个人得失的"劳动英雄"成为人们自觉学习的榜样。特别值得颂扬的是，大庆人在"头上青天一顶，脚下草原一片"的艰苦条件下，战天斗地，不怕困难，开展石油大会战。他们在钻井队队长王进喜"宁肯少活二十年，拼命也要拿下大油田"的"铁人精神"鼓舞下，坚持忘我工作，做到"白天与晚上一个样，领导在与不在一个样，阴天与晴天一个样，没有检查与检查一个样"，经过三年艰苦奋斗，建成了具有世界先进水平的大油田，表现出了中国工人阶级强烈的爱国主义、民族自豪感、主人翁责任感和献身精神。大庆人的这种精神对其他企业产生了强烈的示范效应。当中国进入发展市场经济的新阶段，这种强烈的社会责任感和奉献精神仍然成为中国众多企业的最高追求。

（2）艰苦奋斗、勇争一流的精神

近代知名企业家范旭东和侯德榜在事业屡遭挫折的情况下，抱定信念，经过多年的努力，终于掌握了一直被国外垄断的制碱工艺，在1937年费城万国博览会上获得金质奖章，被誉为"中国近代工业进步的象征"。

在20世纪50年代和60年代初期，中国工人阶级面对经济上的困难和帝国主义的封锁，在党的领导下，自力更生，艰苦创业，不怕苦，不怕累，开展了形式多样的"比、学、赶、帮、超"劳动竞赛，在企业中形成了争创一流、争为国家做贡献的良好风尚。20世纪50年代鞍钢人的"以厂为家、埋头苦干"的孟泰精神，60年代大庆人的"发愤图强，自力更生，以实际行动为中国人民争气"的精神，无一不是艰苦创业精神的凝结。

至今这种企业文化在众多企业中仍然得到继承和发扬。比如，辽宁朝阳重型机器厂，鼓励员工争行业第一，争全国第一，倡导"唯旗是夺"的最佳精神；三一集团作为一家民营企业自从创业那一天起，就立志"创建一流企业，造就一流人才，作出一流贡献"，并以"自强不息，产业报国"作为企业精神。

特别是，由于中国人口众多，资源相对不足，中国共产党提倡的"勤俭办一切事情"自然成为企业文化的一部分。在这方面最为突出的是北京墨水厂提倡的"一厘钱精神"。1962年，北京墨水厂职工"从每件包装材料降低一厘钱"入手，开展了节约生产费用的运动，创造了良好的效益。这种精打细算、勤俭节约精神很快得到传播。北京制药二厂从利用"一分钟"做起，开展了创财富竞赛。也有很多企业提出"节约一滴水、一寸布、一度电、一颗螺丝钉"等口号，这些都很好地再现了中国企业这种优良传统。

（3）严细认真、重视质量的传统

在中国近代，民族资本企业一般比较重视严密的规章制度和严格的管理，对产品质量有严格和详细的标准等。比如，创建于1932年的东亚毛呢纺织有限公司非常重视严格管理，厂方制定的"厂规"及单项规则、制度、工友须知有28种503条。1918年创办于上海的永安公司也实行严格管理，恪守顾客至上的准则。为了实现对顾客的高质量服务，企业专门订有"服务规章"和员工业务考试制度，并将员工的工作情况和工资奖励结合起来。

中华人民共和国成立以后，不管是老字号企业还是新企业，都继续传承严细认真、重视质量的优良传统，并把它逐渐升华为对人民高度负责的精神境界。解放初期中国纺织行业出现的"郝建秀工作法"（国营青岛第六棉纺织厂）、"裔式娟小组"（上海国棉二厂）、"赵梦桃小组"（国营西北第一棉纺织厂）等经验、方法都是以提高产品质量、对人民高度负责为主要内容的。具有悠久历史的北京同仁堂，生产管理严格，用料讲究，精心研制，质量好，疗效高。直到今天，这种精神依然光彩夺目。中国医药行业中有名的杭州胡庆余堂以"戒欺"为企业宗旨，一直坚持"药业关系性命，尤为万不可欺""采办务真，修制务精"等。华北制药厂也告诫员工"好药治病、坏药致命"，体现了医药业极强的质量意识和社会责任感。在食品行业，著名的"六必居"酱菜，坚持从选料到出品"六必须"，赢得人民群众的交口称赞。全国著名劳动模范张秉贵对顾客的"一团火"精神也激励着成千上万名商业职工，成为新型商业企业文化的象征。

（4）讲人和、重亲和、以人为本的管理方式

在中国近代民族资本企业中，大凡有成就的企业，都体现着一种"人和""亲和"精神。这种精神的形成除了深受中国"团体意识"、"和谐思想"和"人本思想"的影响外，还具体有三个方面原因：一是民族资本企业在创办之初多是以宗族或家族形式出现的，人员的招聘及职务安排往往首先考虑家庭成员或亲戚、同乡等，因此形成企业的血缘基础和"人和""亲和"氛围，以后即使企业扩大了，也容易保持同呼吸、共命运的群体意识；二是受中国传统的"天时不如地利，地利不如人和"的团体观念的影响，其认为"人和"是企业最宝贵的资源；三是由民族资本企业所处的受"双重压迫"的地位决定的，它在夹缝中生存，只有团结一心，和衷共济，才能保全自己，得到发展。民族资本家深知"人和"的重要，所以采取一系列措施来巩固和发扬这种精神。比如，荣宗敬、荣德生兄弟创办的旧中国规模最大的民族资本企业——茂新、福新、申新总公司，在招揽人才时，多用亲属和同乡，确保亲和。民生实业公司提出"职工困难，公司解决；公司困难，职工解决"的一体化思想。东亚毛呢纺织有限公司推行"职工股份化"，利用员工参股的办法强化"人和"。中国众多的民族资本企业靠这种"人和""亲和"精神，增强了凝聚力和向心力，保证了它们能在内忧外患的环境中生存，并得到一定的发展。

在社会主义企业里，"人和""亲和"精神进一步得到升华，坚持以人为本，提倡集体主义精神，成为企业的更高追求。中国工人阶级以强烈的主人翁意识，把企业的事情当成自己的事情，以厂荣为我荣，以厂衰为我耻，把个人同企业紧紧地连在一起，表现出较强的集体主义精神。尤其是，作为企业的创业者，很多老员工对企业更有一种特殊的感情，愿意把自己毕生的精力贡献给企业这个"大家庭"。在这方面，鞍钢人孟泰"爱厂如家，埋头苦干"的精神成为中国老一代工人阶级高尚品德的缩影。发展市场经济，培养了人的独立意识和自主精神，员工与企业的关

系变成了靠契约维系的法律关系，这无疑是对"人和""亲和"以及以人为本的管理方式提出挑战。但是，这种企业文化在融合市场经济一些合理内容后，仍会成为中国新型企业文化的重要内容。2001年，《全国工商联民营企业文化经验交流会资料汇编》收录了135家企业的经验，其中明确以"以人为本"的内容的为100%。

从上述内容可以看出：中国人有"家"和"情"的理念。"家"，不仅指家庭之小家，还指企业之大家，所以，中国人自幼便接受"爱家"教育，企业老板自然以"家"之理念，引导员工树立集体主义价值观，厉行节约，爱护公共财产，维护公司利益，爱厂如家，老板也自然以家长的身份关爱员工，在企业内外追求和谐统一，建立顺畅的人际关系，培养团队精神，内聚而不排外，外争而不无序。"情"是个广义的概念，不仅有尊重员工人格，促进心灵沟通，实施心灵影响的含义，而且有互相激励的效果，更有约束他人行为的作用。

此外，中国企业也有重视人才、讲究用人之道和锐意进取、开拓创新等优秀文化。

与此同时，中国企业文化也表现出一些缺陷：情感性强，凡事讲面子，缺乏理性；伦理性强，往往用亲疏关系代替规范；求稳性强，缺乏变革精神；政治性强，容易把政治准则与经济准则相混同；社会性强，容易把社会职能与企业职能相混同；唯大主义，带来泡沫数字与虚假业绩的灾难。这些缺陷均有待于在未来企业文化的塑造中加以改善。

7.2 企业文化中的宗教现象

16世纪的加尔文认为，工作是一种道德的责任，即对家庭负责、对社会负责、对宗教负责和对自己负责。韦伯的新教工作伦理主要用于解释新教国家的经济成功。"新教工作伦理"包括禁欲主义、努力工作、节俭、不断追求等。他认为，重视每天的勤奋工作，包括自律和节俭以获得财富，则是道德的表现，这不仅仅是为了世俗的好生活，也是宗教的规条，这样的动机和态度有助于资本主义的增长。因此，加尔文主义似乎提供了新教国家经济繁荣的合理解释。

英国人只信奉一个神，而日本人是多神信仰。英国人具有新教的工作伦理，神道和天皇则是日本人的精神实质。在宗教的影响之下，日本形成了"工作不仅仅是一种单纯的经济行为，而是追求某种精神上的满足"的社会风气。这种工作伦理可以追溯到17世纪的一位著名禅师铃木所说的："世俗的工作是某种宗教的训练，如果你投入了心智，你就可以成佛。"日本人一般不相信外在的神，而相信的是内在的佛。

在伊斯兰教国家，宗教因素和工作伦理有积极的关联，那些深信宗教的人似乎更有工作义务感。伊斯兰教的工作伦理来自《古兰经》，强调献身工作是一种美德，可以"消除罪"，每个有能力的人对工作作出足够的努力都是义不容辞的。同时，伊斯兰教的工作伦理提倡工作中的合作，协商被认为是克服障碍和避免错误的一种方法，创造性的工作是欢乐和成就感的源泉。有研究表明：佛教构造的工作伦理是团队精神、勤勉和忍耐、对工作的专心致志。印度教教导人们最终的拯救在于个人的努力。

最有事实说服力的是儒家文化，被认为促进了亚洲经济的起飞，并打破了新教伦理和经济繁荣是"唯一关联"的说法。日本人研究的结果表明：儒家提倡的工作伦理包括节俭、勤奋和教育，以及重视现实、尊重长者，这极大地影响了日本式的管理风格。

7.2.1　日本企业经营中的宗教文化

1）日本企业文化中的宗教情结

日本企业家喜欢研究禅宗，利用禅宗的大智慧来经世济用。神超物外，处众平常，身在事中，不为物累，这是禅宗修身养性法门，企业家尊而行之，可在商海之中任意悠游，大显身手。在日本某企业家的自传《销售鬼才》中，作者讲了自己"学禅兴业"的经验。在1932年，松下幸之助参观了某宗教团体的总部，进而对宗教与商业之间的关系进行了深刻的思考，认为宗教的宗旨是引导多数烦恼的人脱离苦海，指导其安身立命，享受人生幸福，所以，宗教是普度众生的出世事业。因为企业生产可以帮助人类生活趋向富裕与繁荣，所以，经营企业则是除贫造富的入世工作。由于人类生活要求精神上的心安与物质上的丰富，因此，宗教与企业是缺一不可的，两者同等重要和神圣。具体地说，他认为：①公司经营好比人的一生，小时候起码不得危害社会，长大了，就要负起贡献社会的责任。②以社会大众为考虑前提，才是有灵魂的经营。③宗教是普度众生的出世事业，而经营事业则是除贫造富的入世工作。④顺应社会的潮流和事物间的关系，才是企业得以发展的方式。于是，松下幸之助决定把自己的企业办成教堂一样，创造一种教义，让员工去崇拜、去信奉。之后他拜日本真言宗高僧加藤大观为师，从中得到不少的教诲，并在其公司确立膜拜守护神的月祭。设立月祭不仅是对神的感谢，而且是让主管静心反省，把全体员工变成一个团结、勤奋的工作集团。松下幸之助以族长身份铸就的这种教义的灵魂在他退位后仍然被保留下来。伊达物产的公司歌曲写到："为了国家，为了世人，大家赶快努力，把伊达物产变成一个城堡，立在青山坡上。""我们要结成有热血和热情的伙伴，能经得起困苦和悲伤。"京都大学名誉教授会田雄次是如此评价松下幸之助的：松下先生有古代武士的脾气——守信、自律，绝不靠政治赚钱，彻底遵守商人道德。他诚恳、细心地谨守礼节，也感染了公司全体员工，形成一股独特而可贵的"社风"。

日立公司的"和"、松下公司的"和亲"、丰田公司的"温情友爱"，都深受中国佛教及儒家"和为贵"思想的影响。日本丰田汽车公司的企业文化是："上下一致，至诚服务，产业报国；致力于研究与创造，超越时代；力戒华美，追求质朴、刚健；发挥温情友爱，大兴家庭美风；尊崇神佛，致力生产报恩。"事实上，日本的家族主义是带有一定宗教味道的。

作为太阳女神及其直系后裔天皇的宗教，神道教对日本企业文化的影响主要体现在对商业的态度上，规定了上下级之间的关系，这不仅有助于解释财富与经济的扩张是国家的迫切需要，而且有助于塑造妇女角色，认识群体的重要以及自我牺牲的意义。具体地说，神道教对日本企业文化的影响和渗透体现在以下几个方面：

（1）神道教的基本精神构成了日本企业管理者和员工的重要精神支柱，使日本人能够面对逆境，坚忍不拔，走出一条成功之路。第二次世界大战后期，信奉神道教的日本士兵和国民提出"一亿人玉碎"的口号，宁愿战死也不屈服。日本国粹——"相扑"比赛的一个奖项是"敢斗奖"，用来奖给在15天比赛中表现异常勇敢的选手，是对他在整个比赛中"屡败屡战"、持之以恒、勇于争胜的奖励。正是这种精神，使日本人励精图强、卧薪尝胆，从战争的废墟中重新站立起来，很快成为第二号经济大国。

（2）妇女的从属地位维持了终身雇佣制的实施。神道教是关于太阳女神、天皇和卡咪的宗教，强调妇女的从属地位。比如，日本的办公室小姐是专职职员。不管她文化水平或在公司的地位有多高，她总是要服从男性。虽然人们看待她就如同在家庭中一样，对她很客气，但是，她只是一个部署，其职责就是要表现得像一朵鲜花，举止谦卑、文静，几近谄媚，对所有的人要恭敬有礼，长年累月端茶倒咖啡。到了30岁，就不能待在公司了，因为家庭还有重要任务要她去完成，依然是部署的角色。她只有在家与孩子在一起，与比她优越的夫君相随时才被看作完整的。在一些学者看来，妇女的从属地位对日本企业的成功事关重大，终身雇佣制主要靠的是这一点。在制造业中的2 300万妇女零工使日本工业能维持男性统治的终身雇佣。

（3）神道教关于羞辱、和谐以及愿将个人利益从属于集体利益的伦理，在日本企业文化中得到了确认。日本人承认：地位差异和群体活动要达到和谐平静，这是神道的商业伦理的要求。一个人如果不承担对集体的义务，就会倍感羞辱。

（4）神道教所强调的义务和责任感，在日本企业中发挥着催化剂的作用。

（5）语言模糊被日本人看作一种技巧，而不是性格的缺陷。这种事物与实际不一致的现象，渗透于日本人的生活之中，这就确立了神道关于和谐的理念。

2）日本的"禅宗式管理"

西方人通过考察发现：日本管理，包括改进质量，都与禅有关。禅宗始终和实际的管理联系起来，渗透在工作的绩效里。在世俗的工作中，禅宗强调直接的个人体验，要求职员完全沉浸在工作中而没有偏见，就像练习武功达到某种圆熟的境界一样，这就是受禅宗的影响之下日本人对待质量的方式。当然，大机器生产并不是习练武功，对于随机事件并不是禅宗可以解决的，需要以科学为基础。

1978年《哈佛商业评论》上曾经刊登过一篇有名的文章《禅与管理艺术》认为，日本人的交流是"自下而上的交流，跨功能的多边交流"，导致参与式的对高质量的决策得以执行。

受禅宗的影响，日本管理不同于美国管理的另一个差别是把决策看作一个无休止的过程，相信"任何事物都没完没了"的信条，因此，对不确定性、不完美性和模糊性具有更大的容忍力。

（1）"万物皆空"和间隙式管理

禅宗认为，万物是空无的，都是人的感觉存在。因而，事实上的空无，实际上充满了"万物"。"无"实际上也是一种存在，人们可以用心灵来体验它的存在。

"有"和"无"构成客观的空间，两者是统一的，且可以相互转化。正如老子所说的，车轮之所以能转动，是因为车轮的辐条所集中的中心圆是空虚的，可以穿过车轴；陶器、房屋之所以有用，也都是由于其中的存在虚无。

在日本人看来，没有市场却表现为一种充满了"无"的市场，这个"无"，完全可以去占领。占领有两层意思：一是凡是自己没有去占领的市场，都是"无"，因而自己应当去占领，也就是从别人手中夺回市场；二是市场的产品供给结构和市场结构不可能是相吻合的，大量的潜在市场是客观存在的，只要去发现、去开发，就能创造市场，也就是变"无"为"有"。比如，老式收录机市场已经饱和，就生产手提式收录机；豪华型轿车已经饱和，就开拓大众型轿车。

日本企业要求管理人员具有超脱之心。"超脱"是一种"无"的体现。要超脱于一些具体烦琐的事务，才能从整体上去把握全局。这也就是说，一个处于决策层次的管理者，如果他头脑中充斥着烦琐事项，做不到举重若轻，就不可能把主要精力用于调研和作出决策。

时间上的"超脱"就是要适时停顿，也就是在做某件事时，要学会停顿一下，形成一个间隙，不要一直往前冲。这是因为方向比效率更重要。时间上的"超脱"在管理上表现为不断总结、反思、修正和创新的过程。这就造成了日本企业的管理者对管理过程的各个环节进行严密周全的考虑，注意到每一个细节，力求做到合理化管理。这也就是日本企业的间歇管理的基本特征。

（2）"三无"与模糊管理

"三无"是指"无念为宗，无相为体，无住为本"。"无念"是指人在与外界接触中，不要受外部环境的影响，不依境起，不随法生，来去自由，自在解脱。"无相"是指"外离一切相"，远离我相、人相、众生相、寿者相，不要产生任何表象，以保持本心的虚空寂静。"无住"是指本心不沾带外物，本心不思恋他物，顺应本性，无执著，由无住而达无缚，随心任远。

把"三无"运用到管理之中，要求管理者不为外部矛盾所困扰，不被企业暂时的成败而迷惑，而是始终要牢牢把握企业的根本目标，对企业中的一些内外部矛盾要采取模糊的态度去处理，尤其是在处理人际关系上。

在日本企业中，"模糊管理"有："意图模糊""关系模糊""情况模糊"。管理的技巧就在于在清晰、确定、完善与不清楚、不确定、不完善之间实现两者的平衡。

（3）"我心皆佛"和创新管理

佛与众生的差别就在于众生对自己固有的佛性是否觉悟到，觉悟到了，众生就是佛。

在管理过程中，"我心皆佛"包含着创新意识和自主意识，管理者要创造出符合企业实际情况的管理模式，形成独特的管理风格。比如，股份制产生于西方，但日本人把它引进到本国企业，形成了日本特色的"株式会社"。

（4）"顿悟成佛"，创造管理高成效

"顿悟成佛"是指众生无须经历长期的修习，只要刹那间领悟自心等同佛性，便是成佛之时。

"顿悟"要求管理者具有直接把握事物本质的能力。日本人相信：只要确定目标，就一定能够达到目标，只要全力以赴，就一定能比别人做得好。

7.2.2　美国企业中的宗教现象

不少西方人常常会提及东亚当地主管相信风水、在公司里焚香、供着神像等宗教现象。实际上，近几年来美国工作场所里的各类宗教回潮现象也非常普遍，而且常常为公司主管所"因势利导"，与东方相比，只是形式不同罢了。

1999年11月，纽约《商业周刊》上刊登了一篇文章《工作场所里的宗教》，作者米歇尔·康林（Michelle Conlin）介绍道："今天，宗教信仰的复活横扫美国公司，所有商业主管都把他们神秘的思想糅合在管理之中，从基督教、佛教寺院和伊斯兰清真寺到办公室走廊。"这并不是夸张。

一个哈佛商学院毕业的管理咨询员还兼职"城市巫师"，曾经带领17名工业大腕在罗马的高级酒店里不是探讨"千年虫"的爆发，而是坐在毛巾上，在焚香的熏烟中沿着原始部落的鼓声寻找他们灵魂深处的"体能动物"，这就是他们21世纪公司成功的"向导"。在明尼波利斯有一个私人俱乐部，150名商业主管每个月在这里举行一次午餐聚会，听取如何从《圣经》里寻找答案；在"左脑文化"的硅谷，一群高技术的印度创造者力图把技术和心灵的力量联系起来。

美国著名的施乐复印机公司在全世界都有分店。在过去的几年里，这个公司的300名职员，从高级主管到普通职员都经历了"真正的心灵体验"。他们携带着睡袋和水壶，或者在新墨西哥州的荒野里，或者在纽约州的山坡上，从自然中寻找建造传真复印机的灵感。埃特纳（Aetna）保险公司的董事长不仅自己练习静坐冥想，而且向职员分享其经验。还有一些公司的商业主管就是公司心灵运动的创立者。

美国《斯隆管理评论》1999年刊出的《工作场所的心灵现象研究》，开宗明义第一句话就问："把心灵现象融进组织管理合适吗？心灵作用可以为企业带来更多的利润吗？"作者米觉夫（Ian I.Mitroff）经过了两年的专访调查，发现许多管理者在吐露出来的心声里常常把心灵作用和利润联系起来，它们之间的关系就是因和果的关系。

麦肯锡公司的一份报告显示，当职员掌握了心灵技巧以后，澳大利亚的公司提高了生产率并减少了"跳槽"现象。美国出版商Jossey-Bass出版的《美国公司的心灵审计》中说："属灵"的职员更加坚守自己的价值观，也更加投入他们的工作。这本书的作者之一、加州马歇尔商学院的一名教授在其书中宣称"心灵的力量可能是最终的竞争优势"。

宗教现象不仅弥漫在工作场所中，而且得到了学术界的支持。哈佛神学院出了一部《神是我的经纪人：心灵力量在工作场所膨胀》。

如何解释工作场所的宗教回潮现象？有调查表明：美国的管理者需要充实，需要寻找精神上的满足，甚至把其看得比更多的收入和闲暇还重要。另外，提高公司的生产率无疑是另一个重要的原因。

其实，如上面所说，清教主义是美国文化的根，它赋予了美国文化倡导道德、民主、平等的内涵。欧洲大陆文化的来源主要是古希腊文化和基督教文化。古希腊给欧洲留下了科学与民主这一精神遗产，基督教给欧洲提供了理想人格的道德楷模。在古希腊和基督教文明的基础上，欧洲形成了追求精神自由、人文主义、理性和民主的民族文化传统。这也影响了美国民族的文化传统。1964年美国通过的《民权法案》（Civil Rights Act）第七条规定，工作场所不得因员工的信仰不同而有所歧视。1997年8月美国总统克林顿重申："所有联邦雇员都有在政府表达他们宗教信仰的权力。"美国宗教众多，教派林立，根据《美国宗教百科全书》（第五版），美国有1 500个主要宗教组织，其中有900多个基督教派、100多个印度教派和至少75个佛教派别，此外，还有伊斯兰教、东正教、犹太教和产生于波斯的巴哈伊教等。工作场所的宗教回归热忱反映了正在西方兴起的企业多元文化的一个侧面。

但是，哈佛商学院则拒绝商业公司的要求，拒绝讲授宗教的"商业内容"。企业应当尊重职员的宗教信仰，但不应该成为宗教化的企业，否则，就会在尊重谁的宗教信仰上出现矛盾。如果管理者以某一个宗教或教派来引导公司决策和制定公司政策，就会造成不同信仰的人之间发生冲突。美国平等就业机会委员会的调查发现：有关宗教歧视的控告，1998年较1990年上升了43%。自1992年以来，有关宗教方面的歧视指控迅速增加，总数上升到第三位，仅次于性骚扰和对残疾人的歧视，甚至超过了由性别和种族带来的歧视。越是沉浸在"《圣经》小组"和"佛性培训组"里的公司，产生的宗教歧视事件也越多。所以，宗教的某些内容可以运用于管理，但是不妨脱去宗教的含义。比如，信心和精神可以产生难以企及的工作绩效，但不需要假托某种神秘的力量。

美国宗教现象虽然在工作场所的出现有增加的趋势，但是始终没有得到严肃管理学者的重视和系统地探索。

7.3 跨文化管理概述

在对企业文化进行国际比较时，一般都把国家作为主要的分析对象。虽然这种划分有些宽泛，但因为国家是受历史、教育体制、法律体制、行政管理及人情风俗等文化影响的基本单位，每个人、每个企业都受自己所在国家的特定经济发展水平、发展阶段的影响，所以学者们一般把国家作为跨文化管理研究的界限。

7.3.1　跨文化管理的含义

跨文化是指：当两种或更多的文化交遇时，相交文化间即会呈现一种独特的文化现象和状态。跨文化（cross-culture）中的英文"cross"译为"交叉、相交"；汉语的"跨"字意为"涉足、步入、迈出和超越"。可见，跨文化蕴含了不同文化交织和混合的含义，既涉及跨国界的不同文化交遇时的状态和现象，又蕴含了同一国度不同民族文化交遇时的状态和现象。

跨文化管理学是 20 世纪 70 年代后期在美国逐步形成和发展起来的一门新兴的边缘科学，是研究在跨文化条件下如何克服相异文化的冲突，进行卓有成效的管理的理论。其目的在于如何在不同形态的文化氛围中取得不同文化的融合、协同作用，设计出确切可行的组织机构和管理机制，保持整体战略与各分支机构经营计划的协调，最合理配置企业资源，共同调动员工的积极性，最大限度地挖掘和利用企业人力资源的潜力和价值，从而最大化地提高企业的综合效益。

跨文化管理的一个重要内容是：只有尊重对方文化才是双方心理沟通的桥梁，才能对对方的民族性、国民性、行为方式、人格价值取向、风俗习惯有进一步的了解，才能从真正意义上尊重对方的人格，才能体会和捕捉到对方的观念及在不同文化理念引导下的表达方式，才有可能兼顾双方不同的文化，达到真诚的合作。尊重对方的习惯，就是尊重对方的文化形式和心理文化积淀，是对对方行为方式的确认。

7.3.2　跨文化管理的原因和主要问题

1）跨文化管理的原因

文化的不同，直接影响着管理的实践。一个在特定文化环境中行之有效的管理方式在另一种文化环境中的应用，也许会产生出截然相反的结果。人们的不同价值取向导致了不同文化背景中的人采取不同的行为方式，并将导致文化摩擦。如何解决这类问题就是跨文化管理学产生并开展研究的根本原因。

可见，在不同文化中同一种行为有不同的含义。同一种行为在不同文化中的含义可能不一样；相同的心理过程可能外显为完全不同的行为。比如，在合资企业中，中方员工对外方员工表示友好、礼貌的方式可能是与其拉家常，但外方员工可能会把这种对别人的事的关心看成对他人隐私的探听，会认为是一种不礼貌的行为。

当人们以主国文化为准绳对客国文化进行要求时，跨文化问题便暴露无遗。不同文化交遇时，文化的个人载体会面对各种相异的事物，诸如陌生的价值观、社会规范、行为规范、物质和精神生活方式等；群体则会面对因不同文化结构造成的来自另一种群体的压力和差距。文化作用的结果使主客国文化特质中相融的部分相互吸收融合，不相融部分产生相斥和碰撞，跨文化问题产生的根源即在此。

由此可见，在华外商独资企业、中外合资和中外合作企业，尤其是中外合资企业的经营管理本质上是跨文化管理。对合资企业来说，文化差异是极其重要而又烦琐的变量。合资企业是由两国或多国企业在东道国合办的跨地域、跨民族、跨国家的企业。文化因素对合资企业的影响是全方位、全系统、全过程的。在合资企业内，东道国文化与母国文化相互交叉结合，而在合资经营企业与母公司之间、母公司与所在国之间以及来自不同国家的经理职员之间的文化传统差距越大，问题也就越多，在一些基本问题上，容易持有不同的态度。

比如，在德国，除非获得允许，否则，什么事情都不准做；在英国，除非受到禁止，否则，什么事情都准做；在法国，即使受到禁止，什么事情也都准做。试想：如果一个遵纪守法的德国人来到了随心随欲的法国，德法两种文化会出现怎样的碰撞？如果英国人、法国人、德国人和美国人同时进入中国，几种文化交遇又会出现怎样的局面和结果？

表7-1通过中外社会准则和行为差异，力图表述跨文化差异。

表7-1　　　　　　　　　　　　　中西行为准则差异表

西方国家	中国	西方国家	中国
直接表达、外露	含蓄、不外露	重视庆贺生日	重视纪念死者
以自我为中心	以家庭集体为单位	正面冲突	"曲线救国"
以任务为中心	以从业人员为中心	注重短期业绩考核	注重长期考核
自我实现	掩饰个人愿望	自由主义	社会规范
为个人幸福参加劳动	为了家庭、集体	客观事情优先	人际关系为先
以法律为准	以道德为准	社会角色职业化	社会角色个人化
优先使用权限	优先使用协调	突出才能	平均主义
职务规定明确	职务规定模糊	强调竞争	突出和谐
个人利益高于一切	集体利益为重	极端、情绪波动	平和、中庸之道
重视显露出的专长	重视潜力	强国意识	文化自恋
依赖契约、规章	重视相互信赖	明确的控制	含蓄的控制
金钱万能	金钱并非最重要	拼命工作、拼命玩	工作娱乐无界限

2）跨文化管理的主要问题

①语言障碍或翻译不准确造成误解。②缺乏对对方社会文化环境的了解和文化自我意识，以己度人。③缺乏对对方经营环境的了解，对困难问题缺乏思想准备。④缺乏对对方伙伴管理方式和企业文化的了解，期望值过高。⑤信息壁垒和"双重指令链"。⑥双方未能建立起取得理解和信任的协调机制。

3）在华外资企业跨文化管理的主要问题

①民族性问题。中国从古代直至近代素有文化优越感，认为自己的文化是世界的中心文化。外国被称为"夷狄""异邦""夷邦"。洋务运动提出的"师夷长技

以制夷""中学为体，西学为用"就足以表露出中国人的上述心态。改革开放以来，来自经济发达国家的外商们所流露出的其民族优越感使得中国雇员不甚买账。②文化认同问题。投资人员总以母国文化尺度来衡量东道国文化，就会产生文化不认同感，就会对东道国成员人格的不尊重。③制度观念问题。外国投资者多来自经济发达的、有较为完善法制体系的国家，就自然用契约来要求中国雇员。而中国雇员法律意识淡薄，对企业的法律、法规阳奉阴违。中国雇员在工作中常常"公私不分"，常使外国管理者失去了对其的信任。④沟通障碍。外国投资者往往要求中方雇员通晓投资国的语言，而自己却不通中文，这会造成沟通障碍。⑤交际障碍。发达国家以法律为准绳的原则与中国文化"礼"之间的矛盾，中国文化强调榜样力量和集体的作用与西方人崇尚个性自由、我行我素等使中外方在相互交际时就会遇到交际障碍。⑥工作态度问题。中国文化崇尚"中庸之道"等，这使中国雇员谨小慎微、畏首畏尾，竞争意识差。而西方却正好相反。⑦时间观念问题。外国投资者信奉"时间就是金钱"，时间观念强，而中国人的时间观念却不强。

7.3.3 企业跨文化管理类型

（1）本国中心模式、多元中心模式以及全球中心模式。

当今，企业跨文化管理模式按照集权与分权的程度，以及母子公司之间、各子公司之间的关系，可以分为常见的三种模式：本国中心模式、多元中心模式以及全球中心模式。

①本国中心模式。

这是以母公司为中心的"集权式计划和控制"的方式。其决策权高度集中于母公司。由母公司确定标准来评估各分公司的业绩，控制子公司的人员和工作；母公司把自己的经营方案和经营计划以命令或意见的形式下达给子公司；子公司的主管是由母国确定并选派的，强调企业身份和人事安排上的国籍性等。

②多元中心模式。

这是以一个分部或国外子公司为中心的"分权式计划与控制"方式。在这种模式下，企业决策权分散，子公司具有较大的评估、控制与经营权；母子公司之间的沟通方式十分灵活；子公司管理人员以当地国籍为自己的身份。

③全球中心模式。

这是集权与分权相结合的计划与控制模式。母公司给子公司更大的自主权；母子公司之间采取合作的方式，经营权与控制权在母子公司之间的分配遵循的是效率原则。在国际化企业的国际经营业务中，创建合资企业进行海外直接投资的形式显得日益重要。

（2）根据合资企业决策过程的特点，合资企业的管理方式可以分为以下三种基本类型：以一方母公司为主的管理方式、双方共同管理的方式、独立经营管理方式。

下面重点论述以东西方文化为基础的跨文化管理、以东方文化为基础的跨文化管理模式。

1）以东西方文化为基础的跨文化管理

表7-2是中、日、西欧、美文化差异表。

表7-2   中、日、西欧、美文化差异表

	项目	中国文化	日本文化	西欧文化	美国文化
价值观念	哲学思想:物质与精神	重视精神:义大于利	精神与物质并重	精神与物质并举	重视物质:金钱就是一切
	宗教信仰对价值观的影响	较弱	较弱	很强	很强
	个人创造性的发挥	被传统道德所限制的创造性	被集团至上所限制的创造性	被宗教传统道德所限制的创造性	被物质利益所限制的创造性
分析问题	起点	个人印象	利害+个人印象	利害+个人印象	利害
	思路	全面整体性、非理性	整体性、理性	范畴性、系统性、理性	系统性、理性
	方式	不定量、非程序性	定量	程序性	定量、程序性
	目的	精神满足为主,以时间为指向	物质满足+精神满足	精神满足+物质满足	物质满足为主,开始注重精神
思维方式	形式	以空间为指向	以时间、空间为指向	以时间为指向	以时间为指向
	方式	直觉+感性回忆、实际体验	理性+感性、实际体验、分析	理性分析、逻辑	直觉+感性+理性、实际体验、分析、逻辑
	意识	团队+自我、团队意识为主	团队意识极强	自我意识	强烈的自我意识
	时间	差	强	强	强
人际关系	原则	最佳原则	最佳+创新原则	创新原则	创新原则
	最亲切的圈子	亲友、同乡、同学、邻居、同事	亲友、同乡、同事、同学	亲友、战友、同学、同事	战友、同学、同事
	关系的性质	强制性、选择性小	强制性、难以选择	不带强制性、可以选择	不带强制性,可任意选择
	宗旨	个人人身依附	集团人身依附	相互竞争、能者胜	相互竞争、能者胜
工作方式	结构	亲情、尊老	亲情、尊老+实际	平等、独立	平等、独立、自由
	人才选拔	领导任命	自然更替	自然更替+自由竞争	自由竞争
	工作设置	因人设事	因人设事	选人+因人做事	选人做事
	政策系统	垂直决策、上行下效	平行决策+垂直决策	垂直+平行决策	平行决策+垂直决策
	竞争机制	中庸之道、避免竞争	集团内部和谐、集团之间竞争	有限竞争	自由竞争
	法律意识	弱	强	强	极强

鉴于中西方文化的不同，要消除中西方文化造成的跨文化沟壑显得尤为重要，同时，要根据相异文化的特点实行企业的跨文化管理。

（1）造就融合文化的人力资源队伍

①母体经营管理者的选派。为了母体企业外派人员能够了解和适应当地文化，母体企业在选择管理者时应借鉴如下方法：第一，人员的选择与准备。它包括经理人的招募以及幕僚人员的选择，应当考虑那些有跨文化背景和条件并有跨文化经历和经验的管理者。第二，加强文化训练。它包括特定文化与语言训练、后勤补给作业的准备、当地的实物简报、文化休克与调整技巧的训练。第三，实行海外监督。它包括对外派人员是否适应东道国文化进行监督，并进行调试与整合。第四，调回准备。将不胜任的管理者随时调回。第五，再调整。进行新调整，重新委派海外人员和再调整。②海外子公司雇员的招聘。③培养融合文化的人力资源。第一，在跨文化交际管理中加强外方管理者的跨文化交际训练。要求外方人员熟悉东道国语言。借助语言，掌握对方的风俗、道德规范、社会准则、社会体制等。第二，对突变文化环境的应变能力。这就是说，跨文化经营管理者必须具有在异国文化变化时的快速反应和应变能力，在变化中迅速调整，找出对策。第三，决策和决断能力。在不同文化环境中，能根据新情况不断制定新战略靠的是资方的信任和劳方的责任感。第四，信息和媒介作用。通过人力资源队伍，根据东道主国情筛选和分析信息，将信息和建议反馈到企业的核心层中。

（2）在企业中加强跨文化管理

①与员工建立战略伙伴关系，使员工有归属感，增强其企业和职业意识。②公关部应深入到员工和各个部门了解文化冲突的各种问题，分析原因，提出解决方案。还要对企业跨文化管理的新制度等作出评价，并及时向上级反映。③管理者在管理过程中能够考虑相异文化的特点，运用融合文化因素的领导方式，对员工实行融合文化的管理，使跨文化问题尽量减少；可以借用中外籍管理者各自的文化优势实行管理；应当加强领导者的榜样作用，欧美企业的管理者的个性突出，但以身作则方面较差。④企业应加强文化的整合，确立跨文化管理的认同职能，以促进企业文化的渗透，建立精神价值观。通过企业文化的整合来弥合中外文化的差异，使具有文化差异的员工拥有统一的企业文化。⑤开展跨文化管理培训十分必要。培训可使受训人员掌握不同的文化背景知识，掌握与不同文化的人打交道的技巧，改变态度和偏见。⑥加强跨文化管理人员的评估，包括个性特征、心理素质、知识结构、能力技巧、行为习惯等。⑦可尝试进行管理角色互换。互换应在业务对口、互换方有处理另一方原来工作的能力的状态下进行。⑧企业在管理中应当加强中外人员的有效沟通和反馈。

2）以东方文化为基础的跨文化管理

在东方文化并存的企业，如日资和韩资企业的跨文化管理中，除了可借鉴上面所说的中西文化状态下的跨文化管理的某些方式外，还应特别注意以下几点：

（1）加强东方民族间的尊重。

（2）推进本土化进程。比如，美国、欧洲、日本企业在中国的本土化程度或比例各不相同。外资企业本土化程度以美国企业为最高，欧洲次之，日本最低。日本企业在海外的本土化进程比欧美企业慢，主要缘于日本民族的敬业精神等。日本民族的敬业精神、坚韧不拔，使其即使在遇到跨文化管理难题时也不退缩。

（3）加强领导功能。比如，日资企业大多数采取比较死板、严格的监督管理制度。应调整管理模式，采取更加民主的管理手段。

（4）调整工资差异。比如，在华的外资企业中，日资企业员工待遇是最低的，而日资企业的加班率和工作强度是最高的。

（5）加强劳资沟通和信息反馈。由于东方民族属于含蓄深沉的自我克服型，不易相互沟通，因此，企业在跨文化管理中应加强劳资人员的沟通和信息反馈。

7.3.4　企业跨文化管理发展的阶段

外资企业跨文化管理在中国经历了三个阶段：第一阶段是全盘照搬母国管理模式的管理阶段，即克隆管理模式。第二阶段是文化互渗管理阶段。第三阶段是文化融合管理阶段。但是，在华大部分企业已基本实现了跨文化管理的第一阶段、第二阶段，但还没有进入第三阶段。

1）跨文化管理第一阶段：克隆管理模式

克隆管理模式是指外方母体企业将西方管理模式照搬到中国企业中。克隆管理的实施者是外籍决策和管理者，接受方是企业的中外籍员工。

克隆管理模式的特点主要有：①外籍化。这就是说，实行的是全盘外籍式管理。②现代化。这就是说，按西方现代管理模式进行管理。③规范化。这就是说，建立精神规范、行为规范等。④严格化。这就是说，设立监督机制，并制定了严格的工作规章制度和作息时间。⑤高刺激。这就是说，从物质和精神方面给员工以强烈刺激。⑥高效率。这就是说，提倡高效率工作。⑦高竞争。⑧稳定性低。这就是说，在华外资企业，招聘、解聘、频繁选择和转换公司成为外企员工的常事。

2）跨文化管理第二阶段：文化互渗管理模式

（1）文化互渗管理模式的特征

①投资国和东道国文化的互渗。劳资双方经过自然和有意识的文化交流、渗透和整合，逐渐认可和接受对方文化，完成了文化从物质到精神的文化接近。

②完成了人力资源配置从外籍化到本土化的转换。

③中外企业管理形式的结合。以西方的"法制"结合中国的"人治"，对跨文化状态下的人力资源进行了跨文化的管理整合。

（2）文化互渗管理模式的互渗过程

①纵向互渗。其分别经历了支配与排斥、支配与被动接受、达成共识、互渗等阶段。支配与排斥阶段，指外籍企业文化在管理中处于支配地位，基本上排斥中国文化，而中国雇员对其管理方式等企业文化持抵触、排斥的态度；支配与被动接受阶段，指外籍方依旧对中方雇员实施管理，而中方雇员为了个人目的，忍耐和应付

外籍的管理；达成共识阶段，是文化渗透的突破，是劳资双方在文化上达成共识，开始承认对方的优势；互渗阶段，指劳资双方在对对方文化的认知、理解、协调、修正、改造过程中，进行着文化互渗和整合。

②横向互渗。这主要有：流行文化欣赏；语言、饮食、着装的相互模仿；文化形似阶段；文化神似阶段；深层渗透阶段。

文化形似阶段是指资方人员开始了解中国文化，听中国民乐，看京剧，去茶馆，学会给中国客户烟酒，接受中国的餐桌文化，而中国雇员在服装、外表、化妆等表象方面十分"崇洋"；文化神似阶段是指资方开始了解中国的哲学思想，关注中国的关系学理论，意识到跨文化问题带来的管理冲突，而中国雇员开始效仿外国消费方式、效仿国外的娱乐方式等；深层渗透阶段是劳资人员已从表象文化模仿深入到意识形态和行为准则的接受，资方已能十分娴熟地运用中国关系学等为企业谋利，中方雇员开始接受西方思想和思维方式，懂得了隐私权、独立意识、竞争意识等。

3）跨文化管理第三阶段：文化融合管理模式

在融合过程中，吸收各国文化精华，创建一种融合中外文化特点和劳资双方共同利益的新型文化——在华外资企业文化。

文化融合管理模式的特征主要有：

（1）人力资源配置的国际化

企业从自身出发，打破母公司、子公司的界限，打破母体企业和海外业务的界限，以管理者对本土文化和异国文化的熟悉程度、对异国文化的适应力、接受力和管理能力为基准招聘在华的管理者。

（2）东西合璧的跨文化管理人才

由上可知，在华企业的管理人才应该是融合东西方文化精华的新型管理人才。

（3）中外文化的形神兼备

从物质到精神的真正融合，是对跨文化精华的吸取和发扬。

国际化的企业管理已经经过了几次重大的整合，从物质整合、人力资源整合到文化的整合。此时，外资企业的中方从一切服从组织安排、讲良心、精神万能，到物质至上、金钱至上，再到反思，进行了文化整合，而企业资方人员也经历了"制度安排-程序安排-物质至上-反思-精神回归"的文化整合过程。

文化融合管理模式表明，企业整合已从最低层次的物质整合上升到最高层次的文化整合。

7.3.5 跨文化管理的组织结构

1）跨文化管理的组织结构的种类

（1）出口阶段组织结构

①出口分部的职能结构组织。企业原有组织形式为职能结构时，通常在营销部下设立出口分部，从事出口业务。随着出口业务的扩大，出口在企业的重要性提

高，企业有可能将在营销部下的出口部分独立出来，变成一个专门职能部门，将原营销部变为国内营销部。

②出口部的分部组织结构。在分部结构组织的企业中，各出口单位最初可能附属于有出口业务的有关产品分部。但是，随着出口量的扩大，企业有可能决定将这些出口单位从有关产品分部中独立出来，合并成一个单一的部门，专门负责本企业的所有出口业务。

（2）自主公司结构

海外自主子公司结构是国内企业走向跨国公司时组织方面的一种过渡形式。此时，国内母公司与国外子公司之间存在着松散的关系，子公司总经理对母公司总经理负责。母公司结构同以前国内企业的组织结构并无多大区别，没有设立负责跨国经营活动的机构。同时，海外子公司拥有很大的处分权，基本上独立活动，只是定期向母公司汇缴股利。

（3）国际业务部结构

国际业务部结构是适应跨文化企业初步发展阶段的一种组织结构。它是在母公司国内结构中增设一个"国际业务部"。该部设有与总部各职能部门基本对口的职能部门。该部门由一名副总经理、国际经营管理专家和其他人员组成。其中，这名副总经理代表总部管理，对各项国际业务负责，并直接向总经理报告。

（4）全球联合机构

随着跨文化公司在国外发展到全球性规模，公司总部需要将决策权集中到上层，从全球高度将国内业务与国外业务统一起来。这就是说，需要用一种新的组织结构——全球联合的结构来取代原有的国际业务部组织结构。全球联合结构又可分为多种类型。

①全球职能结构。全球职能结构以管理的职能分工为基础，设立一些全球性职能机构，如财务部、营销部、生产部等，各部负责各自领域内的所有国内外业务。

②全球区域结构。全球区域结构以公司在世界各地生产经营活动的区域分布为基础，设立若干区域部，每个部管理该区域范围内的全部经营活动与业务。每个区域部通常由一名副总经理挂帅，领导该区域部工作，并直接向总经理报告。

③全球产品结构。全球产品结构以公司主要产品的种类及其相关服务的特点为基础，设立若干产品部。每个产品部都是一个利润中心，拥有一套完整职能组织机构和职员。由公司任命一名副总经理挂帅，负责产品或产品线在全球范围内的生产、销售、开发和计划等全部职能活动，并直接向公司总经理报告。

④全球混合结构。全球混合结构是在兼顾不同职能部门、不同地理区域以及不同产品类别之间的相互关系的基础上，将以上两种或三种组织结构结合起来设置分部而形成的组织结构。

（5）全球矩阵结构

全球矩阵结构形式是在全球混合结构基础上发展起来的组织形式，它给予职能区域、地理区域和产品的三维因素中的两维甚至三维以同等的权力，对公司的全部业务进行纵横交叉甚至立体式的控制与管理。因此,其部门不像混合结构那样各自分别控制某一世界范围内的子公司,而是共同控制国内外子公司。每一个子公司都同时接受来自两个甚至三个部门的领导。

(6) 网络组织结构

跨文化经营的进一步发展导致了复杂的管理体制,在跨文化公司内部,企业职能权力下降,地区总部兴起,地区总部权力扩大,设在某一东道国的产品总部负责特定地区乃至全球的生产与销售安排,设在某一东道国的职能总部可以管理整个公司的某一特定职能。于是,在一些跨文化公司,一种非正规的网络型组织结构应运而生。

网络组织结构由两个部分构成:一是由战略管理、人力资源管理、财务管理与其他功能相分离而形成的一个由总公司进行统一管理和控制的核心。二是根据产品地区,研究和生产经营业务的管理需要形成组织的主体网络。

2) 跨文化管理的组织设计原则

企业在实施跨文化管理过程中的一个重要问题是:如何在不同的文化环境中设计出有效的组织结构,有效地使用有限的人力资源。

跨文化管理的组织结构设计的目的是为了实现企业战略远景目标。其遵循的原则主要有:

(1) 分工与协调平衡原则

在组织设计中,分工与协调两者需要保持平衡,不可偏废。过度强调分工有碍整体效率;过度强调协调则会有碍局部的积极性。只有做到管而不死、活而不乱,才能使企业从局部到整体保持良好的运转。

(2) 有效控制与沟通原则

组织结构包括正规组织结构和非正规组织结构两个方面。正规组织结构是明文规定的组织内成员和单位之间的正式关系;非正规组织结构则是由工作群体内的非正式关系所产生的。正规组织结构与非正规组织结构通常混杂在一起,二者难以相互区分。

正规组织结构依赖组织内正规权力关系,依赖对不同工作群体的直接监督,遵从三个原则:一是统一指挥,即每个部署只有一个监督人;二是等级链,即组织内从上到下只有一条直接指挥线;三是控制范围,即限定对一个监督人进行绩效报告的从属人员的数量。

(3) 结构随企业经营战略调整原则

结构随着战略变化而调整,一个企业通过地区多样化或通过增加产品线、产品的最终用途扩大其业务时,其组织必须从集中的职能形式变成一个分散的业务部制结构,以增强其有效性。这在国内企业和国际企业组织结构变化中得到了充分的验证。

(4) 精干、高效原则

精干,就是要求在保证满足企业完成经营管理任务需要的前提下,使企业管理层次机构的管理人员数量降低到最低限度。高效，就是根据本企业的特点，选择管理效率最高、经济效益最大的组织形式。

复习思考题

1. 日本企业文化的内容有哪些？

2. 美国企业文化的内容有哪些？

3. 欧洲国家企业文化的内容有哪些？

4. 中国企业文化的内容有哪些？需要如何改进？

5. 如何理解企业文化中的宗教现象？

6. 何谓跨文化管理？

7. 跨文化管理的原因和主要问题有哪些？

8. 企业跨文化管理类型有哪些？

9. 企业跨文化管理经历了几个发展阶段？

10. 跨文化管理的组织如何设计？

企业文化建设

学习目标

不仅日本企业依靠文化取胜，而且美国等西方企业也是依靠文化取胜的。一方面，文化即"人化"，人是文化的创造者，也是文化的载体；另一方面，人是文化的产物，不同的文化塑造出不同的人。企业文化建设既具有一般的普遍性，又具有特殊性。这是因为不同的民族文化、不同的企业、不同的制度等都会影响企业文化建设。企业的文化建设最终是为了推动企业的长远发展。

通过本章的学习，掌握企业文化建设的主体、原则、一般程序、评价标准等。

8.1　企业文化建设的主体

8.1.1　企业领导人

从广义上讲，企业领导人包括董事长及执行董事、总经理、党委书记、总工程师、总会计师和总经济师等。企业领导人对企业文化的影响是巨大的。企业的高层主管往往是企业文化、企业风气的创立者。特别是，他们的价值观直接影响着企业的发展方向。这是因为"价值观"通常是指一种相当持久的信念，它告诉人们什么是对的、什么是错的。它不仅指导着公司雇员在实现企业目标过程中的行动，而且常常渗透在企业职工的日常决策、决策思想和工作方法之中。

事实上，许多成功公司的领导者倡导的价值观、制定的行为标准，常常激励着全体员工，使公司具有鲜明的文化特色，且成为对外界的一种精神象征。比如，埃德温·兰德（Edwin Land）是波拉罗伊德公司的创建人。为了企业发展，他倡导一种有利于公司创新的文化环境。普罗克特-甘布尔公司的威廉·库珀·普罗克特（William Cooper Procter）用"做正当的事"的口号来经营他的公司。美国电话电报公司的西奥多·韦尔（Theodore Vail）强调服务，以满足顾客的需要。

企业的高层主管往往又是企业文化创新的创立者。比如，通用汽车公司董事长罗杰·B.史密斯曾设法改变该公司的企业文化，其中的一个重要任务是要把该公司的文化与那些新收购进来的公司的完全不同的企业文化结合起来。高科技宇航的休斯飞机公司和计算机服务的电子数据系统公司（EDS）是由注重行动的企业家罗斯·佩罗（Ross Perot）领导的，它们被通用汽车公司收购。通用汽车公司强调严格遵守规章和程序，而EDS则强调以军人式的作风来取得成果。通用汽车公司决策缓慢，冒险通常得不到奖赏，而休斯公司由于处于高科技的前沿，需要不断地审视环境以取得新的发展和机会，因此，通用汽车公司不时地要作出涉及很大风险的决策。为了对不同的企业文化作出选择和导向，史密斯分发了"文化卡"，在卡上说明了公司的使命如下：通用汽车公司的根本目标就是要提高产品和服务的质量、使客户获得更大的价值、雇员和企业伙伴分享我们的成功、股东在其投资上可以得到持久的、更多的收益。

特别是，公司领导人创造的企业文化、组织文化可以导致完全不同的管理模式。比如，国际商用机器公司就是如此。

国际商用机器公司要求每个成员都要遵循三项基本原则：尊重个人、争取最优和提供优质服务。托马斯·沃森（Thomas Watson）创建了一种管理制度，且用这种管理制度去推行这三项基本原则。他的继任者在面临经济发展迅速和科技日益变化的情况下，为争取更富有挑战性、更富有企业家气魄的体制坚持了这三项原则，并在此基础上形成了国际商用机器公司具有自己个性的企业文化。

国际商用机器公司的最高管理部门表现出尊重个人的一种方法，是对所有的雇员都一视同仁。其雇员都是终身雇佣的。任何人，除非他一贯达不到明确的标准或违犯道德准则，否则将不会失去工作。白领、蓝领和粉领工作人员之间没有什么差别。许多雇员在其工作生涯中被提升。几乎所有中上层职务都是由国际商用机器公司已有的雇员担任的。所有雇员都受到鼓励、继续学习，为提升做好准备。所有的新雇员要经过长达9个月的培训，以使他们能够胜任工作，并向他们灌输国际商用机器公司的宗旨、企业价值观等企业文化。雇员通过穿着保守，参加竞赛和集体体育活动，接受公司生活的其他方面的形式，能够很快地适应公司的企业文化。尊重个人的另一个特征是高层管理部门对雇员建议的关注。该公司在最高层次有着对外公开的传统。至少每年一次，雇员们与其主管人员一起讨论对他们来讲是重要的问题。反过来，主管人员公开回答意见箱中的各种意见。该公司对提出降低成本及改善产品或质量控制的意见给予奖励。1975—1984年间，国际商用机器公司对提出建议的工作人员支付了近6 000万美元的奖金，而这些建议为公司节约了3亿美元。

国际商用机器公司的最高管理部门通过调查及每一次的圆桌会议来监督职工的士气。这样，各部门和分支机构都对任何问题提出、解决和提高职工士气负有责任。绝大多数职工都很高兴成为该公司大家庭的一员，并且在公司一直工作下去。该公司以其可信赖的服务而著名。高层管理部门通过对提供这种服务的职工——销售代表的重视，而突出了公司对服务的承诺。公司认为，忠实履行服务承诺，是提高企业商誉、搞好企业文化建设的重要内容。绝大多数高层管理人员，包括托马斯·沃森，都是从推销员开始其职业生涯的，他们把履行服务承诺、遵循商业道德和建设企业文化有机地统一在一起。销售代表对使顾客满意负有完全责任，如果他失去一个客户，那么，将从他工资中扣掉原来那一客户的销售佣金。

在国际商用机器公司，荣誉是建立在个人业绩基础上的。制定这一制度是为了鼓励作出成绩的人员。管理人员制定实际的目标，慷慨地奖励那些实现目标的雇员。大约25%的雇员拿到了奖金，许多人收到了礼物，并且他们常常受到表扬。特别是，业绩制度在销售部门更为突出。制定年度销售额，要使80%的销售代表能够完成这个定额。销售代表每月的销售量在公告牌上公布。管理人员被要求帮助下属达到目标。实现了年度销售额的销售人员可以参加"100%俱乐部"。他们能参加为期3天的年度庆祝盛会。实现最高销售额的10%的销售代表参加"金色集团"，在繁华的旅游胜地庆祝他们的成功。那些连续未能实现销售限额的人员将被辞退。同时，竞争由于严格执行的道德水准和集体精神而被缓和了。无论是哪个层次的管理人员，他们的成功都取决于他们集体的努力程度。因为队伍比较小，管理人员可以密切关心他的下属。另外，销售部门每月召开大会来审查工作进度，奖励成绩最突出的销售人员。

在企业领导人当中，企业家也是一个重要组成部分。在第2章企业精神文化中，论述了企业家精神。这里再简单论述一下企业家的素质或能力。

企业家必须具备良好的心理素质、能力素质、文化素质、身体素质等。

美国"卡鲁创业家协会"曾对美国75位成功的企业家做了深入的调查研究，

概括了成功企业家的11个特征：①健康的身体。②自信。③控制及指挥欲望。④紧迫感。笃信"时间就是金钱"。⑤广博的知识。⑥脚踏实地，做事实在。⑦超人的观念化能力和整合能力。⑧不在乎地位，不计较虚名。⑨客观的人际关系态度。⑩情绪稳定，坚强自忍。乐于接受挑战，承担风险，竭尽全力投入。

美国企业管理协会通过对4 000名经理进行分析，并从中筛选出812名最成功的经理做研究，归纳出成功的经理人员需要具备的19种能力：①工作效率高。②有主动进取心。③逻辑思维能力强。④富有创造性。⑤有判断力。⑥自信心强。⑦能辅助他人。⑧为人榜样。⑨善于使用个人权力。⑩善于动员群众的力量。⑪利用交谈做工作。⑫建立亲密的人际关系。⑬心态乐观。⑭善于到员工中去领导。⑮有自制力。⑯主动果断。⑰客观而善于听取各种意见。⑱能正确地自我批评。⑲勤俭艰苦和具有灵活性。

成功企业家的性格特征表现为：①具有现实主义态度，从不把幻想当成现实，对冒险的事三思而后行。②彻底的独立性，独立决策，稳重、理智地行事。③善于为他人着想，关心同事，热爱他人。④适当地依靠别人。⑤善于控制自己的感情，掌握分寸。⑥深谋远虑。⑦胸襟博大。⑧永不自满，虚心学习，乐于接受新事物，总想做得更好。

一般地说，企业家的能力可以分为：①思维能力。企业家必须具有超出常人的思维能力，具有远见卓识。②决策能力。其包括分析问题的能力、逻辑判断能力、直觉判断能力、创新能力、组织决策能力等。③管理能力。其包括宏观指导、组织控制、目标管理、层级管理、定向管理、识人用人能力等。④协调能力。妥善处理企业内外关系，协调各方面关系，具有良好的人际关系。

8.1.2　企业英雄

1）企业英雄的标准

企业英雄，如劳动模范、先进生产者、新长征突击手、"三八"红旗手、"五一"劳动奖章获得者、"五四"青年奖章获得者等。

企业英雄，一方面，是企业文化建设成就的最高表现；另一方面，又是企业文化建设进一步深入开展的最大希望。

从个体来看，企业英雄的标准是：①卓越地体现了企业精神的某个方面，与企业的理想追求相一致。这可称为"理想性"。②在其卓越地体现企业精神的那个方面，取得了比一般职工更多的实绩。这可称为"先进性"。③其所作所为离常人并不遥远，显示出普通的人经过努力也能够完成不寻常的工作。这可称为"可学性"。但是，对个体英雄，不能求全责备。既不能要求个体英雄能够全面体现企业精神的各个方面，要求他们在所有方面都先进，也不能指望企业全体职工从一个企业英雄身上就能学到一切。

从群体来说，卓越的英雄群体必须：①其是完整的企业精神的化身。这是其全面性。②群体中不仅有体现企业精神的模范，而且有培育企业精神的先进领导，还有企业精神的卓越设计者。这就是其层次性。③英雄辈出，群星灿烂，却几乎找不出两个完全相同的、可以相互替代的人。这是其内部具有的多样性。

2）企业英雄的种类

美国理论家将企业英雄分为共生英雄（或幻想英雄）和情势英雄两大类。情势英雄又可分为出格式英雄、引导式英雄、固执式英雄和"圣牛"式英雄四种类型。所谓共生英雄，是指优秀企业的创建者。如通用电气公司的托生、P&G公司的普罗克特和甘布尔、IBM公司的托马斯·沃森等不仅是企业的创建者，而且是企业的所有者，一辈子为自己的企业呕心沥血。

在我国，企业英雄可以划分为七种类型：①领袖型。其有极高的精神境界和理想追求，能把企业办得很好，救活许多濒临破产的企业。②开拓型。其永不满足现状，勇于革新，锐意进取，不断进入新领域，敢于突破。③民主型。其善于处理人际关系，集思广益，能把许多小股的力量凝聚成为巨大的力量。④实干型。其埋头苦干，默默无闻，几十年如一日。⑤智慧型。知识渊博，思路开阔，崇尚巧干，常有锦囊妙计。⑥坚毅型。越困难，干劲就越足；越危险，就越挺身而出。关键时刻能够挑大梁，百折不挠。⑦廉洁型。一身正气，两袖清风，办事公正，深得民心，为企业的文明作出榜样。

3）企业英雄的作用

从企业文化角度来看，企业英雄的作用包括以下几点：

（1）品质化的作用。这就是说，企业英雄将企业精神内化为自身的品质。

（2）规范化的作用。这就是说，企业英雄为全体职工树立了榜样，使职工被英雄事迹所感染、所鼓舞、所吸引，且知道了应当怎样行动，从而规范了职工的行为。

（3）具体化的作用。这就是说，企业英雄是企业精神的化身，向职工具体展示了企业精神的内容。

（4）凝聚化的作用。这就是说，企业英雄由于起到规范的作用，且每个英雄都有一批崇拜者，从而使整个企业成为一个紧密团结的、有竞争力的组织。

（5）形象化的作用。这就是说，企业英雄是企业形象的一个重要的组成部分，也是外界了解和评价企业的一个重要途径。

4）企业英雄的培育

企业英雄的培育包括塑造、认定和奖励三个环节。

企业英雄的塑造，主要靠灌输企业精神来进行，就是要大力抓企业文化建设。

企业英雄的认定就表现为评判企业英雄的标准上。

企业英雄的奖励不应该只是一种物质报酬，而更应该是一种精神价值的肯定；不应该只是对英雄过去成绩的肯定，而更应该是对英雄未来的期望；不应该只是着眼于英雄本人，而更应该是着眼于能够产生更多的英雄。

8.1.3　企业员工

这是企业文化建设的基本力量。

企业员工是推动企业生产力发展的最活跃的因素，也是企业文化建设的基本力量。企业文化建设的过程，本质上就是企业员工在生产经营活动中不断创造、不断实践的过程。

虽然企业文化离不开企业家的积极创造、倡导和精心培育，企业家的创造、倡导和培育也加速了文化的新陈代谢，但是，企业文化也源于员工在生产经营实践中产生的群体意识。这是因为企业员工身处生产经营第一线，在用自己勤劳的双手创造物质文明的同时，也创造着精神文明。所以，企业文化既体现着企业家的智慧，也体现着员工的智慧。比如，企业员工在新技术、新产品开发中，接触到大量信息，迸发出很多先进思想的火花，这样，其技术与产品的开发过程也往往就变成了文化的变革过程。创新思想、宽容失败的文化观念可能由此而生。再如，员工从事营销，要与供应商、经销商、竞争者及顾客打交道，就会树立强烈的市场意识、竞争意识和风险意识，树立正确的服务理念，并认清企业与供应商、经销商、竞争者之间的相互依存关系，认清竞争与合作、经济效益与社会效益、企业眼前利益与长期利益的统一关系。

企业员工不仅是企业文化的创造者之一，而且是企业文化的"载体"，更是企业文化的实践者。企业文化不仅是蕴藏在人们头脑中的一种意识、一种观念、一种思想、一种思维方式，而且，从实践的角度看，是一种行为方式、一种办事规范、一种作风、一种习惯、一种风貌。企业文化如果只停留在精神层面，不能通过行为表现出来，也就没有任何的价值。在企业文化由精神向行为以及物质转化过程中，企业员工是主要的实践者。全体员工只有在工作和生活中积极实践企业所倡导的优势文化，以一种正确的行为规范、一种优良的工作作风和传统习惯、一种积极向上的精神风貌，来爱岗敬业，才能生产出好的产品，推出优质的服务，创造出最佳的经济效益。

所以，可以这样说，企业文化建设过程就是在企业家的引导下，企业员工相互认同、自觉实践的过程。企业员工实践的好坏，直接表现着企业文化建设的成果。当然，企业文化建设是需要通过一定的提炼、灌输、宣传、推广等活动来进行的，但这些活动的目的是为了企业员工的实践。

8.2　企业文化建设的基本原则

8.2.1　"以人为本"原则

这一原则在第2章精神文化中已经简单地提过，这里再详细地论述一下。

所谓"以人为本"，是指把人作为企业管理的根本出发点，把做人的工作，调动人的积极性作为企业文化建设的重要任务。具体地说，就是尊重人，相信人，激励人，使人能动地发挥其无限的创造力。

坚持"以人为本"的企业文化建设主旨，其主要实践途径是要解决好以下相关联的四个问题：

1）充分地重视人，把企业管理的重心转移到如何做人的工作上来

长期以来，企业中存在着重经营、轻管理的现象。有些管理者，虽然对管理工作有所重视，但往往将管理的侧重点放在建制度、定指标、搞奖惩上，忽视了做人的工作。实践证明：在管理中，只见物不见人，只重视运用行政手段和经济手段来进行外部强制，不注重发挥人的主观能动性，只把人作为外在文化约束的对象，不尊重员工的文化创造，最终都会背叛管理的预期目的，也不可能增强企业的生机和活力。所以，管理者必须把管理的重点转移到调动员工的积极性、增强员工的主动性和创造性上来。

2）正确地看待人，切实处理好管理者与员工之间的关系

围绕员工是什么人的问题，西方管理学者进行了大量的探索，得出了以下几个假设："经济人""社会人""组织人"。这些都是从管理主体怎样去控制、利用管理客体角度来看待员工的。这样，管理的真正民主化，员工的积极性、主动性和创造性的充分发挥是难以实现的。因此，"自我实现的人"和"文化人"是对企业人的看法的质的突破，将员工看成企业的主人、是企业管理和企业文化的主体。企业文化建设必须高度重视其主体，重视企业员工素质的培养与提高，使企业文化的主体成为有高度素养的文化人，成为关注自身与社会双重价值的现代企业人。

3）有效地激励人，使人的积极性和聪明才智得到最大限度的发挥

确保员工在企业管理中的主体地位，充分调动员工的工作积极性，将蕴藏在员工中的聪明才智充分地挖掘出来。为此，第一，必须进一步完善民主管理制度，保障员工的民主权益，使员工能够广泛地参与企业的各种管理活动。第二，改变压制型的管理方式。变高度集权式的管理为集权与分权相结合的管理，变善于使用行政手段进行管理为多为下级提供帮助和服务的管理，变自上而下的层层监督为员工的自我监督和自我控制。第三，为员工创造良好的工作和发挥个人才能、实现个人抱负的条件，完善人才选拔、晋升、培养制度和激励机制，帮助员工进行个人职业生涯的设计，满足员工物质和精神方面的各种需求。

4）全面地发展人，努力把员工培养成为自由发展的人

在我国，努力把员工培养成有理想、有道德、有文化、有纪律的社会主义新人；努力使员工与员工、员工与管理者、管理者与管理者、企业与社会公众等关系达到最佳和谐与亲密的状态。

企业全面关心人，可以从三个方面来考察：一是全面满足员工的经济、安全、社交、心理和成就事业等多方面的需要。二是全面关心企业内部各种不同的人员。三是全面关心全社会各种各样的人，如顾客、社区居民、原材料供应者等。比如，日本企业能够比较全面地关心企业员工。这表现在：一是日本高级管理人员一般认为，照顾一个人的整个生活乃是企业的职责，而不能推卸给其他机构（如政府、家庭或宗教机构），且认为只有当个人的需要在公司内部得到满足时，个人才能有精力从事生产工作。二是日本企业内部不太强调权力意识，极力淡化等级意识，职员一律坐大办公室，也没有专门为高级经理设置的停车场和食堂。日本高级管理人员认为，职工既是供使用的客体，又是应该给予尊重的主体。企业一般不轻易解雇职工，特别是，日本的大企业一直执行终生雇佣制。所以，日本企业一般能够一视同仁地关心内部各种不同的人。三是日本企业比较重视正确经营观、社会观和人生观的建立，重视企业精神的灌输，能够坚持企业目标的全面性原则、手段的合理性原则和人际关系的和谐性原则。

8.2.2　目标原则

由上可见，企业文化建设的目标是提高企业员工素质，全面地发展人，努力把员工培养成为自由发展的人。

在市场竞争日益激烈的今天，企业员工队伍的素质如何越来越成为企业能否生存和发展、企业竞争力强弱的主要标志，也是企业能否成功地进行企业文化创新与变革的决定因素。美国经济学家莱斯特·瑟罗指出，企业提高竞争能力就在于提高基层员工的能力，也就是要造就名牌员工。比尔·盖茨说过，微软公司的宝贵资产在于高智慧和头脑灵活的名牌员工。只有高智慧、灵活的头脑，才能不会落后于人，永处高峰。名牌员工是事业心、忠诚心、责任感、高超的技术、守纪律、创造性等的统一。企业员工只有具备这些素质和能力，才能适应现代企业的需要，才能真正成为企业文化发展和创新的主体。因此，企业文化建设必须围绕人的素质来进行。

要培养一支高素质的企业员工队伍，就要抓好员工的培训。员工培训是企业促使员工在道德、品行、知识、技术等方面有所改进或提高，保证按照预期的标准或水平使员工能够完成其承担或将要承担的工作与任务。有关资料统计显示，一个人一生中获得的知识10%来自学校，90%来自社会，即参加工作之后。在知识爆炸的时代，除了进行相应的岗位培训外，不断地对员工进行智力投资，是保持企业永远具有活力的关键。有的国家将企业培训部门称为投资部门，就是说通过培训可以用最小的投入来获得将来较大的利润。企业培训包括企业自我培养和委托社会培养、脱产培养和岗位培养等。

在员工培训方面，德、日、美等国的做法和经验是值得我们借鉴的。

德国有着完备的职业培训制度。它采取"双轨制"的培训办法，除了政府投资外，主要的是企业投资。培养一名合格工人需要6万～7万德国马克。企业一般要拿出销售额的1%～2%或投资额的5%～10%用于人员培训。正是科学的培训机制和巨额的投入，才造就了德国企业中高素质、技能全面的优秀员工队伍，这为德国在第二次世界大战后经济起飞和高质量的产品迅速占领世界市场创造了最好的条件。与奔驰公司重视知名度不同，西门子公司非常重视员工培训。整个公司在国内外拥有60多个培训中心、700多名专业教师和近3 000名兼职教师，开设了50余种专业。在全公司37万名员工中，每年参加各种培训的多达15万人之众。公司每年用于员工培训的投入达6亿~7亿德国马克。同时，还有上千名熟练工人被送到科技大学和有关工程学院学习，有上万名青年工人在各种技术学校、训练班等机构接受技术技能的训练。正是西门子公司在"培训出质量、培训出竞争力、培训出成就"等理念指导下，大力抓培训，使得公司有一半以上的员工具有大学或大专文凭，50%以上的工人成为专业技术工人。从而，在德国乃至世界同行业中，保持着强大的人才优势和技术优势，产品质量一直保持着领先的地位。

在日本，员工教育以企业为主体，企业内教育十分发达。20世纪80年代以来，日本的企业内教育由单纯的学校教育所偏重的知识传授和技能训练，向全面塑造"现代企业人"的方向转化。其教育包括三个部分：一是系统教育，包括就业前教育、新职员教育、新职员集体住宿研修、普通职员研修、骨干职员研修以及指导层的新任职、普通职和高级职人员的研修等。二是现场教育，即可通过以老带新的指导员制度、自我申报制度（一种旨在让工作适应人，充分发挥人的潜能的制度）、职务轮换制度等培养员工的实际能力。三是自我开发资助，即鼓励员工参加函授教育和外部研修班。这种培训体系适应了当代日本经济发展的特点，取得了很好的效果。松下公司以自称"造就人才的公司"著称于世。该公司设置的教育训练中心下属8个研修所和1个高等职业学校，专门负责本公司各级员工的培养。同时还通过自我申报、社内招聘、社内留学、海外留学等制度造就人才。从而，松下在出好产品的同时，也不断地造就着一批又一批优秀的人才，当然，优秀的人才又不断地创造着更好的产品。奔驰公司之所以发展飞速，产品卓越，是因为它重视员工、培养企业员工。它认为，高品质与人员的高素质成正比。公司为培养员工不遗余力，在国内有502个培训中心。在这些培训中心，受基本职业训练的年轻人经常保持在6 000人左右，平均每年有2万~3万人接受培训。同时，公司还鼓励管理人员和技术人员到高等学校去学习、深造，不仅工资照发，而且公司支付学费，报销路费，甚至在住宿方面还给予补贴。

在美国，虽然员工在就业之前已经有很高的专业技术素质，也没有一个公司能保证职员被终身雇用，但是，美国仍然十分重视培训。特别是，近年来，美国公司的教育支出以每年5%的速度增长，用于教育培训的支出每年已达到500亿美元以上。美国教育委员会已经确认7 000家公司能够自己颁发学位。有的公司与大学建立了密切的合作关系，让其代公司进行培训。美国通用电气公司把培训职员作为公司的重要使命。其总公司的培训中心每年耗资1 500万美元，年培训人员可达5 000人，且每年还组织5 000人到国外接受各种培训。对每年新录用的2 000名大学毕业生，公司规定必须经过2~3个月的工作和学习，才能转为正式雇员；对其他公司跳槽而来的每年3 000名左右的员工也是如此。对高级主管人员的培训，最长可达4个月。这是通用电气公司保持长盛不衰的重要原因。

与此相联系的是绩效原则。在企业文化中，坚持绩效原则不仅仅在于要善于根据员工的工作业绩进行奖励，更重要的是鼓励员工以更好的心理状态、更大的努力投入下一轮工作之中，且把着眼点从"过程"转向"结果"，避免形式主义、教条主义。

传统的管理与其说重视目标，不如说更重视完成目标的过程。其主要精力放在过程的标准化和规范上，不仅告诉员工"做什么"，而且告诉员工"怎么做"，把工作程序和方法看得比什么都重要。这样，员工在工作中必须严格执行既定的规程、方法，接受来自自上而下的严密监督与控制，员工的工作个性和创新精神受到压抑。所以，确立绩效原则的最终目的是要改变员工在管理中的被动性，增强员工的主动性及创造精神。具体地说，在管理实践中，坚持以个人为主、自上而下协商制定目标的办法；在执行目标过程中以自我控制为主；评价目标也以自我检查、自我评价为主。这就是说，转变管理方式，减少发号施令和监督，多为下级完成目标创造条件、提供服务，帮助员工学会自主管理、自我管理、自我激励。

8.2.3　共识原则

所谓"共识"，是指共同的价值判断。这是企业文化建设的核心所在。

其原因主要有：①企业文化的核心是精神文化，尤其是价值观。每一个员工都有其价值观，如果达不成共识，企业就可能成为一盘散沙，也就不能形成整体合力；如果达成共识，企业就会产生凝聚力。②当今的企业所面临的内外环境异常复杂且瞬息万变，必须强调共识、全员参与、集思广益，使决策与管理都建立在全员智慧与经验的基础上，才能实现最合理的决策与管理。

如何贯彻共识原则呢？这主要有两点：①充分发挥文化网络的作用。迪尔·肯尼迪在《企业文化——现代企业的精神支柱》中认为，"文化网络"是企业文化的组成要素之一，是公司价值和英雄式神话的"载体"，是企业内部主要的却是非正式的沟通手段。通过它，传递着企业所倡导的价值观以及反映这种价值观的各种趣闻、故事、习俗、习惯等，达到信息共享，以利于全员达成共识。②逐渐摒弃权力主义的管理文化，建立参与型的管理文化。权力主义的管理文化过强调行政权威的作用，动辄用命令、计划、制度等手段对人们的行为实行硬性约束，这不利于共识文化的产生。所以，只有打破权力至上的观念，实行必要的分权体制和授权机制，才能充分体现群体意识，促进共识文化的形成。

8.2.4　兼容原则

在企业文化建设中，要吸收各种各样的企业文化以及国内外传统文化的合理性。这里，特别强调的是中国企业文化的建设要吸收中国传统文化的合理性。

中国传统文化虽然与中国现代化存在着某些矛盾（如轻自然、重技艺的观念与科学思想的冲突；人治传统与法治建设的冲突；家族本位与个性自由的冲突等），但是，也有其精华之所在，这是我国企业文化建设和发展的根基。

虽然在近、现代西方文化的剧烈冲击下，中国人的生活、文化等确实已经发生了巨大的变化，以至于西方的某些生活方式、风俗习惯等已被越来越多的中国人所认同和接受，但是，中国人世代相传的传统心理、思维方式、伦理道德等也依然存在，甚至有的传统并未发生根本的变化，这就是说中国传统文化并没有离人们而去，中国人待人处世、对事接物依然是"传统的"。简要地说，中国传统文化的合理性有：第一，自强不息的进取精神。第二，道德修养和人际协调，在道德规范下形成和谐的人际关系。第三，集体本位和天下为公，以集体为本位，尤其当个体与集体发生冲突时主张牺牲前者，这就是天下为公。第四，"天人合一"的意识，强调人与自然界和谐统一。所以，我国要建立的应该是体现中国传统文化合理性的管理学，构建的是体现中国传统文化合理性的企业文化；反之，我国的管理学或企业文化如果与中国传统文化合理性相违背，最终就不会建立和完善。事实也表明了这一点。例如，在企业管理中，我国不少的企业引进西方的管理方法，实行严格的规章制度和定额定量的生产管理，但因有悖于中国大众传统的价值观而引起工人与管理人员之间的矛盾对立。据报道，广州等地一些工厂照搬西方的管理方法、严格规章制度和纪律等，结果虽然生产有所提高，但文化冲突却无法避免。这也表明了我国现阶段尚未建立起体现了中国传统文化合理性的管理学或企业文化。

日本企业管理给我们一个重要启示：管理学或企业文化必须具有本民族文化的特色。日本企业管理就体现了其民族文化特色。日本企业管理的特征是以终身雇佣制、年功序列、工会（前面已叙及）为支柱。三者是不可分割的。它们共同支撑着体现和谐精神的日本经济大厦。它们又像三种互补的黏合剂，使企业的股东、经营者、雇员紧紧地凝聚在一起。企业把员工当成自己的家庭成员，不但关注每个员工的工作，而且过问员工个人生活问题，对每个职工家庭的婚丧嫁娶也要关照，员工也要把企业当作自己的家，对企业有很强的归属感，就是在企业遇到如石油危机那样的危机，员工也能自愿降低工资以帮助企业渡过难关。

建立在这种团队精神基础上的日本企业，其经营方针同欧美国家的企业也大相径庭，欧美企业注重的是股东的利益，日本企业较重视雇员的利益；欧美企业注重收益目标，而日本企业重视市场占有率；欧美企业投资着眼于短期成绩，日本企业则从长期观点来决定投资等。

日本民族文化精神也是企业全面质量管理成功的根基。全面质量管理要求从设计、采购、生产、检测、保管到出厂，每一个环节的每个成员都必须参与其中。日本企业的终身雇佣制、年功序列等所产生的集体负责原则和集体主义的经营方针满足了全面质量管理要求的条件。这就是日本企业全面质量管理比欧美企业更成功的原因之一。

8.2.5 创新原则

1）企业文化的冲突

企业文化的冲突包括组织文化与个人文化、新文化与旧文化、企业主文化与亚文化之间的冲突，还有每一个企业文化自身的问题等。

（1）任何企业文化自身都存在着问题，主要包括：

①企业文化自身有相互对立的理念、规范等。比如，严密的组织等级体系、严格的规章制度造成了对人的控制和限制，制约了人们之间的信息传递和情感交流。所以，任何一个企业文化都不能只持一端，完全无视相反的见解，而应当寻求互补。比如，就企业目标来说，有利润最大化目标、社会效益目标、企业就业目标、企业成长目标和职工福利待遇目标等，企业文化只能在目标追求中力求协调、找平衡。

企业精神无论多么完美、有效，都具有两面性：都会既服务于企业员工，又控制着企业员工；既激励着企业行为主体，又抑制着企业行为主体。

②企业文化自身在发展过程中存在着异化问题。比如，过于细化的劳动分工使工种作业枯燥、单调，缺乏新奇、刺激和创造性。职工受制于机器，成了机器的附属物。繁杂的管理限制了人们原始的但有效的相互之间的交往等。

企业文化的创新成果一经积淀为文化传统，它会既具有权威性、统御力，又会逐渐丧失其固有的精神魅力。企业文化传统所造成的惯性是由创造者和追随者的选择偏好造成的。对于有着良好的文化传统和良好经营业绩的企业来说，文化惯性是一把双刃剑：在稳定的环境中保持传统，企业会有较好的表现，而当环境条件急剧变化时，企业的文化惯性有可能显得保守、落后，甚至成为企业发展的桎梏。此时，即使公司卓越领导者精心培育的企业文化，如果公司内外情况发生了根本性的变化，就一定要进行企业文化的重塑。

③在企业内部存在着主流的、正统的文化与非主流的、"异端"的文化。这也体现出企业文化的冲突，如企业正式组织文化与非正式组织文化之间的冲突。

（2）在企业的文化环境中，存在着个体文化、群体文化、企业文化、社会文化，这往往会发生冲突。比如，当外来的个体尚未进入企业文化氛围、尚未被组织认同时，个体会出现心理和行为的不适；当企业中的个体无视他人利益和社会整体利益时，就会产生与企业群体文化的冲突；有时企业群体文化滞后于社会文化，有时企业群体文化不能满足个体对先进文化的需要，都会出现企业文化的冲突。

（3）传统文化与外来文化在企业中发生冲突，引起了跨文化问题。这在第7章企业文化的国际比较中已经论述了。

2）企业文化的变迁

影响企业文化变迁的原因是多种多样的，其中，企业外部的经济、政治、文化等方面是外因；企业内部的生产、经营和管理，企业管理人员的变化，企业员工的素质等是内因。

美国学者麦克尔·茨威尔认为，企业文化通过以下几个方面来影响员工的能力：①聘用和选任人员是事关组织目标、价值观、信念、奖励机制、决策机制等方面的重要的文化过程。一个以能力评估为标准来聘用人员的公司，要好于单凭经验、喜好来进行聘用人员的公司。②奖励机制往往能够反映组织对能力的重视程度。如果团队精神差的员工与团队精神强的员工都得到了同样的报酬和重视，员工就不太可能注重相互的合作及帮助他人。③企业决策的实践影响着员工的积极性、主动性、创造性等。如果所有的决定都是管理者决定，而员工只需听从命令，那么员工就往往不愿承担责任，且缺乏积极性、主动性等。④企业精神文化与员工的能力紧密相关。⑤工作惯例和管理程序使员工认识到其应该具备哪些能力。⑥对员工的培训和培养的重视使员工认识到发展自我能力的重要性。⑦培养领导者的组织程序直接影响着领导者的能力，也传达了有关领导者应如何行事、如何进行管理、如何对待员工等。

3）企业文化的整合

这主要表现在以下几个方面：

（1）对某一种内生的（主要指企业文化共同体内部新产生的）或外部输入的（包括企业文化的国际示范传递造成的）企业文化特质的同化、吸收。比如，日本企业从美国等西方国家"引进"了质量管理基本文化特质，且通过日本国情的创造性的文化整合，形成并发展了具有日本特色的全面质量管理文化、"无缺点计划"的管理文化。日本企业还从中国"引进"了"两参一改三结合"的"鞍钢宪法"，并加以整合，形成了具有本国企业特点的、富有创造性和充满活力的企业民主管理文化。

（2）企业文化整合是对自身内部创造的或外部引进的一组企业文化特质进行重组、改造，从而形成了局部新型或新质的企业文化。比如，日本在解散大财阀、分割大企业、反垄断和引进西方市场竞争文化时，就对其进行了适于自身要求和特点的改造。

（3）伴随着企业观念革命、管理革命，从局部或整体重建、重塑企业文化，即对自己进行了彻底的吐故纳新的整治。比如，在第二次世界大战后，在美国，由于铁路公司在不懂技术的老板管理下造成了列车对撞事件，从而引发了企业所有权与经营权相分离的观念革命，这导致了确立经理体制的企业管理革命，开始了企业组织文化、决策文化、动力文化、管理文化等一系列新的文化整合。

（4）随着剧烈的企业文化冲突、企业文化危机的发生，企业文化革命引起了更加彻底的文化整合。这往往发生在濒临倒闭、经过剧烈震荡完成了一个大转折的公司或企业。

（5）企业文化的一体化。这不仅表现在追求各层次的、局部的综合化、一体化，而且表现在追求总体文化的和谐与一致。这就是说，企业文化各个组成部分相互渗透、相互支持，紧密地结合成为一种基本的文化。

（6）一种企业文化的风格趋于成熟、臻于完善后，开始超越社会、制度、民族、文化背景进行传播和扩散。比如，上面所说的企业质量管理文化源于美国，后迅速扩散到欧洲和日本，经日本企业的文化整合达到某种境界后，又开始流行与传播。这是企业文化整合的一种模式。

4）企业文化的创新

（1）企业文化创新的四个阶段

第一阶段：公司高级管理人员和企业文化顾问共同制定并努力实施一种新创意、新经营思想或经营策略。

第二阶段：企业员工运用新创意、新经营思想或经营策略指导行为，形成制度，然后贯彻到行动中。

第三阶段：企业通过采用新的措施取得经营的成功，并持续相当一段时间。

第四阶段：企业出现了新的企业文化，包含了企业各方面的创新成果、创意、新经营思想或经营策略，也反映了人们实施这些策略的经验和体会。

（2）实施企业文化创新的步骤

第一步：公司高级管理人员和企业文化顾问重新构造企业文化体系，以适应新形势，确定企业目标和经营方针，且身体力行，做好表率，倡导、支持企业员工改革。

第二步：经营方式、企业行为及规章制度发生相适应的变化。

第三步：企业经营在取得成功，并持续相当长一段时期以后，及时总结、梳理、升华。

第四步：企业经营行为规范逐渐改变，企业共同价值观等更趋于新型远景目标和新型经营策略。

8.3　企业文化建设的一般程序

8.3.1　提案阶段

这包括：

（1）建立企业文化建设的组织机构，做到领导组织、专家帮助和群众参与相结合。

（2）外聘专家作为公司企业文化建设的顾问。

（3）企业文化现状的调查，如企业的经营领域及其竞争特点；企业管理的成功经验及优良传统；企业领导人的个人修养和精神风范；企业员工的素质及需求特点；企业现有的"文化理念"及其适应性；企业发展面临的主要矛盾与障碍；企业所处地区的经济与人文环境。

（4）提案准备，如实施企业文化的原因或动机；实施企业文化的背景分析；考察其他公司企业文化指数与企业经营业绩的关系；考察本公司所属分公司企业文化与企业经营业绩的关系；绘制相关的分析图和因子分析图；实施企业文化的宗旨；制定企业文化工程的近期、中期和长期目标；建立企业文化工程的支持体系；确立企业文化导入的推行方针。

8.3.2 企划阶段

1）起草企业理念（MI）手册草案、总说明书

（1）根据调研结果，对企业理念的开发提出基本假设。

（2）开发具有识别意义的企业使命和战略目标。

（3）提出企业的基本价值观、伦理道德、职业道德。

（4）提出企业精神、企业口号、企业座右铭的初步方案。

（5）开发经营哲学。

（6）提出企业经营理念、管理理念、服务理念。

（7）用企业理念推进、深化和完善企业制度创新。

（8）增强企业的核心竞争力。

（9）以 MI 为动力，实施资源有效配置，确保各方投资者投资的保值增值，促进企业的长期稳定发展。

2）起草企业行为（BI）手册草案、总说明书

（1）开发 BI 系统。设定最高行为准则。设定决策集团行为规范。设定群体行为规范。设定个体行为规范、起草员工守则。设定公司媒介行为规范。

（2）用企业行为（BI）规范全体员工，以全新的经营理念、经营思路、经营方式提高公司的管理水平和盈利水平。

（3）实施品牌战略。

8.3.3 实施阶段

实施的核心内容包括建立有效的企业信用管理体系和企业信用评价体系系统。

国外经验表明，实施企业信用管理体系和企业信用评价体系系统，对于强化社会信用意识、建立社会信用体系、防范金融风险等发挥着重要的作用。特别是，与现汇结算方式相比，信用结算可大大提高企业的竞争力。西方企业贸易的90%都是用信用结算，现汇结算不到10%。但在我国，信用结算只占20%。

提高企业信用水平必须从以下几个方面来进行：企业品格、能力、资本、担保、环境、信用要素、内部要素和外部要素。其中，企业品格是最核心的要素。具体地说，企业品格是指企业和管理者在经营活动中形成的企业伦理、企业品德、企业行为和企业作风，在很大程度上决定着企业信用的好坏。

1）建立企业信用理念系统

为了建立有效的信用理念系统，需要思想和组织上的层层落实，包括设立企业内部的信用部门，确定信用管理权限，编制信用管理的规章制度、信用管理实施手册，核查和评估企业信用实施情况。

韦尔奇把通用电气（GE）的核心价值定位于"诚信"的企业理念，要求 GE 员工通过6个西格玛（即达标率高达99.9999%）保持极大的热情，坚持完美、无边界工作方式，发挥智力投资，以客户为中心创建信任的环境，永远对客户有感染力，来努力实现坚定的诚信。

美国哥伦比亚大学商学院"跨国公司竞争力"课题组在研究世界500强企业时发现：它们树立的企业核心理念几乎很少与商业利润有关。在惠普公司1999年的年度报告中，专门有一节阐述惠普的核心价值观：我们对人充分信任和尊重，我们追求高标准的贡献，我们将始终如一的情操与我们的事业融为一体，我们通过团队鼓励灵活和创新来实现共同的目标——我们致力于科技的发展是为了增进人类的福利。福特公司的核心价值观中有一项是：让每个人都用得起汽车。具体地说，"我将为一个伟大的目标建造每一辆汽车，它要很便宜，使得那些没有很高收入的人也能买得起，从而使他们能与家庭一起分享上帝赐予我们的快乐时光，那时每个人都能购买，每个人都能够拥有，为此，我们要让大量的工人在更好的收入下工作"。

2）建立企业的信用评价系统

美国最早建立了企业信用评价系统，将企业分为：信用卓越级、信用良好级、信用尚佳级、风险较大级和无法接受级。

信用卓越级的特征是：经营规模庞大，财务结构健全，资本雄厚，业绩极佳，对于市场有坚强适应力，偿还贷款完全没有问题。信用良好级的特征是：获利能力很高，并有连续获利能力和记录，市场变化对其虽有影响，但影响不大。信用尚佳级的特征是：企业经营多年，管理尚佳，其自有资本足以支付其借款，在某一授信额度中，风险一般较小。风险较大级的特征是：经营与管理已呈现出不稳定的征兆，获利能力反复无常，无法按期缴付利息和借款，无法全部偿还本金。无法接受级的特征是：财务状况甚为恶劣，资金周转严重困难，随时可能中止营业，变卖资产清偿债务，银行回收贷款机会甚微。

在国外，企业信用等级评估考核指标的内容主要有：企业的经营者素质、经济实力、偿债能力、营运能力、经营效益、发展前景。其中，企业经营者的素质考核的量化指标包括：①企业法人代表的年龄、文化、技术结构占优势和从事本专业工作年限5年以上者给2分，低于上述水平酌情减分。②企业业绩。重点考核企业经济效益，凡列入国家行业500强称号者给5分；经济效益高于本企业前3年平均水平或扭亏增盈的企业给4分；企业盈余或减亏50%以上的给3分；企业减亏低于50%的给1~2分；增亏企业不给分。③经营能力。企业改革，转换经营机制，健全内部管理制度，企业管理卓有成效者，有决策、应变能力和开拓进取精神，取得突出成绩的给3分；管理水平一般的酌情给分。经济实力考核的量化指标包括：①资产率，是指有效资产总额减掉负债总额后占资产总额的比率，用于衡量企业经营实力。②实收资本占全部资本的比率。实收资本率是指企业投资人对企业实际投入的资本占资产总额的比率。实收资本率越高越好，参照值为工业企业大于20%，物资供销企业大于30%，同时要考核实收资本完整率。对企业发生的亏损和待处理的流动资产和固定资产损失，应扣减资本金，以正确反映企业的资金实力。偿债能力考核的量化指标包括：①资产负债率，是指企业在一定生产经营期间负债总额与全部资产的比率，用于衡量企业利用债权人提供资金进行经营活动的能力，以及反映债权人发放贷款的安全程度。资产负债率一般以不高于50%为宜。②流动比率，是指企业在一定经营期间的流动资产与流动负债比率。它是衡量企业流动资产在短期债务到期以前可以变为现金用于偿还流动负债的能力，是反映流动财务状况的比率之一，是衡量企业短期偿债能力常用的比率。这个比率一般标准为200%，根据企业经营规模、行业种类的不同以在140%以上为宜。③速动比率，是指企业在一定经营期间的速动资产与流动负债的比率。其中，速动资产是流动资产减去存货的金额。速动比率是反映流动财务状况的比率之一，是衡量企业流动资产中可以立即用于偿付流动负债的能力。速动比率的标准一般应保持1∶1，根据目前的情况达到60%以上即可。流动比率大、速动比率小时，说明企业存货过多。营运能力考核的量化指标包括应收账款周转率。它是指企业在一定经营期间赊销收入净额与本期应收账款平均余额的比率，反映企业应收账款的流动程度，是考核企业偿债能力和经营能力的重要指标。其中，销售成本可以从利润表中产品销售成本项目取得。存货周转率在不同行业之间有较大差距，应将本企业与同行业的平均数进行对比，以衡量其存货管理的效率。经营效益考核的量化指标包括：①资本金利润率，是指企业在一定经营期间利润总额与资本金总额的比率，用以衡量投资者投入企业资本金的获利能力。一般来说，资本金利润率的高低，应与同期银行利率比较，企业资本金利润率高于同期银行利率，则过高的负债率将损害投资者利益。资本金总额是指实收资本总额。如果与资产负债结合起来分析，可以判断企业经营战略和经营思想，可分析出企业是采取大规模借债经营，还是主要靠自有资本来经营。参照值为年资本金利润率大于10%为宜。②销售利税率，是衡量企业销售收入的收益水平。它反映企业的销售收入的收益水平和企业的贡献程度，一般在15%以上为宜。发展前景考核的量化指标包括：①市场预测。本企业主导产品在市场中销售状况，属畅销品和在一年内开发新产品的产值占总产值的1/3以上并已打开销路的给4分；开发新产品成效不明显的可给2~3分。②规划目标。销售、利润、资本金3个指标分别增长10%、5%、8%以上者给3分；达不到上述增长率者，按比例法评定分值。③主要措施。为实现上述发展目标，相应采取切实可行的、开拓进取的有效措施的给3分；一般给2分。

围绕资信评估指标考核，主要调查提纲的内容有：企业概况调查表；法人代表的主要经历、业绩和管理能力；近三年生产、销售、利润增减变化情况；主导产品市场销售占有率；开发新产品产值占总产值比重及销售情况；税后利润分配情况以及内部管理机制方面有哪些改革；建立或完善了哪些制度；执行情况如何；尚存在什么问题；准备如何解决；资金运转方面有哪些经验；存在什么问题；打算怎样解决；其中应收账款及预付货款回收情况，短期贷款归还情况，逾期有多少。

我国评价机构大约在20世纪80年代末出现，主要是为了配合证券上市，专门为上市公司服务的。1992年和1994年，中国人民银行批准了两家独立评级机构。到1997年，被中国人民银行认可的评级机构增加到了9家，其中较为知名的有大公、中诚信国际、联合资信。总起来说，我国还没有形成一套适合中国企业特点的评价体系。

中国的企业信用评价标准主要由各商业和其他金融机构、评估公司自行制定和实施。我国信用评价实施主要包括：①企业行业发展前景，如产业政策、行业政策；②企业核心技术部分，如技术专有性和保密性、技术的领先性、技术生命力、技术开发体系；③企业影响力，如企业知名度、企业宣传；④企业综合经营能力，如产品市场现状、产品市场的潜力、产业化实现能力评价；⑤企业财务状况；⑥企业管理和组织体系，如企业家经营能力评价、管理层评价、稳健的组织机构、有效的激励机制、企业文化和企业宗旨。①

当然，在企业文化实施过程中，应严格规范，形成制度，直接地、具体地实施，解决好实施过程中可能产生的冲突和矛盾。同时，及时了解信息，保证信息渠道畅通，对执行情况和实施效果进行衡量、检查、评价和估计，防止信息误差，调整目标偏差，避免文化的负效应，扩大文化的正效应，使企业文化建设朝着正确、健康、稳定的方向发展。

8.3.4　企业文化的灌输与传播、推展与实践巩固阶段

1）企业文化的灌输与传播

（1）组织编写企业文化手册。对企业文化尤其是企业理念进行详细的诠释，可以附加案例、漫画等，将之编成精美的小册子，以作为企业文化培训和传播的蓝本。

（2）举办企业文化的导入仪式。这就是说，公司请全体员工、上级领导、重要客户、专家、新闻媒体等参加，并颁发企业文化手册，对企业文化的内容进行发布，启动企业文化传播和建设工程。

（3）强化文化训导。企业领导人向全体员工阐释企业文化尤其是企业理念的含义。企业宣传或培训部门以企业文化手册为蓝本编写教材。对新员工和在职员工进行培训。企业举办各种文化讲座。争取在较短的时间内使员工对企业文化产生认同，信奉企业文化。

（4）开展文化演讲和传播活动。适时举办员工文化演讲活动，使员工结合工作实际和切身体会，谈对企业文化的理解和感受，营造催人向上和感人的氛围。利用企业报纸、广播和电视等媒体，突出文化传播的功能，同时利用会议、墙报、宣传栏等形式，积极宣传企业理念，传播企业中流传的文化故事和文化楷模的故事，弘扬正气，从而创造强势文化氛围。

（5）利用或"制造"重大事件。积极利用企业发展或对外交往中出现的重大事件，如重大的技术发明，生产、经营、管理成功事例或责任事故，质量评比获奖或消费者投诉事件，新闻报道中的表彰或批评事件，参与社会公益活动等。甚至可以以这些事件为基础，有意"制造"事件的影响，大力渲染、强调某一事件的积极意

---

① 刘光明．企业文化［M］．北京：经济管理出版社，2002：88-89．

义或给企业带来的重大损失，从而给员工带来心理震撼，使员工在无形之中受到教育和启发，进而接受正确的价值观和行为方式。

（6）建立文化网络。比如，企业定期向员工报告生产经营的基本情况和重大事件；高级主管人员定期深入一线与员工进行恳谈；建立总经理和高级管理人员接待日制度。

（7）营造文化氛围。企业文化氛围是指笼罩在企业整体环境中，体现着企业所推崇的特定传统、习惯及行为方式的精神格调。它虽然是无形的，但是以潜在的方式感染着企业全体成员，体现出企业的整体精神的追求，对企业成员的精神境界、气质风格的形成十分重要。这就是说，企业要在重视物质氛围和制度氛围的基础上，关心员工的事业与成长，做好思想沟通、感情投资，创造学习环境，倡导员工之间的相互尊重与信任，营造良好的感情氛围，使企业成员产生对企业的归属感、工作上默契配合与追求创新、心情舒畅。在亲和的文化氛围中，员工非常容易接受企业所倡导的文化。

2）企业文化的推展与实践巩固

企业文化的推展与实践巩固是指在创造良好的文化环境的基础上，通过有效的形式，强化和固化文化理念，使先进的企业理念变成企业员工可执行的规范。

（1）企业文化的教育保证。企业文化的教育保证是指通过各种培训手段，提高企业人员的素质，启发员工的觉悟，开发员工的潜能，使之成为承载和建设企业文化的主力军。依据对象的不同，企业培训包括领导人员的培训、专业技术人员和管理人员的培训、一线员工的培训三个层次。

（2）积极创造适应企业文化运行机制的条件。具体地说，推行科学管理和民主管理，开发人力资源，加强员工的道德、业务培训，提高企业员工队伍的整体素质，创造民主和谐的文化环境，建设牢固的企业精神共同体。

（3）利用制度，对企业员工的行为准则、规范等进行强化。将无形的企业价值观念渗透到企业的每一项规章制度、政策及工作规范、标准和行为准则之中，使员工在从事每一项工作、参与每一项活动的时候，都能够感受到企业文化的引导和控制作用。

（4）以各种活动为载体，推展企业文化。如开展英模报告会、读书会、经验交流会、文艺晚会、表彰会、运动会、合理化建议评奖会等，使员工潜移默化地接受企业文化，使其行为得到指导。

（5）企业领导者应以身作则，率先示范。企业领导者在企业文化建设中既要积极倡导，更要身体力行，当好表率。企业员工从企业领导者身上可以看到企业提倡什么，反对什么，以及应以什么样的规范和作风从事工作。相反，如果领导者不能身体力行，企业文化在企业员工心目中就得不到强化，久而久之，经过精心设计的企业文化就会化为泡影。

（6）鼓励正确行为，建立激励机制。企业文化建设是一个过程，需要不断地强化。特别是，当人的正确行为不断受到鼓励（如表扬、授予荣誉称号、晋升职务等）以后，企业文化在员工的身上才逐渐形成习惯，稳定下来，且逐渐渗透到员工的深层观念之中。同时，对先进人物的鼓励也会给其他人树立榜样，从而产生模仿效应。

（7）塑造品牌与形象，增强文化价值。通过CI和CS等，将企业文化渗透到有形的品牌和形象之中，这既能提高企业及其品牌的文化含量，增加企业的无形资产价值，又能使社会进一步认可企业，进一步推进企业文化的发展。

（8）企业文化的礼仪保证。企业文化的礼仪是指企业在长期的文化活动中所形成的交往行为模式、交往规范性礼节和固定的典礼仪式。礼仪是文化的展示形式，更是重要的固定形式。正像军队礼仪、宗教礼仪对军队和教徒的约束一样，企业文化礼仪规定了在特定文化场合企业成员所必须遵守的行为规范、语言规范、着装规范。如果有悖礼仪，则被视为"无教养"的行为。企业文化礼仪根据不同的文化内容具体规定了活动的规格、规模、场合、程序和气氛，不同企业的礼仪体现了不同企业文化的个性及传统。

企业文化礼仪在企业文化建设中的保证作用主要表现在：①文化礼仪是价值观的具体外现形式，对企业成员具有一定的约束作用，客观上就成了指导企业各项活动的行为准则。②企业文化礼仪是文化传播最现实的形式。大多数企业文化礼仪生动、活跃，具有趣味性。通过文化礼仪，价值体系、管理哲学等显得通俗易懂，易于理解和接受。所以，企业礼仪所包含的文化特质更易于在企业全体成员之间进行广泛的传播。③企业文化礼仪是企业成员的情感体验和人格体验的最佳形式。在企业各类文化礼仪中，每个企业成员具有一定的角色，受到礼仪活动现场气氛的感染，经历情感体验，产生新的态度。

企业礼仪是丰富多彩的，主要有：①工作惯例礼仪，包括早训、升旗礼仪、总结会、表彰会、庆功会、拜师会、攻关誓师会等；②生活惯例礼仪，包括联谊会、欢迎会、运动会、庆婚会、祝寿会、文艺汇演及团拜活动等；③纪念性礼仪，包括厂庆、店庆及其他具有纪念意义的活动等；④服务性礼仪，如企业营销场所开门关门礼仪、主题营销礼仪、接待顾客的程序规范和语言规范、企业上门服务的礼仪规范等；⑤交往性礼仪，包括接待礼仪、出访礼仪、会见礼仪、谈判礼仪、宴请礼仪以及送礼、打电话、写信、发邮件礼仪等。

（9）将企业文化尤其是企业精神文化物化到企业的物质设施中。具体地说，为了将企业文化建设落到实处，企业必须将之物化到建设好生产环境工程、福利环境工程和文化环境工程。

生产环境工程建设包括：推进技术创新与技术改造，提高产品质量和品牌影响力，搞好现场管理，美化生产的外部环境；福利环境工程建设包括：完善企业的工资制度和奖励机制，完善必要的生活设施，加强劳动保护措施和改善作业环境；文化环境工程建设包括：建设和完善文化设施，把文化理念注入环境。

（10）企业文化的制度保证。制度是企业文化理念的重要载体。具体地说，是指通过建立和完善企业的组织制度、管理制度、责任制度、民主制度等，使企业所倡导的价值观念和行为方式规范化、制度化，使员工的行为更趋于合理性，从而保证企业文化的形成和巩固。

8.3.5 检查实施效果阶段

在完成实施计划后，要就企业文化导入前后的人力资源开发力度、劳动生产率、企业经营业绩、销售收入、形象率、市场占有率、企业竞争力等指标进行比较，特别是要就企业文化的创新、再造和企业经营业绩进行比较，肯定企业文化的成果并找出企业文化的不足之处，以便在下一阶段进行整改和补充。

企业文化建设是一项长期的、复杂的工程，从国内外绝大多数企业的实践来看，至少需要4年以上的时间。所以，在进行企业文化建设的时候，最好要按长远计划来实施。表8-1是国外企业文化改革需求时间一览表。

表8-1　　　　　　　　　　**国外企业文化改革需求时间一览表**

企业	改革企业规模	重大改革经历的时间
通用电子公司	超大型	10年,目前仍在继续
帝国化学工业公司		6年
尼桑公司		6年,目前仍在继续
施乐公司		7年
银行信托投资公司	大型	8年
芝加哥第一银行		10年
美国运通公司		6年
英国航空公司		4年
斯堪的纳维亚航空公司	中型	4年
康纳格拉公司		4年

下面再论述企业精神建设的几个关键性操作步骤：

1）企业精神的设计

（1）企业精神的筛选

现代社会已经且正在积累大量的精神产品，所以，企业必须从中选取精神财富，筛除精神糟粕。

这有四个原则：能够促进本企业经济的迅速发展；能够促进本企业职工人格的健康发展；能够增强本企业的内在凝聚力；能够加强社会的凝聚力。

此时，筛选出来的精神财富是以一般形态存在的。

（2）企业精神的梳理

这是指对本企业的历史和现状，特别是对本企业实践中直接产生的观念和意识，进行系统深入的回顾、调查、分析、研究，为本企业和所筛选出来的一般精神财富的结合打下基础。

（3）企业精神的发掘

在本企业和所筛选出来的一般精神财富的结合上，寻找出本企业文化进一步发展的新生长点。

（4）企业精神的操作

这主要有：科学论证本企业特色的企业精神；作出本企业精神的个案说明，且能生动地表示出来，使广大职工易于了解；提出本企业精神实现的可操作性的程序。

2）企业精神的宣传、传播

（1）向每一个职工灌输的企业精神要完整。

（2）加深职工对本企业精神的理解。

（3）一方面培育职工共享的价值观；另一方面注意职工、干部等对企业精神的理解和要求等的差异。

（4）对职工进行企业精神的教育。

（5）企业领导人等要利用一切机会，向广大职工灌输企业精神，且使职工通过点点滴滴的理解，日积月累，达到精神境界的升华。

3）企业精神的实现

（1）内化。企业精神内化为职工的品质，并孕育出企业特有的英雄模范人物。为此，就必须利用各种手段，宣传企业精神，确立企业思维，发挥员工的积极性、主动性和创造性。

（2）外化。企业精神可以在企业的制度、职工的行为、企业的产品或服务、企业的厂房、企业的对外赞助等表现出来。

（3）习俗化。把企业精神变成全体职工自发地加以遵守的风俗、习惯、舆论、仪式等。

（4）社会化。企业通过向社会提供体现本企业精神的优质服务、优良产品，向社会介绍本企业的英雄模范人物，向社会展示并扩散本企业的风俗习惯，从而得到全社会赞美的企业形象。为此，就必须利用传播媒介，深入到客户中，宣传企业形象，在社会上形成良好的形象。

8.4　企业文化的评价

最终来说，评价企业文化的标准只有一个，就是是否有助于推动企业的长远发展。具体来说，评价一个企业文化的效果是要看企业文化的教化、维系、激励三个方面的作用发挥是否正常。

8.4.1　企业文化的评价标准

1）教化作用的发挥

一个企业文化是否有成效，首先要看它是否能够提供对企业从上到下各种角色的教化与训练。

2）维系作用的发挥

维系企业共同体存续的核心和基本力量的是企业文化，尤其是企业精神文化。

具体地说，企业文化维系作用发挥得如何，主要通过以下几个方面得到检验：①企业文化能否提供物质诱因与员工贡献相平衡的机制。②企业文化能否提供职业安全保障机制，满足员工职业安全感的需要。③企业文化能否制造一种团体认同感，使员工有归属感，形成一种靠对共同事业的认同而带来的团体凝聚力。④企业文化能否通过制造一种成就感、机会均等感，使员工都有实现理想的可能。⑤企业文化能否通过对员工自我价值与企业经营目标的协调，使员工找到两者最佳的结合点和最大的发展空间。

3）激励作用的发挥

企业文化的激励作用是指企业文化对文化行为主体能够产生激发、动员、鼓动、推动的作用。

8.4.2 企业文化的评价方法

1）比较评价法

比较评价法是指依据对同类企业的文化不同表现及结果进行比较，来评价企业优劣的方法。它的优点是简洁、易操作、评价结果直观；不足点是比较对象或参照系难以选择，影响评价结果的科学性。

美国管理学家威廉·大内在《Z理论——美国企业界怎样迎接日本的挑战》一书中比较了两种企业文化：Z型文化和A型文化。

（1）Z型企业中的雇员一般比A型企业中职位相当的雇员工作时间长。

（2）A型企业每年要更换其副总经理的25%，且至少已经贯彻了20年；而Z型企业每年只更换其副总经理的4%，且主要是由于退休。

（3）Z型企业各级雇员比起A型企业职位相当的雇员来说，往往在更多的位置上工作过。

（4）在工作生活与个人生活方面，A型企业与Z型企业并没有什么差别。雇员们都宁愿把工作与家庭区分开来，没有感到有压力，企业让他们大量参加午餐会等一些以企业为基础的社会活动。但是，在同事之间接触的广度方面，Z型企业的雇员比A型企业的雇员要广泛得多、相互了解得更多、谈论的问题更广泛、参与的活动更多。

（5）从价值观、心理感受、职员情绪和心态角度看，主要有：

①A、Z型企业的员工都具有进取心、独立思想，但在Z型企业中的员工远比在A型企业中的员工更相信集体的责任。

②Z型企业雇员都感到他们的企业有一种独特的宗旨，运用着微妙而含蓄的控制形式；而A型企业的雇员却感觉不到这种独特性和微妙性。

③Z型企业中较低级的雇员认为企业不会解雇他们，且他们通常不会自动离职，而A型企业中的雇员则认为自己在不久的将来不是被解雇，就是自动离职。

④在决策方面，两类企业的副总经理级的干部都有高度的参与意识和积极的工作态度，而在较低级别的雇员方面，Z型企业的雇员有高度的参与意识，A型企业

的雇员则相反。

⑤Z型企业中的员工表现出比A型企业员工好得多的感情状况。虽然这两类企业的雇员在家庭生活和婚姻关系方面没有什么明显的差别，但他们的配偶则认为，Z型企业较A型企业在这方面更令人满意。

⑥就雇员心理素质和情绪状态而言，"在Z型企业中，同我们谈话的人表现出镇静、有条理和能控制感情，而A型企业中同我们谈话的人则表现出匆忙、烦躁不安"。

所以，大内得出如下结论：Z型企业和A型企业几乎在同一时间进入营业，以类似的速度增长，且都被列在美国的一千家工业企业中，但在过去的五年中，Z型企业比A型企业更为成功，提供了更多的职位，获得了更多的利润，以更高的速度增长。从社会各方面尤其经济方面来讲，Z型企业都比A型企业成功得多。

2）生命周期评价法

生命周期评价法是一种以较宏观的整体观来判断企业文化优劣的方法。犹如生物体一样，一个公司的企业文化也有自己的生命周期。要判定一种企业文化是否先进，要看这种企业文化处在生命周期的哪个阶段。

企业文化生命周期包括创业文化阶段、守业文化阶段和败业文化阶段。

（1）创业文化。这是指公司开创时期孕育、形成的企业文化。其特点是：企业文化的主旨、内容、基本结构与文化形式、文化体系呈不均衡、不等比发展；勇于创新，甘冒风险，但文化积累不足、权衡利弊、计算得失不足；注重未来，无所顾忌，不背包袱，义无反顾，勇往直前；易于共同对外，精诚团结，而不是把目光放在内部的权力、利益的分割上。

（2）守业文化。这是指公司进入稳态发展时期的公司文化。这个时期的企业文化已经成为一种成熟的、完备的、系统的团体文化。与创业文化相比，守业文化多了些平衡、稳重、患得患失等特点。

守业文化还可细分为两种：守成文化和守业文化。守成文化指的是全面继承创业文化，并发扬光大，使之走向企业文化的鼎盛，形成企业文化最为繁荣的风貌和格局。守业文化指的是单纯维系、保持公司业绩，以求稳怕乱、得过且过为基调和主轴，呈现出企业文化走下坡路、趋于衰败的迹象，企业文化已失去了创新的动力。

（3）败业文化。这是以不思进取、坐吃山空、谨小慎微、明争暗斗为特点的文化。这标志着企业已走到了尽头，即将走向消亡。当然，守业文化和败业文化的滋生、萌芽以至形成一种企业文化暗流，往往在前一阶段就已经存在了。只不过那时的企业文化主流正处于上升和鼎盛时期，居于绝对优势和统治地位，而守业文化和败业文化则往往容易被人们视而不见。

3）实际考察评价法

实际考察评价法是通过比较完整地考察企业文化的状况，进而对企业文化优劣作出客观评价的方法。其考察内容主要有以下三个方面：

（1）考察企业的物质环境。企业的物质环境好坏是企业文化优劣最直观的反映。这包括企业的建筑装潢、生产经营环境，企业生产和产品的优劣，企业生活设施和文化设施的多少等。

（2）审视企业的规章制度和行为方式。企业规章制度的执行情况如何，人们在工作中采取什么样的行为方式，也表现着企业文化的优劣。具体地说，规章制度的执行是否严格？企业有没有形成良好的惯例、习俗和传统？员工是否有积极的工作态度和良好的精神面貌？

（3）研究企业的价值观。直接探究企业价值观并非易事，只有通过分析企业的物质环境、规章制度和行为方式等才能进行。此外，还可从企业有什么样的发展目标、企业有什么样的"精神"、企业有什么样的英雄人物来进行分析。

8.4.3　企业文化的评价指标体系

国家体改委经济体制与管理研究所和中国人民大学外国经济研究所为了确立评价企业文化优劣的客观尺度，提出了比较完整的评价指标体系。这一体系包括 4 大类，共 52 个具体指标。其测度的主要内容有：

（1）反映企业成员素质的客观指标

主要测度为：性别、年龄、文化程度、参加工作时间、在本企业的工作时间、现任职务。

（2）反映企业成员一般价值观念的指标

主要测度为：个人独立意识和奋斗精神、对工作意义的理解、对工作稳定的重视程度、对自己所在企业的社会地位及个人晋升机会的重视程度、对目前社会中存在的各种职业性组织的偏好。

（3）企业成员关于企业的观念

主要测度为：对技术及技术人员的重视程度、对管理及管理人员的重视程度、对企业目标的认识、理性地评价企业的程度、从情感出发评价企业的程度、理性地对待企业中人的行为及人际关系的程度、从情感和道义出发评价企业中人的行为及人际关系的程度、对企业内外部竞争关系的接受程度、对个人与企业关系的理解，以及对企业内个人之间及部门之间收入差距的可接受程度。

（4）企业成员对企业状况的评价

主要测度为：企业横向沟通状况、企业纵向沟通状况、个人在企业中的地位、对企业机构设置状况的评价、对企业文化建设状况的评价、对企业知名度的评价、对企业经济效益的评价、对企业的喜欢程度。

这一指标设计视野较宽，内容较全，数量适中，逻辑关系较清楚，为客观地评价企业文化状况提供了一种较好的方法，其理论价值和实践价值不可低估，在中国具有开创性的意义。

但是，企业文化是一个非常复杂的系统，正确评价一种企业文化的优劣也是十分复杂的问题，需要进一步研究。

复习思考题

1. 企业文化建设的主体有哪些？

2. 企业文化建设的基本原则有哪些？

3. 如何进行企业文化的创新？

4. 企业文化建设的一般程序有哪些？

5. 如何成功地进行企业文化的灌输与传播、推展与实践巩固？

6. 如何建立企业的信用评价系统？

7. 如何进行企业精神建设？

8. 如何进行企业文化的评价？

9. 实际考察评价法的内容有哪些？

10. 如何理解企业文化的评价指标体系？

主要参考文献

[1] 王成荣. 企业文化学教程 [M]. 3版.北京：中国人民大学出版社，2014.

[2] 刘光明. 企业文化 [M]. 北京：经济管理出版社，2002.

[3] 方光罗. 企业文化概论 [M]. 大连：东北财经大学出版社，2002.

[4] 罗长海，林坚. 企业文化要义 [M]. 北京：清华大学出版社，2003.

[5] 罗长海. 企业形象原理 [M]. 北京：清华大学出版社，2003.

[6] 罗长海. 企业文化学 [M]. 4版.北京：中国人民大学出版社，2013.

[7] 庄培章. 现代企业文化新论——迈向成功企业之路 [M]. 厦门：厦门大学出版社，2001.

[8] 谭伟东. 西方企业文化纵横 [M]. 北京：北京大学出版社，2001.

[9] 阎世平. 制度视野中的企业文化 [M]. 北京：中国时代经济出版社，2003.

[10] 王溇. 企业与美 [M]. 沈阳：辽宁大学出版社，1992.

[11] 陈炳富，周祖城. 企业伦理学概论 [M]. 2版.天津：南开大学出版社，2008.

[12] 汪秀英. 企业形象新战略 [M]. 北京：中国商业出版社，2002.

[13] 张德，吴剑平. 企业文化与CI策划 [M]. 4版.北京：清华大学出版社，2013.

[14] 冯云廷，李怀. 企业形象：战略、设计与传播 [M]. 大连：东北财经大学出版社，1997.

[15] 姚贤涛，王连娟. 中国家族企业：现状、问题与对策 [M]. 北京：企业管理出版社，2002.

[16] 付文阁. 中国家族企业面临的紧要问题 [M]. 北京：经济日报出版社，2004.

[17] 甘德安. 中国家族企业研究 [M]. 北京：中国社会科学出版社，2002.

[18] 张仁德，霍洪喜. 企业文化概论 [M]. 天津：南开大学出版社，2001.

[19] 李大军. 中外企业文化知识500问 [M]. 北京：企业管理出版社，2002.

[20] 林平凡，詹向明. 企业文化创新——21世纪企业竞争战略与策略 [M]. 广州：中山大学出版社，2002.

[21] 严文华，宋继文，石文典. 跨文化企业管理心理学 [M]. 大连：东北财经大学出版社，2000.

［22］范喜贵．无形·有形——企业文化：管理的第四阶段［M］．北京：经济科学出版社，2002．

［23］泽熙．东西一水间——现代管理中的文化碰撞［M］．北京：中信出版社，2001．

［24］佚名．华商专题［EB/OL］．（2009-10-19）［2015-12-13］．http：//www.js.cei.gov.cn/huashang．

［25］任运河，沈大光，董云芳．企业生态文化研究［M］．大连：东北财经大学出版社，2005．